认知殡葬　学习殡葬　研究殡葬　指导殡葬

殡葬标准化理论与实务

杨宝祥　编著

中国社会出版社
国家一级出版社·全国百佳图书出版单位

图书在版编目（CIP）数据

殡葬标准化理论与实务 / 杨宝祥编著 . —北京：中国社会出版社，2018. 7

ISBN 978-7-5087-6013-1

Ⅰ. ①殡… Ⅱ. ①杨… Ⅲ. ①葬礼—服务业—标准化—中国 Ⅳ. ①D632. 9-65

中国版本图书馆 CIP 数据核字（2018）第 149106 号

书　　名：殡葬标准化理论与实务
编 著 者：杨宝祥

出 版 人：浦善新
终 审 人：胡晓明
责任编辑：张　杰

出版发行：中国社会出版社　邮政编码：100032
通联方式：北京市西城区二龙路甲 33 号
电　　话：编辑室：（010）58124853
网　　址：www. shcbs. com. cn
shcbs. mca. gov. cn
经　　销：各地新华书店

社工图书专营店

印刷装订：中国电影出版社印刷厂
开　　本：170mm×240mm　1/16
印　　张：21. 5
字　　数：390 千字
版　　次：2020 年 5 月第 1 版
印　　次：2020 年 5 月第 1 次印刷
定　　价：66. 00 元

中国社会出版社微信公众号

前言

殡葬作为人类社会活动的一个重要组成部分，对社会发展与文明进步有着重要的影响。随着经济社会的发展和改革的深化，我国殡葬服务业的结构发生了显著变化，基本形成了公办殡葬服务机构与社会力量举办的殡葬服务机构并存的格局，政府有关殡葬管理部门通过加强对殡葬服务业的规范化、专业化、科学化管理，促进了殡葬服务业的健康发展。但随着殡葬事业的快速发展，殡葬管理工作遇到了一些新情况和新问题，如何在新时代重新定位殡葬改革和管理，把标准化的全新理念融入新时代的殡葬改革和管理之中，充分融合中国传统文化中优秀的殡葬观念和习俗，继承发扬殡葬改革和管理的经验，顺应社会治理、公共服务、生态文明发展大趋势，破解殡葬改革和管理深层次的矛盾，确立一个既由政府强力推进又有全民自觉参与、既实现殡葬改革确定的社会效益又充分体现对逝者和殡葬活动参与者人文关怀的殡葬治理新理念，成为以生态文明为主要特征的新时代提出的新要求。标准化作为现代化社会服务和管理的重要手段和必要条件，是维护消费者权益、提升管理水平与服务质量的重要技术手段。殡葬服务属于基本民生领域的社会事务，涉及学科多，影响范围大，服务对象广，开展活动多，殡葬服务业标准化建设是殡葬服务业发展的内在要求，也是建设社会殡葬服务体系的重要技术支撑。

随着殡葬改革的深入推进，殡葬公共服务能力明显增强，殡葬管理水平不断提升，殡葬事业取得较大发展。为进一步增强殡葬改革动力，激发殡葬事业发展活力，促进殡葬事业健康有序发展，要紧紧围绕建设惠民、绿色、文明殡葬，以满足人民群众殡葬需求为导向，以提升殡葬服务能力和水平为保障，以创新殡葬管理体制机制为动力，整合资源、规范管理、优化服务，推动殡葬改革和殡葬事业更好服务于保障和改善民生、促进精神文明和生态文明建设。在建立健全殡葬公共服务体系、丰富和完善殡葬服务供给方面，依法完善遗体接运、遗体殓殡、遗体殡仪等直接接触遗体的殡仪服务事项管理制度和服务标准，完善殡仪服务市场准入条件，强化事中事后监管，引导各类主体规范提供服务。在规范殡葬服务机构管理方面，要建立健全以群众满意度为导向的殡葬服务机构考核评价机制，制定和完善考核评估指标体系，侧重衡量功能定位、职责履行、服务流程、服务态度、服务质量、社会效益等内容，把社会评价与检查考核相结合，结果向社会公开，并与政府购买服务、财政补贴、表彰奖励等挂钩，建立激励约束机制。

殡葬服务业标准化建设是殡葬法律体系中不可或缺的部分，也是对殡葬服务业依法监督管理的前提。建立科学合理的殡葬服务标准体系，是推进殡葬服务业标准化建设的基础性工作和必要前提。殡葬服务标准化体系建设的意义在于用科学化的标准指导和管理殡葬服务业，保障殡葬服务质量，保证依法行政，保护消费者的合法利益。由于我国殡葬服务业标准化建设工作起步较晚，目前还存在着诸多问题：殡葬服务业标准数量较少，标准体系有待完善；标准强制性不足，实施效果有待提高；服务与管理核心标准的研制有待加强；标准化技术组织与人才队伍比较匮乏；标准化建设与管理保障机制尚未健全。总体来说，殡葬服务业标准化建设与殡葬服务业发展的需求还有较大距离，发展殡葬服务业和推进社会殡葬服务体系建设都对殡葬服务业标准化建设提出了新挑战。

《殡葬标准化理论与实务》一书突出针对性，围绕殡葬服务业的工作重点、难点和热点问题，坚持理论联系实际，旨在提升殡葬从业人员运用标准化理论知识和工作方法解决实际问题的能力和水平。

《殡葬标准化理论与实务》以提升殡葬管理与服务综合能力为目的，不仅适用于殡葬从业人员综合能力培训，还适用于高等职业院校对相关专业的学生进行以提高综合能力为主的实训教学。

本书的理论研讨、实地调研、组织编写和正式出版，得到福寿园国际集团、北京同泰投资管理有限公司、秦皇岛海涛万福环保设备股份有限公司、北京八宝山天元殡仪服务中心、山西省长治市颐仙园园林文化发展有限公司(长治颐仙园公墓)、万仑集团–河北万仑机械制造有限公司、天津市华明天裕殡仪服务中心、北京天堂祥鹤殡仪服务有限公司、天津御福祥生命文化有限公司、山东圣邦生命礼仪有限公司、上海万豪实业有限公司、云南储海科技有限公司、北京京广盛诚殡仪服务有限责任公司、一空信息科技有限公司、山东大富贵生命文化服务有限公司等机构的大力支持，在此致谢！

由于作者水平所限，书中难免有不妥之处，恳请读者批评指正，以便今后改进。

杨宝祥

目　录

上篇　殡葬标准化理论

下篇 殡葬标准化实务

上篇

殡葬标准化理论

第一章　标准化的基本理论

【**基本要求**】通过本章的学习，您应能够：

1. 了解标准化的基本概念；
2. 熟悉标准化的主要原理；
3. 掌握标准化的基本方法。

【**核心概念**】标准；标准化；原理；方法

第一节　标准化的基本概念

概念是人类思维的基础，是以抽象的方式反映客观事物或事物特有性质的一种思维形式。标准化的概念是人们对标准化有关范畴本质特征的概括。研究标准化的概念，对于标准化学科的建设和发展以及在相关领域扎实有效地开展标准化的活动都有重要意义。

一、标准的基本含义

（一）标准的定义

标准是对重复性事物和概念所作的统一规定，它以科学、技术和实践经验的综合成果为基础，经有关方面协商一致，由主管机构批准，以特定形式发布，作为共同遵守的准则和依据。标准作为标准化活动的成果，是标准化系统中最基本的要素和标准化学科中最基本的概念之一。

国际标准是由国际标准化组织（International Standardization Organization，ISO）、国际电工委员会（International Electrotechnical Commission，IEC）和国际电信联盟（International Telecommunication Union，ITU）等全球性国际组织所制定的标准。国际标准化组织（ISO）的标准化原理委员会（STACO）一直致力于标准化基本概念的研究，以“指南”形式对“标准”的定义作出统一规定，《ISO/IEC 指南 2》给出标准定义为：“标准是由一个公认的机构制定和批准的文件。它对活动或活动的结果规定了规则、导则或特性值以供共同和反复使用，以实现在预定领域内最佳秩序的效益。”该定义明确了制定标准的目的、基础、对象、本质和作用，由于它具有国际性、权威性和科学性，因而是世界各国，尤其是ISO和IEC成员应该遵循的。

我国作为ISO和IEC的正式成员，在《标准化工作指南　第1部分：标准化和相关活动的通用词汇》（GB/T 20000.1—2002）中对“标准”所下的定义是：“为了在一定范围内获得最佳秩序，经协商一致制定并由公认机构批准，共同使用和重复使用的一种规范性文件。”同时认为标准宜以科学、技术的综合成果为基础，以促进最佳的共同效益为目的。而“规范性文件”又是诸如标准、技术规范、规程和法规等这类文件的通称，是“为各种活动或其结果提供规则、导则或规定特性的文件”。该定义等同转化《ISO/IEC指南2》的定义，所以它又是ISO/IEC给“标准”所下的定义。

（二）标准的内涵

为在一定的范围内获得最佳秩序，对活动或其结果规定共同的和重复使用的规则、导则或特性的文件，称为标准。标准的定义从不同侧面揭示了标准概念的含义，由标准的定义可以总结出标准的基本内涵。

1. 制定标准的目的

“获得最佳秩序”和“促进最佳共同效益”是制定标准的出发点，它集中概括了标准的作用和制定标准的目的，同时它又是衡量标准化活动和评价标准的重要依据。“最佳秩序”指的是通过制定和实施标准，使标准化对象的有序化程度达到最佳状态，发挥出最好的功能；“最佳共同效益”就是要标准系统发挥出最好的系统效应，产生理想的效果。“最佳”是指努力方向和奋斗目标，目标要有全局观念，即局部服从整体，这也是标准化活动的一条基本原则。“共同效益”不是仅仅追求某一方的效益，这是作为“公共资源”的国际标准、国家标准所必须做到的。

2. 标准产生的基础

标准必须具有科学性和实践性，标准中的内容应以科研成果和实践经验为基础。标准必须经过实践的考验，取得可信的结论，形成可以作为依据的先进经验。标准产生的客观基础是“科学、技术和经验的综合成果”，将科学研究的成就、技术进步的新成果同实践中积累的先进经验相互结合，纳入标准，奠定了标准科学性的基础。这些成果和经验要经过分析、比较、选择以后再加以综合，它是对科学、技术和经验加以消化、融会贯通、提炼和概括的过程。标准的社会功能，即对社会所积累的科学技术和实践经验成果予以规范化，以促成对资源更有效的利用，为技术的进一步发展搭建一个平台并创造稳固的基础。

标准中所反映的不应是局部的、片面的经验，也不能仅仅反映局部的利益，应该同有关人员、有关方面（如政府、生产方、用户、科研机构及其他利益相关方）进行认真讨论，充分协商一致，最后要从共同利益出发作出规定。这样制定的标准才能既体现出科学性，又体现出民主性和公正性。

3. 标准化对象的特征

ISO/IEC 将标准定义为“规范性文件”，其本质是为公众提供一种可共同使用和反复使用的最佳选择，或为各种活动或其结果提供规则、导则、规定特性的文件（即公共物品）。标准文件不同于一般性文件，它从制定到颁发有一套完整的工作程序和审批制度，严格的程序和格式体现了标准文件的科学性和严肃性。因此，标准文件是一种非常规范的文件。

制定标准的对象已经从技术领域延伸到经济领域和人类生活的其他领域，其外延已经扩展到无法枚举的程度。因此，对象的内涵便缩小为有限的特征，即“重复性事物”。重复是指重复设计、重复生产、重复试验、重复检验、重复工作，以及某种概念、方法、符号、图形的重复应用等。重复性事物和概念是指同一事物和概念反复出现的性质，只有重复性事物和概念才需要统一。事物具有重复出现的特性，标准才能重复使用，才有制定标准的必要。对重复事物制定标准，旨在总结以往的经验，选择最佳方案，作为今后实践的目标和依据。这样既可最大限度地减少不必要的重复劳动，又能扩大“最佳方案”的重复利用次数和范围。标准化的技术经济效果有相当一部分就是从这种重复中得到的。

标准是实践经验的总结。标准化过程就是人类实践经验不断积累与不断深化的过程。具有重复性特征的事物，才能把以往的经验加以积累，标准就是这种积累的一种方式。一个新标准的产生是这种积累的开始，标准的修订是积累的深化，是新经验取代旧经验。

4. 权威机构的批准

国际标准、区域标准以及各国的国家标准，是社会生活和经济技术活动的重要依据，是广大消费者以及标准各相关方利益的体现。作为一种公共资源，标准必须由能代表各方面利益并为社会所公认的权威机构批准，才会被各方所接受。

标准是在一定范围内共同遵守的准则，标准的内容是为了贯彻以取得效益。制定标准过程中的协商一致是指普遍同意，关键是对标准中的实质问题按程序对有关各方的观点进行了研究，对争议经过协调，没有强烈的反对意见而被普遍接受。协商一致体现了标准的民主性，因为照顾各有关方面的利益和建议，必然得到认可和欢迎；经过集思广益，标准内容必然更加科学；经过协商讨论，便于各有关方对标准的理解，有利于标准的实施。

标准由公认的标准主管机构批准，以特定形式发布，作为共同遵守的准则和依据的统一规定。不同层次的标准是在不同适用范围内进行统一，不同类型的标准是从不同技术侧面进行统一，标准的编写格式应该是统一的，各种类型标准都有自己统一的“特定形式”，有统一的编写顺序和方法，有统一的编号规则。“标准”的这种编写顺序和方法、印刷、幅面格式和编号方法的统一，既可保证标准的编写质量，又便于标准的使用和管理，也可体现出标准的严肃性和权威性。只有这样，才能通过标准的共同和重复使用，取得最佳的秩序和效益。

（三）标准的特性

从标准的定义看，标准具有以下 3 个特性：

一是科学性。标准来源于人类社会实践活动，其产生是科学研究和技术进步的成果，是实践经验的总结。标准制定过程中，对关键指标要进行充分的实验验证。标准的技术内容代表着先进的科技创新成果，标准的实施也是科技成果产业化的重要过程。

二是权威性。标准要由权威机构批准发布，在相关领域有技术权威，为社会所公认。推荐性国家标准由国务院标准化行政主管部门制定；行业标准由国务院有关行政主管部门制定，报国务院标准化行政主管部门备案；地方标准由省（自治区、直辖市）人民政府标准化行政主管部门制定。强制性国家标准一经发布，必须强制执行。

三是实用性。标准的制定要经过利益相关方充分协商，并向社会公众广泛征求意见。标准的制定修订是为了解决现实问题或潜在问题，在一定的范围内获得最佳秩序，实现最大效益。

二、标准的主要种类

中华人民共和国成立以来，我国标准化工作取得了令人瞩目的成绩。截至 2018 年底，我国国家标准共 36949 项，国家标准样品共 1439 项。其中，强制性标准 2111 项，推荐性标准 34464 项，指导性技术文件 374 项。我国行业标准共有 67 类，备案行业标准共 61854 项。我国备案的地方标准共 37066 项。截至 2019 年 6 月底，我国团体标准共 8818 项，制定标准的社会团体总数为 2470 个；企业通过统一平台自我声明公开标准约 107 万项。标准涵盖了基础、方法、安全、卫生、环保、产品、管理等方面，这些标准对于提高我国产品质量、促进国民经济发展发挥了重要作用。近年来，全国标准化战线大力推进改革创新，着力提升能力水平，积极服务经济社会发展，标准化事业开启了新征程、迈上了新台阶。

（一）按标准的约束性分类

按标准的约束性，可将标准分为强制性标准、推荐性标准和国家标准化指导性技术文件3类。

1. 强制性标准

强制性标准是指在一定范围内，根据法律或法规规定，应强制实施的标准。强制性标准是国家通过法律的形式明确要求对于一些标准所规定的技术内容和要求必须执行，不允许以任何理由或方式加以违反、变更，对违反强制性标准的，国家将依法追究当事人法律责任。《中华人民共和国标准化法》第二条规定："强制性标准必须执行。"第十条规定："对保障人身健康和生命财产安全、国家安全、生态环境安全以及满足经济社会管理基本需要的技术要求，应当制定强制性国家标准。"第二十五条规定："不符合强制性标准的产品、服务，不得生产、销售、进口或者提供。"由此可见，强制性标准的强制作用和法律地位是由国家有关法律赋予的，强制性标准相当于技术法规，违反强制性标准就是违法，就要受到法律制裁。

（1）强制性标准的形式。强制性标准可分为全文强制和条文强制两种形式。标准的全部技术内容需要强制时，为全文强制形式；标准的部分技术内容需要强制时，为条文强制形式。

（2）强制性标准的内容。主要包括：有关国家安全的技术要求；保障人体健康和人身、财产安全的要求；产品及产品生产、储运和使用中的安全、卫生、环境保护、电磁兼容等技术要求；工程建设的质量、安全、卫生、环境保护要求及国家需要控制的工程建设的其他要求；污染物排放限值和环境质量要求；保护动植物生命安全和健康的要求；防止欺诈、保护消费者利益的要求；国家需要控制的重要产品的技术要求。

2. 推荐性标准

推荐性标准是指国家鼓励自愿采用的具有指导作用而又不宜强制执行的标准，即标准所规定的技术内容和要求具有普遍的指导作用，允许使用单位结合自己的实际情况灵活加以选用，也就是推荐采用、自愿执行的标准。《中华人民共和国标准化法》第十一条规定："对满足基础通用、与强制性国家标准配套、对各有关行业起引领作用等需要的技术要求，可以制定推荐性国家标准。"第二条规定："行业标准、地方标准是推荐性标准。国家鼓励采用推荐性标准。"也就是说，有关各方可以选择采用或不采用。但对于采用的推荐性标准，该标准对采用者来说则成为必须执行的标准，这时即使是推荐性标准也具有法律上的约束力。

3. 国家标准化指导性技术文件

针对技术尚在发展中、需要有相应的标准文件引导其发展或具有标准化价值但尚不能制定为标准的项目，或者采用国际标准化组织、国际电工委员会及其他国际组织（包括区域性国际组织）的技术报告的项目，为了对相关的标准化工作提供指南或信息，制定国家标准化指导性技术文件供科研、设计、生产和管理等有关人员参考使用。国家标准化指导性技术文件不宜由标准引用使其具有强制性或行政约束力。

（二）按标准对象特性分类

按标准对象特性，通常将标准分为技术标准、管理标准和工作标准 3 类。

1. 技术标准

按照《企业标准体系技术标准体系》（GB/T 15497—2017）中的定义，技术标准是对标准化领域中需要协调统一的技术事项所制定的标准。它是从事生产、建设工作以及商品流通的一种共同技术依据。技术标准包括技术基础标准，产品标准，设计标准，工艺标准，检测试验方法标准，安全、卫生和职业健康标准，环境标准等。技术标准的形式可以是标准、技术规范、规程等文件，以及标准样品实物。

（1）技术基础标准。基础标准是指具有广泛的适用范围或包含一个特定领域的通用条款的标准。技术基础标准是指在一定范围内作为其他标准的基础，并普遍使用，具有广泛指导意义的标准。企业技术基础标准是在企业范围内，作为企业制定技术标准、管理标准、工作标准的基础。因此，技术基础标准的使用范围广，使用频率高，而且常常是制定其他具体标准的基础，具有普遍的指导意义。例如：标准化工作导则（包括：标准的结构文件格式要求、标准编写的基本规定、标准印刷的规定等），是标准化工作的指导性标准；通用技术语言标准（包括：术语标准，符号、代号、代码、标志标准，技术制图标准等），是为使技术语言统一、准确、便于相互交流和正确理解而制定的标准。技术基础标准还包括：量和单位标准；数值与数据标准；公差、配合、精度、互换性、基本系列标准；健康、安全、卫生、环境保护方面的通用技术要求标准；信息技术、人类工效学、价值工程和工业工程等通用技术方法标准；通用的技术导则。

（2）产品标准。产品标准是指规定产品应满足的要求以确保其适用性的标准。产品标准通常是对产品结构性能、规格、质量特性和检验方法所作的技术规定，它可以规定一个产品或同一系列产品应满足的要求，以确定其对用途的适应性。产品可以是软件、硬件、流程性材料或服务。产品标准除了包括适用性的要求外，还可直接的或引用间接的包括诸如术语、抽样、测试、包装和标签等方面的要求，有时还可包括工艺要求，它是设计、生产、制造、质量检验、使用维护和贸易洽谈的技术依据。产品标准根据其规定的是全部的还是部分的必要要求，可分为完整的标准和非完整的标准。产品标准又可分为不同类别的标准，例如尺寸类标准、材料类标准和交货技术通则类标准。产品标准的主要作用是规定产品的质量要求，包括性能、适应性、使用技术条件、检验方法、包装及运输要求等。产品标准可以是一个标准，也可以由若干个标准组成（如产品技术条件或要求、产品检验标准、产品包装标准等）。一个完整的产品标准在内容上应包括产品分类（型号、尺寸、参数）、质量特性及技术要求、试验方法及合格判定准则、产品标志、包装、运输、储存、使用等方面的要求。为了使产品满足不同的使用目的或适应不同经济水平的需要，产品标准中可以规定产品的分等分级。产品标准的制定，一般应以面向市场、面向顾客、面向最终使用者或消费者为主，主要规定产品的性能要求和使用要求，而不是主要规定产品的设计要求及工艺要求。

（3）设计标准。设计标准是指为保证与提高产品设计质量而制定的技术标准。设计的任务是将顾客的期望和要求转化为产品标准，运用相关的原料、材料、外购件等技术标准，以及图纸、图样、工艺流程、工艺规范等技术文件，进行样品试制和小批量产品试制，并最终完成产品定型。设计的质量从根本上决定产品的质量，设计标准通过规定设计的过程、程序、方法、技术手段，保证设计的质量。设计标准包括：设计图形、符号、代号、术语标准；设计准则和专业设计规范（如设计项目任务书的格式与要求）；设计评审、设计验证、设计确认的程序和要求，设计参数与数据标准，设计计算方法标准，设计的工程施工及验收规范，设计中用于评价产品和工序的试验方法和验收规则；设计文件标准（如设计图样与文件的格式，设计文件的完整性，设计文件的编号等）；计算机辅助设计及设计软件标准。

（4）工艺标准。工艺标准是指对产品的工艺方案、工艺过程、工序的操作方法和检验方法以及对工艺装备和监视设备所作的技术规定，也就是指依据产品标准要求，对产品实现过程中原材料、零部件、元器件进行加工、制造、装配的方法，以及有关技术要求的标准。工艺标准的主要作用在于规定正确的产品生产、加工、装配方法，使用适宜的设备和工艺装备，使生产过程固定、稳定，以生产出符合规定要求的产品。工艺标准包括：工艺基础标准（如工艺符号、代号、术语标准，工艺分类编码标准），工艺文件标准，工艺余量标准（如毛坯余量和工序余量）等；工艺流程包括工艺流程图；工艺规程（如专用工艺规程、通用工艺规程、标准工艺规程，工艺配方、工艺参数、工艺质量指标，工艺卡、工序操作规范，特殊工序工艺标准等）；工序能力标准（包括工序控制标准）。

（5）检测试验方法标准。检测试验方法标准是指以通用的检验、试验、检查、分析、抽样、统计、计算、测定、作业等各种方法为对象所制定的标准，如试验方法、分析方法、抽样方法、设计规范、计算公式、工艺规程等方面的标准。针对不同的检验对象，检验标准分为进货检验标准、工序检验标准、产品检验标准、设备安装交付验收标准、工程竣工验收标准等。试验标准是指与试验方法有关的标准，有时附有与测试有关的其他条款，例如抽样、统计方法的应用、试验步骤。方法标准是为了提高工作效率，保证工作结果必要的准确一致性，对生产技术和组织管理活动中最佳的方法所作的统一规定。对属于某个具体产品的试验方法和检验方法，则应包含于该产品标准中，不应单独制定方法标准。检验试验方法标准包括抽样方法、试样采制、试剂和标准样品、检验和试验使用的仪器以及试验条件、检验和试验的程序、检验和试验的结果、统计和数值计算方法、合格判定的准则、质量水平评价的方法等。

（6）安全、卫生和职业健康标准。安全是指免除了不可接受的损害风险的状态。标准化考虑产品、过程或服务的安全问题，通常着眼于实现包括诸如人类行为等非技术因素在内的若干因素的最佳平衡，把损害人员和物品的可避免的风险降到可接受的程度。安全标准是指以保护人和物的安全为目的而制定的标准，也就是为消除、限制或预防产品生产、运输、储存、使用或服务提供中潜在的危险因素，避免人身伤害和财产损失而制定的标准，主要包括安全技术操作标准、劳保用品的使用标准、危险品和毒品的使用标准等。对于某些产品，为了保证使用安全，也在产品标准中规定了安全方面的要求。安全标准主要有：通用安全标准（包括安全管理通用标准、安全标志和报警信号标准、危险和有害因素分类分级标准等），安全工程标准（包括机械安全标准、电气安全标准、燃气安全标准、消防安全标准、防爆安全标准、爆破安全标准、储运安全标准、建筑安全标准、信息安全标准等），生产过程安全标准（包括安全操作规程，设备安全标准，特殊工作环境安全标准，产品安全标准，安全防护用品标准等）。卫生标准是指为保护人的健康，对食品、医药及其他方面的卫生要求所制定的标准，其范围包括食品卫生标准、药物卫生标准、生活用水标准、企业卫生标准、环境卫生标准等。职业健康标准是指为消除、限制或预防职业活动中危害人身健康的因素而制定的标准，其目的和作用是保护劳动者的健康，预防职业病。职业健康标准包括：作业场所粉尘、污染物等有毒有害物质的浓度限量标准，噪声与振动控制标准，辐射防护标准，气温异常防护标准，生物危险防护标准等。

（7）环境标准。环境标准是指为了保护人身健康、社会物质财富，保护环境和维护生态平衡，对大气、水、土壤、噪声、振动等环境质量、污染源、监测方法以及满足其他环境保护方面要求所制定的标准。主要有“三废”排放标准、噪声控制标准、粉尘排放标准等。社会环境标准是个庞大的标准体系，可分为基础标准、环境质量标准、污染物排放标准和分析测试方法标准等；企业环境标准分为工作场所环境（小环境）标准和企业周围环境（大环境）标准。环境标准的目的和作用是保证产品质量，保护工作场所内工作人员的职业健康安全，以及履行企业的社会责任。工作场所环境标准主要包括：与产品质量密切相关的环境要求，如温度、湿度、空气清洁度等；与现场工作人员的健康和安全密切相关的环境要求，如粉尘、噪声、有毒有害气体、电磁辐射等。企业周围环境标准主要包括：大气、水等环境质量标准，各种污染物排放标准，以及环境监测标准。

2. 管理标准

管理标准是指对标准化领域中需要协调统一的管理事项所制定的标准。企业管理活动中所涉及的“管理事项”包括经营管理、开发与设计管理、采购管理、生产管理、质量管理、设备与基础设施管理、安全管理、职业健康管理、环境管理、信息管理、人力资源管理、财务管理等。管理标准可分为：管理基础标准、管理体系标准、管理程序标准、技术管理标准、经济管理标准、行政管理标准、生产经营管理标准等。通常，企业中的管理标准种类和数量都很多，其中与管理现代化，特别是与企业信息化建设关系最密切的标准，主要有管理体系标准、管理程序标准、定额标准、期量标准和工作标准。

（1）管理基础标准。管理基础标准是指对一定范围内的管理标准化对象的共性因素所作的统一规定，并在一定范围内作为制定其他管理标准的依据和基础。其内容主要包括：管理标准化工作导则；管理名词术语、编码、代号；计划、组织机构；人事、财务、会计、统计的各种管理规定，以及管理信息系统、通用管理程序和管理方法等方面的企业管理基础标准。

（2）管理体系标准。管理体系标准通常是指 ISO9000 质量管理体系标准、ISO14000 环境管理体系标准、OHSAS18000 职业健康安全管理体系标准，以及其他管理体系标准。

（3）管理程序标准。管理程序标准通常是在管理体系标准的框架结构下，对具体管理事务（事项）的过程、流程、活动、顺序、环节、路径、方法的规定，是对管理体系标准的具体展开。劳动定额标准是对能够计算考核工作量的工种和岗位，在一定的生产技术组织条件下，对劳动消耗的数量所规定的限额标准。劳动定额的基本形式是工时定额和产量定额。工时定额表现为生产单位产品或完成单位工作所需要的劳动时间。产量定额表现为在单位时间内应完成的合格产品的数量。消耗定额标准，是在一定的生产技术组织条件下，对生产单位产品或完成某项工作所需要的材料、能源等物资消耗数量所规定的限额标准。

（4）技术管理标准。技术管理标准是指为保证各项技术工作更有效地进行，建立正常的技术工作秩序，针对技术领域的某些管理事项所制定的标准。其内容主要包括：技术图样、技术文件、标准资料、情报档案的管理标准；为进行科研、设计、工艺、原材料、设备等技术管理活动而制定的有关工作程序、工作方法、工作内容的标准；企业为合理利用资源所作的技术规定和计算、管理方法的标准；与企业质量管理和建立质量管理体系有关的标准。

（5）经济管理标准。经济管理标准是指对生产、建设、投资的经济效果，对生产、分配、交换、流通、消费、积累等经济关系的环节和管理所制定的标准。其内容主要包括：决策与计划管理标准（如目标管理标准、决策方法与评价标准、可行性分析规程、优先顺序评定标准、投资决策管理标准、投资收益率标准等）；资金、成本、价格、利润等方面的管理标准；劳动、人事、工资、奖励、津贴等标准。

（6）行政管理标准。行政管理标准是指政府机关、社会团体、企事业单位为实施有效的行政管理，正确处理日常行政事务所制定的标准。其内容主要包括：管理组织设计、行政管理区划及编号、组织机构属性分类；交通信号和标志、安全管理；管理人员分类、管理档案、行政机构办公自动化等方面的标准。

（7）生产经营管理标准。生产经营管理标准是指企业为了正确地进行经营决策，合理地组织生产经营活动所制定的标准，主要有企业的市场调查、经营决策与计划、产品的设计与生产、劳动组织与安全卫生等企业生产全过程中的各个环节和各个方面的管理标准。

3. 工作标准

工作标准是指对工作的责任、权利、范围、质量要求、程序、效果、检查方法、考核办法所制定的标准，是对标准化领域中需要协调统一的工作事项所制定的标准。也就是为实现整个工作过程的协调，提高工作质量和工作效率，对工作岗位所制定的标准。工作标准一般包括部门工作标准和岗位（个人）工作标准，通常包括基础工作、工作质量、工作程序和工作方法等方面的标准。企业中的工作岗位可以分为生产岗位（操作岗位）和管理岗位两大类。工作标准也可分为管理工作标准和作业标准两类。管理工作标准主要规定工作岗位的工作内容、工作职责和权限，本岗位与组织内部其他岗位纵向和横向的联系，本岗位与外部的联系，岗位工作人员的能力和资格要求等。作业标准的核心内容是规定作业程序和方法。在有的企业里，这类标准常以作业指导书或操作规程的形式存在。作业指导书的主要内容是规定各具体岗位的工作内容和作业方法，包括岗位环境、位置、设施、设备、工具、生产、加工或装配的对象，工作顺序、操作方法、作业动作，对加工产品或工作结果的检查，以及合格判定准则等。岗位作业指导书的目的和作用是告诉人们怎样正确地做好一个岗位上的工作。操作规程的主要内容是规定各专业工种的通用操作程序和方法。操作规程的目的和作用是告诉人们怎样正确地做好一项专业技术操作工作。

（1）岗位目标。岗位目标即岗位的工作任务及工作内容。企业的总体方针目标必须通过制定各部门的管理标准，并分解到各工作岗位的工作标准，才能落到实处。所以确定岗位目标，制定岗位工作标准，应从整个企业的全局要求来考虑。

（2）工作程序和工作方法。将任何一个工作岗位上重复性的工作，通过总结经验和试验，优选出较为理想的工作程序和工作方法，并将其纳入工作标准之中。这样，既能提高个人操作水平，又能使该岗位的操作人员达到统一的要求，以提高效率，减少差错。

（3）业务分工与业务联系（信息传递）方式。企业内部各部门的业务分工与信息传递，是企业内部与外部业务联系的工作标准。这种岗位之间的相互协作配合、相互保证的关系处理得越好，企业系统的效率就越高。工作标准不仅要保证该工作岗位按时、按质、按量完成本职工作，还要保证各相关岗位的协调与配合。

（4）职责与权限。工作标准中应对每个工作岗位所应具有的与其承担的任务相适应的职责和权限作出规定。在制定工作标准时，既要考虑恰当划分各岗位的职责与权限，又要考虑与相关岗位的分工、协调配合以及该岗位必须具备的客观条件等。

（5）质量要求与定额。工作标准中应对每个岗位的工作规定明确的技术要求，并尽可能做到定量化；凡能定额的岗位，应制定定额标准，这样有利于考核和评比，贯彻按劳分配的原则。

（6）对岗位人员的基本技能要求。每个岗位的任务都要靠该岗位工作人员去完成。工作完成得如何，决定于该岗位人员的素质。因此，工作标准中必须对岗位人员的基本技能提出要求，主要包括操作水平、文化水平、管理知识等。各种岗位对人员的要求不一，但对岗位工作基本技能的要求应是主要要求。

（7）检查与考核办法。工作标准中有时还要规定对各项要求执行情况进行检查与考核的办法，有的采用打分的办法，有的采用分级的办法。工作标准是按岗位来制定的，岗位大体上分为生产岗位（或操作岗位）和管理岗位（或工作岗位）两大类。生产岗位制定的标准称为作业标准或操作标准。作业标准可按不同的生产岗位制定。管理岗位制定的标准称为管理标准或工作标准。这类标准可以针对某种固定的管理岗位或某种管理职务而制定：按管理岗位来制定，如收发员、会计员、出纳员、调度员等管理岗位的工作标准；按管理职务来制定，如厂长、总工程师、总会计师、人事处长、办公室主任等管理职务的工作标准。

（三）按标准功能范围分类

按标准的审批权限和作用范围分类可分为国际标准、区域标准、国家标准、行业标准、地方标准和团体标准、企业标准 7 类，其中前面 2 类为国外标准的分类。国外标准不是指某个国家的标准，而是指国际间共同使用的标准，分为国际标准和区域标准。后面 5 类是我国标准的分类。根据《中华人民共和国标准化法》的规定，我国标准分为国家标准、行业标准、地方标准和团体标准、企业标准 5 类，也可称为我国的五级标准，各层次之间有一定的依从关系和内在联系，形成一个覆盖全国而又层次分明的标准体系。国务院印发的《深化标准化工作改革方案》（国发〔2015〕13 号）明确改革措施：把政府单一供给的现行标准体系，转变为由政府主导制定的标准和市场自主制定的标准共同构成的新型标准体系。政府主导制定的标准由 6 类整合精简为 4 类，分别是强制性国家标准和推荐性国家标准、推荐性行业标准、推荐性地方标准；市场自主制定的标准分为团体标准和企业标准。政府主导制定的标准侧重于保基本，市场自主制定的标准侧重于提高竞争力，同时建立完善与新型标准体系配套的标准化管理体制。

1. 国际标准

国际标准是由国际标准化组织（ISO）、国际电工委员会（IEC）和国际电信联盟（ITU）等全球性的国际组织所制定的标准。国际标准化组织已列入《国际标准题内关键词索引》中的 27 个国际组织，包括国际原子能机构（IAEA）、国际铁路联盟（UIC）、国际计量局（BIPM）、世界卫生组织（WHO）等。国际标准化组织 ISO 的代号和编号的格式为：ISO+标准号+［杠+分标准号］+冒号+发布年号（方括号中的内容可有可无）。例如，ISO8402：1987 和 ISO9000：1994 都是 ISO 标准代号和编号。

2. 区域标准

区域标准是指由区域性的国家集团的标准化组织制定和发布的标准，在该集团各成员国之间通用。这些国家集团的标准化组织的形成，有的是由于地理上毗邻，如拉丁美洲的泛美技术标准委员会（COPANT）；有的是因为政治上和经济上有共同的利益，如欧洲标准化委员会（CEN）。区域标准对国际标准化既可能产生有益的促进作用，也可能成为影响国际统一协调的消极因素。

3. 国家标准

国家标准是指对关系到全国经济、技术发展的标准化对象所制定的标准，它在全国各行业、各地方都适用。《中华人民共和国标准化法》第十条规定："对保障人身健康和生命财产安全、国家安全、生态环境安全以及满足经济社会管理基本需要的技术要求，应当制定强制性国家标准。国务院有关行政主管部门依据职责负责强制性国家标准的项目提出、组织起草、征求意见和技术审查。国务院标准化行政主管部门负责强制性国家标准的立项、编号和对外通报。国务院标准化行政主管部门应当对拟制定的强制性国家标准是否符合前款规定进行立项审查，对符合前款规定的予以立项。省、自治区、直辖市人民政府标准化行政主管部门可以向国务院标准化行政主管部门提出强制性国家标准的立项建议，由国务院标准化行政主管部门会同国务院有关行政主管部门决定。社会团体、企业事业组织以及公民可以向国务院标准化行政主管部门提出强制性国家标准的立项建议，国务院标准化行政主管部门认为需要立项的，会同国务院有关行政主管部门决定。强制性国家标准由国务院批准发布或者授权批准发布。法律、行政法规和国务院决定对强制性标准的制定另有规定的，从其规定。"第十一条规定："对满足基础通用、与强制性国家标准配套、对各有关行业起引领作用等需要的技术要求，可以制定推荐性国家标准。推荐性国家标准由国务院标准化行政主管部门制定。"

国家标准一般为基础性、通用性较强的标准，是我国标准体系中的主体。国家标准在全国范围内适用，其他各级标准不得与之相抵触。国家标准一经批准发布实施，与国家标准相重复的行业标准、地方标准即行废止。

我国国家标准代号由大写汉字拼音字母构成，强制性国家标准代号为GB，推荐性国家标准的代号为GB/T。国家标准的编号由国家标准代号、标准发布的顺序号和发布的年号组成。标准顺序号用阿拉伯数字，后面加"—"，再加发布的年号表示，如2008年发布的GB/T 19000—2008标准。

4. 行业标准

对于需要在全国某个行业范围内统一的标准化对象所制定的标准称为行业标准。行业标准专业性较强，是国家标准的补充。《中华人民共和国标准化法》第十二条规定："对没有推荐性国家标准、需要在全国某个行业范围内统一的技术要求，可以制定行业标准。行业标准由国务院有关行政主管部门制定，报国务院标准化行政主管部门备案。”

行业标准的编号由行业标准代号、标准顺序号和年号组成。行业标准的代号由国务院标准化机构规定，不同行业的代号各不相同，如：民政行业的代号为 MZ、轻工行业为 QB、医药行业为 YY 等。行业标准属于推荐性标准，推荐性标准的编号应在其标准代号之后加上“/T”。

5. 地方标准

地方标准是在国家的某个省、自治区、直辖市范围内需要统一的标准。《中华人民共和国标准化法》第十三条规定：“为满足地方自然条件、风俗习惯等特殊技术要求，可以制定地方标准。地方标准由省、自治区、直辖市人民政府标准化行政主管部门制定；设区的市级人民政府标准化行政主管部门根据本行政区域的特殊需要，经所在地省、自治区、直辖市人民政府标准化行政主管部门批准，可以制定本行政区域的地方标准。地方标准由省、自治区、直辖市人民政府标准化行政主管部门报国务院标准化行政主管部门备案，由国务院标准化行政主管部门通报国务院有关行政主管部门。”地方标准在本行政区域内适用，不得与国家标准和行业标准相抵触。

地方标准的编号由地方标准代号、标准顺序号和发布年号组成。地方标准代号由汉语拼音字母“DB”加上省、自治区、直辖市行政区划代码前两位数字，组成地方标准代号。例如：“DB11”是北京市地方标准代号，“DB31”是上海市地方标准代号，浙江省地方标准代号是“DB33”。

6. 团体标准

团体标准是由具有法人资格，且具备相应专业技术能力、标准化工作能力和组织管理能力的学会、协会、商会、联合会和产业技术联盟等社会团体，按照团体确立的标准制定程序自主制定发布，由社会自愿采用的标准。《中华人民共和国标准化法》第十八条规定：“国家鼓励学会、协会、商会、联合会、产业技术联盟等社会团体协调相关市场主体共同制定满足市场和创新需要的团体标准，由本团体成员约定采用或者按照本团体的规定供社会自愿采用。制定团体标准，应当遵循开放、透明、公平的原则，保证各参与主体获取相关信息，反映各参与主体的共同需求，并应当组织对标准相关事项进行调查分析、实验、论证。国务院标准化行政主管部门会同国务院有关行政主管部门对团体标准的制定进行规范、引导和监督。”

依据《中华人民共和国标准化法》，由国家标准化管理委员会、民政部制定的《团体标准管理规定》（国标委联〔2009〕1 号）第三条规定：“团体标准是依法成立的社会团体为满足市场和创新需要，协调相关市场主体共同制定的标准。”社会团体可在没有国家标准、行业标准和地方标准的情况下，制定团体标准，快速响应创新和市场对标准的需求，填补现有标准空白。鼓励社会团体制定严于国家标准和行业标准的团体标准，引领产业和企业的发展，提升产品和服务的市场竞争力。团体标准应符合法律法规和强制性标准要求，不得损害人身健康和生命财产安全、国家安全、生态环境安全。《团体标准管理规定》第十条规定：“制定团体标准应当有利于科学合理利用资源，推广科学技术成果，增强产品的安全性、通用性、可替换性，提高经济效益、社会效益、生态效益，做到技术上先进、经济上合理。制定团体标准应当在科学技术研究成果和社会实践经验总结的基础上，深入调查分析，进行实验、论证，切实做到科学有效、技术指标先进。禁止利用团体标准实施妨碍商品、服务自由流通等排除、限制市场竞争的行为。”社会团体应遵循开放、公平、透明和协商一致的原则，吸纳利益相关方广泛参与，遵守 WTO/TBT 协定中关于制定、采用和实施标准的良好行为规范，制定团体标准化工作相关的管理办法，严格团体标准制修订程序。《团体标准管理规定》第十七条规定：“团体标准编号依次由团体标准代号、社会团体代号、团体标准顺序号和年代号组成（如图 1-1 所示）。

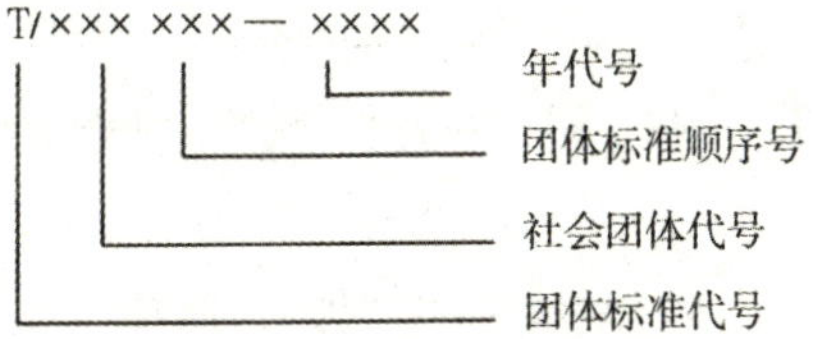

图 1-1　团体标准代号编写

7. 企业标准

企业标准是指由企业制定的产品标准和为企业内需要协调统一的技术要求和管理、工作要求所制定的标准。《中华人民共和国标准化法》第十三条规定：“为满足地方自然条件、风俗习惯等特殊技术要求，可以制定地方标准。地方标准由省、自治区、直辖市人民政府标准化行政主管部门制定；设区的市级人民政府标准化行政主管部门根据本行政区域的特殊需要，经所在地省、自治区、直辖市人民政府标准化行政主管部门批准，可以制定本行政区域的地方标准。地方标准由省、自治区、直辖市人民政府标准化行政主管部门报国务院标准化行政主管部门备案，由国务院标准化行政主管部门通报国务院有关行政主管部门。”第十九条规定：“企业可以根据需要自行制定企业标准，或者与其他企业联合制定企业标准。”国务院印发的《深化标准化工作改革方案》（国发〔2015〕13 号）明确要放开搞活企业标准：企业根据需要自主制定、实施企业标准。鼓励企业制定高于国家标准、行业标准、地方标准，具有竞争力的企业标准。建立企业产品和服务标准自我声明公开和监督制度，逐步取消政府对企业产品标准的备案管理，落实企业标准化主体责任。鼓励标准化专业机构对企业公开的标准开展比对和评价，强化社会监督。

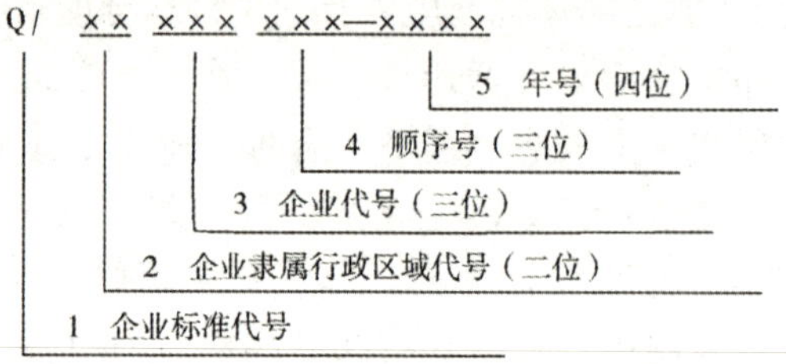

图 1-2 企业标准代号编写

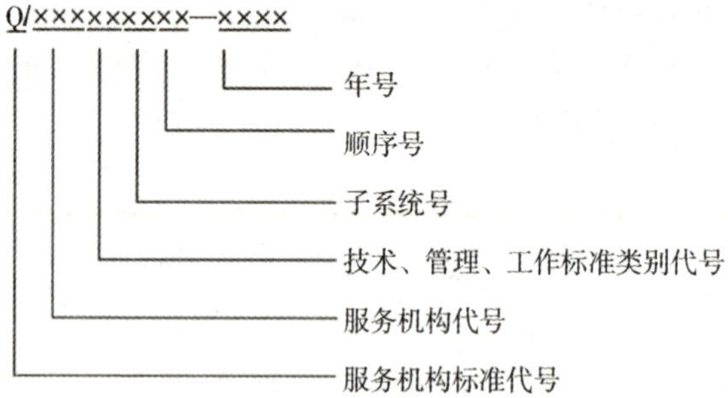

图 1-3 服务机构标准代号编写

企业标准的编号由企业标准代号（Q）加斜线、企业代号、标准顺序号和发布年号组成（如图 1-2 所示）。企业标准代号“Q/”代表企业制定、批准、发布的企业标准；企业隶属行政区域代号是用区、县名称或工业局、总公司名称的两位汉语拼音字头表示；企业代号由企业定，一般用企业名称的汉语拼音字头或英文缩写的 3 个字母表示；顺序号是企业自己制定的企业标准的顺序号，用 3 位阿拉伯数字表示；年号用 4 位数表示。如图 1-3 是服务机构标准代号编写的规则。

《中华人民共和国标准化法》第二十一条规定：“推荐性国家标准、行业标准、地方标准、团体标准、企业标准的技术要求不得低于强制性国家标准的相关技术要求。国家鼓励社会团体、企业制定高于推荐性标准相关技术要求的团体标准、企业标准。”

标准的分类有多种（如表 1-1 所示）。

表 1–1 标准的分类

按标准的层级分	按标准的性质分(1)	按标准的属性分(2)	按标准的对象分(3)
国家标准	强制性标准	技术标准	基础标准
行业标准	推荐性标准	管理标准	安全卫生标准
地方标准		工作标准	环保标准
团体标准			工程建设标准
企业标准			产品标准
			方法标准
			管理技术标准
			其他标准

（1）适用于国家标准、行业标准和地方标准的分类。
（2）适用于企业标准的分类。（3）适用于国家标准、行业标准和地方标准的分类。

三、标准化及其系统

（一）标准化的定义

国际标准化组织与国际电工委员会在 2004 年联合发布的《ISO/IEC 指南 2》中，“标准化”的术语及其定义为：“标准化是对实际与潜在问题作出统一规定，供共同和重复使用，以在预定的领域内获取最佳秩序的活动。”我国《标准化工作指南 第 1 部分：标准化和相关活动的通用词汇》（GB/T 20000.1）修改采用（MOD）“标准化”的上述国际标准定义，对“标准化”给出了定义：“为在一定范围内获得最佳秩序，对现实问题或潜在问题制定共同使用和重复使用的条款的活动。”同时注明：上述活动主要包括编制、发布和实施标准的过程；标准化的主要作用在于为了其预期目的改进产品、过程或服务的适用性，防止贸易壁垒，并促进技术合作。该定义是等同采用《ISO/IEC 指南 2》的定义，所以也可以说是 ISO/IEC 给出的“标准化”定义。

（二）标准化的内涵

1. 标准化是有组织的活动过程

标准化不是一个孤立的事物，而是一个活动过程，主要是制定标准、实施标准进而修订标准又实施标准的一个不断循环、螺旋式上升的运动过程。

每完成一个循环，标准的水平就提高一步。标准化作为一门学科就是标准化学，主要研究标准化活动过程中的客观规律即原理和方法。标准化作为一项工作，就是根据客观情况的变化，不断促进这种循环过程的进行和发展。只要标准化对象存在，标准化活动就不会中止，它会通过修订标准、实施标准，不断提高标准水平，持续改进，以适应和促进标准化主体的发展。

2. 标准化是一项有目的的活动

标准化可以有一个或更多特定的目的，以使产品、过程或服务具有适用性。这样的目的可能包括品种控制、可用性、兼容性、互换性、健康、安全、环境保护、产品防护、相互理解、经济效益、贸易，等等。一般来说，标准化的主要作用，除了为达到预期目的改进产品、过程或服务的适用性之外，还包括促进技术合作、防止贸易壁垒等。标准化的目的和作用是要通过制定和实施具体的标准来体现的。所以，标准化活动不能脱离制定（修订）和实施标准，这是标准化的基本任务和主要内容。标准化的效果只有当标准在社会实践中实施以后，才能表现出来。因此，标准化的全部活动中，实施标准是个不容忽视的环节，这一环节中断了，标准化循环发展过程也就中断了。

3. 标准化具有明确的活动成果

标准化的效能和目的是要通过制定和实施标准来体现的，所以制定各类标准、组织实施标准和对标准的实施进行监督或检查构成了标准化的基本任务和主要活动内容。因此应该把质量活动文件（如质量手册、程序文件等）编制为标准，以便使标准化与全面质量管理更紧密地结合在一起，相互促进，共同提高，获得阶梯式的发展。标准化活动是建立规范的活动。标准的定义中所说的“条款”，即规范性文件内容的表述方式。标准化活动所建立的规范具有共同使用和重复使用的特征。条款或规范不仅针对当前存在的问题，而且针对潜在的问题，这是信息时代标准化的一个重大变化和显著特点。

4. 标准化对象和领域的动态性

标准化的对象和领域都在随着时间的推移不断地完善、扩展和深化。过去主要制定产品标准、技术标准，现在又要制定管理标准、工作标准；过去主要在工农业生产领域，现在已扩展到安全、卫生、环境保护、行政管理领域；过去只对实际问题进行标准化，现在还要对潜在的问题实行标准化。即使是同一项标准，随着标准化对象的发展、人们认识的深化，其标准内容和水平也在发展完善或改变、深化。标准化随着社会客观需要不断地发展和深化的这种相对性，还表现在标准化与非标准化的互相转化上，非标准化事物中包含有标准化的因素，标准化的事物中也应允许非标准化的东西，使其适应社会多样化的需要。

5. 标准化注重过程质量的改进

标准化的效果只有当标准在实施中付诸重复使用后才能体现出来，只制定而不实施标准或者标准实施过程不增值，都不能取得标准化效益。标准化的目的和重要意义在于改进活动过程和产品的适用性，提高活动过程质量、过程产品质量，同时达到便于交流和协作，尤其可消除国际贸易中的技术壁垒。

（三）标准化的层次

标准化的层次指“标准化所涉及的地理、政治或经济区域的范围”。“标准化可以在全球或某个区域或某个国家层次上进行，也可以在某个国家的某个地区内，在一个行业或部门、地方层次上、行业协会或企业层次上以及在一个单位的车间或业务部门进行”（《ISO/IEC 指南 2》）。依据标准化层次的上述定义和注释，一般把标准化层次划分为下列 6 个。

1. 国际标准化

国际标准化是“所有国家的有关机构均可参与的标准化”（《ISO/IEC 指南 2》）。国际标准化是在 19 世纪后期从计量单位、材料性能与试验方法和电工领域起步的。20 世纪 40 年代后，国际标准化组织（ISO）成立，国际标准化随着社会科技进步与经济发展逐渐发展起来，国际标准范围也从基础标准如术语标准、符号标准、试验方法标准逐步扩展到产品标准，从技术标准延展到管理标准（如 ISO9000 族标准）。1979 年关税贸易总协定（GATT）东京回合谈判达成的“贸易技术壁垒协议（TBT）”使国际标准化的权威性得到空前提高，采用国际标准成为各国标准化的基本战略方法与政策。

2. 区域标准化

区域标准化是“仅由世界某一地理、政治或经济区域内国家的有关机构可参与的标准化”（《ISO/IEC 指南 2》）。由于世界各地区民族不同，习惯风俗各异，经济技术水平不一，为了维护与保障某一地理、政治或经济区域内的民族利益，促进该区域经济发展，消除区域内贸易技术壁垒，欧洲、亚洲、美洲、非洲和阿拉伯地区等区域先后成立了区域标准化机构，如欧洲标准化委员会（CEN）、亚洲标准咨询委员会（ASAC）、阿拉伯标准化与计量组织（ASMO）、非洲地区标准化组织（ARSO）、泛美技术标准委员会（COPANT）等。欧洲标准化为当今世界上最重要，也是最有绩效的区域标准化活动。

3. 国家标准化

国家标准化是“在某一国家层次进行的标准化”（《ISO/IEC 指南 2》）。国家标准化的主要任务是依据本国技术、经济与政治管理需要，制定标准化法律、法规、规章和方针政策，组织制定与实施国家标准化，以建立文明秩序，促进科学技术、经济贸易的发展，维护国家和人民权益。由于各国政治、经济体制不同，各国标准化组织性质与活动方式也不同。在国际标准化舞台上，发挥重要作用的国家标准化主要是美、英、法、德、日、俄等经济发达国家的国家标准化。我国正在实施“自主创新、重点跨越、支撑发展、引领未来”的指导方针和标准化发展战略，将在世界标准化舞台上发挥越来越重要的作用。

4. 行业标准化

行业标准化是由某一国家内行业标准化机构或行业协会开展的标准化活动。行业标准化既符合行业管理的客观需要，又是国家标准化的基础与补充，并可有效指导本行业的企业标准化，必要时，还可参与某一领域的国际标准化或区域标准化的活动，成为其重要组成部分。如美国机械工程师协会（ASME）、美国石油学会（API）、英国劳氏船级社（LR）等行业协会开展的机械、石油、船舶行业标准化。

5. 地方标准化

地方标准化是“在一个国家的某一地区层次上进行的标准化”（《ISO/IEC 指南 2》）。在一些地域辽阔的国家，如美国、俄罗斯和中国，都有地方标准化，适应当地政治、经济与人民生活的客观需要，是国家标准化的重要基础和补充，也能指导和促进本地区企业标准化的有效开展。在农业、旅游业及其他具有地方特色的领域内，地方标准化更是十分重要的一个层次。

6. 组织标准化

组织是“职责、权限和相互关系得到安排的一组人员及设施，如公司、集团（或企业、产业联盟）、企事业单位（学校和医院等）、研究机构、慈善机构、代理商、社团（如协/学会）或上述组织的部分或组合”。组织标准化是发生在组织层次的标准化，是最基本、最重要的标准化层次，也是国际、区域、国家、行业和地方标准化的基础和落脚点。国务院印发的《深化标准化工作改革方案》（国发〔2015〕13 号）明确提出要培育发展团体标准。在标准制定主体上，鼓励具备相应能力的学会、协会、商会、联合会等社会组织和产业技术联盟协调相关市场主体共同制定满足市场和创新需要的标准，供市场自愿选用，增加标准的有效供给。在标准管理上，对团体标准不设行政许可，由社会组织和产业技术联盟自主制定发布，通过市场竞争优胜劣汰。国务院标准化主管部门会同国务院有关部门制定团体标准发展指导意见和标准化良好行为规范，对团体标准进行必要的规范、引导和监督。在工作推进上，选择市场化程度高、技术创新活跃、产品类标准较多的领域，先行开展团体标准试点工作。我国的企业（产业）联盟、学校、医院、协会（学会）、科研院所等组织都在开展标准化工作。企业标准化包括各类企业及其内部各部门、各车间乃至班组的标准化，既是企业科学管理的重要基础，也是组织标准化的主体。《全国民政标准化“十三五”发展规划》（民发〔2016〕142号）提出：研究确定民政范围团体标准制定的范围、内容、流程和实施要求，选择标准需求量大、行业认同度高、标准化基础优的社会组织或产业联盟，开展民政团体标准化试点，在社会急需且国家标准和行业标准尚未覆盖的民政业务领域开展团体标准制定、推广和使用工作。

（四）标准化的系统

系统是“同类事物按一定关系组成的整体”，标准化系统就是标准化事物按一定内在关系组成的整体。从标准化的定义和标准化的实践工作可知，与标准化相关的事物主要有问题、活动、标准、机构、法规或制度、资源等因素。问题，即标准化课题，是依存主体的标准化对象，无论是实际问题，还是潜在问题，都可以成为标准化的对象。活动，即标准化活动过程，是组织制定与实施标准、修订标准以及再实施标准以及对标准的实施进行监督或检查的活动过程，它是标准化的主线。标准，即标准化活动的成果，也是标准化活动过程的结果，构成标准化系统的标准应组合成标准体系。机构，即标准化组织，是开展标准化活动的组织保证。法规或制度，即开展标准化活动的法定程序。资源，即开展标准化活动所需的人力、财务、信息和物力等资源。人力资源就是标准化专业人员，是开展标准化活动的关键要素，没有标准化人员，也就不能开展标准化活动。物力资源则是指与开展标准化活动有关的各类物质条件，如各种设施、设备、电子计算机、计量测试仪器、仪表，等等。

标准化系统是为开展标准化所需的课题、过程、组织、标准、法规制度及资源构成的有机整体。可以把标准化系统分成标准化课题（即依存主体对象）、标准化工作体系与标准化体系 3 部分。标准化课题是建立标准化系统的前提，标准化工作体系是标准化系统的运行主体，标准化体系是标准化系统的运行结果。依据标准化层次，可以把标准化系统分成国家标准化系统、行业标准化系统、专业标准化系统、地方标准化系统、组织或企业标准化系统等。依据标准化对象，可以把标准化系统分为产品标准化系统、工程标准化系统、信息标准化系统、能源标准化系统等。在一个组织的标准化系统内，也可以分成基础标准化工作系统、技术标准化系统（如工艺标准化系统、设备标准化系统等）、管理标准化系统、工作标准化系统等。

第二节　标准化的主要原理

标准化活动是为数众多的人的一种社会实践，而且是有组织、有目的的实践。伴随着这种实践的总结便是理论的提炼。否则，标准化实践既不可能取得成功，更不可能上升到它的高级阶段。国际标准化组织（ISO）于 1952 年成立了标准化原理研究常设委员会（STACO），其首要职责是在标准化原理、方法和技术方面充当 ISO 理事会的顾问，在考虑标准化经济问题的同时，使 ISO 的标准化活动取得最佳效果。

一、标准化基本原理

“原理”是“带有普遍性的、最基本的，可以作为其他规律基础的规律，具有普遍意义的道理”。标准化原理是揭示标准化活动中最基本的客观规律，应该作为标准化工作的规则。

（一）超前预防原理

标准化对象是“需要标准化的主题”（《ISO/IEC 指南 2》）。标准化的主题是实际存在的或潜在的重复发生事项，如产品、过程、系统、接口、协议、程序、功能、方法或活动等，也可以是这些对象的某一特定方面，如服装的尺寸、规格等。一人一衣定制，必然效率低下，也不能组织批量生产，但是采用标准化方法，依据人体尺寸，制定男（女）衣服规格尺寸标准，就可以组织批量生产，提高产量，降低制衣成本。

标准化的第一项原理是：“标准化的对象不仅要在依存标准化课题的实际问题中选取，而且更应从其潜在的问题中选取，以避免该对象非标准化发展后造成的损失。”这表明，现代标准化不能像传统标准化那样，仅对已发生多样化、导致混乱的问题实行标准化（简化），现代科学技术的高速发展，往往会使这样的简化付出相当大的代价。因此，对潜在问题实施超前标准化，就会有效地预防不必要的多样化和复杂化。

（二）系统优化原理

系统工程认为任何事物都存在于一定的系统之中，标准化对象也不例外，只有从系统的观点出发，即把对象作为一个系统来对待，运用系统的方法、程序，才能使其从系统总体上达到最优效率的目标。

标准化的第二项原理是：“标准化对象应优先考虑其所依存主体系统中能获得最佳效益的问题。”这表明，没有标准化效益的问题（或项目），不必去实行标准化。在能获取标准化效益的问题中，首先应考虑能获取最大效益的问题。在考虑标准化效益时，不仅要考虑对象系统的局部化（个别化）效益，更应考虑对象所在依存主体系统即全局的最佳效益。如一个企业的环境保护标准化，不仅要看对企业能否取得效益，而且还要看企业所在地区的环境系统效益。

标准竞争的胜出不仅仅依靠领先的技术优势，更取决于标准建设与管理这一系统工程的优化。早在 1976 年，Levitt 就认为，系统化与作业流程的标准化是大规模多元化服务业成长的基础。服务企业能在不同地点有效率地提供统一质量标准的服务，主要依赖标准化的环境设备、作业方法和工作流程，引导员工照表操作，并将个别的服务作业任务自动化。美国印第安纳大学商学院教授罗杰·施曼纳（Roger W. Schmenner）在对不同服务类型进行比较分析的基础上，不仅根据劳动密集程度、顾客接触程度、服务顾客化程度建立了服务流程矩阵，还建议利用面向流程的动作研究、时间研究、样本法、工作行为分析和流程图等工业工程技术来制定服务标准。美国经济学家卡尔·夏皮罗（Carl Shapiro）等则明确提出，标准战争的胜负并非简单取决于标准，而是依靠对七种关键系统资产的掌握：对用户安装基础（指已有的客户规模）的控制，知识产权，创新能力，先发优势，生产能力，互补产品的力量，品牌和声誉。服务标准的系统化可以归因于标准的系统化以及系统化的服务，借助系统工程的方法对全球化背景下的服务标准化进行系统研究，可建立一个将复杂的服务标准制定活动简化的阶段模型，简化的服务标准化阶段模型（Inka，2006）把服务标准化活动分成项目前期、调查、分析、战略评估、标准实施及效益评价等 6 个阶段。

（三）协商一致原理

标准与法律法规不同，无论是国际标准，还是国家标准、行业标准，大多是推荐性标准，自愿执行的标准。因此，制定标准的各方应协商一致，即“普遍同意，表征为对于实质性问题、有关重要方面没有坚持反对意见，并按程序对有关各方的观点进行研究和对争议经过协调”（《ISO/IEC 指南 2》），但这并不意味着没有异议。

标准化的第三项原理是：“标准化活动的成果（即标准）应建立在相关各方协商一致的基础上。”这表明，标准化活动的成果（即标准）要让大家尤其是使用人公认并接受和理解，才会去执行，就必须在标准的起草和编制过程中，让与标准相关的各方面充分协商一致，取得共识。这样既可以使标准制定得科学合理，并具有广泛的基础，又可以为标准顺利、有效地实施创造前提条件。我国采取标准制定项目公开招标制度，标准草案刊登在有关标准化的刊物和报纸上，或发布到互联网上，公开征求大家的意见，就是这个协商一致原理的实际应用。

（四）统一有度原理

标准化的核心活动就是统一，但不是统一到一个尺寸、一个特性上，“单一化”并不是标准化，不能满足人类对多样化的客观需求，也不符合事物发展的客观规律。

标准化的第四项原理是：“在一定范围、一定时期和一定条件下，对标准化对象的特性和特征作出统一规定，以实现标准化的目的。”即统一有度原理，是标准化的本质与核心，它使标准化对象的形式、功能及其他技术特征具有一致性。这项原理表明，等效是统一的前提条件，只有统一后的标准与被统一的对象具有功能上的等效性，才能由统一的标准替代原来不统一的事物。统一要先进、科学、合理，也就是要有度。

统一是有一定范围或层次的，应根据标准化的适用范围和层次确定标准宜制定为哪一层级的标准。统一是在一定水平上的统一，由此决定标准的先进性即技术指标的高低。统一又是有一定量度的，有的标准要规定统一的量值，如全国运行铁路的轨距统一为1435mm，民用电的电压和频率统一到220V、50Hz；有的要统一规定量值的上限（如食品中有害物质含量）、下限（如食品中营养成分含量），更多的是规定上下允许差值（如某一机器零件的几何尺寸标准）。此外，统一还可以符合一定的数系，即标准化的数系（如优先数系）。如水表的型号尺寸、灯泡的瓦数系列等都是采用优先数系来统一水表、灯泡的相关技术特性指标，以满足大多数人的客观需要，也便于企业批量生产。

（五）动变有序原理

世界上任何事物都在发展变化中，稳定是相对的，变动是绝对的。标准的使用环境也不可能一直稳定不变，要使标准适用有效，就必须使其随使用的环境不同而改变，但这种变动应该是有规定的，有科学程序的。

标准化活动的第五项原理是：“标准应依据其所处环境条件的变化而按规定的程序适时修订，以保证标准的先进性和适用性。”这表明，标准是一定时期内依存主体技术或管理水平的反映，随着时间的变化，必然导致标准使用环境条件的变化，标准不应该是永恒不变的，它有一定的适用期，应该随着标准依存主体的发展变化而及时进行修订，以适应其发展的客观需要，否则就会因滞后而丧失其适用性。标准的修订要按规定的时间、规定的程序进行修订和审批，无论是国际标准、国家标准，还是行业标准、地方标准，都规定了标准的5年有效期。企业的生产经营、技术开发的速度更快，团体标准和企业标准的适用范围又是在团体及其企业，因此它们的有效期较短，一般为3年。

（六）互换兼容原理

互换性是指一种产品、服务或过程能代替另一产品、服务或过程，满足同样需求的能力，它一般包括功能互换性和尺寸互换性。兼容性是指不同产品、服务或过程在规定条件下一起使用，能满足有关要求而不会引起不可接受的干扰的适宜性。1798年，美国人艾利·惠特尼（Eli. Whitney）在制造来复枪的过程中，运用了互换性原理，首先成批制造具有互换性的零部件大量组装步枪，满足了当时美国独立战争的需要。古今的建筑工程师和工人运用这一原则快速建造了积木式的高大建筑群，集装箱尺寸系列标准的实施使汽车、船舶等运载设备充分发挥了效用。

产品的互换兼容必然要求相应的标准具有互换兼容性。如各种相关品牌的轿车轮胎可互换，船舱（机舱）的容积尺寸标准必须与集装箱的外形相兼容。这种互换兼容性越高，标准化程度就越高，为生产和使用产品的人们带来便利就越大。为此，ISO把互换性和兼容性纳入《ISO/IEC指南2》中标准化范围之内。

标准化的第六项原理是："标准应尽可能使不同的产品、服务或过程实现互换和兼容，以扩大标准化效益。"研发新产品、拓展新服务以及开展各项活动过程中，都应该重视和尽可能实现互换和兼容问题，以实现标准化活动效益的最大化。如产品设计中间要确定标准化系数，标准化系数越大，说明原理应用得越好。近代很多机床电子产品采用组合化、模块化设计，更是这项原理的应用。

（七）阶梯发展原理

标准化的第七项原理是："标准化活动过程是阶梯状的倒四边形的、呈上升发展的过程。"标准的制定意味着标准化活动过程的开始。只要这个标准不废除，这个标准化活动过程就不会停止。标准每修订一次，标准水平就提高一阶。一般来说，修订过的标准比原标准的内容更加全面、完善。

标准化作为一项工作过程，是制定标准（P）、组织实施标准（D）和对标准的实施进行监督或检查（C），并作相应的处理（A）的过程。它要根据国民经济或企业内外等客观环境条件的变化而不断地促进标准化活动过程的"PDCA"进行，以促进国民经济或企业的发展，提高社会文明生活水平。如此反复循环，就可以持续改进和完善标准化活动过程，形成一个标准化过程模式。标准化活动过程的循环使标准水平逐渐提高，就像走楼梯一样，一阶一阶地登高，它形象地反映了标准化必须伴随其依存主体的技术水平的提高而提高。至于阶梯的提高幅度，一般应依存于标准主体的技术或经济发展要求、标准的层级及其标准的适用范围等具体情况而确定。标准化工作的“PDCA”过程与全面质量管理的“PDCA”循环是完全一致的（见表1-2）。

表1-2　标准化与全面质量管理的关系

阶段	标准化	全面质量管理
P	制定标准	计划（采用5W1H策划编制质量文件）
D	实施标准	实施（QMS文件，质量计划等）
C	对标准实施进行监督和检查	检查（内/外审）
A	后评价处理（计算标准化经济和社会效果，确认、修订、更改或废止标准）	处置（巩固质量活动成果或纠正不合格项）

（八）滞阻即废原理

任何标准都有两重性，既可促进标准化对象依存主体的顺利发展而获取标准化效益，也可制约或阻碍其依存主体的发展，而带来负效应。因此对标准要定期或不定期复审，确认其是否适用。

标准化的第八项原理是：“当标准制约或阻碍其依存主体的正常发展时，应立即废止。”这表明，标准是一把“双刃剑”，先进的标准会获得最佳秩序和效益，而落后的标准会阻碍标准化对象的发展，带来负效益。《中华人民共和国标准化法》第二十九条规定：“国家建立强制性标准实施情况统计分析报告制度。国务院标准化行政主管部门和国务院有关行政主管部门、设区的市级以上地方人民政府标准化行政主管部门应当建立标准实施信息反馈和评估机制，根据反馈和评估情况对其制定的标准进行复审。标准的复审周期一般不超过五年。经过复审，对不适应经济社会发展需要和技术进步的应当及时修订或者废止。”标准到了有效期的最后一年，标准的审批部门或归口的技术委员会组织对标准的适用有效性进行审查，审查结果按以下4种方式处理：一是更改，改动、增加或删除标准文件中那些不适用部分的内容条文，一般以发布“标准更改通知单”形式表述；二是修订，对标准文件的不适用内容作较大的修改并换版，一般要重新批准、发布，更新发布年份；三是废止，公布标准文件作废，停止实施，一般是指标准依存主体已发生根本变化，原标准已无效用或已有新标准替代的情况；四是确认，确认标准的适用，继续实施，并在封面上盖××××年确认章。

二、国外标准化原理

一百多年来，世界各国对标准化活动基本规律的探索和研究一直没有停止过，也出版了一些有关标准化原理的专著，如 1972 年，曾经担任印度标准学会（ISI）主席的魏尔曼博士（Laic. Verman）所著的《标准化是一门新学科》、日本古川光等所著的《标准化》等。如日本在 1958 年设立了标准化原理委员会（JSA/STACO），开展了标准实施状况的调查以及标准化经济效果的计算方法和标准化术语的研究。次年，官城精吉提出了标准化的两个基本原理（经济性的基本原理和对策规则的基本原理）和一系列分原理。俄罗斯标准化学者在标准化理论研究和教学上做了不少工作，1989 年决定在莫斯科仪表学院等高等、中等院校设立计量标准和质量管理专业，开设“标准化与产品质量管理”“互换性与标准化”“标准化与质量”等课程，之后又分为“计量与计量保证”“标准化与认证”和“质量管理”3 个独立专业。标准化原理研究影响较大的有英国的桑德斯（T. R. B. Sanders）1972 年所著的《标准化的目的与原理》中提出的七项原理，日本松浦四郎著作《工业标准化原理》中所提出的十九项原则。

（一）英国桑德斯的七项原理

英国标准化专家桑德斯（T. R. B. Sanders）认真总结了标准化活动过程，即“制定→实施→修订→再实施”标准过程的实践经验。他从标准化的目的、作用和方法上提炼出七项原理，并阐明标准化的本质就是有意识地努力达到简化以减少目前和预防以后的复杂性。

原理 1：从本质上来说，标准化是社会有意识地努力达到简化的行为。标准化不仅是为了减少当前的复杂性，也是为了预防将来产生不必要的复杂性。

原理 2：标准化不仅是经济活动，也是社会活动，应该通过所有相关者的互相协作来推动，标准的制定必须建立在全体协商一致的基础上。

原理 3：出版了标准，如果不实施，就没有任何价值。在实施标准时，为了多数利益而牺牲少数利益的情况是常有的。

原理 4：在制定标准时，最基本的活动是选择以及将其固定。因此，要慎重地从中选择对象和时机。标准应该在某一时期内固定不变，以利于实施。

原理 5：标准要在规定的时间内复审，必要时还应进行修订。

原理 6：制定产品标准时，必须对有关的性能规定出能测定或能测量的数值。必要时，还应规定明确的试验方法和必要的试验装置。需要抽样时，应规定抽样方法、样本大小和抽样次数等。

原理 7：标准是否以法律形式强制实施，应根据标准的性质、社会工业化程度、现行法律和客观情况等慎重地加以考虑。

（二）日本松浦四郎的十九项原则

日本政法大学教授松浦四郎从 1961 年担任 ISO/STACO 和日本规格协会标准化原理委员会（JSA/STACO）成员就开始研究标准化理论，先后发表了《工业标准化原理》《简化的经济效果》与《产品标准化》等论著，是“巧妙地尝试了用数学方法解决品种简化及其经济效果问题的标准化专家”。松浦四郎在 1972 年出版的《工业标准化原理》一书中，全面系统地研究和阐述了标准化活动过程的基本规律，提出了下列十九项原则：标准化本质上是一种简化，是社会自觉努力的结果；简化是减少某些事物的数量；标准化不仅能简化目前的复杂性，还能预防将来产生不必要的复杂性；标准化是一项社会活动，各有关方面应相互协作来推动它；当简化有效果时，它就是最好的；标准化活动是克服过去形成的社会习惯的一种运动；必须根据各种不同观点仔细地选定标准化主题和内容，优先顺序应从具体情况出发来考虑；对“全面经济”的含义，由于立场的不同会有不同的看法；必须从长远观点来评价全面经济；当生产者的经济和消费者的经济彼此冲突时，应该优先照顾后者，简单的理由是生产商品的目的在于消费或使用；使用简便的最重要一条是“互换性”；互换性不仅适用于物质的东西，也适用于抽象概念或思想；制定标准的活动基本上就是选择然后保持固定；标准必须定期评论，必要时修订，修订时间间隔多长，将视具体情况而定；制定标准的方法，应以全体一致同意为基础；标准采取法律强制实施的必要性，必须参照标准的性质和社会工业化的水平审慎考虑；对于有关人身安全和健康的标准，法律强制实施通常是必要的；用精确的数值定量评价经济效果，仅仅对于使用范围狭窄的具体产品才有可能；在拟标准化的许多项目中确定优先顺序，实际上是评价的第一步。

此外，法国的雷诺（C. Renard）通过对气球绳索规格简化的研究，提出了优先数系理论；法国的艾伯特·卡柯特（Cagnot）于 1939 年在研究产品品种简化与降低产品成本的关系上提出了卡柯特法则（即卡柯特公式）；波兰的约·沃基次基提出了标准化三维空间；英国的西尔伯斯敦（A. Silberston）和马克西（G. Maxcy）通过对汽车产量与成本关系的研究，于 1969 年提出了西尔伯斯敦曲线；俄罗斯的特卡钦科等人合著《标准化对象参数最佳化系统》（1972 年版）。他们都对标准化的基础理论建设作出了巨大的贡献。

三、国内标准化原理

我国于2005年12月30日正式成立标准化原理与方法标准化技术委员会（SAC/TC286），组织和开展有关标准化理论、工作原则和方法及技术管理的科学研究工作，承担与国际标准化组织技术管理局中关于ISO/IEC导则、指南的标准化对口技术业务工作。我国标准化工作者经过多年研究，取得了一批研究成果，学者们普遍认为“简化”“统一”“协调”“最优化”是标准化的基本原理。

（一）简化原理

简化是同人类社会中不必要的复杂化和混乱作斗争的方法，简化可以产生效益。为了指导人们进行合理的简化，从标准化实践的经验中概括出简化原理：具有同种功能的标准化对象，当其多样性的发展规模超出了必要的范围时，即应消除其中多余的、可替换的和低功能的环节，保持其构成的精练、合理，使总体功能最佳。

简化原理除指出了简化时应削减的对象（多余的、可替换的、低功能的环节）之外，简化时必须把握以下两个界限。

一是简化的必要性界限。在事后简化的情况下，只有“当多样性的发展规模超出了必要的范围时”，才应该（或才允许）简化。所谓“必要的范围”是通过对象的发展规模（如品种、规格的数量）与客观实际的需要程度相比较而确定的。运用技术经济分析等方法可以使“范围”具体化、“界限”定量化。

二是简化的合理性界限。简化的合理性界限，就是通过简化应达到“总体功能最佳”的目标。“总体”指的是简化对象的品种构成，“最佳”指的是从全局看效果最佳。它是衡量简化是否做到了既“精练”又“合理”的唯一标准。运用最优化的方法可以从几种接近的简化方案中选择“总体功能最佳”的方案。

（二）统一原理

统一是标准化的基本形式，人类的标准化活动是从统一开始的。最初的统一涉及的范围以及统一的程度都很有限，所以易于掌握合理的尺度。现代社会中被统一的对象有很多，相互关系错综复杂，统一的结果涉及面广，影响深远，所以必须谨慎行事。从统一成功和失败的经验教训中概括出统一原理：在一定时期，一定条件下，对标准化对象的形式、功能或其他技术特性所确立的一致性，应与被取代的事物功能等效。

统一原理的基本思想是：统一的目的是确立一致性；要恰当地把握统一的时机，经统一而确立的一致性仅适用于一定时期，随着时间的推移，还要确立新的更高水平的一致性；统一的前提是等效，把同类对象归并统一后，被确定的“一致性”与被取代的事物之间必须具有功能上的等效性。也就是说，当从众多的标准化对象中选择一种而淘汰其余时，被选择的对象所具备的功能应包含被淘汰的对象所具备的必要功能。

（三）协调原理

任何一项标准都是标准系统中的一个功能单元，既受系统的约束，又影响系统功能的发挥，所以每制定或修订一项新标准都须进行协调。

协调的目的是使系统的功能达到最优。奥地利出生的美国生物学家路德维希·冯·贝塔朗菲（Ludwig Von Bertalanffy）1947 年提出系统论原理，认为系统的性质并非直接来自各个组成部分，而是来自组成整体的各部分的统一体，而且不只是部分的简单总和。根据这一原理，标准系统的功能取决于标准之间（子系统之间）相互适应的程度。为了达到整体系统功能最佳的目标，必须对各子系统进行协调，使系统中各组成部分或各相关因素之间建立起合理的秩序或相对平衡关系。根据这样的观点提出相应的协调原理：在标准系统中，只有当各个标准之间功能彼此协调时，才能实现整体系统的功能最佳。

协调是标准化活动的一种基本方法，在标准化活动中经常被广泛地应用。一个先进的技术标准，应该是一个最佳协调的结果。一个好的产品、先进的工艺方法、合理的设计结构、最佳的参数和技术指标以及正确的管理方法等，都应该是系统内外经过最佳协调的产物。

（四）最优化原理

标准化的最终目的是要取得最佳效益。标准化活动的结果能否达到这个目标，取决于一系列工作的质量。在标准化活动中应始终贯穿“最优”思想。随着生产和科学技术的迅速发展，标准化活动涉及的系统也日益复杂和庞大，标准化方案的最优化问题更加突出和重要。最优化原理是按照特定的目标，在一定的限制条件下，对标准系统的构成因素及其关系进行选择、设计或调整，使之达到最理想的效果，实现标准系统的结构优化。

1. 最优化的程序

一是确定目标，从整体出发提出最优化目标及效能准则（即衡量目标的标准）；二是收集资料，收集、整理并提供必要的数据和给定一部分约束条件；三是建立数学模型，在充分了解情况的基础上，找出反映问题本质因素的数学方程（即某些变量或参数之间的关系）和逻辑框图；四是计算，编制程序，通过计算求解，并提出若干可行方案加以比较；五是评价和决策，经过对方案的分析、比较，从中选出最优方案，由执行部门选定、决策。

2. 最优化的方法

最优方案的选择和设计，不是凭经验的直观判断，更不是用调和争执、折中不同意见的办法所能做到的，而是要借助于数学方法进行定量分析。对于较为简单的方案的优选，可运用技术经济分析的方法求解。对于较为复杂的标准化课题，要应用包括计算机在内的最优化技术。

“简化”“统一”“协调”“最优化”的标准化原理，是从标准化实践中概括出来的。简化原理与统一原理是从简化与统一化这两种古老的标准化形式中总结出来的，在现代仍然被广泛地应用着。协调原理和最优化原理是从近代标准化的特点中概括出来的。现代标准化在简化、统一化和协调过程中都贯穿着一个最一般的原则，就是从多种可行方案中选择或确定一种最优方案。在标准化活动中，无论是对标准系统的构成加以简化，因素加以统一，还是关系加以协调，都要达到整个系统的功能最佳。这就是最优化原理始终在起作用，由此足以说明这条原理的重要地位。在实践过程中，简化和统一也是互相渗透的，有些简化是为以后的统一打下基础，而有些对象的统一首先是从简化开始的。无论简化还是统一，都要经过协调，未经协调的简化和统一是不可能达到总体功能最优的。

标准化的这些原理不是孤立存在、孤立在起作用的，它们互相密切联系，而且在实践应用过程中又是互相渗透、互相依存的，它们结成一个有机的整体，综合反映标准化活动的规律性。

第三节　标准化的基本方法

标准化方法是标准化活动过程的表现形态，也是标准化活动内容的表现方式。标准化有多种形式，每种形式都表现不同的标准化内容，针对不同的标准化任务，达到不同的目的。标准化方法由标准化内容决定，并随着标准化内容的发展而变化，但标准化方法有其相对的独立性和自身的继承性，并反作用于内容，影响内容。标准化过程是标准化的内容和形式的辩证统一过程。研究各种标准化方法及其特点，不仅便于在实际工作中根据不同的标准化任务，选择和运用适宜的标准化形式，达到标准化的目标，而且能够根据标准化过程的发展和客观需要，及时地创立新形式来取代旧形式，为标准化工作的进一步发展开辟道路。标准化的方法主要有简化、统一化、通用化、组合化、模块化等。

一、简化

（一）简化的定义

简化是在一定范围内缩减对象（事物）的类型数目，使之在一定时间内足以满足一般或基本需要的标准化方法。也就是说，在不改变对象的质的规定性、不降低对象功能的前提下，减少对象的多样性、复杂性。

一般来说，简化是事后进行的，即事物的多样化已经发展到一定程度后，才有必要对事物的类型数目加以缩减。这种缩减的前提条件是简化的结果应能保证满足社会的一般需要。简化"不仅能简化目前的复杂性，还能预防将来产生不必要的复杂性"（松浦原理 3）。通过简化确立的品种构成，不仅对当前的生产有指导意义，而且在一定时期一定范围内能预防和控制不必要复杂性的发生。

简化方案必须经过比较、论证，并以简化后事物的总体功能是否最佳，作为衡量简化是否合理的标准。简化的应用领域很广阔且所需要的投资较少而收效却很显著，所以开展比较普遍。但是如果没有科学的评价方法，很难确定最优的合理方案，也无法确定简化的合理界限。法国的艾伯特·卡柯特（Cagnot）经过认真研究，提出了衡量简化是否合理的一条重要法则："产品的制造成本与产量的 4 次方根成反比。"即：

$$C = \frac{1}{\sqrt[4]{N}}$$

式中：C—— 每件产品的相对成本；

N—— 产品生产的数量。

卡柯特法则被许多国家的实际资料所证实。根据上述公式，如果产量提高一倍，或品种减少一半时，成本可大约降低 16%；如果产量提高两倍，或品种减少 1/3 时，成本可大约降低 24%。

（二）简化的意义

1. 事物的多样性是发展的普遍形式

多样化是事物发展的普遍规律。多样化的发展趋势，不可避免地带有不同程度的盲目性，如果不加控制地任其发展，就有可能出现多余的、无用的和低功能的产品品种。这类产品的大量存在，是社会生产力的一种浪费，既不利于生产的进一步发展，也不利于更好地满足社会需求。对这类产品（或其他对象）除了通过竞争加以淘汰（这要以相当大的经济损失和资源浪费为代价）之外，简化便是人类对社会产品的类型进行有意识的自我控制的一种有效形式。世界上每一个国家和地区，在工业化过程中都曾遇到这样的问题，并且都曾把简化作为克服和防止混乱的手段加以广泛应用。

2. 简化是事物科学发展的外在动力

简化的直接目的是控制产品的品种、规格的盲目膨胀，而不是一般地限制多样化。通过简化，消除了低功能的和不必要的类型，使产品系统的结构更加精练、合理，不仅可以提高产品系统的功能，还为新的更必要的类型的出现，为多样化的合理发展扫清障碍。因此，简化是事物（尤其是产品系统）科学发展的外在动力。

3. 商品生产和竞争导致多样化失控

要使人民的生活更好地得到满足，社会商品更加丰富多彩，必须运用简化的手段使生产更加合理化，从而为社会所需要的多样化的合理实现创造条件。市场竞争是产生多样化的重要原因。只要商品、市场竞争还存在，商品的类型就有不断膨胀的可能，简化这种自我调节、自我控制的标准化方法是必不可少的。

（三）简化的要求

简化不是对客观事物进行任意的缩减。简化的实质也是对客观事物的构成加以调整并使之最优化的一种有目的的标准化活动。

1. 适度

对客观事物进行简化时，既要对不必要的多样化加以压缩，又要防止过分压缩。为此，简化方案必须经过比较、论证，并以简化后事物的总体功能是否最佳，作为衡量简化是否合理的标准。

2. 效益

对简化方案的论证应以确定的时间、空间范围为前提。在时间范围里，既要考虑到当前的情况，也要考虑到今后一定时期的发展要求，以保证标准化成果的生命力和相对稳定性。对简化所涉及的空间范围以及简化后标准发生作用的空间范围，都必须进行较为准确的计算或估计，切实获取全局利益最大化。简化的结果必须保证在既定的时间内，足以满足一般需要，不能因简化而损害用户和消费者的利益。

3. 合理

对产品的简化要形成系列，其参数组合应尽量符合标准数值分级制度。简化的应用领域十分广阔，就产品的生产过程来说，从构成产品系列的品种、规格，材料的品种、规格，工艺装备的种类，零部件的品种规格，直到构成零件的结构要素都可作为简化的对象。管理业务活动中可以作为简化对象的事物也很多。简化所需要的投资较少，而收效却很显著，是标准化活动中最常用的方法。

（四）简化的应用

简化是古老的标准化形式，却又是最基本的标准化形式，它的应用领域十分广泛，就产品而言，从构成产品系列的品种、规格，原材料和零部件的品种、规格，工艺装备的种类，都可作为简化对象。在管理活动中，可以作为简化对象的事物也很多，如语言（包括计算机语言）、术语、符号、指示图形、编码、程序、管理方法等，都可通过简化防止不必要的重复，提高工作效率。为了节省制图时间，提高技术制图的质量和效率，我国已经采用简化的方法，制定和发布了《简图用图形符号》(GB/T 20063—2006)。工业企业生产中为了加大生产批量提高生产效益，往往采用简化生产要素的方法。各级行政部门的“精兵简政”实际上就是简化方法在行政管理中的应用。

1. 物品种类的简化

任何一个生产企业都有大量的库存备品，种类繁多。其中有的长期无用，有的品种规格可以归并，只要实行简化便可消除许多无用的、多余的、可替换的类型，不仅减少资金占用、腾出库房面积，还可改进管理，这类事例随处可见。

2. 原材料的简化

许多企业采购原材料不作论证，设计人员随意提要求，采购的品种规格过多、过杂。某厂仅使用的润滑剂、冷却切削液和热处理油就有 179 个品种，后经简化为 25 种，年节约材料资金近一半。

3. 工艺装备的简化

有些企业编制工艺文件时，采取分散工序的做法，并依此选择加工工具，结果工具品种数量繁多。若能通过工艺文件审查和使用统计，便可将通用性差的和可代替的加以简化。

4. 零部件的简化

机电产品是由零部件、元器件组成的，有的产品中功能相近的零部件很多，如能归并简化，便可显著提高设计和制造效率。

5. 数值的简化

不同的设计人员在设计过程中，如果自由取值，就会使同一参数出现多种数值（如销轴直径），并使工具、量具的种类增多，管理复杂化。若能加以简化，形成标准作为选用的依据，便可防止数值的不必要多样化。

6. 结构要素（形面要素）的简化

孔径、螺纹直径、圆角半径、倒角等辅助要素的简化和统一化，会有极可观的效益。通过减少这些要素，实现减少工具和不同加工过程的数量，压缩信息在生产过程中的繁殖，降低生产成本。

二、统一化

（一）统一化的定义

统一化是把两种以上的同类事物表现形态归并为一种或限定在一个范围内的标准化形式，其目的是消除由于不必要的多样化而造成的混乱，为人类的正常活动建立共同遵循的秩序。统一化的实质是使对象的形式、功能或其他技术特性具有一致性，并把这种一致性通过标准确定下来。

统一化是古老的标准化形式。古代的统一度量衡、文字、货币、兵器、历法等都是统一化的典型事例。统一化的概念与简化的概念是有区别的，前者着眼于取得一致，即从个性中提炼共性；后者肯定某些个性同时并存，着眼于精练。实施统一化的对象必须具有相同的质或相同的内容，只是在量的方面或表现形式方面存在着某些差异，不同质或不同内容的事物是不能统一的。统一化的目的是消除由于不必要的多样化而造成的混乱，为人类的正常活动建立共同遵循的秩序。由于社会生产的日益发展，各生产环节和生产过程之间的联系日益复杂，特别是国际交往日益扩大的情况下，需要统一的对象越来越多，统一的范围也越来越大。

（二）统一化的原则

1. 适时性

适时性就是要把握好统一的时机。统一化是事物发展到一定规模、一定水平时，人为地进行干预的一种标准化形式。干预的时机是否恰当，对事物未来的发展有很大影响。“适时”就是统一的时机要选准。如果统一过早，特别是已经出现的类型并不理想，而新的更优秀的、更适宜的类型正在酝酿过程中，这时强行统一，就有可能使低劣的类型合法化，不利于优异的类型的产生；如果统一过迟，必要的类型早已出现，并且重复的、低功能的类型也已大量产生，这时虽然能选择出较为合适的类型，但在淘汰低劣类型过程中必定会造成较大的经济损失，增加统一化的难度。这类现象在高新技术领域将会逐渐增多，要在研究、开发的早期阶段即应制定对技术或产品发展起先导作用的标准，对与网络或系统起连接作用的部分（如接口），以及通用性、兼容性之类的问题先行统一，防止不必要的多样化和混乱的发生，同时又不妨碍产品的竞争和创新。

2. 适度性

适度性就是要合理地确定统一化的范围和指标水平。对客观事物进行的统一化，既要有定性的要求（质的规定），又要有定量的要求。“适度”就是要合理地确定统一化的范围和指标水平。例如，在对产品进行统一化（制定产品标准）时，不仅要对哪些方面必须统一、哪些方面不作统一，哪些要在全国范围统一、哪些只在局部进行统一，哪些统一要严格、哪些统一要灵活等作出明确的规定，而且必须恰当地规定每项要求的数量界限。在对标准化对象的某一特性作定量规定时，对可以灵活规定的技术特性指标，还要掌握好指标的灵活度。指标的灵活度就是指标允许值的灵活幅度。统一化的本质是取得一致性，但由于统一化对象的复杂性和客观要求的多样性，所以对某些对象的统一化只能实现相对的统一，也就是有灵活度的统一。这就是总的方向是统一，但统一中又有灵活。尤其以产品质量、工作质量为对象的统一化常需施以灵活度。

3. 等效性

等效性就是对标准化对象实施统一化后，被确定的对象与原先被统一的对象之间，在功能上必须等效。任何统一化都不可能是任意的，统一是有条件的，首要的前提条件是等效性。“等效”指的是把同类事物两种以上的表现形态归并为一种（或限定在某一范围）时，被确定的“一致性”与被取代的事物之间必须具有功能上的可替代性。也就是说，当从众多的标准化对象中确定一种而淘汰其余时，被确定的对象所具备的功能应包含被淘汰的对象所具备的必要功能。统一化常常是对原有的各种类型的综合或是在某一较好类型基础上加以改进。

4. 先进性

先进性就是指确定的一致性（或所作的统一规定）应有利于促进生产发展和技术进步，有利于社会需求得到更好的满足。就产品标准来说，就是要能促进质量提高。

统一化过程实质上是打破旧的平衡、树立新平衡的过程。等效原则只是对统一化提出了基本要求，因为只有等效才有统一可谈；统一化后必须保持社会所必要的功能，否则便失去了统一的意义。但统一化的目标绝非仅仅为了实现等效替换，而是要使建立起来的统一性具有比被淘汰的对象更高的功能，在生产和使用过程中取得更大的效益，为此还须贯彻先进性原则。

三、通用化

（一）通用化的定义

通用化是指在互相独立的系统中，选择和确定具有功能互换性或尺寸互换性的子系统或功能单元的标准化形式。

通用化是以互换性为前提的。互换性是指在不同时间、地点制造出来的产品或零件，在装配、维修时，不必经过修整就能任意地替换使用的性能。互换性概念有两层含义：一是指产品的功能可以互换，即功能互换性，它要求某些影响产品使用特性（常指线性尺寸以外的特性）的参数按照规定的精确度互相接近；二是尺寸互换性，当两个产品的线性尺寸相互接近到能够保证互换时，就达到了尺寸互换性。尺寸互换性是功能互换性的部分内容，它对于零部件的通用化具有突出作用，但功能互换性问题在标准化过程中越来越显得重要。因此，通用化的概念还应该包括功能互换的含义，即具有某种功能的产品的通用在内。

（二）通用化的目的

通用化的对象有两大类：一是物，如产品及其零部件的通用化；二是事，如方法、规程、技术要求等的通用化。使零部件成为具有互换性的通用件必须具备以下条件：尺寸上具备互换性，功能上具备一致性，使用上具备重复性，结构上具备先进性。

互换性的著名案例是美国人艾利·惠特尼（Eli. Whitney）和来复枪。18世纪末，美国政府急需大量军火，便与惠特尼签订了一项两年之内生产一万支来复枪的合同。惠特尼的工厂用手工方法难以完成，他运用互换性的原理，选择一支标准枪为基准模型，分零件仿造，按专业化组织生产。这些零件在每支枪上都可以使用并可互换，提高了生产效率和质量，完成了合同。由于在批量生产中采用了可以互换零部件的方法，开创了标准化基础上的成批生产方式，引起了企业生产组织形式的革命，并为现代化大批量流水生产奠定了基础。因此，惠特尼被誉为“美国标准化之父”。

通用化的实施应从产品开发设计时开始。通用化设计通常有 3 种情况：一是系列开发的通用化设计。在对产品进行系列开发时，通过分析产品系列中零部件的共性与个性，从中找出具有共性的零部件，能够通用的尽量通用，这是系列内通用，是最基本和最常用的环节。如有可能，还可以发展系列间的产品和零部件通用。二是单独开发某一产品（非系列产品）时，也尽量采用已有的通用件。即使新设计的零部件，也应充分考虑使其能为以后的新产品所采用，逐步发展成为通用件。三是在老产品改造时，根据生产、使用、维修过程中暴露出来的问题，对可以实现通用互换的零部件，尽可能通用化，以继续降低生产成本，保证可靠性，焕发老产品的青春。

通用化的目的是最大限度地扩大同一产品（包括元器件、部件、组件、最终产品）的使用范围，从而最大限度地减少产品（或零件）在设计和制造过程中的重复劳动。其效果体现在简化管理程序上，缩短产品设计、试制周期，扩大生产批量，提高专业化生产水平和产品质量，方便顾客和维修，最终获得各种活劳动和物化劳动的节约。

（三）通用化的方法

在对产品系列设计时，要全面分析产品的基本系列及派生系列中零部件的共性与个性，从中找出具有共性的零部件，先把这些零部件作为通用件，以后根据情况有的还可以发展成为标准件。如果对整个系列产品中的零部件都经过了认真的研究和选择，能够通用的都使之通用，即“系列通用”。这是通用化的重要环节和基本方法。

在单独设计某一种产品时，也应尽量采用已有的通用件。新设计的零部件应充分考虑到使其能为以后的新产品所采用，使其成为通用件。

在对已有的产品进行整顿时，根据生产和使用过程中的经验，特别是产品维修过程中暴露出来的问题，对可以通用的零部件经过分析、试验实现通用，这是老产品整顿的一项内容。

在企业里可以把通用件编成图册，也可以编写典型工艺，供设计和生产人员参考选用。通用化是标准化过程中的一个重要阶段。许多通用的零部件经过生产和使用考验以后有可能提升为标准件，具有某种功能的产品的通用更是标准化的其他形式所无法代替的。

四、组合化

（一）组合化的基本内涵

组合化是一种古老的标准化形式。组合化的产生是受积木式玩具的启发而发展起来的，故又称“积木化”。组合化很早就已经被人们用来作为生产建设和生活交往的科学手段。建筑用砖从“组合化”角度来看是最原始的组合件。活字印刷术是组合化的典型创造。文字和数字符号也是表达语言和数量的组合单元。音乐中的乐谱是选择最佳音响的组合式系统等。目前，组合化的原理和方法已被广泛应用于机械产品、仪表产品、工艺装备、家具等的设计与制造中，在建筑业中也采用了组合式建筑结构，在编码系统和计算机软件中组合化得到了更为合理的应用。

组合化是按照标准化的统一化、系列化原则，设计并制造出一系列通用性很强且能多次重复应用的单元，根据需要拼合成不同用途的产品的一种标准化形式。通过改变组合元的连接方式和组合的空间，可适用于各种变化了的要求和条件，创造出具有新功能的系统。

组合化的特征是通过统一化的单元组合为物体，这个物体又能重新拆装，组合新的结构，而统一化单元则可以多次重复利用。组合化是通用化的进一步发展。当通用件的通用性达到一定程度的时候，就可以把那些通用性很强的零部件从具体的产品中分化出来，变成独立的、标准的组合单元。这种组合单元可以预先设计并成批地生产出来。它们本身不属于任何一种具体产品，但如果需要生产某种产品，可以根据所要求的产品功能，用一定的组合单元，再加上少量的专门设计制造的专用单元，组装成所需要的产品。这样的产品可以按照人们的意愿反复拆装，重新组合，而组合元件则可以多次重复利用。

（二）组合化的理论基础

组合化建立在系统的分解与组合的理论基础上。把一个具有某种功能的产品看成一个系统，这个系统又可以分解为若干功能单元。由于某些功能单元不仅具备特定的功能，而且与其他系统的某些功能单元可以通用、互换，于是这类功能单元便可以分离出来，以标准单元或通用单元的形式独立存在，这就是分解。为了满足一定的要求，把若干个事先准备的标准单元、通用单元和个别的专用单元按照新系统的要求有机地结合起来，组成一个具有新功能的新系统，这就是组合。组合化的过程，既包括分解也包括组合，是分解与组合的统一。

组合化又是建立在统一化成果多次重复利用的基础上。组合化的优越性和它的效益均取决于组合单元的统一化（包括同类单元的系列化），以及对这些单元的多次重复利用。因此，也可以说组合化就是多次重复使用统一化单元或零部件来构成物品的一种标准化形式。通过改变这些单元的连接方法和空间组合，使之适用于各种变化了的条件和要求，创造出具有新功能的系统。

（三）组合化的主要过程

组合化依据对功能结构的分解而确定的单元能以较少的种类和规格组合成较多的制品，它能有效地控制零部件（功能单元或结构单元）的多样化，从而取得生产的经济性。组合化开创了适应多种组装条件的可能性，为实现既能满足多种要求又尽量少增加新的结构单元这样理想的生产方式（如大规模定制）奠定了基础。

按组合化原则设计的单元以及单元的分类系统，为实行成组加工打下基础，批量较大的标准单元还可组织专业化集中生产。由于通过组合化能更充分地满足消费者的要求，用户能及时地更新老产品（如设备更新），有时只需要换某些单元，不致全盘报废，这同样会给消费者带来经济效益。

组合化的原则和方法已广泛应用于机械产品、仪表产品的设计和制造，工艺装备的设计、制造和使用，家具的设计和制造，在建筑业也广泛采用组合式建筑结构。此外，对于像编码系统和计算机程序之类的软件，同样可以通过组合化使之更加合理。

在基础件（单元）统一化、通用化的条件下，对产品的结构和性能采用组合设计，可以实现多品种、小批量、产品性能多变的生产方式，既满足市场需求，又保证生产结构相对稳定，保持一定的生产批量，不降低生产专业化水平。这就为那些单一品种大批量生产的企业向多品种小批量生产转变，找到了一条出路。这种办法，对批量小、结构复杂、研制周期长、性能变化快的产品设计和制造具有特殊意义。在产品设计、生产过程以及产品的使用过程中，都可以运用组合化的方法。组合化的内容，主要是选择和设计标准单元和通用单元（即组合元）。确定组合元的程序，大体是先确定其应用范围，然后划分组合元，编排组合型谱（由一定数量的组合元组成产品的各种可能形式），检验组合元是否能完成各种预定的组合，最后设计组合元件并制定相应的标准。除确定必要的结构型式和尺寸规格系列外，拼接配合面（接口）的统一化和组合单元的互换性是组合化的关键。此外，预先制造并储存一定数量的标准组合元，根据需要组装成不同用途的物品。例如，机械加工过程中使用的夹具，常常具有比较复杂的结构，可以看作具有某种功能的系统。这类系统是由具备某些特定功能的零部件所组成的。整个系统的功能经过分解，一般是对工件起支承、定位、导向、压紧等作用。由此，便可将夹具的元件划分为基础件、支承件、定位件、导向件、压紧件、紧固件等类型。每一类元件根据其作用和使用范围，又可设计成几种结构型式，每种结构型式的元件又可形成不同的尺寸规格系列，并按一定的编号原则编号。这些统一化的夹具单元成叠制造、分类保存、反复使用。

五、模块化

模块化是在信息技术的客观发展形势下产生的应对复杂系统（产品或工程）的标准化新形式。模块化综合了以往标准化形式的特点，是一种解决复杂系统类型多样化、功能多变的标准化形式，有利于减少复杂性，具有创造多样性和多变性特点，是标准化的高级形式。

（一）模块化的概念

1. 模块的定义

模块通常是由元件或零部件组合而成的、具有独立功能的、可成系列单独制造的标准化单元，通过不同形式的接口与其他单元组成产品，且可分、可合、可互换。

模块不同于一般产品的零部件，它是一种具有独立功能，可单独制造、销售的产品。模块通常由各种元器件组合而成，高层模块还可包含低层模块（即由模块组成模块），它是构成产品系统的完整单元（要素），它与产品系统的其他要素可分、可合。模块通过各种形式的接口（刚性、柔性）和连接方式（单向、双向、多向）实现模块间的连接与组合。模块通常是标准化产品，可成系列设计和制造。

2. 模块的种类

按照模块的用途和特征可以划分许多种类，我国通常将其分为功能模块和结构模块两大类。

按照价值工程的功能分析方法，可将产品系统分为具有不同功能的单元，执行这些功能的模块称为功能模块。功能模块又可分为基本功能模块、辅助功能模块、特殊功能模块等，而它们又可根据产品的特点进一步细分为更具体的功能模块。

依据模块在产品系统中所处的地位和模块之间的关系，可将模块划分为不同等级，叫作分级模块。在这个分级体系中通常包括高层模块、分模块（子模块）或一级模块、二级模块、三级模块等。

高层模块通常是由相应分级系统中低一级的模块组成；最低等级的模块则由元件或分元件组成，元件或分元件的构成要素叫作负分元件，它是分级体系中最基本的模块元件。

此外，还可依据模块的通用程度分为通用模块、专用模块、特别模块。通用模块是指该类模块的通用化程度高，它不仅用于某一种产品中，而且能在该类产品系列中通用，甚至能做到跨系列、跨大类产品通用。这种模块通常是成系列开发、成批制造，不断产生派生、变形产品，其应用面广、生命周期长、经济效益好。专用模块是为某种产品或某项用途而专门设计制造的，一般需单独研制。特别模块是根据系统的特殊要求而特殊设计的。

3. 模块化的内涵

模块化是以模块为基础，综合了通用化、系列化、组合化的特点，用以解决复杂系统快速应变的标准化形式。模块化是标准化的一种形式，它是在综合了标准化其他形式特点的基础上发展起来的标准化高级形式；模块化的对象是复杂系统，这个系统可以是产品、工程或一项活动（如教学）。这个系统的特点是结构复杂、功能多变、类型多变；模块化的基础是模块，由模块（而不是由零件）组合成产品或工程。

（二）模块化的过程

模块化过程通常包括模块化设计、模块化生产和模块化装配。

1. 模块化设计

模块化设计有两种情形：一种是为生产某种复杂产品或为完成某项工程，采用模块组合的方法，根据该产品或工程系统的功能要求，选择、设计相应的模块，确立它们的组合方式；另一种是在对各种不同类型、不同用途、不同规格产品进行功能分析的基础上，从中提炼出共性较强的功能，据此设计功能模块，目的不仅仅是满足某种产品的需要，而是要它在更广的范围内通用。

模块化设计的程序同产品系列设计极其相似：在市场调查的基础上明确目标要求（性能、结构等）；确定拟覆盖的产品种类和规格范围（确定参数范围和系列型谱）；进行基型产品设计（确定基型产品的结构和功能，提出对高层模块的要求）；进行分系统设计（确定分系统的结构和功能，对构成分系统的模块提出要求）；模块设计（根据分系统的要求，确定模块的结构和功能，对构成模块的元件提出要求）；元器件设计（根据模块的要求，设计或选用元器件，按尺寸、性能、精度、材料等形成系列并尽量标准化）；在基型设计的基础上根据需要发展变形；完成设计的各级、各类模块要建立编码系统，将其按功能、品种、结构、尺寸等特点分类编码，进行管理。

模块化产品设计的目的是以尽可能少的投入生产尽可能多的产品，以最为经济的方法满足各种要求。由于模块具有不同的组合可以配置生成多样化的满足用户需求的产品的特点，同时模块又具有标准的几何连接接口和一致的输入输出接口，如果模块的划分和接口定义符合企业批量化生产中采购、物流、生产和服务的实际情况，这就意味着按照模块化模式配置出来的产品是符合批量化生产的实际情况的，从而使定制化生产和批量化生产这对矛盾得到解决。

2. 模块化生产

模块化生产指的是模块的制造。由于模块本身就是一件标准化的产品，并且构成模块的元件和分元件也基本上是标准化的，所以模块的生产制造，有可能采用先进、高效的制造技术，如成组技术（GT）、计算机辅助制造技术（CAM）、柔性制造技术（FMS）、计算机集成制造技术（CIM）等，以提高模块的制造质量和生产效率。

3. 模块化装配

这是由模块组装成所需产品的过程。有些产品是在工厂里完成装配之后运送到用户；有些产品或工程由于规模过于庞大无法整体运输，可将各类模块配套之后运到现场装配，如模块化变电所、模块化居室、模块化锅炉等。目前个人计算机的用户也常常根据自己的经济条件、爱好和实际需要，选购适当的配套设备（功能模块）组合成产品系统。这是模块化的突出特点，也是它适应时代要求得以发展的原因。

（三）模块化的应用

模块化最初是制造业提出来的，组合机床就是模块化机床的雏形。集成电路、大规模集成电路、超大规模集成电路是电子工业领域最典型也是最杰出的模块化成果。产品设计师从纷繁无比的电子元器件中解放出来，采取直接选用标准集成块来组成产品的设计方式，从而引起了电子行业革命性的变化，电子产品成为更新换代最快的产品，诸如通信设备、电视技术装备、计算机硬件和软件都走上了模块化的道路。

模块化从产品起源到现在已扩展到工程领域。模块化工程极大地提高了这类产品的生产效率，降低了制造成本，体现出多、快、好、省的优越性。如今，模块化制造系统、模块化企业、模块化企业族群、模块化产业结构、模块化产业集群网络等均已成为经济学界的研究热点，国内外众多的经济学家把当今的时代又称为“模块时代”。

总之，标准化的形式是标准化内容的存在方式，标准化的每种形式都表现不同的标准化内容，针对不同的标准化任务，达到不同的目的。简化是缩减事物的类型数目并预防不必要的复杂化，目的是保证更好地满足需求并减少资源的浪费。统一化就是实现一致性，目的是建立共同遵守的秩序。统一是有条件的，必须遵守适时、适度、等效和先进的原则。通用化是在互换的基础上扩大技术成果的重复利用。组合化是事先设计制造的标准单元根据需要拼合成不同用途物品的标准化形式，其目的是通过标准单元的多次重复利用获得标准化效果。模块化是综合了通用化、系列化、组合化的特点，应对复杂系统类型多样化、功能多变的标准化新形式。

第二章　标准的制定与审定

【基本要求】 通过本章的学习，您应能够：

1. 了解标准制定的目的；
2. 熟悉标准的编写技术；
3. 掌握标准的审定程序。

【核心概念】 制定；审定；修订

第一节　标准的制定

标准化的实践主要围绕标准的制定（修订）和实施两个互相联系的有机环节而展开。在整个标准化活动中，制定标准是标准化工作的首要环节，也是标准化管理的起点。标准的制定（修订）工作是建立最佳秩序、获得最佳社会经济效益的前提条件。制定标准是指标准制定部门对需要制定标准的项目开展编制计划以及组织草拟、审批、编号、发布的活动。制定标准作为一项技术性和经济性很强的工作，必须遵循制定标准的原则，紧紧围绕制定标准的目的，合理选择制定标准的对象，按照规定的工作程序和方法进行工作，才能保证标准的质量。

一、制定标准的价值

根据《中华人民共和国标准化法》，我国制定标准的根本目的是提升产品和服务质量，促进科学技术进步，保障人身健康和生命财产安全，维护国家安全、生态环境安全，提高经济社会发展水平。

（一）制定标准的目的

1. 便于相互理解，促进生产协作

为了便于信息交流，增进相互理解，以提高工作效率，促进生产协作，标准中对有关的基础要素，如术语、符号、代号、标志等，给出定义或说明；对采用的试验方法、抽样与检验规则等作出统一规定，作为对产品评价与判定的共同依据。

2. 保证生态安全，节约资源能源

为了保护人和物的安全、保护环境，应对各种危险和有害因素（如烟尘排放量、各种噪声和食品有害成分的限量、电器的绝缘性能、压力容器的耐力试验等）在标准中作出明确的规定。为了节省能源和物资消耗，在标准中应提出合理开发和利用资源的管理要求等。

3. 确保产品适用，实现互换兼容

为了保证产品的适用性，在标准中对产品的某些尺寸、机械、物理、化学、声学、热学、电学、生物学、人类工效学及其他方面的要求作出规定，以保证产品满足使用要求，有效地实现其应有的功能。为了保证产品的接口、互换性和兼容性，标准中对产品配合连接部位的尺寸精度、输入输出电压等接口、互换性和兼容性要求作出统一规定，使有关的产品参数之间互相协调。

4. 满足贸易需求，推进社会发展

生产企业最需要了解的是市场的需求，市场也最需要用标准进行规范。因此，在制定标准时就应考虑如何满足消费者的不同需求，对消费品的品种、规格的基本尺寸和参数系列等作出规定，以满足贸易需求，推动经济社会发展。

（二）制定标准的意义

1. 有利于贯彻以人民为中心的发展思想

在现实生活中，标准与人们的衣食住行紧密相关，标准化工作要从群众中来，到群众中去，坚持一切成果由人民共享的基本理念和基本要求。强调保障人身健康，生命财产安全；在标准的制定范围上，明确农业、工业、服务业以及社会事业的各个领域中，需要统一的技术要求都应当制定标准，以更好地满足人民群众对美好生活的需要，让标准在人民群众对美好生活的向往和追求中满足他们的需要；在标准的效力上，凡是涉及人身健康、生命财产安全、生态环境安全以及经济社会管理的一些基本需要的技术要求，要制定强制性的国家标准；在标准的制定上，鼓励社会各界广泛参与，同时也支持社会公众对标准的制定工作、组织实施工作开展社会监督。

2. 有利于促进经济社会高质量的发展

因为标准和计量、认证认可、检验检测共同构成了国家的质量基础设施，这也是国际公认的国际标准化组织等一些国际组织所确定的一个国家的质量基础设施，就是由标准、计量、认证认可、检验检测构成，在推动供给侧改革和质量的提升，促进社会经济高质量发展中发挥着引领性、支撑性的作用。因而要加强标准化工作，提升产品和服务质量，提高经济社会发展水平。特别是标准制定有利于提高经济效益、社会效益、生态效益，做到技术先进、经济合理。在标准的实施上，明确强制性标准必须执行，不符合强制性标准的产品和服务不得生产、销售、进口、提供。同时也鼓励制定和实施高于强制性标准、推荐性标准的团体标准和企业标准。通过推动全社会应用标准化的方式来组织生产、经营、管理和服务，发挥标准化在促进转型升级、引领创新驱动的支撑作用。

3. 有利于助力更高水平的对外开放

标准是世界的通用语言，也是国际贸易的通行证，标准化在便利国际经贸往来、技术交流、产能合作等各个方面的作用越来越突显。我国作为世界经济大国和贸易大国、制造大国，标准化的作用在国际交往中更加突显。从国家层面积极推动参与国际标准化活动，开展标准化的对外合作与交流，特别是鼓励我国的企业、社会团体、教育科研机构要积极参与到国际标准化活动中，同时也鼓励参加到国际标准的制定工作中，推进我国标准与国外标准之间要相互转化和应用。我国在标准制定、实施的过程中，努力确保工作的公开性和透明度，真正使标准化工作能够与国际规则深度融合，更好地促进我国标准与国际标准之间的“软连通”，用标准化工作助力中国更高水平的对外开放。

二、制定标准的原则

制定标准应在充分遵守合法性、可行性、先进性、统一性、协调性基本原则的基础上，坚持以下原则。

（一）贯彻政策，遵守法律

国家的法律法规是维护全体人民利益的根本保证，是国家政策的具体体现。制定标准是一项技术复杂、政策性很强的工作，直接关系到国家、企业和广大人民群众的利益。因此，凡属国家颁布的有关政策和法律法规都应严格遵守，标准中的所有规定均不得与现行法律法规和政策相违背。

（二）整合资源，满足使用

资源是发展经济最基本的物质基础。立足于国内资源，合理开发和利用国内各种资源，是我国一项很重要的经济技术政策。因此，在制定标准时，应该从我国的实际情况出发，结合我国的资源条件，适应我国的气候、地理自然环境条件，适合我国生产、使用、流通等方面的实际情况，符合我国政治、经济以及人们的生活习惯等，密切结合资源情况，注意节约资源和提高资源的利用率，以及稀有资源的替代。如用耗能低的产品代替耗能高的产品，充分利用富矿资源，用普通资源和富矿资源代替稀有资源和贵重资源，节约稀有资源和贵重资源的使用，等等。

（三）采用国标，协调配套

积极采用国际标准和国外先进标准，是我国的一项重大技术经济政策，也是促进对外开放、实现与国际接轨提升国际竞争力的重要措施。国际标准通常是反映全球工业界、研究人员、消费者和法规制定部门先进经验的结晶，包含了各国共同需求的大量的先进科学技术成果和先进经验。采用国际标准是一种廉价、快捷、方便的技术引进，可使现成且成熟的科技成果为我国经济建设服务。但在积极采用国际标准时，应根据国家安全、保护人身健康和安全、保护环境以及基本气候、地理或技术问题的原因等正当理由充分考虑我国国情，确保通过采用国际标准和国外先进标准，使我国的标准技术先进、经济合理、安全可靠。

标准的许多对象经常构成一个系统，彼此间有密切联系，如产品的性能参数与尺寸参数、连接尺寸与安装尺寸、整机与零部件或元器件，相互之间都需要协调配合。一定范围内的标准都是互相联系、互相衔接、互相补充、互相制约的，只有做到有关标准之间相互协调、衔接配套，才能保证设计、生产、流通、使用等各个环节之间协调一致。

（四）技术先进，经济合理

制定标准应力求反映科学、技术和生产的先进成果，将成熟的科学技术成果加以推广，以体现出较高的标准水平。只有先进的标准才能促进生产、推动技术进步，但任何先进技术的采用和推广又都受经济条件的制约。因此，在标准内容上，要求宽严适度，繁简相宜；在技术指标上，既要从现有基础出发，又要充分考虑科学技术的发展；在使用性能上，既能满足当前生产的需要，又能适应参与国际市场竞争的要求。

制定标准时，要有利于产品的简化、选优和通用互换，在满足使用要求的前提下，对同类产品中多余的、重复的和低功能的品种、规格进行简化、选优，按照一定的规律进行合理分档，形成系列，从而达到以较少的品种、规格数，最大限度地满足使用要求的目的。对零部件、元器件、构配件要尽量扩大使用范围，提高通用互换程度，为组织专业化大批量生产创造条件，以求达到优质、高产、低消耗和低成本。

我国领土辽阔，地形复杂，各地的地理和气候条件差异较大，如何使产品适应其工作地的地理、气候条件，并能正常工作和充分发挥其功能，是制定标准时必须考虑的问题之一。但要使一种产品同时适应各种环境条件，往往是很不合理的，因此根据各地环境状况和实际使用要求，制定成若干个品种或等级标准。

制定标准的根本目的是“获取最佳秩序和社会效益”，制定标准时，既要适应科学技术发展的要求，也要充分考虑经济上的合理性；既能适应参与国际市场竞争的需要，也能适应当前生产实践的需要，把提高技术标准水平、提高产品实物质量和取得良好的经济效益统一起来，以取得全社会的综合效益为主要目标。

（五）发扬民主，保护利益

标准是以科学技术和实践经验的综合成果为基础的，应当充分调动各方面的积极性，发挥行业协会、科学研究机构和学术团体的作用，广泛吸收有关的专家参与标准的起草和审查工作。制定标准要从全局出发，充分考虑国家、社会和经济技术发展的需要，以取得全社会的综合效益为主要目标。例如，标准中规定的某一指标要求，从生产或使用一方考虑是有利的，但如果从全局利益考虑却并非如此，则局部利益应服从全局利益，当前利益应服从长远利益，必须在尊重科学、发扬民主的基础上，达到必要的集中统一。要利用通信、网络等现代信息技术，广泛听取生产、使用、质量监督、科研设计、高等院校等各方面专家的意见，充分发扬民主，经过协商力求达成一致。在制定标准时，要把提高使用价值和用户满意作为主要目标，正确处理好生产和使用的关系。要从社会需要出发，充分考虑使用要求，根据标准对象可能遇到的不同环境条件，对其必须具备的各种特性作出合理规定，使其在所处环境条件下能正常工作，充分发挥设计效能，并保证具有较好的使用价值。

充分考虑使用要求，满足社会和消费者的需要，在市场竞争的情况下，对企业的生存和发展，具有十分重大的意义。标准中考虑使用要求包括两个方面：一方面是如何使标准化对象适应其所处的环境条件，正常发挥其效能，要根据标准化对象可能遇到的不同环境条件，分别在标准中作出规定。在制定产品标准时，要充分考虑产品使用的环境条件要求，使产品适应其所处的环境条件并能正常工作。例如，考虑到我国部分地区电压较低，在某些家用电器标准中规定的最低正常工作电压为180V。另一方面是要充分考虑用户和消费者的利益。如在制定产品标准时，对产品必须具备的各项质量特性的规定，应保证产品做到品种规格对路，使用性能好，可靠性高，维修便利，外形美观，易于操作和使用安全。

制定标准是一项涉及面较广、相关因素较多的工作，关系到国家、部门、企业和广大人民群众的利益。因此必须从全局出发，在做好全面的技术经济分析基础上，充分考虑使用要求，根据不同需要作出合理的质量分级分等规定。在制定一项标准时，既要考虑标准制定部门的利益，更要考虑使用部门和使用者的利益。如家用电器产品标准中，安全性能指标、可靠性指标，对用户来说是必不可少的使用指标，但对生产企业来说，则意味着要增加成本、减少利润，但在制定家用电器标准时，就不能迁就生产企业的低标准要求，而要保证使用者的安全和利益。有些标准如环境保护标准、安全卫生标准及包装标准等，都要遵循局部利益服从整体利益，使全社会和人民群众获益的原则。

（六）适时制定，及时复审

标准制定必须适时。如果在新产品、新技术的发展阶段过早地制定标准，可能因缺乏科学依据而脱离实际，甚至妨碍技术的发展。反之，如果错过制定标准的最佳时机，面对既成事实，对标准的制定和以后的实施都会带来困难。哪些项目应及早制定标准，哪些项目暂时还不宜制定标准，一定要加强项目论证，通过调查研究，掌握生产技术的发展动向和社会需求，不失时机地开展工作。实践证明，标准制定得过早，由于客观事物的矛盾还没有充分暴露，人们的实践经验也不丰富，制定出来的标准就容易缺乏充分的科学依据，其技术指标、参数也不能考虑得周全，因此就会约束甚至阻碍事物的正常发展。反之，如果标准制定得过迟，由于事物已向多样化的方向自由发展，又会出现许多不必要的不合理的品种、规格，给制定标准时的统一协调工作带来很多困难，实施标准后，又要给一些部门和单位带来较大的经济损失，还会使一些已经发展成熟的先进技术、管理经验得不到及时的总结、推广应用以及应得的经济效益。

技术标准制定后，应保持相对稳定，使企业在一定的技术发展水平上，组织实施以获得经济效益。但是随着科学技术的发展，标准的作用会有所变化。因此，标准实施后，制定标准的部门应当根据科学技术的发展和经济建设的需要适时进行复审，以确认现行标准继续有效或者予以修订、废止。时机适宜原则就是指制定（或修订）标准的时机要适宜。国家标准、行业标准和地方标准的复审时间一般不超过 5 年，团体标准、企业标准的复审时间一般不超过 3 年。

三、制定标准的程序

制定标准不仅有技术工作，还有大量的组织协调工作，必须采取有效的形式，把有关方面的专家组织起来，严格按照统一规定的工作程序和要求开展工作，才能保证和提高标准的质量和水平，加快制定标准的速度。标准化技术委员会是制定国家标准和行业标准的一种重要组织形式，它是一定专业领域内从事全国性标准化工作的技术工作组织。标准是一种技术法规，法规的产生有其一定的法定程序，制定标准也有规定的工作程序，每一个过程都要按部就班地完成。同时为适应经济的快速发展，缩短制定周期，除正常的制定程序外，还可采用快速程序。只有严格遵循这些程序，才能保证标准的质量。

（一）制定标准的组织形式

1. 制定国家标准、行业标准的组织形式

目前，我国制定国家标准和行业标准的组织形式主要有全国专业标准化技术委员会、全国专业标准化技术归口单位（包括归口组织）、制定标准的联合工作组等。

（1）全国专业标准化技术委员会。全国专业标准化技术委员会是有关部门共同组成的全国性的专业标准化工作机构，负责标准的起草和技术审查工作。技术委员会的建立及其负责的标准化领域，由国务院标准化行政主管部门会同有关部门共同商定。技术委员会是一个由有关各方的代表和专家组成的有权威的组织，通常包括生产、使用、质量监督部门和科研、设计单位以及高等院校的代表。专业范围较宽的技术委员会可建立若干个分技术委员会。技术委员会和分技术委员会，可根据工作需要，设置若干个制定标准的工作组，完成任务后撤销其组织。

（2）全国专业标准化技术归口单位。全国专业标准化技术归口单位是根据全面规划、分工负责的原则，由国务院标准化行政主管部门会同有关部门，按专业在有关的科研、设计、生产等单位指定的负责本专业全国性标准化技术归口工作的组织。归口单位为了做好所承担的工作，可以同其他有关单位直接进行标准化业务联系，并组织召开有关标准化的专业会议。各有关标准的起草单位、参加单位应经常向归口单位提供本专业标准化工作的情况和资料。归口单位应根据承担的任务，建立相应的标准化专职机构，配备专职人员开展工作。

（3）制定标准的联合工作组。制定标准的联合工作组由有关部门的代表组成，负责某一范围内的标准制定工作。这种工作组，有的是由国务院标准化行政主管部门组织成立的，有的是由其委托有关部门组织成立的，一般由归口单位负责。大多数工作组都是临时性的，也有少数是较长期的，视工作任务而定。在标准制定任务完成后即行撤销。

地方标准的制定，也可参照上述组织形式进行。

2. 制定企业标准的组织形式

制定企业标准的工作，通常在企业总工程师或技术负责人的统一领导下，由企业的标准化机构或标准化人员负责组织。具体组织形式，应根据标准化对象的内容与适用范围的不同，结合企业的实际情况，分别采用下列方式。

（1）标准化人员负责编制。这种方式适用于制定通用性强的基础标准，如抽样方法标准、互换性标准、技术管理标准等。这类标准牵涉广，影响大，由标准化人员负责制定，有利于通盘考虑，避免可能发生的局限性。

（2）专业人员负责编制。这种方式适用于制定专业性强的工艺、工装等技术标准和业务管理标准。专业人员对专业的生产和设备状况比较了解，编制的标准切合实际，易于实施。此时，标准化机构或标准化人员则负责督促、检查、统一组织审批、编号和发布工作。

（3）联合编制。这种方式适用于制定内容复杂、工作量大、牵涉面广的标准，如原材料、半成品、外购件、产品和检测方法标准等。这些标准涉及设计、工艺、生产、供应等各个方面，也关系到生产、经营的各个环节，采取标准化人员和专业人员联合编制的方式，可以集中各方面的意见，有利于标准的协调统一，标准发布后，也便于执行。

（4）委托编制。有些中小型企业或乡镇企业，如果缺少具备条件的专业人员，可以委托有关的标准化技术委员会、标准化专业归口单位以及地方的标准化技术委员会，或者有关的行业协会、科研机构和学术团体协助制定标准。

（二）制定标准的正常程序

制定标准是一项涉及面广，技术性、政策性很强的工作，必须以科学的态度，按照规定的程序进行。只有严格地遵循这些程序，才能保证所制定标准的质量。

我国依据《ISO/IEC 导则　第 1 部分：技术工作程序（1995 年版）》颁布了《国家标准制定程序的阶段划分及代码》（GB/T 16733—1997）。该标准将国家标准的制定程序划分为 9 个阶段，其他各级标准亦可参照使用。制定（修订）标准的一般程序如图 2-1 所示。

1. 预备阶段

该阶段的任务是标准制定的前期研究，对将要立项的新工作项目进行研究及必要的论证，并在此基础上提出新工作项目建议，包括标准草案或标准大纲（如标准的范围、结构及其相互关系等）。

2. 立项阶段

对新工作项目建议的必要性和可行性进行充分论证、审查和协调的基础上，提出新工作项目，直至下达《国家标准制定（修订）项目计划》，时间周期不超过 3 个月。

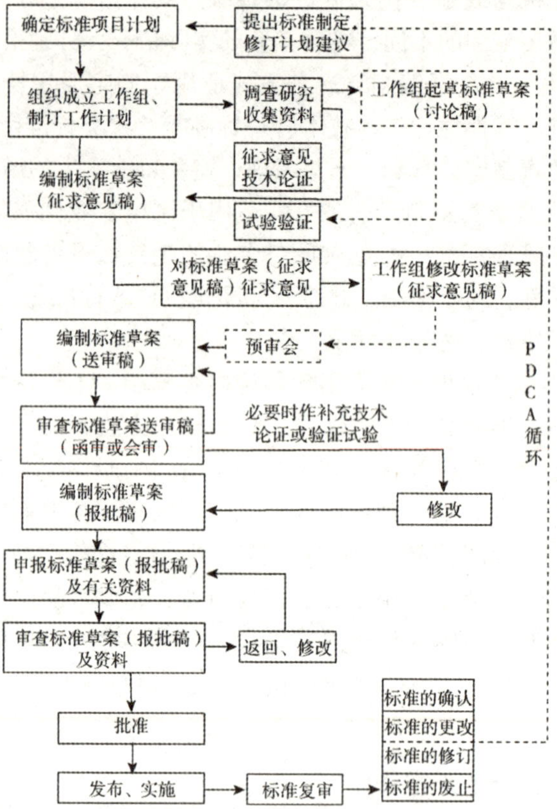

图 2-1　标准制定的一般工作流程

制定标准的对象需要统一规定的重复性事物或概念很多，它们涉及经济、技术、科学及管理等社会实践活动的一切领域。一般来说，这些事物具有普遍性、多样性、关联性、重复性和稳定性等 5 个特性。标准项目的确定，应运用科学的方法来研究决定，根据国内外标准化工作的实践，一般应从以下 3 个方面考虑：

（1）满足经济社会的客观需要。人民生活适用性的需要，专业化协作中互换、兼容的要求，横向经济联合的发展，信息化、社会活动、国内外贸易，安全、卫生和环境保护的客观需要，都是制定标准要考虑的因素。例如，正式生产的殡葬用品，就要求有产品标准，规定产品的型式、尺寸基本参数、质量性能、外观要求、检验方法、验收规则以及包装、运输要求等，还要有产品零部件的质量标准、工时定额标准，原材料、燃料消耗标准以及企业管理员工工作、作业方面的标准，以便能科学合理地组织生产和检验。因此，任何单位和个人都可以提出标准项目。

(2) 符合标准体系建设的要求。标准体系表是一种包括现有、应有和预计发展的标准的全面蓝图，并将随着科学技术的发展而不断地得到更新和充实，因此，就成为编制标准制定（修订）规划和计划的客观依据之一，当然也就成为确定标准项目的一种重要因素。如企业的所有标准，无论是在质的方面，还是在量的方面，都存在着客观的内在联系，它们之间相互依存、相互衔接、相互制约，构成一个有机整体，就是企业标准体系，用图表表示就成为企业标准体系表，制定企业标准时就要符合企业标准体系表的规定。同样，制定国家标准、行业标准时，应符合相关国家标准体系、行业标准体系表的规定要求。

(3) 符合标准化战略发展的要求。标准化工作的规划或计划都是在总结过去的基础上，立足于现在、展望并预测未来标准化工作的客观需要，在标准化发展战略指导下拟定目标、安排任务、制定措施后编制出来的。一般情况下，标准化工作规划按 3 年或 5 年编制，标准化工作计划按年度编制，其内容包括纲要（或说明）、标准制定（修订）或实施项目和措施等3 部分。标准化的规划和计划，使标准化工作有目标、有计划、有步骤地开展，也使标准的制定（修订）工作有次序、有计划地进行，因此理应是确定标准项目的直接依据。在确定制定（修订）标准项目后，应纳入国家、行业、地方或企业的工作计划并付诸实施。

3. 起草阶段

标准起草阶段是制定标准的关键阶段，该阶段的主要工作内容是：编制标准征求意见稿、编制说明和有关附件。项目负责人组织标准起草工作直至完成标准草案征求意见稿，时间周期不超过 10 个月。

首先是组织标准制定工作组。制定标准的项目确定之后，有关主管部门和负责起草单位即应根据工作量的大小和难易程度组成一个数量适当的标准制定工作组，并与其签订合同，实行制定（修订）标准的承包责任制。工作组一般由生产、使用、研究部门或高等院校的代表所组成，尤其要吸收相关企业参加。这些代表应该是熟悉标准化对象，掌握其专业技术和标准化技术的人员。为了保证制定标准时具有公正性即不迁就生产部门低标准要求，一般要求生产、使用和研究部门的代表各占三分之一左右或生产部门的代表不要超过半数。工作组有长期固定的和临时组织的两种，前者一般是制定重大的基础标准如机械制图标准、公差与配合标准工作组等；后者一般是具体产品标准工作组，完成制定任务后即解散。

其次是编制标准制订工作方案。工作组成立后，必须深入到具有代表性的生产、使用、科研、管理等部门和单位调查研究，全面收集有关资料，充分掌握标准化对象的国内外现状和发展方向、使用要求，科研成果和生产或工作实践中的技术数据、统计资料等，还要收集相应的国际标准和国外的先进标准，甚至国外一些先进企业（公司）的企业（公司）标准。在做好上述调查研究的基础上，编制出切实可行的工作方案。工作方案一般应包括下列内容：项目名称编号；任务要点；国内外相应标准及有关科研成果的简要说明；工作步骤及计划进度；参加的工作单位及其分工；制定标准过程中可能出现的主要问题及解决措施；标准化技术经济效果预测；所需经费预算。有些重大标准项目则应编写《计划任务书》，还要说明其中的主要研究项目、研究地点、试验规模及所需主要设备和仪器等。

最后是在试验验证基础上编写好标准草案（征求意见稿）。标准是一种科学的规定，有些标准本身就是一项科技成果。标准中的技术内容是建立在科研成果和生产实践经验等大量数据的基础上的。标准的一切技术指标都要以科学的态度，经过认真的试验验证以后才能确定。

4. 征求意见阶段

向标委会委员和有关单位发送标准征求意见稿，通过各种方式广泛征求意见。标准起草工作组根据收集到的反馈意见对征求意见稿进行修改，并在此基础上完成回函意见处理汇总表并编制标准送审稿。时间周期不超过 5 个月。若征求意见稿进行重大修改，则应分发第二征求意见稿（甚至第三征求意见稿）征求意见。此时，项目负责人应主动向有关部门提出延长或终止该项目计划的申请报告。

要广泛征求意见，集思广益，确定标准草案（送审稿）及其《编制说明书》。为了使标准制定（修订）得切实可行，有较高的质量水平，应将标准草案（征求意见稿），在指定的网站上公示，并发送有关的生产、使用、检验、科研、设计、大专院校等单位，广泛征求他们的意见；有时也可召集专门的标准征求意见座谈会，征求有关人员的意见；对个别重点单位或专家还可以派人专程前往，当面征求意见。被征求意见的部门和单位也应认真负责地收集、汇总意见，及时寄（发）送标准制定工作组。标准制定工作组收到各方面意见后应分类整理，逐一分析研究，合理的意见应采纳，不正确的意见要作说明解释；对难以确定取舍的分歧意见可作为一个专题研究审查或再次征求有关方面的意见，进行协商调整，最后确定标准送审稿。在发送标准草案（征求意见稿或送审稿）时，应同时发送《编制说明书》。

编制说明书是标准起草过程的真实记录和标准中一些重要内容的解释说明。其内容主要包括：标准项目来源及标准制定（修订）工作的简要过程；编制标准的基本原则，该标准与现行法规及有关标准之间的关系；该标准主要内容的确定依据，重要问题的解释说明；主要的试验分析、技术经济效果预测与论证情况；贯彻标准的要求和措施建议；参考文件资料目录等。

5. 审查阶段

标准化技术委员会对标准草案送审稿组织审查（以会审或函审的形式），进行表决（一般同意票数在全体委员的三分之二以上方可通过），在（审查）协商一致的基础上，形成标准草案报批稿和审查会议纪要或函审结论。时间周期不超过 5 个月。通过的送审稿根据审查意见进行修改并编制报批稿。对于难度较大和争议较多的标准送审稿一般采用会议审查方式。如标准草案送审稿没有被通过，则应分发第二标准草案送审稿，并再次进行审查。此时，项目负责人应主动向有关部门提出延长或终止该项目计划的申请报告。

标准的审查或审定是保证标准质量、提高标准水平的很重要的程序。审查或审定标准主要应考虑的内容包括：标准的规定是否与我国现行有关法律、法规及相关标准和谐一致，也就是有无违反我国现行法规；是否与相关的上级标准和同级标准抵触；标准中的内容是否采用了有关的国际标准和国外先进标准，做到了技术先进、经济合理、安全可靠，适应当前科学技术水平和今后发展方向，符合我国的实际情况；标准的规定是否有充分的依据，是否在试验研究和总结实践经验的基础上确定的，是否完整齐全；各方面的意见是否得到充分反映，是否得到协调解决；贯彻标准的要求、措施建议和过渡办法是否适当；标准编写方法是否符合我国标准编写的基本规定。

审查方式一般有函审和会审两种，如果标准较成熟，各方面意见分歧不大的，或者是简单的标准则尽量采用函审的方式，以节约人力和财力。对标准内容较复杂、难度较大、争议较多的标准，或者涉及面较广的重要标准，应采用会审的方式。标准审定会一般由各专业标准化技术委员会或分技术委员会召开。在开会前一个月，要把标准送审稿及编制说明书等寄送给参加会议的各位委员和代表，以便他们做好充分准备，到会深入讨论，提高会审质量，缩短会审时间。会审时要有会议记录，详细列出参加会议的人员及其单位，要审议通过会议纪要和审查结论。采用函审方式时，接受函审的单位或人员应按时认真填写和寄回审查意见；即使没有不同意见，也应按时回函表示同意。函审一般不超过两个月，过期未复函者则按同意处理。函审结束后，应写出函审结论报告，并写明对各种意见的处理结果、同意意见的所占比例数。在有些情况下，也可采用会审和函审同时进行的方式。无论采用哪种审查方式，都要充分发扬学术民主，认真听取各方面的意见，尤其要重视反对意见。最后要按科学办事，用数据说话，切忌以权势压制不同意见。

如果标准送审稿经审查未能给予通过，负责制定（修订）该标准的工作组应继续进行工作，然后再次提交标准送审稿，重新进行审查，直到审查通过为止。标准送审稿经审查通过后，工作组应根据审查意见，编写标准报批稿及报批时需同时呈交的文件资料，主要包括：标准编制说明书；审查会议纪要或审查结论报告，审查意见汇总及处理表；主要的试验验证及研究分析报告；标准实施日期及贯彻措施建议（有必要单写时）；采用或参考的国际标准或国外先进标准的原文复印件和译文；标准化经济效果预测分析或计算报告。

6. 批准阶段

标准报批稿及报批所需的各项文件准备好后，应根据标准的层级，按《中华人民共和国标准化法》规定的审批权限，报送相应的标准化管理部门审批、编号和发布，确定标准的实施日期。主管部门对标准草案报批稿及报批材料进行程序、技术审核。对不符合报批要求的，一般应退回有关标准化技术委员会或起草单位，限时解决问题后再行审核；时间周期不超过 4 个月。国家标准技术审查机构对标准草案报批稿及报批材料进行技术审查，在此基础上对报批稿完成必要的协调和完善工作；时间周期不超过 3 个月。若报批稿中存在重大技术方面或协调方面的问题，一般应退回部门或有关专业标准化技术委员会，限时解决问题后再进行报批。国务院标准化行政主管部门批准、发布国家标准，时间周期不超过 1 个月。标准批准、发布后，就要公布于众，并立即组织发行，尽快把标准发行到各有关实施部门和单位，使他们在标准实施日期之前做好实施标准的各项准备工作。

7. 出版阶段

将标准出版稿按相关要求进行编辑出版，提供标准出版物。时间周期不超过 3 个月。

8. 复审阶段

对实施周期达 5 年的标准进行复审，以确定是否确认（继续有效），修改（通过技术勘误表或修改单），修订（提交一个新工作项目建议，列入工作计划）或废止。

（1）标准的更改补充。标准的更改是指在不降低标准技术水平和不影响产品互换性能的前提下，在标准的内容（包括标准名称、条文、参数、符号以及图、表等）进行个别的少量的更改和补充，而不改变标准的顺序号和发布年号。这样既能使标准的内容得到及时的更改和补充，以适应科学技术和生产实践的发展，又可以节省人力、物力。标准更改、补充的内容从提出建议到审查通过，写出审查报告（包括审查单位和人员，审查的结论和依据等），再报送原批准部门，批准程序与制定标准的程序相同。对要更改、补充的内容，应明确其更改性质，如“更改”“补充”“删除”等。国家标准的更改和补充内容，开始实施日期，一般采用《国家标准更改通知单》的方式，在指定的《中国标准化》杂志上全文刊登公布。行业标准、地方标准及团体标准和企业标准的更改和补充均可参照国家标准的更改、补充办法，自行决定和办理。

（2）标准的定期复审。国家标准、行业标准、地方标准的标龄一般不超过5年，企业标准的标龄一般不超过3年应复审一次，分别予以确认、修订或废止。现代科学技术发展速度越来越快，使标准的复审与修订期有逐步缩短的趋势。标准的复审工作仍由标准所属的标准化专业技术委员会负责，复审后可以确认继续有效、更改、修订和废止，应修订的标准一般由原标准制定工作组负责修订工作。修订标准的工作程序与制定标准的工作程序相同，但可根据具体情况，在保证修订的标准质量前提下，简化程序中的某些环节。国家标准化指导性技术文件（GB/Z）是为给仍处于技术发展中（如变化快的技术领域）的标准化工作提供指南或信息，供科研、设计、生产、使用和管理等有关人员参考使用而制定的标准文件，它们的制定程序和国家标准的相同。

9. 废止阶段

对于经复审后确定为没有存在必要的标准，通过一定形式宣布某标准废止。

制定标准的过程可分为下列8个阶段，它们与ISO/IEC标准的制定程序基本一致，其名称、代码及工作内容见表2-1。

表2-1 制定标准的8个阶段及其代码

序号	代码	ISO/IEC 标准		中国标准（GB）	
		阶段名称	工作内容	阶段名称	工作内容
1	00	预备阶段	提交新项目提案	预备阶段	提出建议
2	10	提案	登记和发送 NP	立项	提出项目（NP）
3	20	起草	起草 WD、表决	起草	提出草案（WD）
4	30	委员会	发出 CD、投票	征求意见	提出草案（CD）
5	40	询问	DIS 表决	审查	提出草案（DS）
6	50	批准	FDIS 投票	批准	提供标准稿（FIS）
7	60	出版	出版 ISO/IEC 标准	出版	发行标准
8	90	复审	确认、修订或撤销	复审	确认、修订或废止

（三）制定标准的快速程序

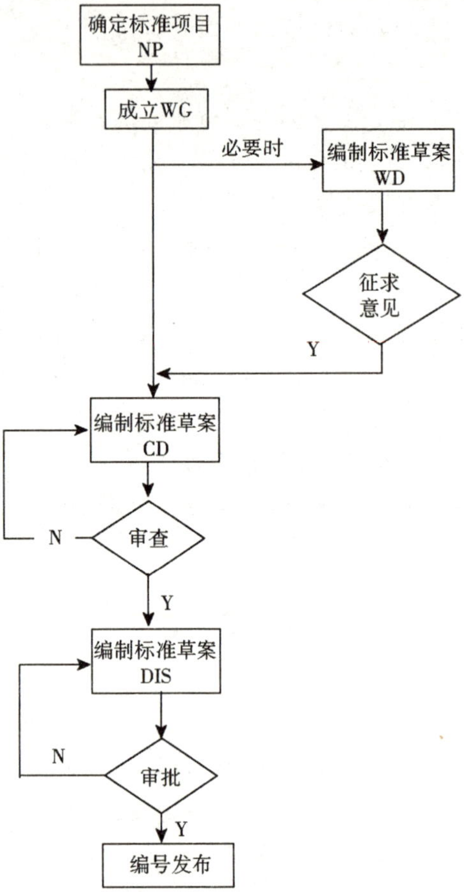

图 2-2　标准制定的快速程序

为了缩短标准制定周期，以适应对社会主义市场经济快速反应的需要，我国于 1998 年开始按照国际惯例与 ISO/IEC“快速程序”发布了《采用快速程序制定国家标准的管理规定》（如图 2-2 所示）。快速程序是在正常标准制定程序的基础上省略起草阶段或省略起草阶段和征求意见阶段的简化程序。在符合下列情况之一时，均可申请采用快速程序（FTP）：等同采用或修改采用国际标准制定国家标准、行业标准或地方标准；等同采用或修改采用国外先进标准制定国家标准、行业标准或地方标准；现行国家标准、行业标准或地方标准修订；现行行业标准或地方标准转化为国家标准；制定（修订）应急标准（即为了应对突发紧急事件急需实施的标准）。采用快速程序的项目，按《国家标准管理办法》的有关规定和GB/T 16733的要求进行管理；对现有国家标准的修订项目或我国其他各级标准的转化项目可直接由立项阶段进入审查阶段，即省略了起草阶段和征求意见阶段，将该现有标准作为标准草案送审稿组织审查。制定行业标准和地方标准的程序与国家标准差不多，企业标准的制定程序可适当简化。

根据GB/T 16733，快速程序适用于已有成熟标准草案的项目，如等同采用、修改采用国际标准或国外先进标准的标准制定（修订）项目和对现有国家标准的修订或我国其他各级标准的转化项目。本程序特别适用于变化快的技术领域。申请列入快速程序的标准在预备阶段和立项阶段应严格协调和审查。审查通过后，方可列入《国家标准制定、修订项目计划》。

采用国际标准包括采用国外先进标准，是指把国际标准和国外先进标准的内容，通过分析研究，不同程度地纳入我国的各级标准中，并贯彻实施以取得最佳效果的活动。采用国际标准是我国的一项重要技术政策，为此，国家质量监督检验检疫总局发布了《采用国际标准管理办法》，规定了采用原则、采用程度、表示方法和有关措施。对等同采用、修改采用国际标准或国外先进标准的标准制定（修订）项目可直接由立项阶段进入征求意见阶段，即省略了起草阶段，将该草案作为标准草案征求意见稿分发征求意见。

采用国际标准分为等同采用（IDT）、修改采用（MOD）和非等效采用（NEQ）3种。等同采用国际标准是采用国际标准的基本方法之一，它是指我国标准在技术内容与文本结构上均与国际标准完全相同，或者我国标准在技术内容上与国际标准相同，但可以包含小的编辑性修改。修改采用国际标准也是采用国际标准的基本方法之一，它是指允许我国标准与国际标准存在技术性差异，并对这些技术性差异进行了清楚的标识和解释。在结构上，我国标准应与相应国际标准相同，但如不影响对两个标准的内容进行比较，则允许改变文本结构。

对于等同、修改采用国际标准（包括即将制定完成的国际标准）和国外先进标准（不包括国外先进企业标准）编制的我国标准，在标准封面上必须注明采用标准和采用程度；在标准前言中，写明被采用标准的组织、国别、编号、名称、采用的程度和简要说明我国标准同被采用标准的主要差别。非等效采用编制的我国标准，则不需在封面上标注，也不算是采标。但在前言中应说明“本标准与ISO国际标准的一致性程度为非等效”。与国际标准的一致性程度为非等效的国家标准不属于采用国际标准，它是指我国标准与相应国际标准在技术内容和文本结构上均不同，它们之间的差异也未被清楚地标识。

(四）标准的技术审查要求

技术标准在批准发布前，需进行一次综合的、政策性的、全面的审查，其审查的内容与要点如下。

一是外观审查：审查标准的幅面是否符合规定，标准的名称与内容是否相符，页数是否齐全，有无签字和公章，附件是否齐全。

二是完整性审查：标准的内容是否完整。

三是内容审查：标准中的各项规定是否正确，有无互相矛盾之处，指标水平定得是否合适。

四是格式审查：封面、正文各栏的位置是否符合规定，章、条等的编号、移行等是否符合规定，公式、表格、标题的格式是否符合规定等。

五是统一性审查：名称、计量单位及符号、引用标准的条文与原文等是否统一，与有关标准是否统一。

六是数字审查：审查数值是否正确、是否符合一定的规律，有关数值之间有无矛盾。

七是图形审查：是否符合机械制图标准。

八是文字审查：是否做到了层次分明、语言通顺、文字简练、限定准确、用语得当、用字正确、标点清楚。

第二节　标准的编写

标准是一种特定形式的规范性技术文件，为了便于编写、审查和使用，ISO/IEC 和其他国际标准团体，以及各国标准化机构对编写标准都有一套基本规定，即统一的编写方法。如 ISO/IEC 技术工作导则、《英国标准导则　制定标准用标准　第 3 部分：英国标准的起草和编排》（BSO. 3）以及《标准化工作导则　第 1 部分：标准的结构和编写》（GB/T 1. 1）等，都是指导编写国际标准、英国及中国标准的标准文件。标准的编写方法是指标准内容的叙述方法、编排方式和各种图表、注释的表达方式等。标准编写得是否正确，直接关系到标准的贯彻，也影响到标准之间的交流，是标准质量的外在表现形式。因此，标准的编写方法是标准化人员必须掌握的基本能力。

一、编写标准的要求

确定了标准化对象，选择了编写标准的方法后，就要开始着手编写标准了。具体编写标准需要掌握许多知识。在起草标准之前要清楚地认识到制定标准所需要遵循的基本原理，以确保制定出的标准真正起到应有的作用。各类标准的编写方法不同，但必须遵循的基本要求是：标准的内容应正确，文字要表述得准确、简明、通俗易懂，并做到与有关国家法规、标准协调一致，编写方法必须规范化。制定标准最直接的目标就是编制出明确且无歧义的条款，并且通过这些条款的使用，促进贸易和交流。为了达到这个目标，编制出的标准应符合下述要求：内容完整；表述清楚和准确；充分考虑最新技术水平；为未来技术发展提供框架；能被未参加标准编制的专业人员所理解。

（一）规范

编写标准要注意规范性，起草标准时要遵守与标准制定有关的基础标准以及相关法律、法规。要做到预先设计，遵守制定程序和编写规则，特定标准的制定须符合相应基础标准的规定。编写标准还要注意适用性，所制定的标准中的内容应便于直接使用，且易于被其他标准或文件引用。

（二）正确

标准中规定的技术指标、参数、公式以及其他内容都要正确可靠。标准中规定的内容和指标必须是以现代科学技术的综合成果和先进经验为基础，并经过严格的科学验证、精确的数学计算而得出的结果。编写时，必须重复核实，对标准中的图样、表格、数值、公式、化学分子式、计量单位、符号、代号等均应进行仔细复核，消除一切技术错误，保证其正确无误。

（三）准确

标准的内容表述要准确、清楚，以防止不同人从不同角度产生不同的理解。标准是经济和技术活动的准则和依据，并被法律、法规和合同所引用，因此，必须具有法律和法规条文那样的措辞准确、逻辑严谨的特殊文风，用词切忌模棱两可，语句结构紧凑严密。为了达到表达准确的目的，标准中常用的典型词句，可以另行制定成标准来统一执行，也可以制定指导性文件推荐采用。

（四）简明

标准的内容要简洁明了、通俗易懂，便于实施。标准中不要使用生僻词句或地方俗语，在保证准确的前提下尽量使用大众化的语言，使大家都能正确理解和执行，便于实施；避免产生不易理解或不同理解的可能性。标准中只规定“应”怎么办，“必须”达到什么要求，“不得”超过什么界限等，一般不讲原因和道理，凡能定量表述的都要定量表述。根据标准内容的具体情况，在表述准确简明的前提下，选择文字、图表或文字和图表并用的表述方式，宜用文字的用文字，宜用图表的用图表。

（五）协调

标准要和相关的法规、标准内容协调一致。协调性是针对标准之间、各有关标准之间存在着广泛的内在联系。标准之间只有相互协调、相辅相成，才能充分发挥标准系统的功能，获得良好的系统效应。标准是成体系的技术文件，它的目的是“为了达到所有标准的整体协调”。将标准系统作为一个“整体”，如果从企业的角度看，那么所有的企业标准应是协调的；从行业的角度看，所有的行业标准应是协调的；从国家的角度看，所有的国家标准应是协调的。为了达到标准系统整体协调的目的，在制定标准时应注意和已经发布的标准进行协调。这种协调包括普遍协调、特殊协调、本领域协调 3 个层面。

编写标准时要注意不能与国家的有关法律、法令和法规相违背，应使这些法律、法令和法规在标准中得到贯彻。如标准中的计量单位名称、符号要遵守《中华人民共和国计量法》和《关于在我国统一实行法定计量单位的命令》，一律采用中华人民共和国法定计量单位。编写标准时要与现行的下级、同级有关标准，尤其与基础标准协调一致，还要与该标准所属的标准体系表内的标准协调一致，以充分发挥标准化系统整体功能。

（六）统一

标准的文体、表述方式及其术语、符号、代号等应该统一。统一性是对标准编写及表达方式的最基本的要求。统一性强调的是一项标准或部分的内部或一系列标准的内部。统一性强调的是内部的统一，包括 3 个层次：一是一项单独出版的标准或部分的内部；二是一项分成多个部分的标准的内部；三是一系列相关标准构成的标准体系的内部。每个层次统一的内容都包括 3 个方面，即标准的结构、文体和术语。通过 3 个层次上 3 个方面的统一性，保证标准能够被使用者无歧义地理解。

编写标准时，首先，同类标准的文体结构统一规范；表述方式始终要统一，同一标准中的术语、符号、代号要前后统一，相关标准中的术语、符号、代号也要统一。同一名词或术语始终用来表述同一个概念，同一个概念应始终采用同一名词或术语，不能在一个标准中出现其他同义词，即不能出现一物多名或一名多物的现象。其次，同级标准的书写格式、幅面大小、章条的划分以及编号方法等都要统一；同类标准的构成、内容的编排也要统一，都要符合 GB/T 1.1 等标准的有关规定。最后，标准中使用的汉字和翻译的外文也要统一，汉字要推广使用国家正式公布的简化汉字，注意杜绝错别字。

二、标准的基本结构

标准必须以特定形式出现，这是它区别于其他任何文件的重要特点。所谓特定形式，是指其编写的体裁格式、章条编号、文字结构与表述方式等方面，都有统一的规定和要求。指导我国国家标准、行业标准、地方标准以及国家标准化指导性技术文件编写的最基础的标准是《标准化工作导则》（GB/T 1）、《标准化工作指南》（GB/T 2000）、《标准编写规则》（GB/T 20001）和《标准中特定内容的起草》（GB/T 20002），这些标准共同构成支撑标准制定（修订）工作的基础性系列国家标准。其他标准的编写可参照上述标准执行。国家标准《标准化工作导则　第 1 部分：标准的结构和编写》（GB/T 1.1—2009）对标准的结构、起草表述规则和编排格式作了规定。该标准是参考 ISO/IEC 导则第 2 部分：2004《国际标准的结构和起草规则》制定的。由于每项标准的对象不同，其内容也不完全相同。

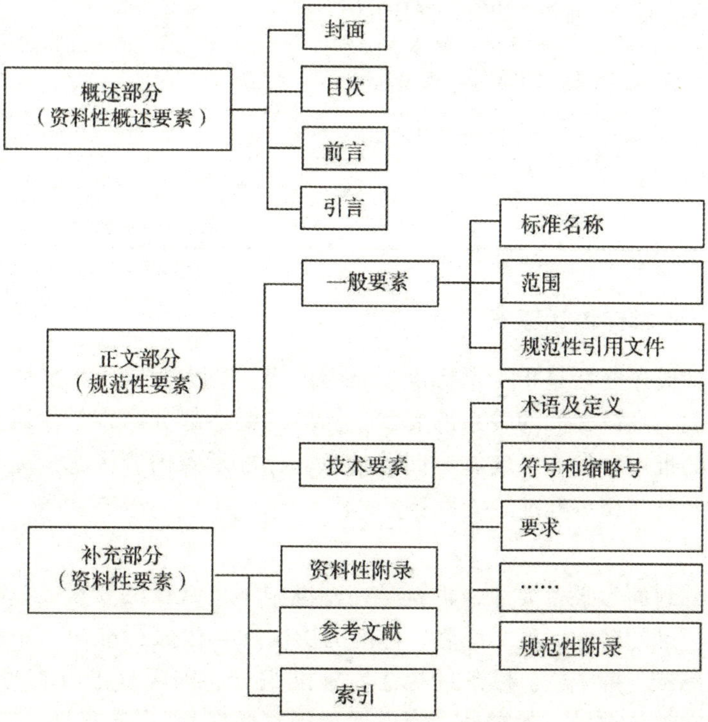

图 2-3　标准内容结构和编写顺序

任何标准都由概述要素、规范性要素（它规定了标准的要求和必须实施的条文，由一般要素和技术要素两部分构成）和补充要素 3 个要素构成。上述构成部分的内容不是任何一项标准都要写的，某一项标准究竟应包括其中哪些内容，应根据标准化对象的特征和制定标准的目的而定。其内容构成和编写顺序见图 2-3。

表 2-2　标准中要素的典型格式

要素类型	要素的编排	要素所允许的表述形式
资料性概述要素	封面	见以下有关“封面”的说明
	目次	见以下有关“目次”的说明
	前言	条文注脚注
	引言	条文图表注脚注
规范性一般要素	标准名称	文字
	范围	条文图表注脚注
	规范性引用文件	文件清单（规范性引用）注脚注
规范性技术要素	术语和定义；符号、代号和缩略语；要求；分类、标记和编码；规范性附录	条文图表注脚注
资料性补充要素	资料性附录	条文图表注脚注
	参考文献	文件清单（资料性引用）脚注
	索引	文字（自动生成的内容）

（一）资料性概述要素

资料性概述要素是指标示标准、介绍内容、说明背景、制定情况以及该标准与其他标准或文件的关系的要素，标准的概述部分内容是让读者概括地了解标准的批准、发布、实施时间等信息，标准章条内容标题，标准制定原因、过程及其与相关标准的关系等。

1. 封面

标准的封面为必备要素，也就是在标准中不可缺少的要素。标准的封面内容有：标准的名称、英文译名、标准的层次（如国家标准为“中华人民共和国国家标准”字样）、标准的标志、标准编号、国际标准分类号（ICS）、中国标准文献分类号、备案号（不适用于国家标准）、发布日期、实施日期、标准的发布部门等。如果标准代替了某个或某几个标准，封面上应给出被代替标准的编号。另外，当标准有对应的国际标准时，还应在封面上标明一致性程度的标识。

我国标准的封面上应写明标准分类号、标准号、标准名称（国家标准还附有英文标准名称）、标准的发布和实施日期、标准的发布部门等，国家标准封面上还应有国际标准分类号（ICS）。当采用国际标准时，标准封面上应在我国标准号后并列说明采用的国际标准号及采用程度，并在标准英文名称下方标明产品一致性程度，如 GB/T 27025—2008、ISO/IEC 17025：2005。标准征求意见稿和送审稿的封面显著位置应给出征集标准是否涉及专利的信息："在提交反馈意见时，请将您知道的相关专利连同支持性文件一并附上。"封面格式及其字体、符号规格按 GB/T 1.1 规定执行。

2. 目次

目次为可选要素，也就是在标准中存在与否取决于特定标准的具体需求的要素。如果标准内容多、篇幅长、结构较复杂、条文较多时，可设置目次，这样可以清晰地显示标准的结构，便于阅读和使用。目次的内容包括条文主要划分单元（一般为章）和附录的编号、标题和所在页码；目次在 2 页以上时应另编页码，但与标准条文的页码不连续；目次中页码应加圆括号，以示区别。目次所列的内容和顺序为：前言、引言、章、带有标题的条（需要时列出）、附录、附录中的章和带有标题的条（需要时列出）、参考文献、索引、图（需要时列出）、表（需要时列出）。

3. 前言

每项标准均应有前言，以便标准的使用者正确了解该标准的有关情况。

前言中的内容根据情况依次给出以下内容：

对于系列标准或分部分的标准，在第一项标准或标准的第 1 部分中要说明标准的预计结构；在系列标准的每一项标准或分部分标准的每一部分中列出所有已经发布或计划发布的其他标准或其他部分的名称。

标准制定所依据的起草规则，提及 GB/T 1.1。

标准代替的其他文件说明。给出被代替的标准（含修改单）或其他文件的编号和名称，给出与前一版本的主要变化。

以国外文件为基础形成的标准，在前言中陈述与相应文件的关系。当标准等同、修改采用国际文件或与国际文件的一致性为非等效时，应说明与国际文件的关系。

涉及专利的相关说明。

标准提出信息或归口信息。

标准的起草单位和主要起草人。

前言不能有要求和推荐性的内容，也不应有公式、图和表的内容。

4. 引言

引言为可选要素，如果需要，可在引言中给出编制该标准的原因，以及有关标准技术内容的特殊信息或说明。“引言”写在“首页”第一章“范围”前面，主要写出关于标准技术内容以及关于制定标准的原因的特殊信息说明。一般不写标题，不包含要求，不编号。当引言的内容需要分条时，条的编号形式为0.1、0.2等。

（二）规范性一般要素

规范性一般要素是指描述标准的名称、范围，给出对于标准的使用必不可少的文件清单等要素。它包括标准名称、范围和规范性引用文件等。

1. 标准名称

标准名称为必备要素，是标准的总标题，应力求简练，并应明确表示出标准的主题，直接反映标准化对象的特征和范围，使之与其他标准相区分。我国标准名称一般由标准化对象的名称和技术特征两部分组成。标准名称中表示技术特征的术语，应采用标准化的统一术语。如一项标准的若干部分用同一个标准顺序号发布时，标准应有一个总名称，各独立部分再分别冠以名称，两个名称中间应隔开。标准名称不应涉及不必要的细节。任何其他必要的详细说明应在范围中给出。

标准名称最多可由3个要素组成，其顺序由一般到特殊，从总体到具体，即：引导要素（可选），表示标准所属的领域（可使用该标准的归口标准化技术委员会的名称）；主体要素（必备），表示在上述领域内标准所涉及的主要对象；补充要素（可选），表示标准所针对的主要对象的特定方面或给出区分该标准（或该部分）与其他标准（或其他部分）的细节。

一般来说，标准名称按下面规则确定：如果没有引导要素，主体要素所表示的对象就不明白，则标准名称中应有引导要素；如果主体要素（或同补充要素一起）能确切地概括标准所论述的对象，则标准名称中应省略引导要素；标准名称中应有主体要素；如果标准只包含主体要素所表示对象的一个或非常少的几个方面，则标准名称中应有补充要素；如果只划分标准为部分，应使用补充要素区分和识别各个部分，每个部分的引导要素（如果有）和主体要素保持相同；如果标准包含主体要素所表示对象的几个（但不是全部）方面，则在标准名称的补充要素所对应由一般性的术语（如规范或机械要求和测试方法等）来表达这些方面，而无须一一列举；如果标准包含主体要素所表示对象的所有基本方面，同时是有关对象的唯一标准（而且拟继续保持），则标准名称中应省略补充要素；标准名称必应包含可能无意中限制标注范围的细节。然而，如果标准涉及一个特定类型的产品，则应在名称中反映出来。

2. 范围

范围为必备要素。范围应置于标准正文的起始位置。范围应明确界定一项标准的对象和所涉及的各个方面，由此指明标准或其特定部分的适用界限，也就是指明标准的适用范围和领域，必要时可指出标准不适用的界限。范围的文字应简洁，可作为内容提要使用。范围不能包含任何要求。

3. 规范性引用文件

规范性引用文件为可选要素，用来列出标准中规范性引用文件的清单，这些文件经过标准条文的引用后，成为该项标准应用时不可缺少的文件。引用文件清单中不包括不能公开出版的文件、资料性引用文件、起草过程中参考过的文件等，这些文件只能列入参考文献。文件清单中引用文件的排列顺序为：国家标准（含国家标准化指导性文件）、行业标准、地方标准（仅适用于地方标准的编写）、国内有关文件、ISO 标准、IEC 标准、ISO 或 IEC 有关文件、其他国际标准以及其他国际有关文件。国家标准、ISO 标准、IEC 标准按标准顺序号排列；行业标准、地方标准、其他国际标准先按标准代号的拉丁字母顺序排列，再按标准顺序号排列。

文件清单中，对于标准条文中注日期引用的文件，应给出版本号或年号（引用时，给出标准代号、顺序号和年号）以及完整的标准名称；对于标准条文中不注日期引用的文件，则不应给出版本号或年号。标准条文中不注日期引用一项由多个部分组成的标准时，应在标准顺序号后标明“所有部分”及其标准名称中相同部分。

规范性引用文件中的国家标准或行业标准，如果有对应的国际标准，应注明与国际标准的一致程度。规范性引用文件清单中，如有国际标准和国外标准，应在标准编号后给出标准名称的中文译名，并在其后的圆括号中给出原文名称；如果是非标准类文件，则应按 GB/T 7714 规定的方法列出相应的文件。如果引用的文件可在线获得，宜提供详细的获取和访问途径，应给出被引用文件完整的网址。

文件清单不应包含：不能公开获得的文件；资料性引用文件；标准编制过程中参考过的文件。上述文件根据需要可列入参考文献。

规范性引用文件清单应由下述引导语导出：“下列文件对于本文件的应用是必不可少的，凡是注日期的引用文件，仅注日期的版本适用于本文件。凡是不注日期的引用文件，其最新版本（包括所有的修改单）适用于本文件。”

（三）规范性技术要素

规范性技术要素指规定标准技术内容的要素。因此，它是标准所要规定的实质性内容，也是整个标准的主体。其中的各项内容应根据各类标准的不同特点和需要编写，并遵循有关的编写方法。技术要素选择首先要注重目的性。标准中规范性技术要素的确定取决于编制标准的目的，最重要的目的是保证有关产品、过程或服务的适用性，也可侧重于促进理解和交流，保证安全、健康，保护环境和节约能源，合理利用资源，保证产品接口、互换性和兼容性以及品种控制等。技术要素选择应注重性能。为了给今后技术的发展留下空间，应尽可能由性能特性来表达，而不是用设计和描述特性来表达。技术要素选择应具可证实性，标准中列入的要求是能够被证实的要求，因此不应使用定性的表述，而应使用明确的定量数值。

1. 术语和定义

术语和定义为可选要素，术语和定义给出为理解标准中某些术语所必需的定义。为理解一项标准中的某些术语，对其中采用的术语尚无统一定义时，应加以必要的定义或给出说明，如果确有必要重复某术语已经标准化的定义，则应标明该定义出自的标准；如果不得不改写已经标准化的定义，则应加注说明。

术语宜按照概念层级进行分类和编排，分类的结果和排列顺序应由术语的条目编号来明确，应给每个术语一个条目编号。

对某概念建立有关术语和定义以前，应查找在其他标准中是否已经为该概念建立了术语和定义。如果已经建立，宜引用定义该概念的标准，不必重复定义；如果没有建立，则“术语和定义”一章中只应定义标准中所使用的并且是术语标准的范围所覆盖的概念，以及有助于理解这些定义的附加概念；如果标准中使用了属于标准范围之外的术语，可在标准中说明其含义，而不宜在“术语和定义”一章中给出该术语及其定义。

如果不得不改写已经标准化的定义，则应加注说明。定义既不应包含要求，也不应写成要求的形式。附加的信息应仅以示例或注的形式给出。适用于量的单位的信息应在注中重新给出。术语条目应包括：条目编号、术语、英文对应词、定义。根据需要可增加：符号、概念的其他表述方式（如公式、图等）、示例、注等。定义不应包含要求，同时也不应写成要求的形式。术语和定义可用“下列术语和定义适用于本标准”字样的引导语。

术语和定义由适当的引导语引出：仅标准中界定的术语和定义适用时，使用“下列术语和定义适用于本文件”。其他文件界定的术语和定义也适用时，使用“……界定的以及下列术语和定义适用于本文件”。仅其他文件界定的术语和定义适用时，使用“……界定的术语和定义适用于本文件”。

2. 符号、代号和缩略语

符号、代号和缩略语为可选要素。为了理解一项标准中使用的某些符号、代号和缩略语，将它们列出，并对所列符号、代号和缩略语的功能、意义、具体使用场合给出必要的说明。为了简便起见，或将这一部分与“术语和定义”部分或者还有量的单位合在一起，用一个复合标题，如：“术语和定义、符号、代号、缩略语以及量的单位。”如有必要，应在该章中列出理解标准中有关符号和缩略语的一览表，并可与“定义”一章合并，标题定为“定义、符号和缩略语”。

除非为了反映技术准则需要以特定次序列出，所有符号、代号和缩略语宜按以下次序以字母顺序列出：大写拉丁字母置于小写拉丁字母之前；无角标的字母置于有角标的字母之前，有字母角标的字母置于有数字角标的字母之前；希腊字母置于拉丁字母之后；其他特殊符号和文字。

3. 要求

要求为可选要素，应包含以下内容：直接或以引用方式给出标准涉及的产品、过程或服务等方面的所有特性；可量化特性所要求的极限值；针对每个要求，可以引用已有的测定或检验特性值的试验方法，当没有可直接引用的试验方法时，应规定相应的试验方法。要求中只能列入技术性内容，不应包含合同要求（有关索赔、担保、费用结算等）和法律法规的要求。这部分内容的编写应根据各类标准的结构特点和需要，按照《标准化工作导则》（GB/T 1.1）、《标准编写规则》（GB/T 20001）等标准规定分别编写。

4. 分类、标记和编码

分类、标记和编码为可选要素，它是为符合所规定特性要求的产品、过程或服务建立一个分类、标记和（或）编码体系。对产品而言，就是要对有关产品总体安排的种类、型式、尺寸或参数系列等作出统一规定，并给出产品分类后具体产品的表示方法。为简便起见，可将这一部分与“要求”合并在一起。

5. 规范性附录

根据附录的性质，标准中的附录分为规范性附录和资料性附录两类。这两类附录都是可选要素。规范性附录给出标准正文的附加或补充条款，因此，是标准不可分割的一部分，与标准正文具有同等效力。为了使用方便，将其放在技术要素的最后。同时，对一个附录是规范性附录这一情况，要注意在正文中提及的措辞方式，如“……符合附录 A 的规定”，或者“……见附录 B”等；此外还在目次中列出的附录编号后加括号予以注明。规范性附录是标准不可分割的部分，主要是指对标准技术内容所作的补充，实质上相当于技术内容的一个组成部分，只有在技术内容过多、编写或阅读不方便时，才编写在标准条文的后面，其目的在于保证正文主题突出，避免个别条文过于臃肿。

（四）资料性补充要素

1. 资料性附录

资料性附录只提供理解标准内容的附加信息，帮助正确掌握和使用标准。

资料性附录只能包含可选要求而不应包含其他要求，如资料性附录为一个可选的试验方法，则可包含要求，在声明符合标准时并不需要符合这类附录中的要求，也不具有标准正文的效力。对一个附录是资料性附录这一情况，在正文中提及的措辞方式如“……参见附录 C”；同样在目次中列出的附录编号后加括号予以注明。资料性附录可包含可选要求。例如一个可选的试验放大可包含要求，但在声明符合标准时，并不需要符合这些要求。它一般编写在规范性附录后，并与规范性附录一起依次编号，目次中和附录编号下方标明，如附录 A、附录 B……列入目次。

2. 参考文献

参考文献为可选要素。标准起草过程的参考文献，应位于最后一个附录之后。参考文献的格式应符合 GB/T 7714 的规定。文献清单中每个参考文献前应在方括号中给出序号。文献清单中所列的文献，文献的排列顺序等均应符合相关规定，如列出国际标准、国外标准和其他文献，无须给出中文译名。

3. 索引

索引也为可选要素。当有索引时，索引作为标准的最后一个要素。电子文本的索引宜自动生成。

（五）其他资料性要素

1. 条文的注和示例

条文的注和示例的性质为资料性，只能给出对理解或使用标准起辅助作用的附加信息，不能包含任何要求。应将注和示例放在所注释的章、条或段的下方。章或条中只有一个注释时，在标题“注：”后写注释条文。同一章（不分条）或条中有几个注时，则应以标题“注 1：”“注 2：”“注 3：”等加以区分。同样，当章或条中只有一个示例时，在标题“示例：”后写示例的具体内容；当同一章（不分条）或条有多个示例时，应标明“示例 1：”“示例 2：”“示例 3：”等。

2. 条文的脚注

条文的脚注的性质为资料性，用来提供附加信息，它不能包含要求，一般应尽量少用。

为阅读方便，脚注应该放在提及该脚注的页面下方，用一条细实线与正文分开，长度为版心宽度的四分之一，置于页面左侧。应使用带半圆括号的阿拉伯数字从 1 开始对条文的脚注编号。全文中条文的脚注应从“前言”开始连续编号，即 1）、2）、3）等。另外在需注释的词或句子之后应使用与脚注编号相同的上标数字标明脚注。有些情况下，为避免与上标数字混淆，可用一个或多个星号代替数字及半圆括号，如：*、**、***等标明脚注。

三、标准的层次划分

标准要根据内容繁简合理编排，分为若干层次叙述。由于各类标准的内容性质和条文长短差异很大，很难制定统一通用的层次划分模式。为了使标准层次清晰、便于使用，应对标准的层次作出适当划分。标准应按其内容分成若干层次（以2~3个层次为好，一般不要超过4个层次）进行叙述，各层次的编号采用阿拉伯数字，每两个层次之间加圆点，圆点加在阿拉伯数字的右下角。一般可能出现的主要层次包括：部分、章、条、段、列项及附录等。

（一）主要层次

1. 部分

当一项标准的篇幅过长、后续内部相互关联、标准的某些内容可能被法规引用或者标准的某些内容用于认证时，可将一项标准分成若干个单独的部分出版。这时标准顺序号相同，部分采用阿拉伯数字从1开始进行编号，放在标准顺序号后面，用下脚点与标准顺序号隔开，如20000.1、20000.2等。同一标准的各个部分的标准名称都包含同样的引导要素（如果有的话）和主体要素，而补充要素应不同，以便区分各个部分。在每个部分的名称中，补充要素前均应使用阿拉伯数字标明“第×部分”，如：第1部分、第2部分等。

2. 章

章是标准层次划分中最基本的组成单元。每项标准及其部分中的章，应使用阿拉伯数字从1开始对章编号，从“范围”一章开始连续编号直到附录以前。每章都要有标题，写在编号后，章的编号和标题应占三行，与后面的条文分开。

3. 条

条是章的细分层次。根据实际需要最多可分到第五层次的条。应使用阿拉伯数字加下脚点对条进行编号，如：3.1、3.1.1、3.1.1.1等。同一层次中有两个或两个以上的条时才可设条，如：若没有3.1.1.2条，就不应设3.1 1.1条。条有标题时，写在编号后面，单独占两行。第一层次的条宜给出条的标题，并应置于编号之后。第二层次的条可同样处理。同一章或条中同一层次的条有无标题应该统一，即：如果3.1.1有标题，则3.1.2也应有标题。但要注意无标题的条要避免再分条。可将无标题条首句中的关键术语或短语标为黑体，以标明所涉及的主题。这类术语或短语不应列入目次。

章、条的编号顶格排，编号与标题或文字之间空一个汉字的间隙。

（1）标准条文的层次划分。

第一层次“章”的编写自始至终须连续，以下层次的编号只在所属的层次内连续，引用章以下各层次的条文编号时，统称为条，如第 1 条、第 1.1 条、第 1.1.1 条……

当一个标准不宜容纳若干独立部分的内容时，可以将它们分开。但为了保持标准的系统性，方便使用，就把这些独立部分用同一个标准顺序号发布。每个部分的编号用阿拉伯数字表示，放在标准顺序号之后，也以圆点分开，如 GB/T 1.1—2009、GB/T 1.2—2009 等。

当标准条文内容较简短，或适于采用分行并列叙述时，其编号用小写的拉丁字母 a，b，c，……顺序表示，在字母后加半括号。

如产品标志的基本内容为：

a）产品名称；

b）制造厂名；

c）制造日期或生产批号和出厂日期；

d）产品标记；

e）产品的主要参数和质量等级。

（2）标准条文的排列格式。

第一层次的条文一般应有标题，特别是需要编制目次时，必须设有标题，标题的编号应左起顶格书写，其后空一个字再写标题，占两行位置，另起一行写具体内容。在不需编制目录的情况下，可以不设标题，就可在编号后空一个字直接写具体内容。

第二层次及以下层次的条文可有标题，也可没有标题，但属于同一层次的下一层次的条文，有无标题应一致，有标题的也写在编号后空一个字，但只能占一行，其具体内容的第一行应左起空两个字书写，并列叙述的条文编号 a，b，c，……均应左起空两个字书写，并在编写后空一个字写内容。

4. 段

3　要求
××××××××××××
××××××××××××（悬置段）
3.1　×××××××××
××××××××××××
3.2　×××××××××
××××××××××××
4　试验方法

图 2-4　“悬置段”示意图

段是章或条的不带编号的细分层次。为避免在使用时产生混淆，尽可能不出现如图 2-4 所示的“悬置段”，不能只将图 2-4 所标出的悬置段作为“第 3 章”，因为严格地说 3.1 条和 3.2 条也属于第 3 章，为了避免这类问题，可将未编号的悬置段编为 3.1，原来的 3.1 和 3.2 重新编成 3.2 和 3.3，或者将悬置段移到其他地方。

5. 列项

列项用以引出具有并列含义的句子。列项中每一项前应加破折号或圆点。当需要对列项的内容进行识别时，则在每一项前加上用带半圆括号的小写拉丁字母顺序编号，如 a)、b) 等，若还要对已经用字母编号的某项进一步细分，则应使用带半圆括号的阿拉伯数字进行编号，如 1)、2) 等。

6. 附录

每个附录应按条文（从前言算起）中提及的先后次序进行编号（前言中说明与前一版本主要变化时所提及的附录不作为编排附录顺序的依据）。附录编号由“附录”和随后标明顺序的大写拉丁字母组成，从字母“A”开始编号，如附录 A、附录 B 等。只有一个附录时，也要编为“附录 A”，使它的章、条编号能与正文的章、条编号区分开。附录编号下方应用圆括号标明附录的性质，即是“规范性附录”还是“资料性附录”，再下方是附录标题。每个附录中的章、条、表、图和数学公式编号前，都要加上附录编号中标明顺序的字母，字母后跟下脚点，从 1 开始编号，如：附录 A 中的章用“A.1”“A.2”、图用“图 A.1”“图 A.2”等表示。

（二）层次编排

从起草征求意见稿开始，标准草案就应按规定格式编写。各层次编号和条文都在页面左边顶格排列，段的条文缩进两个汉字，移行时顶格排列；列项说明、条文的注和示例也要缩进两个汉字排列。

表 2-3 层次的设置

名称	编号示例	说明
部分	9999.1	(1) 部分和系列标准的区别：分部分出版的标准不是独立的标准，而是一项标准内的组成部分；系列标准是顺序号相连且内容互相关联的标准 (2) 部分的编号：由标准顺序号和部分编号组成，如 19000.2、19000.3 (3) 部分的名称：各部分的补充要素不同补充要素前说明是第几部分（用阿拉伯数字）

续表

名称	编号示例	说明
章	3	(1) 从范围开始编号 (2) 每一章均应有标题
条	3.1	(1) 设置：一个层次中有两个或两个以上的条时才可设条；可以分到第五层，如3.1.1.1.1.1、3.1.1.1.1.2；避免无标题条再分条 (2) 标题：第一层最好给出标题；同一章的各条（指同层次）有无标题应统一；不同章之间的各条有无标题不要求统一；可将无标题条首句中的关键术语或短语标为黑体
	3.1.1	
	3.1.1.1	
	3.1.1.1.1	
	3.1.1.1.1.1	
段	无编号	(1) 是章或条不编号的层次 (2) 避免出现悬置段
列项	字母编号 a)、b) 下一层次数字编号 1)、2)	列项应由一段后跟冒号的文字引出。可用黑体字强调列项中的关键术语或短语
附录	A	(1) 识别：附录的编号（A/B）、附录的性质（规范性/资料性）、标题 (2) 章、图、表、数学公式的编号：章（A.1……）、图（图 A.1……）、表（表 A.1……）、数学公式（A.1……）

四、标准的编辑细则

这是对各类标准具体编写中的共性问题提出的统一要求，目的是使各类标准在这些共性问题方面保持一致。

（一）助动词的使用

标准中必须满足的要求和有一定选择自由的要求，就要采用不同的表述形式和措辞，以了解哪些条款是应遵守的，哪些条款是可选择的。表 2-4 给出了表述各类要求时的措辞形式，只有在特殊情况下不能使用正规表述时，才可使用等效的表述。

表 2-4　要求的表述

含义	表述	等效的表述	注解
要求	应	应该 只准许	（1）用于表示声明符合标准需要满足的要求 （2）不使“必须”代替“应”（以避免将某标准的要求和外部的法定责任相混淆） （3）表示禁止时，不使用“不可”代替“不应” （4）使用祈使句表示直接的指示
	不应	不得 不准许	
推荐	宜	推荐 建议	用于表达在几种可能性中被推荐作为特别适用的一种，不提及也不排除其他可能性；或表示某个行动步骤是受到推荐是首选的，但也未必是所要求的，或（以否定形式）表示不赞成但也不禁止某种可能性或行动步骤
	不宜	不推荐 不建议	
允许	可	可以 允许	（1）用于陈述由材料的、生理的或某种原因导致的能力和可能性 （2）在“允许”的情况下，不使用“可能”或“不可能”，也不用“能”代替“可” （3）“可”代表标准所表达的许可。“能”指主、客观原因导致的能力，“可能”则指主、客观原因导致的可能性
	不必	无须 不需要	
能力	能	能够	
	不能	不能够	
可能性	可能	有可能	
	不可能	没有可能	

（二）组织机构名称

标准中使用的组织机构的全称和简称（或外文缩写）应与这些组织机构所使用的全称和简称（或外文缩写）相同。由拉丁字母组成的缩略语只有在不引起混淆的情况下才允许使用，当标准中多次使用某缩略语，而标准中未给出缩略语一览表时，则第一次使用某缩略语时，应先给出其完整的中文词语或术语，在其后的圆括号中给出该缩略语。一般情况下，缩略语由大写拉丁字母组成，每个字母后面没有下脚点（如：DNA）。特殊情况下，由字词的第一个字母组成的缩略语用小写字母表示，并且每个字母后有一个下脚点。例如，“交流电（alternating current）”表示为“a. c. ”。

（三）图表

如果图或表提供的信息更有利于标准的理解，则宜使用图或表。每幅图或每个表在条文中均应明确提及，无论数量多少，均用阿拉伯数字从 1 开始编号，如图 1、图 2 或表 1、表 2。

1. 图

原则上每幅图应有图题，接在图的编号后，放在图的下面居中位置。标准中有无图题应统一。图中应标出量的符号和单位。如果所有量的单位均相同，宜在图的右上方用一句适当的陈述（例如：“单位为米”）表示。符号要符合有关规定，必要时可以加下标，如不同长度的量可以表示为l_1，l_2，……，而不使用A，B，……或a，b，……。图上的字体要符合制图标准，一律用正体，而量的符号及下标，以及表示数的符号采用斜体，以便区分。

图注应区别于条文的注，图注不应包含要求。图注应置于图题之上，图的脚注之前。图只有一个注时，应在注的第一行文字前标明“注：”；图中有多个注时，应标明“注1：”“注2：”“注3：”等。每幅图的图注应单独编号。

图的脚注应区别于条文的脚注，图的脚注可包含要求。图的脚注应置于图题之上，并紧跟图注。应使用上标形式的小写拉丁字母从“a”开始对图的脚注进行编号，即a、b、c等。在图中需注释的位置应以相同上标形式的小写拉丁字母标明图的脚注。每幅图的脚注应单独编号。

2. 表

不准许表中有表，也不准许将表再分为次级表。每个表宜有表题（即表的名称），标准中表有无表题应统一。每个表应有表头，表头中，单位标注在各栏项目名称下方；各栏单位相同时，可以只在表的右上方标注（例如：“单位为米”）。超过一页的表，在续页上重复表的缩号、表头、表题（可选）和关于单位的陈述，并注明“续表”字。

表注应区别于条文的注，表注不应包含要求。表注应置于表中，并位于表的脚注之前。表中只有一个注时，应在注的第一行文字前标明“注：”；表中有多个注时，应标明“注1：”“注2：”“注3：”等。每个表的表注应单独编号。

表的脚注应区别于条文的脚注，表的脚注可包含要求。表的脚注应置于表中，并紧跟表注。应使用上标形式的小写拉丁字母从“a”开始对表的脚注进行编号，即a、b、c等。在表中需注释的位置应以相同上标形式的小写拉丁字母标明表的脚注。每个表的脚注应单独编号。

（四）引用

引用有关标准中的内容而不重复，能减少因抄写或重编时可能产生的差错或矛盾，也使标准内容精练，但引用的内容要注明引自何处，便于查询。特殊情况时，如果认为有必要重复抄录有关内容，则应在所抄录的内容之后的方括号中准确地标明出处。

1. 提及标准本身的内容

一般情况下，在标准中提及标准本身的内容时，用“本标准……”（提及单独的标准）或“本指导性技术文件……”（提及国家标准化指导性技术文件）等形式表述。当标准分为多个单独部分时，为避免可能的混淆，可使用诸如“GB/T 1 的本部分”，这表示只提及该标准的一个部分；而“GB/T 20000”则表示提及该标准的所有部分。

2. 提及标准本身的具体内容

规范性提及标准本身的具体内容时，应使用这样的表述方式：“按第 3 章的要求”；“按 3.1 的规定”；“符合 3.1b）的规定”；“按 3.1.1 给出的细节”；“符合表 1 的规定”；“见附录 A”。

如果是资料性提及标准本身的具体内容时，采用的提及方式为：“参见表 2 的注”；“见 5.1.1 的示例 1”，等等。

3. 引用其他文件

原则上，被引用的文件应是国家标准、行业标准、国家标准化指导性技术文件或国际标准。对其他正式出版的文件，要经过引用这些文件的标准的归口标准化技术委员会或该标准的审查会议确认，当被引用的文件具有广泛的可接受性、权威性且能公开获得或者作者同意该文件被引用且能从作者或出版者处得到这些文件，当这些文件有修订打算时将修订所涉及的要点及时通知相关标准的归口标准化技术委员会或归口单位时，才允许以规范性方式加以引用。

引用其他文件可以注日期，也可不注日期。所有规范性引用文件，无论是注日期，还是不注日期，均应在“规范性引用文件”一章中列出。

对于注日期的引用，将来如果出现修改单或修订版时，引用这些文件的标准可根据需要发布修改单，来引用这些被修改的内容。

对于不注日期的引用，若是规范性引用，根据引用某文件的目的，在可接受该文件将来的所有改变时，才可不注日期引用文件。为此，引用时应引用完整的文件（包括标准的某个部分），或者不提及被引用文件中的具体章、条、附录、图或表的编号；而对于资料性引用，只要当引用完整的文件或标准的某个部分，或者不提及被引用文件中的具体章、条、附录、图或表的编号，即可不注日期。不注日期引用时，使用这样的表达方式：“见 GB/T 3102 的规定”。

（五）数值

为了表述标准中数值的精确性，要使用小数而避免使用分数。当表示物理量的数值时，应使用阿拉伯数字，后面写上法定计量单位符号。表示非物理量时，一般也应使用阿拉伯数字。10 以内的整数，如果不是出现在具有统计意义的一组数字中，可以用汉字。小于 1 的小数，必须写出小数点前的“0”。小数点符号为“.”，小数点前或后如果达到或超过四位数，则从小数点起，向左或向右每三位数字为一组，组间空四分之一个汉字的间隙，但表示年份时除外。数值相乘时，一律用乘号“×”表示，不用圆点，以免与小数点混淆。

（六）公式

标准中经常要规定各类计算公式，能用量的关系式时尽可能不用数值关系式。公式要采用正确的数学形式书写，用字母符号表示出不同的变量，并对“符号、代号和缩略语”部分未说明的符号在公式下加以解释。公式中的符号要规范，不能以量的描述性术语或名称的形式表示。在条文中应避免使用多于一行的表示形式。公式要简明，特别是避免使用多于一个层面的上标或下标符号，还要避免多于两行的表示形式。为了便于引用，可用带圆括号的阿拉伯数字从 1 开始对标准中的公式进行编号，公式的编号应从引言开始一直连续到附录之前，并与章、条、图和表的编号无关。

第三节　标准的审定

标准复审是指对使用一定时期后的标准，由其制定部门根据我国科学技术的发展和经济建设的需要，对标准的技术内容和指标水平所进行的重新审核，以确认标准有效性的活动。

一、标准的复审

《标准化工作指南　第 1 部分：标准化和相关活动的通用词汇》（GB/T 20000.1—2014）第 11.7 条规定：复审是决定规范性文件是否应予以确认、更改或废止的审查活动。

（一）标准复审的概念

标准复审是指已经发布实施的现有标准（包括已确认或修改补充的标准），经过实施一定时期后，对其内容再次审查，以确保其有效性、先进性和适用性的过程。《中华人民共和国标准化法》规定“标准的复审周期一般不超过五年”。标准复审是由各主管部门或标准化技术委员会组织进行，对需要复审的标准要收集实施中的问题并分类整理。复审可采用会议审查或函审，经复审的标准要用书面形式给出复审结果，如复审简况、处理意见、复审结论和依据等，以确认现行标准是继续有效、修订或者废止。

（二）标准复审的原则

标准复审工作应遵循以下原则：符合国家现行的法律法规；符合国家产业发展政策，促进产业结构调整和行业技术进步，对提高经济效益和社会效益有推动作用；标准的内容和技术指标应反映当前的技术水平和消费水平的要求；积极采用国际标准和国外先进标准，提高标准水平；促进国际贸易，提高国际竞争力；节约能源资源，保护环境；保证人身财产安全和人体健康；合理控制强制性标准范围。

（三）标准复审的内容

《关于国家标准复审管理的实施意见》（国标委计划〔2004〕28 号）“复审确认”给出了具体的解释：是否符合国家现行的法律法规；市场和企业是否需要，符合国家产业发展政策，对提高经济效益和社会效益有推动作用；是否符合国家大政方针、政策措施，对规范市场秩序有推动作用；是否符合国家采用国际标准或国外先进标准的政策；是否同其他国家标准有矛盾；国家标准的内容和技术指标是否反映当前的技术水平和消费水平的要求；是否符合国家标准委提出的其他要求。

（四）标准复审的结论

标准复审的结论分为继续有效、修订和废止。《中华人民共和国标准化法》第二十九条规定：“经过复审，对不适应经济社会发展需要和技术进步的应当及时修订或者废止。”国家技术监督局第 12 号令《中华人民共和国标准化法条文解释》第二章第十三条中明确：“标准实施后，制定标准的部门应当根据科学技术的发展和经济建设的需要适时进行复审，以确认现行标准继续有效或者予以修订、废止。”可见，标准的继续有效、代替与废止产生于标准的复审活动。

1. 继续有效

标准的内容能适应当前经济建设和科学技术发展需要，与现行法律法规无抵触；标准的技术内容仍符合当前技术水平，能满足行业发展和市场需求。继续有效还包括修改和限用。修改是指标准内容经少量修改仍能满足需要，以标准修改单的形式予以确认；限用是指标准内容适用于现役产品，不得在新设计、新产品中使用。若在推荐性标准中，出现“自本标准发布之日起，代替……”字样，是指在满足“适用性”的情况下，旧版本可以继续使用。这种情况下，在前言结尾部分出现的“本部分所代替标准的历次版本发布情况”中所包含的标准都是可以参考的。在《标准化工作指南　第1部分：标准化和相关活动的通用词汇》（GB/T 20000.1—2014）的第2.2.1条规定：适用性是指产品、过程或服务在具体条件下适合规定用途的能力。所以，选用标准时，一定要查看标准的前言。标准的代替、部分代替、废止、强制性条款等许多信息，均在前言中体现。我们应根据产品的具体情况和使用产品的具体条件选择标准。

2. 修订

标准需修改后才能适应经济建设和科学技术发展需要，或局部明显与现行法律、法规和相关国家标准不一致的；标准的技术内容需作较大修改才能符合当前技术水平，满足行业发展和市场需要，或需要改变标准性质。

3. 废止

标准的内容不适应当前经济建设和科学技术发展的需要；标准适用的产品已退出市场，涉及的主要技术已被淘汰；标准内容被其他标准所涵盖或替代；标准的主要技术内容属于企业内部规定等。

二、标准的修订

标准的修订是指对一项已在生产中实施多年的标准进行修改。修改的内容部分主要是生产实践中反映出来的不适应生产现状和科学技术发展的那一部分内容，或者修改其内容，或者予以补充，或者予以删除。

社会在进步，人们需求有变化，生产也在变化，必须在充分采用先进科学技术的基础上去满足使用要求，去谋求最大的经济效益和社会效益，因而标准内容也必须更改，对其已不适应部分予以删除。经复审后的标准，若标准主要技术内容需要作较大修改才能适应当前生产、使用的需要和科学技术发展需要的，则应作为修订项目。标准修订的程序按制定标准的程序执行。修订标准一般不改动标准编号，仅将其年号改为修订时的年号。标准制修订项目报批文件齐套性要求项目主办单位应将各阶段形成的各种文件妥善保存，以免报批时延误时机。

三、标准的废止

经复审后确认，标准内容已不适应当前生产、使用和经济建设的需要、或其技术内容已被其他标准代替，已无存在必要的，则应予以废止。废止的执行者是标准归口行政主管部门。依据文件标准废止的依据文件是标准复审结果目录公告。

有四类标准属于作废标准：一是已被新标准所代替的旧标准。强制性的标准一定要用最新的，旧的自动废止；推荐性的标准如果在前言部分没有明确提出废止，只是代替，则新、旧并存，选择适合自己的用。只有前言中写明“本标准代替并废除……版本”，则旧版本的就不能用了。二是审批单位已宣布废止的标准。三是行业标准在相应的国家标准实施后，自行废止的；地方标准在相应的国家标准或行业标准实施后，自行废止的。四是企业标准复审期一般不超过 3 年，到期不进行复审的。

需要特别注意的是：在推荐性标准中出现“自本标准发布之日起，代替并废止……”字样，则旧版本不可再用；强制性标准新标准一旦发布，旧标准不可再用。

第三章　标准的实施与监督

【基本要求】 通过本章的学习，您应能够：

1. 了解标准有效实施的意义、原则、步骤和技巧；
2. 熟悉监督标准实施的主体以及产品质量的检验；
3. 掌握标准后续管理的体制以及工作和服务体系；
4. 熟悉标准化经济效果的基本概念以及指标体系。

【核心概念】 实施；监督；经济效果

第一节　标准的有效实施

我国标准化工作的基本任务包括制定标准、组织实施标准和对标准实施进行监督 3 个方面。标准的实施是标准制定部门、使用部门或企业将标准规定的内容贯彻到生产、流通、使用等领域中的过程。标准也只有在实践中实施之后，才能取得制定标准时的预期目的，最终实现标准的价值。殡葬服务业的很多标准主要是从规范与管理的角度出发，提出的一些管理、技术、产品、服务的基础要求和目标，标准的实施主体是各级殡葬机构。为了更有效地实施标准，必须做好机构自身的运营管理与服务的标准化体系建设，通过服务机构的微观组织服务标准化体系的建设来达到宏观标准化的目标和要求，提升标准的有效性，可以进一步更科学地提炼国家标准、行业标准与地方标准，规范行业的管理。

一、标准有效实施的意义

标准的实施是指有组织、有计划、有措施地贯彻执行标准的活动，组织实施各类标准，是把科学技术和实践经验的综合成果运用到生产中去，转化为直接的生产力。这对提高企业的管理水平和技术水平，提升产品和服务质量，促进科学技术进步，保障人身健康和生命财产安全，维护国家安全、生态环境安全，提高经济社会发展水平，促进社会主义物质文明、精神文明和生态文明的建设，均具有极为重要的意义。

（一）切实发挥标准的功能

标准只有在实施之后，它的作用和效果才能产生和体现出来。标准化的目的是获得最佳秩序和社会效益。任何标准，只有认真实施，在实践中得以运用，才能使其在人类生产活动和日常生活中发挥预期的作用，才能取得社会经济效益。因为标准是在科学技术和实践经验综合成果基础上产生的，标准中规定的内容是某一时期内的以标准化形式固定下来的先进技术和成熟经验，组织标准实施将有利于改进产品设计、工艺、工装、检测手段，通过科学管理，为有目标地进行技术改造和更新设备提供可靠的技术依据。

实施标准有时要比制定标准的难度还大，因此常出现重视制定标准而忽视或不积极实施标准的现象。一些部门和企业标准化工作开展得不好，标准化效果不明显，常同这些部门和企业对实施标准这项工作力度不大有直接关系。目前，我国的国家标准和行业标准中，已有许多达到或接近国际标准水平，在某些领域采用国际标准比例已超过 90%。我国与发达国家在标准水平方面的差距正在逐步缩小，但仍然需要加快实施这些先进标准，使标准中规定的先进技术得到普及和应用，努力提高产品质量，降低消耗，在技术水平方面缩小与发达国家的差距。

（二）正确评价标准的质量

实践是检验真理（即标准的科学性、合理性、适用性或标准的质量和水平高低）的唯一尺度。有些标准在制定过程中，由于参与人数较少及其认识的局限性，虽然做过许多调查研究和一些试验验证，也将各方面的情况和数据进行汇总、分析和归纳，然后批准发布，但这并不能绝对保证标准是科学合理的。因为可能受某些因素的影响，收集到的情况、数据不一定都有足够的代表性，特别是一项国家标准，要在全国范围内执行，而我国的地理、气候、资源条件，人民的生活习惯，各地的经济技术发展水平，都存在较大的差别，各地实施标准时必然会出现各种问题，而这些问题常常是在制定标准时难以考虑周到的，很难作出完全恰当的评价。尤其是标准的内在质量，更难以作出适当的评价，只有当标准在实践中实施后，其存在的问题才会逐步暴露出来。

（三）真正发现标准的问题

只有通过标准的实施，才能为修订标准提供线索和依据，使标准不断由低级向高级发展。任何一个标准都不可能十全十美，都要不断更新、不断修改。标准更新、修改的动力来自实施标准的实践。标准发布后，要求稳定一段时间，使之发挥作用、产生效果。但生产总是在发展，技术总是在进步，人们的实践经验总是在不断积累，对事物的认识也随之不断充实、深入和完善。到一定时候，标准中的原有规定就不那么适用了，甚至提出更多、更高的要求，原有标准的修订及新标准的制定将提上日程。因此，标准的实施可以推动标准的新陈代谢，使标准更好地适应科学技术的发展，适应市场变化，对存在的问题寻求解决途径。

标准的“制定→实施→修订→实施”过程是一个阶梯式发展的过程。正是在不断地实施、修订过程中，才能不断地把现代科学技术成果纳入标准，补充纠正标准中的不足之处，才能有效地指导社会生产活动实践。因此，标准只有经过实施，才能发现和积累标准中存在的问题，也才能收集到解决这些问题的经验和建议，为修订标准和补充、制定新标准做好准备；使每项标准不断提高和充实，使标准体系不断完善，更好地适应和满足社会技术经济发展的需要。

二、标准有效实施的原则

（一）服从利益原则

实施标准往往会给实施单位增加一定的负担，会与当前的生产或工作任务有矛盾。有些标准的实施，对该单位眼前利益不大，甚至还可能暂时会有些损失（如实施安全标准、术语、符号等基础标准），但从长远来看，获益却很多，这就要既照顾到眼前，更要考虑到长远，眼前利益应服从长远利益。

（二）顾全大局原则

有些标准，例如关于连接尺寸和互换性的标准，关于安全、卫生、环境保护方面的标准，从整个社会效益来看利益很大，但从某一局部、某一单位来看，利益不大甚至还要增加开支和工作量，这就要局部服从整体，要顾全大局。

（三）区别对待原则

实施标准要根据不同情况区别对待。例如实施一项新产品标准，需要慎重安排新老产品标准过渡问题，对于即将淘汰的老产品，如短期内要更新换代，可限期过渡，或不作修改地继续生产一些易损零部件以供老产品维修用，但对新产品则应无条件地坚决实施新标准。根据企业不同的设备、生产和技术条件，分别实施产品标准中不同质量等级标准，同时努力改善条件，使质量升级，也是区别对待原则的体现。

（四）自愿实施原则

我国的计量单位标准、安全标志标准等法规规定强制执行的标准，应该严格实施执行，但是，对于大多数标准，尤其是一些小批量、多品种的工业产品质量标准，由于图样文件多，技术准备复杂，如全部按标准强制执行，势必会给生产带来混乱，并造成一些人、财、物的浪费。因此应该采取一些灵活性的自愿实施原则，如老图样技术文件允许不按新标准修改，用编制新旧标准对照表等来防止实施新标准后的混乱，但新产品图纸要坚决实施新标准，这样就能完成过渡，取得标准化效果。

三、标准有效实施的步骤

实施标准是一项细致而又复杂的工作，涉及科研生产、经营、管理、使用等部门。在一个企业内部，牵涉到科研、设计、生产、检验、供应、销售、财务、劳资、计划等多个方面，里里外外，互相关联、互相影响、互相制约。所以，实施标准必须有计划地做好安排，各方面协调行动，根据不同标准的内容和特性，采取各种不同的方式和方法努力实施标准，让它们在社会生产和生活中充分发挥其效益和作用。

各类标准有不同的对象和不同的内容，实施标准的步骤和方法也应有所不同。但是，从我国实施各类标准的经验来看，标准实施工作，大致上可以分为计划、准备、实施、检查、总结 5 个步骤，标准的实施程序如图 3-1 所示。

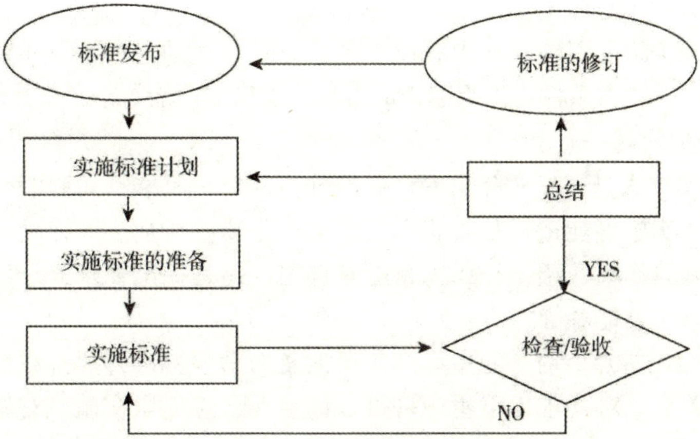

图 3-1　实施标准的一般程序

（一）计划

在标准实施工作之初，要摸清情况，分析问题，选择方法，掌握好时机，根据标准的种类和涉及的范围，编制实施计划或方案。

1. 摸清情况

要制订一个切实可行的实施方案，必须摸清以下几个方面的情况。

（1）准备实施的对象。是某项标准还是围绕新产品开发或其他重点任务来进行配合的工作。如为单项标准，是强制性标准，还是推荐性标准。如为推荐性标准，在对外合同文件中是否规定必须执行，如是，则应按强制性标准施行。

（2）标准对生产的影响。如：是不是主导产品的重要标准，包括品种规格是否变动、技术要求是否提高、检测项目是否增减、方法是否改变、产品包装说明是否变化等；变动有多大，对生产、市场销售等方面会有多少影响，如果技术要求指标增加或提高，原来合格的产品可能会有一部分（或全部）被判成不合格的产品。

（3）实施时间的确定。应了解同行业其他企业行动情况，对全国或全行业都要实施的标准，如果走在前面，技术准备工作量会比较大，物质条件方面的困难会多些，风险要大些，但也可能由此而带来市场扩大的好处，走在同行的前面，使其产品在市场上获得极高的声誉；若走在后面，则省些力气，但也可能有其他损失，要有具体应对措施。

（4）实施范围的确定。对围绕新产品开发而进行一批标准的实施，要弄清涉及范围及工作量有多大，可以从外面获得的资料、信息与经验有多少，对打算列入实施范围的标准中有没有准备修订的，动向如何；还要摸清可以动用的人力、物力条件，组织起来的难易，协作部门能否给予支持，等等。

2. 分析问题

（1）实事求是。从实际出发，仔细分析需要与可能，对强制性标准，多考虑不及时实施可能造成的损害，实施会产生哪些矛盾，如何处理；对推荐性标准，是只作些介绍，任凭大家随意选用，还是提出要求，予以实施。这些都要实事求是地对待。

（2）突出重点。对企业主导产品所涉及的重要标准，要排在前面，仔细分析利害关系。对要求申请生产许可证的企业，应抓紧实施。对新上马、预计将有较大发展的对象，晚实施不如早实施；当一些标准不能连在一起实施，而该实施的标准又较多时，要分清主次，陆续安排，以免工作堆积，顾此失彼。

（3）通盘筹划。根据全国及全行业标准化工作的动向，特别是行业内重要标准的发布及组织宣贯情况，每年考虑实施几个项目，争取列入企业的年度工作计划，减少临时安排；或围绕产品换代与开发，在相关计划中列出项目（或子项），提前做些准备。同时也要预留一定的时间、人力，处理好经常性的标准化工作。

（4）讲求实效。分析实施标准所动用的人力、物力条件，预测可能取得的效果。在执行时间上对效果有影响的，要向领导讲清楚，抓紧及时进行。对主要考虑社会效益的项目，要做好宣传、解释工作。

3. 选择方法

在项目确定之后，要选择合适的方法。

（1）全面实施。对产品比较单纯、按流水作业安排生产的企业，可在充分做好准备的基础上，规定日期，一次铺开，强制执行，全面实施。

（2）逐步实施。对各种产品交错生产或平等生产的企业，应先一般宣讲，组织试点（按产品或按车间选），然后分批分期逐步实施。

（3）协同推进。对生产配套或维修备件的企业，实施的方法与时间，要与主机厂生产、备件需求搞好协调，准备工作要提前，但实际转换时间要仔细安排，处理好可能出现的新旧配套件、备件同时生产供应的情况。

（4）典型引领。对全行业都要实施的标准，要充分利用其他单位的资料、经验与可能提供的物质条件。

4. 掌握时机

（1）尽早实施。对涉及企业主导产品的标准，如产品技术条件及测试方法标准，要尽早实施。

（2）分类推进。新产品开发时，要及时做好标准实施工作，绝不能存有等待产品鉴定时补课的想法。老产品改造及企业大规模的技术改造时，标准实施工作要尽早安排，跟上进度要求。某些交替生产的产品，可在生产间隙或下次投产之前安排修改技术文件，待再次生产时，按新标准执行。

（3）统筹安排。要分析标准项目的完善与配套时间，根据全行业技术准备工作的进度及物质条件的可能性来考虑安排计划。

5. 编制方案

根据已确定的项目目标、工作方法及具体工作内容和要求，在保证质量、加快进度、节约力量的前提下，组织人力，安排实施计划。

对较复杂的项目，工作方案中应写明总的目标要求，明确各子项的具体内容要求、负责单位（人员）与参加单位（人员）、起止时间、相关条件，并建立责任制，规定监督检查方法。

此外，在一些较大项目中，往往涉及产品更新换代、专题技术研究、工艺攻关、技术改造、设备更新、生产计划调整等问题，所以要在各有关的计划中列入项目，提出要求，以便更好地协调配合，完成任务。计划阶段工作做得细、情况明、方法对，以后的工作就可以有条不紊地进行。

（二）准备

准备工作是实施标准最重要的一个环节，必须认真细致地做好，才能保证标准的顺利实施，否则，就会忙于应付实施中出现的问题，甚至会使标准实施不下去，处于停滞状态。有些单位在组织标准实施时，常常把准备工作看得过于简单，在具体执行中发生了问题再临时想办法应付处理，造成手忙脚乱，甚至不得不中途停止执行，重新准备条件。实践证明，准备阶段的工作做得扎实、细致，执行阶段的工作就能顺利进行。准备工作大体上可分为思想准备、组织准备、技术准备和物质准备 4 个方面。

1. 思想准备

（1）加强宣传。首先要使领导和群众对实施标准的重要意义有一个正确的认识，这样才能把实施工作提上日程，把企业广大职工动员起来自觉地实施标准。

（2）讲解标准。针对一项标准进一步讲解，包括内容和要求标准对企业各项工作的影响，实施此项标准的意义和作用，实施中要做的工作，投入的人力、物力以及外部的协作条件，使大家知道需要花费一定代价，才能获得预期效果，由此而争取到各方面的支持、谅解和配合。

（3）遵循原则。一是考虑长远。有些标准的实施可能会与企业当前的生产任务有矛盾或当前获得的利益并不明显，甚至还会有一定的经济损失，但从长远来看，潜在收益却很大。因而决策者要克服短期行为，为企业长期发展考虑，认真组织实施。二是顾全大局。有些标准，如环境保护、安全、卫生等方面的标准，企业在组织实施过程中，需要花费相当数量的人力、物力，甚至还可能影响产品的产量和产值，使企业内部的经济效益受到一定的损失。但从整体利益来考虑，这些标准又是关系到人民生命、财产安全或造福于子孙后代的大事。因此要强调顾全大局，认真组织实施。三是相互协作。新标准的发布和实施，标志着一批新产品在使用性能要求、效率、可靠性、安全性与指标上有所提高，对用户、消费者有很大好处；但制造企业要投入大量人力、物力，才能把产品造出来，成本也会上升，企业要自行消化这些不利因素；同时一些为其协作配套的企业也要为实施标准作出努力，承担起应尽的责任。四是实事求是。由于我国幅员辽阔，经济技术水平千差万别，不少国家标准、行业标准为了适应复杂情况，标准内容比较广泛、概括，有的只列一些基本要求，有的则并列一种以上的规定，对一些技术指标进行分等分级，给企业执行标准以较大的灵活性。对此，企业应该实事求是地根据各自的具体情况，在内容选择、实施方法及时机等方面作出自己的决策，以利标准的实施。

2. 组织准备

标准在实施过程中必然会给企业各部门不同程度地增加了工作量，如成立攻关小组、研发小组或进行部门重组。特别是新旧标准的交替，有时还会遇到一些需要专门处理的问题。因此，标准的实施，尤其是重大基础标准的实施往往涉及面较广，需要统筹安排，有专门组织机构或明确专人负责才行。在一个部门、一个企业实施标准时，就要成立一个有生产、技术、检验、计量、财务、供销等部门人员参加的临时标准宣传实施小组，统一研究、处理在标准实施中需要专门处理的一些问题。

（1）统一领导。整个实施工作需要由主管生产技术工作的负责人统一领导。

（2）积极动员。应视工作量的大小及工作的复杂程度，恰当地动员各方面力量进行工作。

（3）加强协作。如果在行业内也在组织实施同一标准时，要注意企业内外力量的协作配合。

（4）注重实效。结合其他重点任务实施标准时，需要调配少量精干人员参加工作组，掌握情况，提出建议，按统一的要求和进度专心致志地做好工作。

3. 技术准备

技术准备是标准实施全过程中的关键环节。要依据标准发布时下达的贯彻措施及拟订的工作方案或计划来进行工作。

首先，要提供标准、标准简要介绍资料以及宣讲稿等，准备足够的标准文本，收集标准编制说明或标准制定单位编写的标准介绍、宣讲材料、新旧标准对照分析等，有些标准还应准备有关图片、幻灯片以及其他声像资料，以便充分掌握标准内容，为消化、理解标准做好准备。

其次，要指定专人采用各种有效形式宣讲标准，为各类人员准备好执行标准所需的标准文本及相关标准、对照表、手册、图册等有关文献资料，针对某个行业、某类产品或工艺特点，编写新旧标准交替时的对照表、注意事项及有关参考资料，使不同层次的有关人员都能了解和熟悉执行标准时所需要的知识。

最后，要按照先易后难、先主后次的顺序，逐步做好标准实施中的各项技术准备工作。实施过程中，对工艺方法的改进，设备与工装的改造与增加，也包括某些技术关键的解决或进行必要的试点等都应有计划地进行，使标准全面执行时，从技术到管理都能得到有力的指导。在进行技术准备工作时，要与行业技术归口单位及行业中先期执行的单位密切联系，取得相关的资料、经验及具体帮助。有些问题可以报请主管部门或归口单位，依靠有关单位的力量来共同解决，如编写手册、图册，制备和挑选标准样品及研制专用仪器装备等。有些标准，还应进行标准实施的试点工作，在有代表性的单位先试行，取得经验以后，再以点带面，全面推广。

4. 物质准备

标准从准备到全面执行，要有一定的物质条件作为后盾。例如：为实施互换性标准，要制造和购买所需的刀具、量具等；为实施产品标准，要购买新的原材料、工具、工艺装备、设备与检测仪器、装置，还要做好外购件及工艺协作的落实定点等。

在清理与原来老标准配套的原材料、零部件、元器件、量具、外包装等物料时，有的可以利用。如外包装材料，若在新的产品标准中，产品的尺寸未发生变化，只是标准编号改变了，可将新标准编号印在纸上，在确保粘贴牢固的前提下盖住原来的标准编号；而有的物料只能转做他用或处理报废。

这些准备工作除涉及生产、技术、供应部门以外，还需要计划、财务部门考虑资金投入，以及对产品制造成本的重新核算，以便在力争节约的要求下，做好物质条件的准备工作。

（三）实施

实施就是采取行动，把标准中所规定的内容，在有关领域的技术经济活动或相应管理事项等方面，按预期目标加以执行。实施是实现预期目标的阶段；其他阶段的工作都是为支持和保证实施阶段目标的实现而进行的。一般情况下，只有各项准备工作就绪，才可以正式进入实施阶段。实施阶段工作内容涉及面宽，工作方式也多种多样，可以结合实际运用。

1. 以单项标准为中心的实施工作

对单项标准的实施，如果是企业生产的零部件、半成品或成品，应首先抓在各种图样、文件编制过程中采用标准，有的重新设计、编制，有的修改、补充、更换，以保证能正确地指导生产。同时严格按标准、按图样、按工艺组织生产，从原材料进厂到成品出厂一抓到底，并按标准进行工序及成品的检验与试验。其中比较复杂的是多品种生产的企业，对新旧标准过渡要考虑产品的具体情况。即使是“单项标准”，实际上总会有互相引用、互相关联的标准存在，也要结合起来考虑。

2. 围绕相关工作推动标准的实施

在这种情况下，常常不是实施几个标准，而是要实施一整套标准。例如，为企业组织某类产品更新换代的系列设计时，就要把应该实施的标准都列入其中，及时跟上进度，讲明要求，介绍方法，提供资料，进行督促、检查和帮助，使新设计的系列产品中所有应该实施的标准都能认真地得到施行。

3. 做好技术辅导和咨询服务工作

要深入实际，解决具体问题，标准化人员还应该配合统计人员做好有关统计分析工作，收集数据，为计算新标准的技术经济效果做好准备。

（四）检查

检查是对实施标准的全过程实行检查，其中重点是按已批准的工作方案（或计划）对准备工作和施行情况进行检查，作出判断，发现问题，及时处理、解决，以保证整个实施工作的顺利进行。

1. 对实施准备工作的检查

对各项准备工作，要逐项检查进度与完成的质量是否满足标准执行时的要求，提出是否可以转入执行阶段。如检查技术准备中的标准宣讲工作，抽查听讲者掌握的情况和实际效果；检查技术关键的解决，设备、工艺的改造是否符合要求；检查物质条件准备情况，外购件、外协件的质量，工艺协作的质量与保证时间问题等。

2. 对标准施行情况的检查

在标准开始施行后，应分类定点定期地对各项工作中实现标准规定内容的情况进行检查，加以分析，作出判断，检查是否真正达到实施标准的目标要求，有无必要且是否有充分的条件保证标准实施能持续进行。要从技术、生产、经营、管理几方面分别进行检查。如：设计人员是否按新标准进行设计；设计过程中是否最大限度地采用标准件、通用件；图样和技术文件是否符合标准化要求；供应部门是否按新标准采购原材料、零部件、元器件；检验人员是否按新标准进行检测把关，等等。通过检查，可以及时发现各个方面、各个环节在标准实施中的问题，以便动员力量，采取措施，通力合作，扎扎实实地实施标准。

以上内容主要是指生产企业自身监督检查。国家授权的产品质量监测机构所进行的监督和检验，物资部门、商业部门、使用单位采购商品时的检验，以及广大消费者的反映等，都是从不同角度对标准实施情况进行监督、检查。

（五）总结

在标准实施工作告一段落时，如试点结束、企业全面执行某项标准或完成某项重点任务时，应对标准实施情况进行技术、方法、管理上的总结，特别是对存在的问题，采取了哪些补救措施，执行中变通处理的方法等作仔细总结；对取得的技术经济效果进行分析和评价；对各种技术文件、管理文件、图样资料进行归纳、整理，立卷归档；对行业或企业下一步工作提出意见和建议；归口单位应定期汇总、整理，供继续实施和今后复审、修订时参考。在初步总结后，实施活动仍在继续，还会出现新问题，仍要继续收集这方面的信息，直到标准作废。

第二节　标准实施的监督

标准实施监督是国家行政机关对标准贯彻执行情况进行督促、检查、处理的活动，是政府标准化行政主管部门和其他有关行政主管部门领导和管理标准化活动的重要手段，也是标准化工作任务之一。其目的是促进标准的贯彻，监督标准贯彻执行的效果，考核标准的先进性和合理性，通过标准实施的监督，随时发现标准中存在的问题，为进一步修订标准提供依据。对标准的实施进行监督或检查是依据标准化法律、法规和规章，对有关部门、企事业单位或个人实施标准情况进行监督检查与处理，是保证标准贯彻执行的一个重要环节。标准实施的监督有企业自我监督、社会监督和国家监督等多种形式。

一、不同主体的监督

（一）国家监督

标准实施的国家监督是由国家法定机构依据标准化法，对标准实施情况的监督、检查和处理，是国家为保证标准贯彻执行的一项重要措施。国家对标准实施进行监督的依据是国家发布的强制性标准，监督的主要对象是企业，其目的是督促企业严格执行标准，及时发现并纠正企业违反标准化法的行为，以保护国家和人民的利益。

《中华人民共和国标准化法》第三十二条规定："县级以上人民政府标准化行政主管部门、有关行政主管部门依据法定职责，对标准的制定进行指导和监督，对标准的实施进行监督检查。"在标准实施过程中，企业必须在加强自我监督的同时，自觉接受社会监督和国家监督。例如，企业主动把产品标准报当地政府标准化主管部门备案，是接受国家监督的一种极好形式。当发现备案标准与国家、行业和地方发布的强制性标准有矛盾时，应立即停止实施，及时采取纠正措施；企业还应与产品质量监督检验机构建立密切的联系，对产品符合标准情况定期作出检查；在申请产品质量认证和发放许可证时，更应以产品符合标准为先决条件，从而保证标准在企业真正得到贯彻和实施。

国家监督是标准实施的公开性监督，具有权威性、法制性，企业自我监督则是国家监督的基础。对标准实施进行监督的部门是国家行政部门，主要是国家标准化行政部门。不同部门或单位分工不同。各级政府标准化行政部门主要对强制性标准即重要产品标准、建设工程标准、基础标准、方法标准、安全标准、卫生标准、环境保护标准的实施进行监督；行业主管部门侧重对本行业所属企事业单位标准的实施进行监督；而企事业单位则对本单位实施的各类标准进行检查。

例如《团体标准管理规定》第三十二条规定："县级以上人民政府标准化行政主管部门、有关行政主管部门依据法定职责，对团体标准的制定进行指导和监督，对团体标准的实施进行监督检查。"第三十七条规定："社会团体制定的团体标准不符合强制性标准规定的，由标准化行政主管部门责令限期改正；逾期不改正的，由省级以上人民政府标准化行政主管部门废止相关团体标准，并在标准信息公共服务平台上公示，同时向社会团体登记管理机关通报，由社会团体登记管理机关将其违规行为纳入社会团体信用体系。"第三十八条规定："社会团体制定的团体标准不符合'有利于科学合理利用资源，推广科学技术成果，增强产品的安全性、通用性、可替换性，提高经济效益、社会效益、生态效益，做到技术上先进、经济上合理'的，由标准化行政主管部门责令限期改正；逾期不改正的，由省级以上人民政府标准化行政主管部门废止相关团体标准，并在标准信息公共服务平台上公示。"第三十九条规定："社会团体未依照本规定对团体标准进行编号的，由标准化行政主管部门责令限期改正；逾期不改正的，由省级以上人民政府标准化行政主管部门撤销相关标准编号，并在标准信息公共服务平台上公示。"

（二）社会监督

社会监督是社会组织、人民团体、产品经销者、消费者、用户乃至社会新闻媒体对标准实施情况进行的监督。这是一种社会性群众监督，是对于不符合标准的伪劣产品和直接影响人民生活及社会公共利益的各种活动所进行的监督。人民群众对各种违反标准的现象，可以通过投诉、举报，利用社会舆论和新闻报道等多种形式进行公开揭露和曝光。由于产品设计时可靠性、安全性不符合标准，危及他人财产和人身安全；产品质量指示不符合，如对产品作符合标准的说明时夸大产品功能；未提醒消费者药品副作用等，将构成质量侵权行为，消费者有权提出要求赔偿。

例如《团体标准管理规定》第十八条规定："社会团体应当公开其团体标

准的名称、编号等信息。团体标准涉及专利的，还应当公开标准涉及专利的信息。鼓励社会团体公开其团体标准的全文或主要技术内容。”第十九条规定：“社会团体应当自我声明其公开的团体标准符合法律法规和强制性标准的要求，符合国家有关产业政策，并对公开信息的合法性、真实性负责。”第二十条规定：“国家鼓励社会团体通过标准信息公共服务平台自我声明公开其团体标准信息。社会团体到标准信息公共服务平台上自我声明公开信息的，需提供社会团体法人证书、开展团体标准化工作的内部工作部门及工作人员信息、团体标准制修订程序等相关文件，并自我承诺对以上材料的合法性、真实性负责。”

（三）自我监督

企业对标准实施的自我监督是企业对标准贯彻执行的内部监督与检查。这种监督检查必须从产品设计开始，贯穿于企业生产的全过程。设计阶段监督一般是通过对产品图样和设计文件的标准化审查方式进行，而生产过程的监督是企业实施标准的综合性检查。

1. 产品图样和设计文件的标准化审查

产品图样和设计文件的标准化审查是企业实施标准的重要环节，它的作用是使各级标准在产品图样和设计文件中得到正确贯彻。产品图样和设计文件是直接指导产品生产制造和质量检验的依据，通过标准化审查，可以充分掌握产品及其组成部分在设计、制造、检验、使用和维修等方面实施标准的情况，并使图样和设计文件达到完整、正确、统一，减少重复设计，最大限度地扩大零部件、工艺、工装的继承性，提高产品标准化水平。

产品图样和设计文件标准化审查对象主要包括产品图样、工装图样，产品设计、研制文件，工艺文件及图样和设计文件更改通知单等。如此大量的图纸资料完全依靠企业专职标准化人员审查是不可能的，因此，图样和设计文件审查贯彻预防为主的原则，即把全面、正确实施标准的工作做在设计完成之前，这样才能最大限度地减少在审查中发现不符合标准而造成设计工作的大量返工，提高设计工作的质量。采取这种方法，要求设计人员必须熟练掌握标准，在可能情况下，把标准化审查与图样绘制和文件编制过程交叉进行，首先由设计人员自审、互审，其次由专职人员或设计审查者进行正式审查。

2. 在生产过程中对实施标准进行综合检查

生产过程中的标准实施综合检查，是生产企业从原材料进厂到产品加工、装配、检验、包装入库直到销售和售后服务为止，在各个生产阶段和工序之间依据标准进行的内部检查。这种检查完全可以与企业质量管理活动结合起来。在产品质量形成的几个主要环节，加强有关标准实施情况的检查。如："采购"环节，其职能主要是选择合格供方和验证所购物资是否符合规定要求，采购质量管理过程同时也是企业"材料与外购件"标准实施过程，检查"材料与外购件"标准实施情况，是采购质量得以保证的基础；"工艺准备"环节，主要是根据产品设计制造工艺方案，确定工艺路线和编制工艺文件，在这个环节主要应检查整个工艺准备是否依据设计文件和工艺标准进行，每个工序和作业技术是否符合规定要求，从而达到使产品完全在受控条件下生产的目的；"生产制造"环节是对整个制造过程进行质量控制的重要环节，通过对产品图样、设计文件、工艺、工装、材料与外购件以及产品检测标准实施情况的监督检查，及时纠正不符合标准现象的发生，才能最终保证产品制造质量符合设计质量；"检验和试验"环节是以"不合格的制品不入库，不合格的在制品不转序，不合格的零件不装配和不合格的成品不出厂"为要求的。这个环节的质量管理职能主要是依靠对企业的检测标准实施的检查实现的。

生产过程中标准实施的综合检查与企业质量管理活动有机结合起来，体现了标准化是质量管理的基础，对于监督企业全面实施各项标准，保证产品质量是十分有利的。例如《团体标准管理规定》第二十五条规定："团体标准由本团体成员约定采用或者按照本团体的规定供社会自愿采用。"第二十六条规定："社会团体自行负责其团体标准的推广与应用。社会团体可以通过自律公约的方式推动团体标准的实施。"

二、产品质量的检验

提高产品质量是增长社会财富、提高人民实际生活水平、降低消耗的基本途径，又是增强产品在市场上的竞争能力、开拓市场、驾驭竞争的必要手段。产品质量标准是衡量产品质量的依据，而产品质量状况又较集中地、综合地反映了产品质量标准及各种相关标准的实施情况。因此，对产品质量标准的监督检验即产品质量监督检验就成为整个标准实施监督工作中的主要任务和中心环节。

（一）产品质量监督检验

为满足产品质量要求，由企业、国家、用户或第三方，用一定的检测手段检验产品的质量特性，并将检验结果与相应的产品标准相比较，从而确定其质量是否合格的评价过程，即产品质量监督检验。按照我国组织产品质量监督部门的地位和出发点不同，产品质量监督检验可分为以下 3 种类型。

1. 企业质量验收检查

由企业质量管理（检验）部门对本企业生产检验合格的产品（包括服

务）进行质量监督抽查，称为企业自身的质量验收检查。企业生产产品的根本目的是满足社会和人民物质、文化生活水平不断增长的需要，对产品实行质量验收检查是企业对国家、对人民利益高度负责的表现，也是保证产品质量合格，促进产品标准等严格实施的必要措施。但由于企业质检部门本身是企业的职能部门，不可能在社会上持公正立场（在发生质量纠纷时），因此，被称作生产方的质量监督。

2. 行业质量监督检验

企业产品所属行业归口部门如机械、电子、纺织等行业协会对企业生产的产品进行质量监督，称为行业质量监督。在我国机械、电子、纺织等行业部门对本行业、本系统的产品质量实行经常性的监督，以不断提高产品制造质量，提高本行业产品在国内市场上的竞争能力，促进本行业的技术进步和现代化。

3. 社会质量监督检验

产品收购和销售部门（例如商贸部门）、产品使用部门对产品进货进行检查验收，以及用户委员会、中国消费者协会新闻媒体等社会团体对产品质量的监督检查统称为社会质量监督检验。尽管这种监督检验的数据不具有法律效力，质量监督检验往往带有使用方的偏向性，但对促进产品生产企业严格实施标准，提高产品质量，满足使用要求可以起到很重要的作用。同时，通过这种质量监督检验可以分清产品在生产、运输和销售环节上的质量责任，避免和减少质量纠纷。

（二）法定质量监督检验

随着现代工业技术的不断发展，人们逐渐认识到，一些技术能为人类造福，但也隐藏着危害人类的因素。技术监督就是用以发现、预防和消除这些技术隐患的科技管理工作。对产品、服务与工程质量和安全可靠性进行检查和监督的法定质量监督就是技术监督的重要组成部分。

由国家授权的具有第三方（即区别于买卖或供需双方）公正立场的质检机构进行的产品质量监督检验称为法定质量监督检验。这种法定质量监督检验是为了保证标准全面贯彻实施，保护国家权益和人民利益的技术监督。由于它坚持“不营利”“保持公正”等原则，具有社会公认的公正性、科学性和权威性。因此，这种质量监督检验的数据具有法律效力。“不营利”就是不从监督检验收费中追求利润，即使按规定收取一些检验费，也主要是抵偿检验业务费用的开支。只有“不营利”，才不会同本单位的经济利害关系联系起来，才能坚持质量监督检验工作的公正性。“保持公正”就是在履行质量监督检验过程中，不受任何势力的影响和左右，不偏袒生产方或使用方，只以事实为依据，以标准为准绳，严格履行对国家、对人民负责的职责。只有坚持“不营利”“保持公正”的部门及其检验机构，国家才可授权其法定质量监督检验的任务。

1. 法定质量监督检验的机构

由国家行政机构或授权有关机构根据国家的法律、法规施行监督检验权。法定质量监督机构，如国家标准化行政管理系统的产品质量监督机构，国家计量行政部门的计量测试监督机构，各级锅炉、压力容器安全监察机构，以及国家卫生部门的食品卫生监督机构等，都是在国家发布的标准化、计量、食品、卫生等法律、法规中授予监督权的。因此其监督检验证书被国内外各方面所公认。

第一类是各级政府标准化行政管理部门所属或授权的产品监督检验院(所、站)。它们代表国家，根据法律、法规和标准，对量大面广的工农业产品或工程实行质量监督，并统一管理和协调本行政区域内的产品质量监督检验工作。

第二类是国家已明确授权的计量器具、药品、锅炉、受压容器和船舶等专业质量监督检验机构。它们依据有关法规和标准，对计量器具、食品、药品、锅炉和受压容器、船舶等产品实行质量监督。

2. 法定质量监督检验的特点

（1）法定质量监督检验的依据是国家发布的技术法规和标准。企业生产检验是以本企业实际执行的产品质量标准为依据。它可以是国家发布的标准，也可以是企业自行制定的企业标准，还可以是订货合同中的协议标准。行业质量监督检验可以是标准化法认可的各级标准，也可以是本行业自行规定的质量分等规定。用户或消费者评价产品质量，往往从自己的需求、使用的性能要求和经济性来考虑。但是，法定质量监督检验的依据只能是标准化法认可的技术法规和标准，不能再有另外的依据，只有以统一的技术法规和标准作为检验的依据，才能保证监督具有公正的法律性质。

（2）受检产品种类由国家决定。产品种类繁多、数以万计，不可能也没有必要对所有的产品和工程都实行法定质量监督，只能抓住其中对国家和人民利益关系重大的那部分产品。我国规定重点监督 5 类产品：一是关系国计民生的产品。这类产品一般产值高，数量大，对国民经济较为重要，如钢铁、稻米、化肥、水泥等产品。二是影响人民安全和健康的产品。主要是家用电器、食品、药品、建筑材料、消防器材、劳保用品等。三是获得名优产品、产品生产许可证和认证标志的产品。主要是为了使这些产品保持应有的质量水平或荣誉称号。四是公众关心的重要消费品。这类产品直接涉及公众生活水平，而且量大面广，公众生活中很需要，应该保证符合标准。五是供外贸出口与进口的产品。这类产品不仅关系到创汇，而且直接关系到国家的信誉与我国人民的根本利益。受检产品的具体名称、抽检数量、时间和方式等都由国家质量监督部门决定，法定质量监督检验机构实施，企业和有关部门不能拒绝或抵制。

（3）法定质量监督检验的结果具有法律效力。法定质量监督检验机构的检验结果是客观公正的，可以成为执法部门处理违法案件进行法律仲裁的依据。此外，新产品鉴定、商标注册以及经济管理部门处理产品质量争议和纠纷时都以法定质量监督检验机构的检验结果作为依据。而其他质量监督检验和企业的生产检验结果，都没有这种社会各界公认的法律效力。

（4）法定质量监督检验是合格检验而不是评选检验。由于法定质量监督检验的依据主要是国家、行业技术法规和强制性标准，这就是说监督检验只要求产品“达标”，即符合标准规定。因此，它是合格检验。国家要求所有企业销售的产品都应该合格，否则就要给予处罚或关停，以免危害国家和人民的利益。这种国家对企业的技术监督性质并不改变其“合格检验”的实质。它与评选名牌产品完全不同，名牌产品的评选是在同类产品中，经过检验比较，取其优胜者。这些参与评选的产品不仅应是符合标准的合格品，而且应该是超过标准要求的佼佼者。

国内外的实践已证明：要搞好产品质量，没有技术标准不行；有了技术标准，不按照技术标准进行生产和检验也不行；只依靠和相信生产单位的检验，没有国家授权的专职机构进行监督检验同样不行。我国企业质量验收检验、行业质量监督检验、社会质量监督检验和法定质量监督检验都在人民政府的统一领导下工作，其根本目标和长远利益都是一致的。而且产品、服务或工程质量主要是设计、生产出来的，企业的质量检验是首要的环节，是行业质量监督检验、法定质量监督的基础和前提，不努力加强和做好企业质量检验也就做不好行业或法定质量监督检验，达不到行业或法定质量监督检验的目的，而社会质量监督检验又是法定质量监督检验的重要补充。因此各类质量监督检验应该充分发挥各自的职能，扬长避短、互相协作、密切配合，以建立一个完备的、有权威的、有效率的质量监督检验网，共同把我国的产品、服务或工程质量提高到世界先进水平。

（三）国家质量监督制度

我国从 1985 年第三季度起，实行每季度一次的国家质量监督抽查制度，授权国家标准化行政部门的质量监督司及各国家级质量检测中心负责这项工作。每次抽查的产品品种、规格，事先不公布，抽查时间也不事先通知有关生产企业，抽查的样品根据不同的产品情况，可以从生产企业内随机抽样，也可以到销售单位、用户仓库里取，一律采取突击抽样的方式，以较好地保证抽样的代表性，能客观地反映产品质量实际状况。

对抽查中发现的质量问题，实行“管、帮、促”相结合的处理政策。“管”就是要体现一个“严”字，严格按标准把关，通过监督检验对产品质量进行管制。凡是不合格的产品不准出厂，伪劣产品应销毁，对伪劣产品生产企业实行罚款、停产整顿、取缔等处罚。二次国家质量监督抽查不合格产品的生产企业厂长或经理，要建议撤职。“帮”就是积极、主动地帮助企业查找原因，研究和提出改进产品质量的措施。“促”就是促进企业树立“质量第一”的观念，促进企业总结经验教训，健全标准体系，完善计量检测手段，建立产品质量保证体系，从而稳定地生产合格产品。“管、帮、促”三者之中，应以“管”为主，帮其所短，促其进步。对一些技术基础条件和生产条件较好，因经营作风不正和管理不善造成产品质量低劣的企业，更要着重管制。

第三节 标准的后续管理

标准化实践证明，标准有效实施后都可以产生经济上的积极效果。标准化所获得的技术效果和社会效果更是不可估量，它们又能间接转化为社会经济效果。因此，获取全面的最佳的标准化经济效果、技术效果和社会效果是积极推行标准化工程的目的。适用有效的标准可以在实施后为社会带来可观的经济效果和社会效果；而过时失效的标准在实施后会带来负面的效果，因此，必须重视和强调标准适用有效性的后续管理。

一、标准化管理的体制

现代社会化大生产方式对标准化管理提出了新的要求，要求标准化管理体制由孤立分散的企业和行业标准化管理转变成一个与生产建设系统及整个国民经济管理系统相协调的国家标准化管理体系，并融入国际标准化管理网络。标准化管理体制是标准化管理系统的核心。尽管管理体制各种各样，但基本上可以分为两类，一类是由政府标准化行政机构集中管理，其特点是集中统一，法制性强；另一类是以民间标准化协会管理为主，政府给予一定的支持、授权或干预，其特点是能充分发挥市场经济的竞争机制和调节作用。我国是实行社会主义市场经济体制的国家，标准化管理体制实行了由标准化行政机构集中统一管理为主的体制。

（一）我国标准化行政管理的体制

我国的标准化管理体系由标准化行政管理体系、标准化技术工作体系、标准化中介服务体系等构成，它们都与国家的经济体系密切相关。我国标准化行政管理体制是建立在统一领导、分级管理和分工负责的原则基础上的。建立一个行政管理、法制管理和经济管理相结合，以行政管理、法制管理为主；强制性技术法规与推荐性标准相结合，以技术法规为主；强制性质量监督和自愿性合格评定相结合，以强制性法定质量监督为主的标准化管理体制。“统一领导”，就是要改变同级同类标准分口管理、政出多门的状况，建立一个高度集中、统一的有权威的国家标准化行政管理体制；做到统一标准化方针、政策、法律法规，统一标准化战略、规划和计划，统一标准的编号和发布，统一对外参加国际标准化活动等。“分级管理和分工负责”，就是国家标准化行政部门要简政放权；在加强宏观统一管理的基础上，充分发挥各地各部门的积极性，尤其是发挥各企事业单位的主体作用。

中国标准化工作实行统一管理与分工负责相结合的管理体制。《中华人民共和国标准化法》第五条规定：“国务院标准化行政主管部门统一管理全国标准化工作。国务院有关行政主管部门分工管理本部门、本行业的标准化工作。县级以上地方人民政府标准化行政主管部门统一管理本行政区域内的标准化工作。县级以上地方人民政府有关行政主管部门分工管理本行政区域内本部门、本行业的标准化工作。”按照国务院授权，国家标准化管理委员会统一管理全国标准化工作。国务院有关行政主管部门和国务院授权的有关行业协会分工管理本部门、本行业的标准化工作。省、自治区、直辖市标准化行政主管部门统一管理本行政区域的标准化工作，省、自治区、直辖市政府有关行政主管部门分工管理本行政区域内本部门、本行业的标准化工作。市、县标准化行政主管部门和有关行政主管部门，按照省、自治区、直辖市政府规定的各自的职责，管理本行政区域内的标准化工作。

（二）我国标准化管理的工作体系

标准化行业管理体系是依据标准化对象所属的行业领域来建立的。按照我国经济管理的体制和分类习惯，基本上可以分成工业标准化管理系统、农业标准化管理系统、交通运输标准化管理系统、工程建设标准化管理系统、卫生标准化管理系统、军用标准化管理系统、环境保护标准化管理系统等。而工业标准化管理系统又可分为机械工业、电子工业、纺织工业、冶金工业等标准化管理子系统；农业标准化管理系统又可分为种植业、林业、畜牧业、水产业等标准化管理子系统；以此类推，逐层细分，组成我国标准化行业管理体系。随着服务标准化的顺利开展，我国已开展政府管理和公共服务的标准化工作，就是说围绕政府的经济条件、市场监管、社会管理和公共服务四项职能开展行政服务标准化的工作。

标准化技术工作体系主要由标准制定（修订）工作系统即标准化技术委员会系统和标准的实施监督检验系统两大系统组成。标准制定（修订）工作系统由标准化技术委员会（TC）、标准化分技术委员会（SC）、制定（修订）标准工作组（WG）三级机构组成。

1. 标准制定（修订）工作系统

标准化技术委员会（TC）是在一定专业领域内从事全国性标准化工作的技术组织，由生产、监督检验、经销、使用部门、科研设计单位及有关高等院校的具有中级以上技术职称科技人员组成，其中生产方委员不得超过三分之一，行政各标准化技术委员会均接受国家标准化行政部门的领导，技术委员会的委员由国家标准化行政部门发给聘书。

成立标准化技术委员会，必须符合下列条件：涉及的专业领域为国民经济和社会发展的重要领域；专业领域和标准体系框架明确，有较多的国家标准制定（修订）任务；业务范围清晰，与其他技术委员会原则上无业务交叉；专业领域原则上应当与国际标准化组织/国际电工委员会（ISO/IEC）及其认可的其他国际组织已设立的技术领域相对应。

技术委员会负责研究和提出本专业标准化工作的规划、组建和管理建议；组织或者参与本部门、本行业技术委员会的组建、换届和监督检查等工作；指导本部门、本行业技术委员会的国家标准立项、报批以及国际标准化等业务工作；协调本部门、本行业技术委员会的工作；并推荐本部门、本行业专家参加技术委员会；定期向国家标准委报告本部门、本行业技术委员会的工作情况；还需负责其他与技术委员会管理有关的职责。

由于技术委员会成员是来自各个方面的专家，具有广泛的代表性、群众性，有利于广泛调动各方面的积极因素，充分发扬民主，有效地保证标准的技术水平，有利于各相关标准之间的协调及其贯彻实施，并且因不设专职机构，还为国家节省人力、财力，提高效率。

专业范围较宽的技术委员会，可建立若干个分技术委员会（SC）。分技术委员会的工作范围、负责的技术业务领域、人员组成和办事机构——秘书处的设置等均由技术委员会决定，分技术委员会的主任、副主任也由国家标准化行政部门发给聘书。技术委员会、分技术委员会可根据工作需要，按标准制定（修订）项目设置若干个工作组（WG）。工作组具体负责标准制定（修订），应力求精干，工作组组长所在单位具体负责该工作的日常工作。

2. 标准的实施监督检验系统

我国实行标准实施的监督检验制度。强制性标准一经发布实施，就要接受政府和社会的监督，其中产品和工程质量监督检验是标准实施监督中的主要任务。我国的产品和工程质量监督检验系统主要由各级政府标准化行政部门的质量监督部门负责管理，并由工农业产品质量技术监督检验机构，进出口商品检验系统，建筑工程质量监督系统，以及纤维、药品、计量器具、锅炉和受压容器等专业监督系统组成。它们互相配合，正在逐步形成一个较完备的、有权威的、有效率的全国质量监督检验体系。

标准的实施监督检验系统在不同国家有不同的结构形式，我国标准实施监督检验系统可分成工农业产品质量监督检验系统、进出口商品检验系统、建设工程质量监督系统和专业监督检验系统等。而专业监督检验系统又细分成计量器具监督检测系统、船舶监督检验系统、锅炉和压力安全监察系统、药品监督检验系统等更小的子系统。

（三）我国标准化管理的服务体系

中国标准化协会和地方各级标准化协会是从事标准化工作的单位和个人自愿结成依法登记的学术性、非营利性法人社会团体。其宗旨是："团结和组织标准化科技工作者，为适应发展社会主义市场经济的需要，更好地发挥桥梁和纽带作用；开展标准化科学学术活动，普及标准化科学技术知识，为提高标准化科技水平和标准化科技工作者素质，促进标准化技术合作和交流，加速社会主义现代化建设服务。"中国标准化协会的最高权力机构是全国代表大会，执行机构是它的理事会，在理事会闭会期间，由常务理事会行政理事会负责，协会秘书处在常务理事会领导下，主持日常事务工作。中国标准化协会设立有办公室、技术发展部、教育培训部和标准工作部等部门，企业、汽车、冶金与化工标准化等标准化分会。这些专业委员会和分会专门从事各专业领域的标准化学术活动。如企业标准化专业委员会的主要任务是开展企业标准化理论和实践问题的研究；探讨我国企业标准化的特点和方法；为企业开展企业标准化工作提供咨询和服务；参加国内外有关企业标准化的活动等。

标准化信息服务工作是标准化事业的一个重要组成部分，也是做好标准化管理的必要基础工作。为此，由国家标准化信息研究和服务机构（如国家标准馆、WTO/TBT 查询中心）及地方各级标准化信息服务机构组织了中国标准情报网，各部委、局标准化管理部门也组织了各专业标准情报网，纵横交叉、分工协作组成了全国标准化情报信息平台系统。标准化信息系统的主要工作是：交流标准情报资料，互通标准化信息，开展标准翻译、对比、分析、研究、报道活动，充分发挥人力物力资源，为推进我国标准化事业和国民经济建设服务。

标准化科学研究工作是标准化工作的技术基础。近年来，标准化科学研究工作走上了健康发展的道路，较系统地开展了标准化理论和一些重大综合性基础标准研究。这个系统以中国标准化研究院牵头，包括各地区、各部门标准化研究院所。这些机构主要负责对标准化对象、历史、性质、特点、原理及一般发展规律等行业标准化问题，有关标准化理论、方法、政策，对一些重大基础标准如通用或行业技术语言、符号代号、代码、技术经济信息分类与编码等方面进行研究。

我国标准化图书杂志出版机构由中国标准出版社及其印刷厂和各地区各部门的标准化图书杂志编辑部、标准编辑出版委员会、标准发行站等组成。国家技术监督行政部门所属的中国质检出版社（中国标准出版社）主要出版印刷国家标准及标准化方面的普及读物、理论著作、工具书等图书，还翻译出版一些国际标准、国外先进标准和标准化专著。其他有关出版社出版发行各行各业的技术标准和有关标准化图书资料。地方各级标准化管理部门也组织印刷了不少地方标准及标准化图书资料。

自 1987 年以来，上海、浙江、四川、辽宁、昆明、西安、武汉等省、市有关标准化信息机构自办了标准图书资料发行站，逐步形成与新华书店并行的多渠道标准图书资料发行网络。各发行站直接与中国质检出版社及各有关部门标准出版、发行单位建立业务联系，已成为我国标准图书的一个重要发行系统。《中国标准化》《标准科学》《大众标准化》等杂志社和各部门、各地方的 30 多家标准杂志编辑部，通过公开或内部发行大量的标准化期刊，宣传我国标准化工作的方针、政策，介绍并交流标准化质量监督检验工作经验、研究成果和科学知识。

二、标准的适用有效性

（一）标准适用有效性的意义

标准与法规都是规范性文件，法规的生命周期是立法、执法、执法检查以及法规适用有效性的后评估。标准的生命周期包括标准的制定、实施、标准实施的监督检查以及标准适用有效性后续管理 4 个过程。标准的制定是首要环节，标准的实施是标准的生命，没有实施就不可能发挥标准的作用。标准实施的监督检查是促进标准实施的必要手段，而标准适用有效性后续管理是使标准适用有效、发挥正面作用的可靠保证。

标准符合标准化对象发展的客观需求就是适用；标准实施后，能够产生经济效果、社会效果和效益就是有效，这就需要标准的内容必须建立在科学技术和实践经验的综合基础上，具有科学性，也就是说标准具有了适用有效性。一般来说，标准在有效期内超过标龄就可能失去了适用有效性；标准实施后产生良好的标准化经济效果和社会效果就是适用有效，否则就应该修订或废止。

1. 评审标准适用有效性的重要性

科学的标准水平应该全面正确反映标准化对象的先进技术水平，这样的标准才是我们需要制定和保持的。如果标准滞后于标准化对象发展的客观需求，反映了标准化对象落后的技术水平，那不仅不能实现标准化的正面作用，反而还会起到阻碍标准化对象发展的反面作用。如在标准起草制定过程中，要对标准适用有效性进行预测和论证。

在标准实施后要评价和计算标准化经济效果和社会效果，以验证标准适用有效性的大小；在标准的标龄到期时，要对标准适用有效性进行全面的复审评价，标准具有适用有效性，就应该进行确认；否则就根据具体情况决定更改标准条文，修订标准或废止。

2. 评审标准适用有效性的必要性

前些年，我国对标准适用有效性的重视不够，无论是国家标准还是行业标准都存在重视标准制定、轻视标准实施、忽视标准适用有效性的后续管理，给标准化工作乃至国民经济建设造成了较大的损失。例如我国 2005 年统计：在有效的 20688 项国家标准中，2000—2005 年发布的只达 6948 项，仅占 33. 58%；标准有效年限内的标准数只占 33. 58%，超过 5 年的国家标准数比例高达 66. 42%，超过标准年限 15 年以上的占 23. 32%，20 世纪六七十年代发布的国家标准仍在实施的还有 89 项。直到 2010 年才完成 4403 项国家标准的复审，确定需要修订的项目 1843 项。清理了 2005 年以前的立项项目，对继续执行的 260 项明确了完成时限。

（二）标准适用有效性的评审

标准适用有效性的评价方法主要从标准的对象、技术水平和标准的实施年限三个方面进行评价。

1. 标准的实施过程中年度适用有效性评价

标准发布实施后一般应该在实施后每年度对该项标准实施后的经济效果和社会效果分别进行计算和评价。标准化经济效果越大说明标准适用有效性越好。标准化的社会效果评价方法可以采用定量和定性相结合的评价方法，一般采用调研法、比较法等。如社会秩序变好、劳动效率提高、工作协调、安全卫生环保成效显著，即说明标准适用有效性好。

2. 标准实施到达规定期限后的适用有效性评价

把标准适用有效性的期限称为标龄，如国际标准、国家标准和行业标准的标龄为5年，地方标准为5年或3年，团体标准和企业标准为1~3年。如果标准在标龄期限内说明其适用有效，反之超出标龄就没有适用有效性，甚至产生负面效果，超出标龄时间越长负面效果越大。这种以时间作为评价标准适用有效性的方法是国内外较通用的评价方法。

3. 与标准对象的技术水平的适应程度评价

标准表述的技术与标准对象的技术水平状况基本相同，说明标准具有适用有效性。如果标准对象的技术水平发展高于标准本身反映的技术水平，标准的适用有效性相对较差，甚至成为阻碍标准发展的桎梏。为了扭转标准这种负面作用，必须尽快修订或废止。

标准表述的技术水平程度大大高于标准对象的技术水平时，标准无法实施，标准的适用性差。为此，应该重视标准技术内容的适用有效性评价和审查。

三、标准化的经济效果

（一）标准化经济效果的基本概念

1. 标准化经济效果

标准化经济效果就是制定与贯彻标准所获得的有用效果与所付出的劳动耗费之比。标准化活动的目的是以尽可能少的标准化劳动耗费，取得尽可能多的标准化有用效果，从而实现较大的标准化经济效果。标准化经济效果是一个相对值，当这项比值大于1时，标准化活动才有经济效果。

2. 标准化经济效益

标准化经济效益是制定与贯彻标准所获得的有用效果与所付出的劳动耗费之差。其表达式为：

标准化经济效益=标准化有用效果-标准化劳动耗费

标准化经济效益是个差值，是个绝对值，只有当标准化有用效果的数值大于标准化劳动耗费的数值时，才可获得标准化经济效益，即标准化活动具有经济效益。

标准化经济效果和标准化经济效益是两个相互联系，但又是有所区别的概念。前者表现了标准化活动的效率，后者却是标准化活动的净收入。

3. 标准化有用效果

标准化有用效果是指贯彻标准所获得的节约或其他有益的结果。它的表现是多方面的，如提高劳动生产率，改善劳动条件，减轻工人劳动强度，节约劳动耗费，巩固国防能力，改善人类生活、工作环境等，有些有用效果可以用数量来表示，有些则难以用数量来表示，就是可用数量来表示的有用效果，也不是都能以货币来表示。在进行标准化有用效果分析时，应注意两点：

一是要全面评价标准化有用效果，不要忽略定性的有用效果；二是凡能用货币表示的有用效果尽量采用货币单位，以便进行标准化经济效果的定量计算。

4. 标准化劳动耗费

标准化劳动耗费是指制定与贯彻标准所付出的劳动与物化劳动耗费的总和，也称标准化投资。活劳动耗费以工资（元）或单位时间的工资（元/时）表示，而物化劳动耗费以原材料、燃料、动力等物资耗费数量乘以相应的物资单价来表示，这样劳动耗费的总和就可以用统一货币量来衡量。劳动耗费的指标很多，具体如原料、材料、燃料、动力费，固定资产折旧费、设计费，试验费、检验费、工时费等。一般人们又把它们分为标准化基本建设投资和标准化实施费用两种，前者是标准实施以前支出的费用，后者是标准实施以后进行生产所耗费的资金。这种费用连续不断地支出去，一直到该标准修订或废除时为止。

5. 基准年和评价年

评价标准化经济效果时，作为比较的基准年度，称为基准年。评价标准化经济效果时，与基准年进行比较的各年，称为评价年。评价标准化经济效果，需要把标准化前后，即“基准年”与“评价年”的各项技术经济指标进行比较，如“基准年”选择不当，将影响评价的客观性和准确性。一般应选择新标准实施前所达到的实际技术经济水平作为基准，这样比较符合客观实际情况，较为合理，也能真正揭示出新标准的优越性。

（二）标准化经济效果的指标体系

标准化经济效果的研究具有三个特点：一是从标准化经济效果的定性评价发展到定量计算，标准化不仅与经典数学发生密切联系，而且已开始运用统计数学和模糊数学工具来评价和计算标准化经济效果；二是从贯彻标准后的效果计算，发展到制定标准前效果的预测、论证，使标准化更加具有科学性、经济性；三是从静态计算发展到动态计算，即考虑到标准化节约与标准化投资的时间可比性问题。

为了正确评价、论证和计算标准化经济效果，必须建立一个衡量标准化经济效果的指标体系，以便从某些方面、在一定范围内或在一定程度上反映出标准化经济效果的大小。根据我国《标准化经济效果评价　第1部分：原则和计算方法》（GB/T 3533.1—2017），我国评价、论证和计算标准化经济效果的指标体系主要由以下4个指标组成。

1. 标准化经济效益（X）

标准化经济效益分为标准有效期内预计的总经济效益（X_{Σ}）和年经济效益（X_N）两种。

$$X_{\Sigma}=\sum_{i=1}^{t}J_i-K$$

$$X_N=J-\alpha K$$

式中：

J——预计的标准化年节约额，元/年；

K——预计的标准化投资，元；

α——标准有效期内，标准化投资折算成一年的费用系数；

i——标准有效期，年。

在计算年经济效益时，采用标准化投资的“分摊法”，目前一般按 5 年分摊，即取值为 0.2。

2. 标准化投资回收期（T_K）

$$T_K=\frac{K}{J}$$

式中标准化回收期单位为年，如需用月、日表示，则分别乘以 12（月）或 360（日）即：

$$T_K=\frac{K}{J}\times 12\text{（月）},\ T_K=\frac{K}{J}\times 360\text{（日）}$$

如有两个标准化方案进行比较时，可用下式表示：

$$t_K=\frac{K_2-K_1}{C_2-C_1}$$

式中：

T_K——追加投资回收期，年；

K_1，K_2——分别为方案 1 和方案 2 的标准化投资，元；

C_1，C_2—分别为方案 1 和方案 2 的年生产成本，元/年。

标准化投资回收期是用实施标准化获得的年节约去偿还投资所需的时间。我国基本建设计算投资回收期时，一般是以利润（包括税收）来回收的，虽然标准化产生的各种节约，一般是成本的节约，但二者的做法基本上是一致的。当制定标准的费用较多时，标准化投资回收期从投资开始支出的时候算起。从理论上讲，这样计算将有助于缩短标准从制定起到贯彻所需的时间。但由于标准的制定费用比贯彻费用要少得多，也就是说，标准的制定费用与标准化总投资的比例甚小，而贯彻标准所消耗的投资较多，时间一般也较集中。标准化投资回收期多从贯彻标准后产生效果时开始计算。

3. 标准化投资收益率（R_K）

标准化投资收益率是实施标准所获得的年节约与投资之比。表达式为：

$$R_K=\frac{J}{K}$$

从上式可以看到标准化投资收益率刚好是标准化投资回收期的倒数。

4. 标准化经济效果系数（E）

标准化经济效果系数表示实施标准所获得的总节约与投资之比。其表达式为：

$$E=\frac{\sum_{i=1}^{t}J_i}{K}$$

上述4个指标构成一组指标体系，它们分别从不同侧面反映了标准化的经济效果。标准化经济效益是从数量上表达了经济效果的大小，反映了标准化经济效果的绝对值，是一个净收入的概念。而标准化投资收益率、标准化经济效果系数则从比率的关系上表达经济效果的大小，反映了标准化经济效果的相对值。标准化投资回收期又从时间上反映了取得经济效果的速度。它们既互相关联又互相补充，4个指标同时运用，才能较全面地综合地反映出标准化经济效果。当然为了求取上述4个指标，还要有一系列各种费用、节约、数量、成本等指标，这也是标准化经济效果指标体系的组成部分。详细指标名称及其符号、代号可查阅《标准化经济效果评价　第1部分：原则和计算方法》（GB/T 3533.1）的附录A标准化经济效果的符号。

（三）标准化经济效果的计算方法

标准化经济效果的评价、论证和计算方法是多种多样的，可以应用经典数学方法，也可以采用统计数学方法，甚至模糊数学方法。《标准化经济效果评价　第1部分：原则和计算方法》（GB/T 3533.1）中介绍了一些基本方法。

1. 评价、论证或计算标准化经济效果的时期

评价、论证或计算标准化经济效果的时期，我国标准规定为以下三个时期。

一是提出标准化规划、计划项目时期。国家、部门或企业标准化项目在列入远景规划或年度计划时，应进行标准化经济效果的预测和可行性论证，以便确定该项目的合理性，并为制订最佳的标准化规划、计划方案提供决策的依据，也就是要优先列入经济效果高、投资回收期短的标准化项目。

二是审议报批标准时期。标准送审稿和标准报批稿都必须附有标准化经济效果的论证报告，或在标准编制说明书上有标准化经济效果的论证说明。即对标准投资、贯彻标准将取得的各种节约、产品年产量、年生产成本、流动资金及市场或价格的变化进行预测计算，不能定量计算的内容，要以文字叙述，用图表形式定性地阐述实施标准后可产生的经济效果。论证方案可以有若干个，以供选择，审议和批准标准时，应对标准化经济效果的论证方案

进行复核，并进行充分讨论，以保证论证的可靠性。

三是实施标准时期。在标准有效期内，应认真地将评价年与基准年的各有关数据进行比较、评价，并计算出该标准实施以后所获得的实际经济效果。

2. 评价、论证或计算标准化经济效果的原则

一是综合分析。全面考虑标准化经济效果。标准化经济效果具有广泛性和综合性两个重要特征。所谓广泛性，就是凡运用标准化的原理和方法进行的一切社会实践，均可能产生标准化的效果。所谓综合性，就是标准化经济效果存在于相互制约、互相关联、纵横交错的各个方面。因此，评价论证或计算标准化经济效果时，应坚持综合分析、全面考虑的原则。既要考虑微观效果，也要考虑宏观效果；既要重视当前的利益，更要重视长远利益；既要考虑生产领域内生产企业获得的效益，又要考虑非生产领域内广大用户、消费者等获得的效益；既要重视定量计算出来的经济效果，又要重视定性表示的经济效果和社会效益。

二是实事求是。合理区分标准化与其他管理技术措施产生的经济效果。制定与贯彻标准获得的一切经济效果，无论这些效果发生在哪个环节上，均应视为标准化的经济效果。但由于标准化经济效果的综合性特征，往往存在与其他管理、技术措施的效果混杂的现象，有时还的确不易区分。这就要根据各种措施的重要性和耗费量，按具体情况，实事求是地评价和计算标准化经济效果。当难以把标准化经济效果从总经济效果中划分出来时，一般采用协商评分法（根据各项工作的重要性程度，由有关部门共同协商，定出比例，分摊计算）和加权系数法（根据标准化与其他管理、技术措施的重要性及耗费量，规定其不同的加权系数）两种方法分摊。近年来，有些国家已把标准化经济效果视为国民经济总效益中的一部分，采用了这种制定加权系数的方法。

三是准确可靠。评价、论证或计算标准化经济效果应力求准确、可靠。标准化经济效果是客观存在的，但不能主观随意地夸大。开始进行这项工作时，宁可少算，不能多算；注意避免标准化经济效果在不同环节上的重复计算，当然也必须要求各种数据准确可靠。

四是有效结合。要与我国企业质量成本核算、财会核算和经济核算制度相结合。标准化经济效果的指标体系中许多指标与我国企业质量成本、财会和经济核算指标是相同的。为了及时收集这些数据资料，确定标准化经济效果的具体指标时，应尽量同其核算指标统一；评价和计算标准化经济效果时，也要从我国的国情出发，与我国现行企业管理和经济核算制度结合起来。

五是抓住重点。产生标准化经济效果的环节和因素很多，在评价、论证或计算时，不能主次不分、面面俱到，应抓住重点，首先集中分析那些效果

大的因素，放弃那些效果很小的因素。

六是方法可行。评价、论证和计算标准化经济效果的方法应通俗、实用、简便易行，这样才能把标准化经济效果的评价、论证和计算工作广泛地开展起来，以便积累经验，进一步深入开展标准化经济效果的研究工作。

3. 评价、论证和计算标准化经济效果的主要因素

评价、论证和计算标准化经济效果考虑的主要因素如图 3-2 所示。

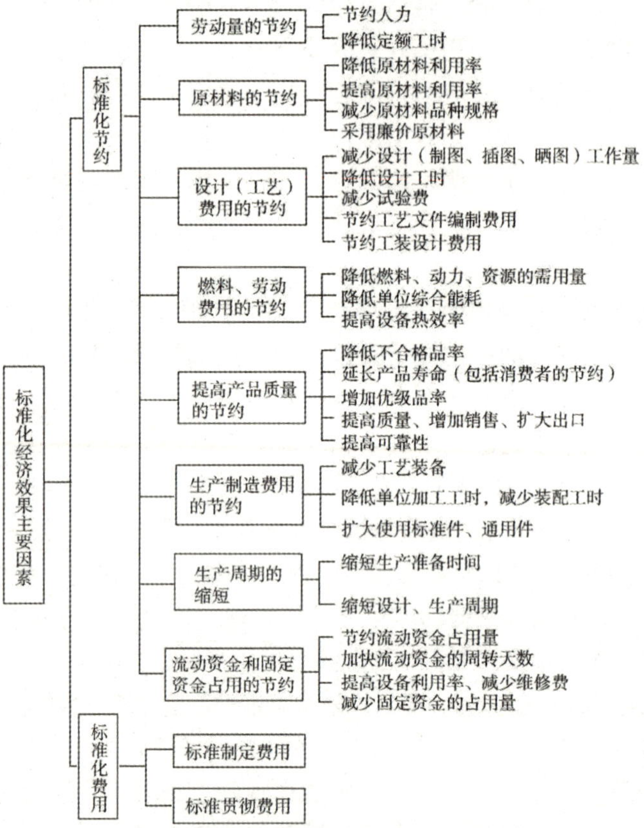

图 3-2 标准化经济效果主要因素

第四章　标准体系及其建立

【**基本要求**】通过本章的学习，您应能够：

1. 了解标准体系的基本内涵；
2. 熟悉标准体系的研究方法；
3. 熟悉标准体系表的结构特点；
4. 掌握标准体系表的编制技术；
5. 熟悉殡葬标准体系表的内容。

【**核心概念**】标准体系；标准体系表；结构；编制；殡葬标准体系

第一节　标准体系的基础知识

标准体系是与实现某一特定的标准化目的有关的标准，按其内在联系，根据一些要求所形成的科学的有机整体。它是有关标准分级和标准属性的总体，反映了标准之间相互连接、相互依存、相互制约的内在联系。党的十八届五中全会通过的《中共中央关于制定国民经济和社会发展第十三个五年规划的建议》，提出坚持创新、协调、绿色、开放、共享五大发展理念，每一个方面都对标准化工作提出了明确具体的要求。《国务院办公厅关于印发国家标准化体系发展规划（2016—2020 年）的通知》（国办发〔2015〕89 号）作为我国第一个国家层面的标准化专项规划，是国家治理体系和治理能力现代化的基础性制度，对“十三五”标准化工作进行了顶层设计，作出了全面部署，更加明确了标准是经济活动和社会发展的技术支撑，有效地推动实施标准化战略，加快完善标准化体系，提升我国标准化水平。

一、标准体系的基本内涵

《标准体系构建原则和要求》（GB/T 13016—2018）对标准体系的定义是：“一定范围内的标准按其内在联系形成的科学的有机整体。”“一定范围”是指标准所覆盖的范围，可以指国际、区域、国家、行业、地区范围，也可以指产品、项目、技术、事务范围。“内在联系”包括三种联系形式：一是系统联系，也就是各分系统之间及分系统与子系统之间存在着相互依赖又相互制约的联系；二是上下层次联系，即共性与个性的联系；三是左右之间的联系，即相互统一协调、衔接配套的联系。“有机整体”是指标准体系是一个整体，标准体系内各项标准之间具有有机的内在联系。“科学的有机整体”是指为实现某一特定目的而形成的整体，它不是简单的叠加，而是根据标准的基本要素和内在联系所组成的，具有一定集合程度和水平的整体结构。标准体系是一定时期整个国民经济体制、经济结构、科技水平、资源条件、生产社会化程度的综合反映。它体现了人们对客观规律的认识，又反映了人们的意志与愿望，是一个人造系统。标准体系可以按照不同范围划分为国家、行业、专业、门类、企业等不同层次的标准体系，也可以按照不同的具体对象划分为不同产品的标准体系。

标准体系是标准化工程的基本要素，具有管理工程的所有基本特性，如目的性、协调性、相关性、层次性以及成套性等。我国的标准体系是以国家标准为基础，行业标准与地方标准为补充，团体标准和企业标准为主体的标准体系。行业是生产同类产品或提供同类服务的经济活动基本单位的集合，与实现某个行业的标准化目的有关的标准，可以形成该行业的标准体系。企业内的标准按其内在联系形成的科学有机整体就是企业标准体系。某个企业组织的标准体系应该受该企业组织所在国家、行业及专业标准体系的制约，但它可以直接采用相关的国际标准与国外先进标准。因此，企业标准体系的水平应提倡高于国家、行业或专业标准体系的水平。

建立标准体系的主要作用在于：一是可以直观地描绘出一定范围内的标准化活动的发展蓝图；二是能够系统反映全局，有利于明确工作重点、发展方向；三是有利于标准体系的管理方结合实际进行对照，从发展的战略高度明确方向、寻找不足；四是有利于编制标准制订（修订）计划，加快标准的制定（修订）速度，提高工作的系统性。

二、标准体系的主要特征

标准体系是一个由标准组成的系统，具有系统的一切特征。

（一）目的性

每个确定的标准体系都是围绕着一个特定的标准化目的而形成的。如企业的标准体系就是围绕着提高产品质量，提高企业经济效益这个总目的而建立起来的。标准体系的目的决定了由哪些标准来构成体系，以及体系范围的大小，而且还决定了组成该体系的各标准以何种方式发生联系。标准体系实质上是标准的逻辑组合，是为使标准化对象具备一定的功能和特征而进行的组合。从这个层面上讲，体系内各个标准都是为了一个共同的功能形成的，而非各子系统功能的简单叠加。

建立标准体系有其自身的目标或特定功能，如促进体系所在领域的标准组成科学完整，促进达到最佳秩序和获得最佳效益，同时也便于管理方编制标准制订（修订）计划时使用。

（二）整体性

整体性是构建标准体系的一个主要出发点。标准体系是由两个以上的可以相互区别的单元有机地结合起来完成某一功能的综合体。随着现代社会的发展，标准体系的集合性日益明显，任何一个孤立标准几乎很难独自发挥效应。标准体系是由一整套相互联系、相互制约的标准组合而成的有机整体，具有整体性功能。在一个标准体系中，标准的效应除了直接产生于各个标准自身之外，还需要从构成该标准体系的标准集合之间的相互作用中得到。在这个整体中的每一个标准都起着其他的标准所不能替代的作用，构成标准体系的各标准并不是独立的要素，标准之间相互联系、相互作用、相互约束、相互补充，从而构成一个完整统一体。即标准体系组成的完整性、一体性和均衡性，如在功能配置、数量分布、总体发展等各个方面都应保持平衡。

（三）协调性

标准体系内各单元既相互联系又相互作用，既相互制约而又相互依赖，它们之间任何一个发生变化，其他有关单元都要作相应的调整和改变。协调性是指标准体系内的标准在相关的内容方面互相衔接和互为条件的协调发展。为保证标准体系的有效性，这就要求体系的可分解性。标准在大多数情况下只是某一技术水准、管理水平和经验的反映，具有一定的先进性。对于标准体系的维护，除了标准个体的维护之外，还需要从系统的角度出发，以保证体系内标准之间的协调一致。

（四）动态性

标准体系存在于一定的经济体制和社会政治环境之中，它必然要受经济体制和社会政治环境的影响、制约，因此，它必须适应其周围的经济体制和社会政治环境。随着科技的进步、人类对自然界认识的加深、经验的不断积累，标准体系内的标准会得到修订、补充。因此，标准体系是一个随时间的推移而变化、发展和更新的动态系统，为了达到标准体系的目标性，标准体系应具备环境适应性，标准体系应与所在的国际、国内的社会、经济、生产等环境相适应。随着各方面情况的发展，标准对象的变化、技术或者管理水平的提升都要求制定或修订相关标准，这就要求对标准进行可持续的维护，包括修改、修订、废止等操作。

三、标准体系的实务研究

例如殡葬标准体系，以典型的殡葬服务机构为蓝本，广泛调研各级殡葬服务机构，通过综合运用系统性方法、典型案例分析、比较分析等研究方法，以殡葬服务机构的服务标准化体系建设为主要研究对象，对殡葬服务机构的服务标准体系建设进行比较全面和深入的研究。

（一）选择标准体系的研究方法

1. 实地调查法

通过前往省、市、县的殡葬服务机构，以及已建和在建服务标准体系的殡葬服务机构进行调研访谈、深入考察，并召开研讨会、座谈会，掌握大量翔实的第一手资料。

2. 文献研究法

利用网络、媒体、图书等多种途径获取丰富的文献资料，掌握和了解理论界、学术界和实际工作者关于殡葬服务机构的重要研究进展及成果。

3. 比较分析法

以一个省的省、市、县的殡葬服务机构为主要考察对象，把殡葬服务机构标准化研究置于全国及国际的视野，进行比较研究。

4. 试点示范法

通过调查研究、文献研究、分析比较等，将殡葬服务与标准化理论相结合，运用于具体的殡葬服务机构，量身打造殡葬服务标准体系，再将所获得的宝贵经验和成果进行归纳总结，制定标准，示范实施，持续改进。

（二）明确标准体系的基本形式

标准体系中的标准应按照一定的结构进行逻辑组合。合理的标准体系结构要求具备合理的标准层次、时间序列和数量比例。由于标准化对象的复杂性，体系内不同的标准子体系的逻辑结构可能体现出不同的表现形式，主要有层次结构和序列结构两种。

标准体系的直观表现形式就是标准体系表，即由标准体系中的相关标准按照一定形式排列起来的框架图。标准体系框架是标准体系的表现形式，主要是在对现有各层次标准进行系统梳理的基础上，确定分类依据，形成条理明确和层次清晰的标准明细表，以方便系统了解。

不管采用哪种途径去建立标准体系，关键是要重视标准结构的优化和标准之间的协调。所谓优化，即通过构建合理、适用的标准体系，发挥系统论中“1+1>2”的系统优势，不但能够对性质、功能各异的标准进行有机组合，切实指导行业建设，还能够为确定未来相关标准的发展趋向，为行业发展提供坚实的规范基础。经过不断优化后的标准体系，可以提高和改进体系功能，发挥比较稳定的功能，从而产生较好的系统效应。所谓协调，是指标准体系内的各功能模块配合得当、各司其职；标准体系内的所有现行标准，互相联系、互相衔接、互相补充、互相制约，不存在交叉、重叠、矛盾、不配套等现象，也不存在“父子”同级、层次体系界限不清等现象。

总之，标准体系是一个开放的系统，要根据客观需要和实际情况不断地调整、修改、补充和完善。

（三）确定标准体系的研究逻辑

运用“理论共性→现实典型个性→普遍共性”的研究逻辑，从服务管理的基本理论到殡葬服务机构的建设现状和发展趋势的个性，从服务标准化的基本共性理论到殡葬服务标准化的特色个性，从普遍的殡葬服务机构的建设到具体的个案的建设。在此基础上，将基础的标准化理论运用于具体的殡葬服务机构的标准体系建设，实施、检查，持续改进、验证。归纳总结具有普遍适用性意义的理论与实践成果，研究制定《殡葬服务业标准体系建设指南》，指导殡葬服务业的标准化体系建设。

第二节　标准体系表及其编制

标准体系一般通过标准体系表来表示。标准体系表是一定范围的标准体系内的标准按其内在联系排列的图表。标准体系表用以表达标准体系的构思、设想、整体规划，是表达标准体系概念的模型。标准体系表由标准体系结构图、标准明细表、标准统计表和编制说明等构成。

一、标准体系表的含义

（一）标准体系表的定义

《标准体系构建原则和要求》（GB/T 13016—2018）对标准体系表的定义是：“一定范围的标准体系内的标准按一定形式排列起来的图表。”也就是与实现某一特定的标准化目的有关的标准按其内在联系形成一个科学的有机整体，把该标准体系内的标准按一定规则和形式排列的图表，就是标准体系表，它是标准体系的表述形式。可见，标准体系表是用图表的形式把一个国家、一个行业或一个企业已有及应有的各种标准，按照标准的类别、性质、适用范围以及标准之间的内在关系，按一定的结构形式排列起来。通过标准体系表，可以清楚地看出国家标准、行业标准或企业标准的全貌，以指导标准制订（修订）计划的编制，为开展标准化活动提供总体蓝图。

综合标准体系表应重点突出行业、专业间的配套标准。凡已纳入本产品、过程、服务所属的行业、专业标准体系表内的通用标准，可不再标出或从简标出。行业、专业标准体系表应全面成套，是行业、专业范围内标准体系表的主体，两者纵横配合，组成整体。为了使不同的综合标准体系表对同一类配套标准的不同要求之间取得协调和既满足于用户需要又有利于生产，应将综合标准体系表对有关行业、专业提出的配套标准，协调和纳入有关行业、专业标准体系表内。综合标准化工作的基本原则和方法见《综合标准化工作指南》（GB/T 12366）。

企业标准体系以技术标准为主体，还应包括管理标准和工作标准。企业标准体系应贯彻和采用上层国家或行业基础标准，在上层基础标准的指导下，制定本企业的企业标准。企业标准应在上级标准化法规和本企业的方针目标及各种相关国际、国家法律和法规指导下形成。企业标准体系表指企业标准体系内的标准按一定形式排列起来的图表。企业标准体系是用标准体系表来表达的，它不仅反映企业范围内所有组成企业标准体系的标准全貌、各个单项标准之间的联系，而且还反映出整个企业标准体系的层次结构、各类标准的数量构成；不仅能分析企业标准体系当前的结构状态，而且是确定结构优化方案的重要方法。企业标准体系表是促进企业的标准组成实现科学、完整、合理、有序的重要手段，它是表述企业现有的标准和规划标准的总体蓝图，也是促进企业产品开发创新、优化经营管理、加速技术改造和提高经济效益及实现企业科学管理的标准化指导文件。企业标准体系编制的具体要求见《企业标准体系表编制指南》（GB/T 13017）。

（二）标准体系表的作用

标准体系表是编制标准制定（修订）规划和计划的依据之一，是一定范围内包括现有、应有和预计制定标准的蓝图，它将随着科学技术的发展而不断更新和充实。编制标准体系表是标准化工作的一项重要基础性工作。研究和编制标准体系表是系统科学在标准化工作中的一种应用。对一定范围内的标准内涵和构成进行系统的分析研究后，找出最科学合理的安排，并且以一目了然的图表形式表示出来，就形成了标准体系表。

1. 构建标准化活动的发展蓝图

标准体系表反映了某一行业、专业范围内整体标准体系的状况，从中可以了解标准水平的现状，从而进一步预测某一行业、专业的标准化活动的未来，明确努力的方向和工作的重点。

2. 有助于推进科研和生产工作

标准体系表中的国内外有关标准，一目了然，生产和科研人员在产品生产与设计时，可直接参照和采用，既可做到有的放矢地抓好标准化工作的主攻方向，明确工作安排的轻重缓急，又可减少重复劳动，节省人力、物力、财力。

3. 为采标工作提供全面的信息

标准体系表是对相应专业范围内国际和国外标准的现有组成、标准内容、特点和技术水平等进行系统全面的查阅、研究和分析后制定出来的，从中可了解到国外标准的先进性和国内标准的不足之处，为有针对性地采用国际先进标准提供了有利条件。

4. 有利于推动标准化现代建设

标准体系表反映了某一国家、行业、团体和企业标准的全貌，有利于加速标准的制定和修订工作，改造、健全现有的标准体系，使之更加科学化、系列化、规范化。

二、标准体系表的结构

标准体系表的结构是标准体系固有的内在联系的形象表示。标准体系同别的系统一样，其内部结构是一个空间结构，具有纵向的层次关系和横向的门类关系，同时还具有时间上的程序关系。标准体系内部标准应按照一定的结构进行逻辑组合，而不是杂乱无序的堆积。由于标准化对象的复杂性，体系内不同的标准子系统的逻辑结构可能体现出不同的表现形式。作为该体系描述的标准体系表，其结构也具有以下三种关系。

（一）层次结构

全国标准体系表由若干个行业标准体系表组成，某个行业标准体系表又由若干个专业标准体系表组成。行业、专业标准体系表一般由一个总层次结构方框图和若干个与各方框相对应的标准明细表组成。企业标准体系表是国家、行业、专业标准体系的落脚点，国家标准、行业标准都要在团体和企业标准体系表中得到贯彻，这样就组成了一个全国标准体系表的层次结构图。

层次结构是表达标准化对象内部上级与下级、共性与个性等关系的良好的表达形式。整个标准体系表分为若干层，位于各层的标准，从上至下，标准的共性逐渐减少而个性则逐渐增大。位于上一层的标准对下一层的标准起着指导和制约的作用；位于下一层的标准则对上一层的标准起着补充和具体化的作用。层次结构类似树结构，父节点层次所在的标准相较子节点层次的标准，更能够反映标准化对象的抽象性和共性，反之，子节点层次的标准能更多地反映事物的具体性和个性。层级深度也体现了对标准化对象的管理精度。标准层次结构的完备性标志着标准体系的灵活与弹性，是标准体系适应现实多样性的一个重要方面。这种层次关系，从本质上来说，反映了标准化对象之间本来就存在的共性与个性、抽象与具体、统一与变异的辩证关系。不同层次的标准互相制约、互相补充，构成一个有机整体。

企业标准体系可形成如下层次结构：第一层为综合性基础标准，它包括全企业通用的基础标准，企业标准化管理规定、企业方针目标、标准化法规及各种相关法规，它是指导性标准，企业所有标准都要在这一层标准指导下形成；第二层为技术标准和管理标准，它们是涉及企业生产、技术、经营管理和考核等方面的具体标准，包括国家标准、行业标准和企业自行制定的标准，管理标准是实施技术标准的保证；第三层为工作标准，工作标准是技术标准和管理标准在某部门或某岗位的具体落实和体现，是技术标准和管理标准共同指导的下一层标准，它表明技术标准、管理标准是通过人的工作标准去实现的。这种结构图比较直观地将三类标准之间的关系表示出来。

（二）门类结构

门类结构是指标准体系表中位于同一层次上的标准，又按照它们所反映的标准化对象的属性分成若干门类。位于同一层次的各门类之间的标准，其关系不是指导和遵从、共性和个性的关系，而是相互联系、相互影响、相互协调的关系。各门类的标准彼此都向对方提出一定的要求，且又以一定的方式各自满足对方的要求，从而达到各门类标准之间的协调。例如产品可分成若干组件，组件分成若干部件，部件分成若干零件，零件还可分成若干元素。按照这种门类关系将标准结合起来，就构成了该产品的标准体系表。

（三）序列结构

虽然层次结构有诸多优点，但层次结构因内容全面完整、篇幅较大，不便于专项或局部管理。因此，也可采用产品、过程、作业、管理或服务为中心的序列结构，以表示出某一专项或局部范围内的标准配套情况和要求，可以突出重点，不必面面俱到。序列结构体系表是将系统的全过程按顺序排列起来的图表。这种结构强调以产品标准为中心，由若干个相应的方框与标准明细表组成，这种结构主要适用于局部管理。各标准按照过程的内在联系和顺序关系进行结合，体现了标准化对象在活动流程中的时间性。例如殡葬档案数据库的设计过程、档案数据库应用系统的开发都有比较严格的流程控制，它们都是由若干阶段前后相继完成的，前一阶段的标准是后续阶段标准得以实施的前提，如档案数据库设计过程中需求标准与逻辑设计规范之间就是线性结构。

三、标准体系表的编制

（一）编制原则

标准体系表由标准体系结构图、标准明细表、汇总表及必要的文字说明构成。《标准体系构建原则和要求》（GB/T 13016—2018）提出了编制标准体系表要遵循的原则。

1. 目标明确

标准体系表的编制，应首先明确建立标准体系的目标。不同的目标，可以编制出不同的标准体系表。编制标准体系表可以促进一定标准化工作范围内的标准组成达到科学合理。建立标准体系要有明确目标，企业围绕质量而建立的标准体系，目的是改进企业的质量管理；围绕信息化建设而建立的标准体系，目的是实现数据共享、应用系统集成等目标。

2. 全面成套

应按照标准体系的总功能和总目的，预计到当前的经济、科学、技术及其管理中需要协调统一的各种事物和概念，将所有有关的标准全部列入标准体系表，力求在一定范围内的应有标准全面成套，包括已有的和待制定的标准，也包括从别的标准体系中移过来的标准。标准体系表应同时包括编制说明，其内容一般包括：编制体系表的依据及要达到的目的；国内外标准概况；结合统计表分析现有标准与国际的差距和薄弱环节，明确今后的主攻方向；专业划分依据和划分情况；与其他体系交叉情况和处理意见；需要其他体系协调配套的意见。

一要完整。应涵盖企业的技术标准、管理标准和工作标准与企业应遵守的法律、法规，不能缺少其中任何一项。企业的技术标准体系、管理标准体系和工作标准体系都应该建立起来，一项都不能少。三大标准体系的构成要素（即各项子体系）的完整性应根据企业的行业特点以及要达到不同的标准化良好行为级别来确定。

二要齐全。围绕着市场拓展、产品开发的需要，相关的技术标准应齐全，与实施技术标准相关的管理标准应配套齐全。同样，在执行技术标准和管理标准时，相应岗位的工作标准也应齐全。做到产品实现全过程中说话有依据，办事按程序，工作照章法。

三要有效。纳入企业标准体系的标准应现行有效。有的标准多年不复评、不换版，企业执行者水平不高、有效性不足的“标准”，对企业的生产经营没有促进作用。因此，纳入标准体系的标准一定要现行有效。

3. 层次适当

列入标准明细表内的每一项标准都应安排在恰当的层次上。从一定范围内的若干个标准中提取共性特征并制定成共性标准，然后将此共性标准安排在标准体系内的被提取的若干个标准之上，这种提取出来的共性标准构成标准体系中的一个层次。基础标准宜安排在较高层次上，即扩大其通用范围以利于一定范围内的统一。

根据标准的适用范围，恰当地将标准安排在不同的层次上，应尽量扩大标准的适用范围，或尽量安排在高层次上。即应在大范围内协调统一的标准，不应在数个小范围内各自制定，以达到体系组成尽量合理简化。标准体系中的标准，上下、左右关系要理顺。上下是从属关系，下层标准要服从上层标准。因此，应将共性大的标准安排在较上的层次，将共性较小的标准安排在较低的层次。总之，标准所处的层次应同其共性大小相适应。

4. 划分清晰

标准体系表内的子体系或类别的划分，主要应按行业、专业或门类等标准化活动性质的同一性划分，而不宜按行政机构的管辖范围划分。标准体系表内不同的行业、专业、门类或不同的子系统间的划分，主要应按社会经济活动性质划分，而不是按目前行政系统归属进行划分。同一标准不能同时列入两个以上体系或分体系内，以避免同一标准由两个以上单位同时重复制定。要按标准的特征划分，而不是按产品或服务的特点划分，以免把标准体系表编成产品或服务的分类表。位于同一层次上的标准，应按照标准的功能或按照经济活动的同一性来划分门类，而不是按照行政系统来划分门类，应避免反映同一标准化对象的标准划分在几个不同的门类里。为了表示一个门类的标准与其他门类标准的协调配套关系，可将引用的别的门类标准列为本门类的相关标准，并注明其所属门类或子体系。

5. 科学先进

标准体系表中已有的标准均应是现行有效的标准，采用国际标准和国外先进标准的或严于上级标准的标准数量较多；制定的标准项目符合客观发展需要，能起到指导标准化工作的作用。企业标准体系表中的已有标准均应现行有效，没有过期废止的各类、各级标准。标准体系中的标准应能有效地促进企业生产技术和管理水平提高，所有标准符合企业生产经营发展规划与计划。如有关国家标准或行业标准滞后于企业生产经营和技术水平时，则应制定替换为企业标准，从而使标准体系内的标准真正起到指导企业标准化工作的作用。

6. 适用有效

标准体系表的表现形式应简便明了、通俗易懂，既不深奥，也不繁杂；不仅要求标准化专业人员理解掌握，而且也能使有关管理人员看懂应用。标准体系表能反映行业、专业或企业的客观实际情况，同时行之有效，即付诸实施后能产生较明显的标准化经济效益。

企业标准体系表应符合企业实际情况，具有本企业特点，同时行之有效，能获取较明显的标准化效益。由于历史的原因，我国现行的标准大多是生产型标准，由上级主管部门制定批准，企业遵照执行，很少考虑消费者和顾客的需求；技术指标定得很细很全，缺乏必要的自由度和应变能力，很难适应目前国内外市场变化的需求。特别是近年来，环保节能的呼声不断高涨，标准更新的速度在加快，国内一些标准制定和修订工作严重滞后，部分标准已不适应企业市场发展的需求。对此，企业应根据市场反馈，适时制定符合市场需求的企业标准，使标准更加科学、合理、适用。

（二）编制技术

在制定标准体系表时，通常遵循以下几个步骤和方法。

1. 深入调查与分析

在制定标准体系表之前，需要对体系表所反映的相应的标准化对象进行系统调查分析，了解系统的目的，熟悉系统内的要素、环节、过程及相互关系，了解体系内已有标准的情况和完善程度。

2. 确定总体结构图

在分析的基础上确定体系表的结构形式，并绘出总体结构图。总体结构图是体系表的框架，它以粗线条的方式反映了体系内标准的分类、层次安排和门类划分。

3. 编制标准体系表

依据体系表总体结构图确定的标准分类、层次安排和结构形式，绘制出各分体系表。在各分体系表的基础上，由专人负责汇总绘制出标准体系总表的草案，分别编写出各层次或各序列标准的明细表，最后填写标准统计汇总表。

4. 征求意见并报批

标准体系表草案编制完成后，应广泛征求意见，然后组织专门会议讨论、审查、修改、补充，在此基础上整理出报批稿，报主管部门审批、发布。

第三节　殡葬标准体系的建设

随着科学技术突飞猛进和社会管理、公共服务的日益现代化、科学化，标准化工作领域也正由农业、工业、信息、能源、交通等领域向社会管理、公共服务领域延伸。在推进殡葬事业发展过程中，既需要建立和完善相应的殡葬法律法规体系，也需要建立和完善相应的殡葬标准体系。法律法规和政策主要从宏观方面对带有原则性、制度性、框架性、机制性的问题进行规范，但难以对微观性、技术性、定量性的问题进行具体规定。而标准可以在法律法规的框架内，针对具体的管理、服务与技术内容进行规定。殡葬领域属于社会管理和公共服务范围，标准化是规范殡葬行业服务管理的重要手段。随着殡葬领域不断走向社会化、市场化和国际化，将会有越来越多的民营企业、民间资本和国外机构、国外资本进入殡葬领域。在市场经济和行政许可法实施条件下，不能再简单通过行政手段来限制哪些组织机构可以进入这些领域，但可以通过标准（如机构开业资质、设施建设标准、服务管理规范、服务质量评价标准、从业人员专业资质、岗位设置标准等），通过质量认证认可制度、检验检测制度、星级评定制度对殡葬服务领域进行管理和规范。

标准是监督管理者的工具和尺度，对被管理监督者则是约束或者是活动空间。设定标准是对一项事务依法进行管理、监督的前提。殡葬活动要纳入法制化轨道，执法者要依法行政，必须推进殡葬标准化建设，确立和完善殡葬标准体系，使之成为普遍遵守的规范和制度。贯彻实施这一标准体系，促进我国殡葬活动、殡葬设施和商品生产、殡葬服务、殡葬环境保护工作都有明确的标准可参照，使管理者依标准行政，也将使殡葬服务组织与殡葬服务对象之间的纠纷有了解决的准绳。

一、殡葬标准化及其建设

殡葬标准化是殡葬工作的重要组成部分，是新形势下殡葬事业改革发展的重要手段和技术支撑。殡葬属于基本民生领域的专项社会事务，涉及学科多，影响范围大，服务对象广，开展活动多。在殡葬领域全面制定并实施殡葬标准，推行国家标准化战略，具有特别重要的意义。殡葬标准是以殡葬为对象的标准，是殡葬标准化专业部门对殡葬概念、殡葬事务与产品、方法和活动等作出的在确定范围内共同遵守的技术或要求。殡葬标准的对象是殡葬领域“重复的事物和概念”，殡葬标准的实质是殡葬领域的“统一规定”，殡葬标准的基础是现代社会“科学技术和实践经验的综合成果”，殡葬标准的原则是在殡葬管理、科研、教学、宣传、生产、销售、使用、服务等过程中“经有关方面协商一致”，殡葬标准的权威是由殡葬标准化“主管机构批准”，殡葬标准的确立是“以特定形式发布”，殡葬标准的用途是在殡葬领域乃至全社会“作为共同遵守的准则和依据”。

（一）殡葬标准化主要成绩

殡葬标准化建设是殡葬法律体系中不可或缺的部分，也是对殡葬领域依法进行管理、监督的前提。殡葬领域标准化体系建设的意义在于用科学化的标准指导和管理殡葬领域，保障殡葬服务质量，保证依法行政，保护殡葬消费者的合法利益。

随着改革开放和经济社会快速发展，我国殡葬事业总体水平与科学发展观要求不相适应的矛盾日益突出，殡葬行业提供的服务不能很好地满足公众的殡葬需求。也正是基于这样的事实，我国殡葬行业开始关注标准建设。随着各行业贯彻管理体系国际标准进程的加快，殡葬行业在服务质量、环境保护、健康安全等方面进行了积极的探索。一些先进的殡仪馆与公墓积极实施国际标准体系认证（主要是ISO9000质量管理体系标准、ISO14000环境管理体系标准和OHSAS 18000职业健康安全管理体系标准），个别的开始实行以整理、整顿、清扫、清洁和素养为主要内容的5S管理或进行流程再造，有效地加强了殡葬工作的科学管理，促进了殡葬行业的可持续发展。标准化的基础性、规范性和引领性地位显著增强，得到了社会的广泛认可和殡葬服务对象的高度肯定，为殡葬事业快速发展提供了重要技术支撑和保障。

根据中共中央办公厅转发民政部党组《关于共产党员应简办丧事、带头实行火葬的报告》的通知（中办发〔1983〕75号）文件精神，为了迅速改变我国火化设备技术落后状况，民政部委托沈阳火化设备研究所拟订了民政部《燃油式火化机通用技术条件》部颁标准。1985年1月25日，民政部下发了《关于发布〈燃油式火化机通用技术条件〉的通知》（民〔1985〕8号），标志着我国进入了殡葬设备标准化管理阶段。此后，民政部陆续发布了《中小型殡仪车通用技术条件》（1987）、《燃油式火化机污染物排放限值及监测方法》（GB 13801—1992）、《燃油式火化机大气污染物排放限值》（GB 13801—2009）、《木质骨灰盒通用技术条件》（GB/T 23288—2009）等技术标准。这些标准的制定和发布为殡葬市场监管部门监管殡葬设备、用品质量提供了有力的技术支撑。全国殡葬标准化技术委员会于2008年成立并开展工作，提出了《殡葬标准体系框架》。民政部为进一步完善我国殡葬服务标准体系、全面提升殡葬服务水平，组织编制了多项殡葬服务标准，管理服务类标准大幅增加，标准结构更加合理，标准体系更加健全，基本满足了殡葬事业发展对标准的需求，为规范殡葬服务、满足社会需求提供了重要依据，同时也为政府进行有效的市场监管提供了依据。“十二五”期间，民政部先后开展两批次共212个民政范围管理标准化建设试点，评选出一批标准化建设示范单位，引领推动了民政标准的贯彻实施，拓展了民政标准应用的广度和深度，保证了民政产品质量，规范了民政管理服务，提升了民政工作水平。

（二）殡葬标准化工作目标

殡葬标准化工作，要贯彻落实国家深化标准化改革和标准体系建设要求，坚持“民政爱民，民政为民”的民政工作理念，着眼于殡葬事业发展的实际需要，充分利用殡葬系统和其他社会科研力量，全面加强殡葬标准化基础研究，推进标准化与殡葬工作的深度融合，建立健全殡葬领域标准体系，科学编制殡葬标准发展规划，加快制定一系列殡葬急需、社会适用的标准，为规范殡葬管理服务行为，提高殡葬依法行政水平，推动殡葬标准化跨越式发展，提供技术支撑和服务保障。

根据国家有关法律法规要求和殡葬行业现状，民政部成立了“全国殡葬标准化技术委员会”，负责本行业国家标准和行业标准的技术归口工作，指导全国范围内的地方标准化和企业标准化业务，实现殡葬标准体系进一步完善，建立起结构合理、功能完备、运行高效的殡葬标准体系，为殡葬工作提供有力支撑。

一是建立和健全重点突出、科学合理，强制性标准与推荐性标准定位准确，国家标准、行业标准、地方标准、团体标准和企业标准相互协调，基础标准、方法标准、设施标准、产品标准、服务标准、管理标准、工作标准、安全标准、卫生标准、环保标准、建设标准相配套，与国际相关标准体系基本接轨，能支撑殡葬事业发展的标准体系。在殡葬标准方面，着重加强殡葬领域强制性标准的制定修订，特别是绿色生态殡葬技术、产品、服务标准。着重开展殡葬新设施、新产品、新技术，节地生态殡葬服务，以及墓地建设工程质量、墓地维护、突发事件遇难人员遗体处理以及殡葬管理服务信息化等标准研制。

二是大力宣传贯彻国家和部门标准化法规、提高全行业标准化意识，使各级民政管理部门和殡葬企事业单位都把标准化工作纳入重要议事日程。

三是加强行业标准化技术队伍的建设，培养出一大批专业骨干人员。通过开办培训班和网上教育等手段，进行标准化理论学习。通过组织开展各单位和部门的标准化工作实践活动，提高标准化人员的综合能力。

四是积极采用国际殡葬标准和国外先进殡葬标准，加强国际贸易和国际合作。为殡葬行业与国际接轨，消除行业技术壁垒做好标准化方面的技术准备。在完成标准制修订目标的前提下，凡是国际上有相关标准的，进行等同、等效或非等效采用，积极参与国际有关标准的制定工作。

（三）殡葬标准化保障措施

一是完善殡葬标准化工作体制机制。标准化是一项坚持不懈的长期工作，只有建立起相应的支撑体系，形成长效机制，才能从根本上保证发挥标准的作用。殡葬领域标准化工作涉及面广，要充分发挥各方面的力量，按照“统一计划、分头起草、统一审查、统一编号、统一发布”的原则，使各相关方密切协作的殡葬标准化工作格局和服务体系进一步优化，有计划、有步骤地组织落实规划中提出的各项任务。按照国家标准化管理委员会有关政策要求，建立健全标准制（修）订工作机制，建立规范的国家标准、行业标准计划立项、起草、审查、审批、发布的程序和公开透明、协调一致、快速反应的管理模式。

二是加强殡葬标准化工作机构建设。在全国殡葬标准化技术委员会领导下，成立殡葬标准化研究机构，组织一批高层次、高水平的标准化专业人才，加强标准的基础研究和前期研究，加强对国外相关技术法规和标准的追踪研究，以科研带动标准化水平的提升，实现标准化工作的跨越式发展。

三是加强殡葬标准化人才队伍建设。在全国殡葬系统加大标准化培训力度，提高殡葬系统工作人员标准化意识和能力水平。以集中培训为手段，培养一批殡葬标准宣贯实施和应用人才；以理论、技术研究和标准制（修）订为基础，以培训、进修为手段，培养一批既懂殡葬业务、又熟悉标准化专业知识和国际相关标准化情况，能积极参与国际标准化活动和指导有关标准化工作的复合型高级人才，尽快建立起一支与殡葬标准化事业发展相适应的标准化专业人才队伍。加强殡葬标准化培训基地建设，研发设置殡葬标准化课程，推广普及殡葬标准化知识。各地要结合实际出台标准化人才培养使用的激励政策和保障措施，将标准化能力建设纳入殡葬人才能力建设体系，打造殡葬标准化领军人才。

四是加强殡葬标准化信息体系建设。建立殡葬标准化管理信息系统，实现标准提案、标准计划立项、审批、标准制修订过程监督、标准征求意见、标准批准发布、标准复查复审等标准制（修）订活动的网络化、信息化，缩短标准制（修）订时间，提高标准制（修）订效率。加强国内外相关殡葬标准信息的收集、整理和加工工作，建立“准确、高效、权威、便捷”的殡葬标准化信息共享服务平台，为殡葬系统和全社会提供标准化信息服务。实施殡葬标准信息共享平台建设工程，通过建立殡葬标准信息平台，实现殡葬国家标准、行业标准、地方标准、团体标准、企事业单位标准信息互通共享，打破信息孤岛，提高殡葬标准化工作效能。

五是建立殡葬标准化宣贯保障体系。积极探索标准宣贯的新途径和新方法，充分利用电视、网络、广播、报刊等媒体，通过培训、论坛、讲座、展览等多种形式，加大殡葬标准化工作的宣传力度，提高全社会对标准化的认知程度，让殡葬消费者能够利用标准作为武器维护自身权益，让殡葬系统从业人员能够利用标准提高工作效率和服务质量，动员更多的社会力量支持殡葬标准化工作。

二、殡葬标准体系的建立

殡葬标准体系就是各类殡葬标准按其内在联系形成的一个科学的有机整体。殡葬标准体系是殡葬行业制（修）订国家及行业标准的技术依据和工作基础，是制定有关地方、团体和企业殡葬标准的指导性技术文件。

（一）殡葬标准体系的意义

1. 适应殡葬行业发展的需要

随着人口的增长和经济发展，人们对殡葬活动乃至殡葬业提出了更多更严的要求。只有建立殡葬标准体系，加强对殡葬行业的规范，才能促进我国殡葬行业健康有序的发展，满足公众开展殡葬活动的需要。

2. 依法治理殡葬行业的需要

国务院《殡葬管理条例》第四章“殡葬设备和殡葬用品管理”中明确规定，“禁止制造、销售不符合国家技术标准的殡葬设备及用品”。没有殡葬产品的系列标准，就不能贯彻国家《中华人民共和国标准化法》和《殡葬管理条例》，就不能改变殡葬产品的无标准生产、粗制滥造、质次价高、恶性竞争的混乱局面。如果不制定各种岗位服务标准或规范，也就不能全面提高殡葬服务的整体水平。

3. 保护公众殡葬权益的需要

截至 2018 年底，全国殡葬服务机构共计 4043 个（其中殡仪馆 1730 个，殡葬管理机构 946 个，民政部门管理的公墓 1367 个），殡葬服务机构职工 8.0 万人（其中殡仪馆职工 4.6 万人）。此外，还有 10 万多个公益性公墓，40 多万个红白理事会（不包括正在大量兴建的社区殡仪服务站）。现在全国每年有 900 万丧户，保护如此众多的殡葬消费者的合法权益早已成为民政系统的突出问题，有时还成为影响社会稳定的敏感问题。没有殡葬质量标准和与其配套的质量检验标准，就无法保护广大殡葬消费者的合法权益。

4. 殡葬行业科学管理的需要

殡葬标准体系的建立，能为我国殡葬管理部门提供大量殡葬领域的标准化信息。这将为从技术上评价行业的经营现状及发展趋势提供依据，有利于管理部门的科学决策。在国家等级殡仪馆的评定、国家等级公墓的创建、殡葬设备用品生产许可证发放和殡葬改革等过程中，殡葬标准体系都将发挥其重要的基础作用，从标准化和规范化方面提高殡葬行业的管理水平。

总之，随着经济发展、殡葬业的科技进步和社会需求的提升，全面科学地开展本行业标准化工作是实现科学管理和提高殡葬质量的需要；是消除不公平竞争，建立最佳殡葬经营环境和秩序的需要；是促进殡葬改革和科技进步的需要；是保护生态环境的需要。

（二）殡葬标准体系的内容

1. 殡葬标准体系的级别

我国殡葬标准体系可以按标准的级别分成国家标准体系、行业标准体系、地方标准体系、团体标准体系、企业标准体系（见图 4-1）。殡葬标准体系是国家标准体系的子体系，为行业一级（国家二级）体系。

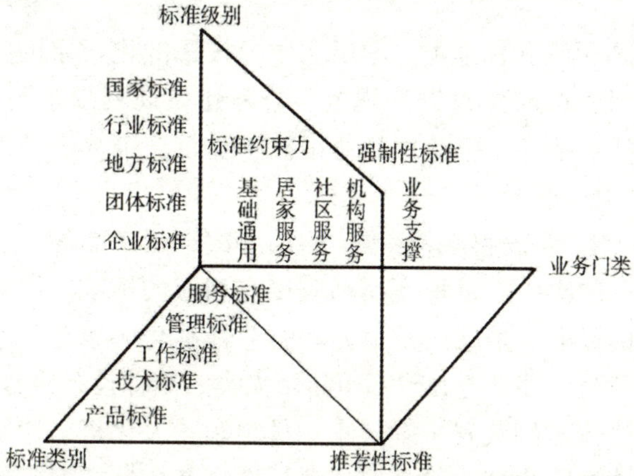

图 4-1　殡葬标准体系模型

2. 殡葬标准体系的层次

按照通用程度和使用范围，现阶段我国殡葬标准体系应分四层为宜：全行业通用的殡葬标准居第一层，专业通用的殡葬标准居第二层，门类通用的殡葬标准居第三层（见图 4-2），个性殡葬标准居第四层。上层统领下层，下层支持上层。一般上层为共性标准，底层为个性标准。

（1）殡葬行业通用技术标准类。即第一层次。主要包括全国殡葬行业通用的术语、分类、安全、卫生、环保等共性标准。

（2）专业通用殡葬标准类。第二层次暂分为殡葬建筑、殡葬设备、殡葬

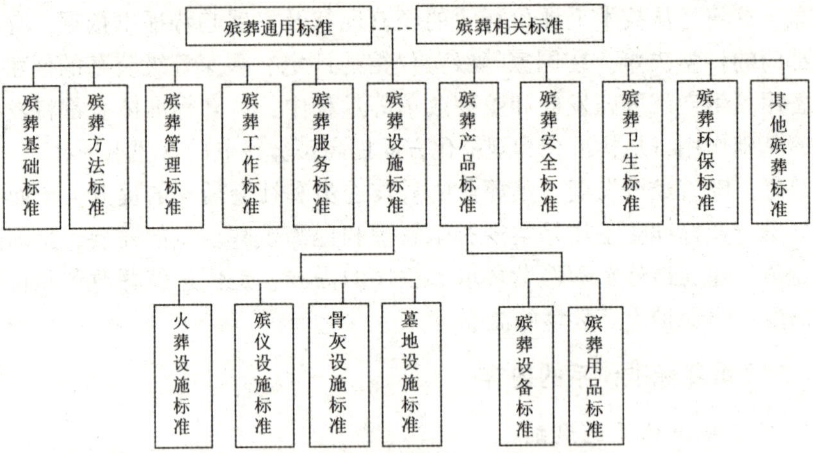

图 4-2　殡葬标准体系三层次结构图

用品、殡葬服务和殡葬管理等五个类别。这一层次标准中主要为通用技术要求。

(3) 门类通用殡葬标准类。本层次主要按标准化对象的门类划分，包括殡仪馆建设规划要求与建筑设计规范、公墓建设规划要求与建筑设计规范、火化设备通用技术条件、殡葬用品通用技术要求、殡葬服务规范和殡葬管理技术要求等 12 类标准。

(4) 殡葬产品等个性殡葬标准。第四层次都是产品的个性标准或具体技术要求。在这一层次中，每种产品都应该有相应的标准。主要产品的重要部件也要有相应的标准。本层次是地方和企业标准化的重点。按产品的具体用途，殡葬产品分为殡葬设备和殡葬用品两大类。殡葬设备可分为遗体冷冻箱、遗体冷藏棺、遗体告别装置、殡仪车、送尸车、火化机、遗物焚烧炉、骨灰处理机、火化消烟除尘器、除臭器、消毒器、节能器、挽联机、刻碑机和电子悼念屏等。殡葬用品包括骨灰盒、遗体包装物、墓碑、殡仪杂品等。殡葬产品标准主要在于规范产品的性能、设计、生产、使用和检验等技术要求与规定。

3. 建立标准体系的步骤

(1) 深入调研，明确标准制定的必要性。制定任何一项标准都需要依靠实践中的基础数据，因此必须进行深入细致的基层调研工作，立足现状、分析需求、明确目的，掌握大量翔实、准确的基础数据。同时对标准进行必要性的评定，从制定标准的目的性、标准实施的可行性及目前制定标准的适时性进行评定。

(2) 整理文件，充分做好前期准备工作。收集有关的文件，主要包括与所编标准有关的法律法规、标准化方面的有关规定、各种相关标准及引用标准及本单位现行的通知、制度、规定、办法等各种形式的全部文件，并对其进行整理归类、查漏补缺，由有关使用部门和具体人员共同评估这些文件的适用性。

（3）转化形式，初步形成标准体系文件。将现行有效的文件按照标准化的要求，全部转化为标准文件体系表格形式；通过对整个标准文件体系表的研究和运用，发现新的需求和不足，从而再次完善、补充标准文件体系表。

（4）标准实施，运行标准以待逐步完善。将初步形成的标准体系文件经服务业组织决策层管理者批准后发布，并下发至各部门进行试运行。运行过程中需要有专人负责检查标准的试运行状况，对标准运行过程中的信息反馈做好记录，同时做好各部门的组织协调工作。

（5）实施评价，注重检验标准实施成果。确定评价方案，并确定专人进行评价。主要从符合性评价和实施效果评价两方面对服务业组织是否建立标准体系后进行有效实施，是否配备专职或兼职人员，标准化职责是否明确，全员是否经过标准化专业培训，最高管理者、中层管理者是否掌握标准体系文件有关内容等方面进行评价，形成评价报告。

（三）殡葬标准体系的编制

1. 明确殡葬标准体系的编制原则

（1）全面系统的原则。所编制的殡葬标准体系要涵盖殡葬领域不同级别、不同门类、不同专业、不同性质、不同要求的标准子体系，力求全面系统地描绘出我国现阶段殡葬标准的发展规划。

（2）层次分明的原则。根据殡葬标准的内在属性和使用范围，构建结构合理、层次清晰、内容完整、数量适中的体系框架。列入标准明细表中的每一项标准都应安排在相应的层次上，个性标准处于较低层次，共性标准处于较高层次，避免同一项标准同时列入两个层次或子体系的混乱现象。

（3）简明实用的原则。鉴于我国殡葬标准化工作基础薄弱的实际情况，现阶段的殡葬标准体系应一目了然、清晰简明、突出重点、实用可行。

（4）协调兼容的原则。殡葬标准体系的制定应与相关法律法规和标准相配套，形成标准间相互协调、相互补充的有机整体。殡葬业作为服务业中的特种行业，涉及的领域广、面对的问题多，有时标准化的对象会与其他行业相互交叉，因此应与相关行业间的标准相互呼应和兼容，顺应提升改造传统殡葬服务和拓展新兴殡葬服务领域的需求，促进现代科技的应用，保证标准体系的先进性。

2. 确定殡葬标准体系的编制思路

殡葬标准化是一个制定和实施服务工作行为规范、共同准则或活动依据的过程，是对服务活动中重复出现并且具有重复利用价值的工作方式，进行总结、归纳、鉴别、比较、选择、归一、成文、施行、评价、修订的过程。殡葬标准化是一项系统工程，需要多方位、多渠道、多手段整合各种资源协同推进方能建成。

（1）转变观念，厘清思路，夯实殡葬标准化的基础。殡葬从业人员要大力弘扬社会主义核心价值观，遵循社会主义市场经济规律，在推进殡葬标准化中坚持以下原则：一是公平服务的原则，坚持公平、公正、公开向客户提供服务，明示服务的价格、内容、流程、标准、要求，保障所有客户享受到优质殡葬服务的权利。二是个性服务的原则，按照客户不同文化背景、职业背景、支付能力等状况开展个性化服务，满足客户的多样性需求，不断提高客户服务的针对性和有效性。三是分类服务的原则，对不同类别的客户实施相应的服务，做到分门别类、有的放矢，保证困难客户得到保障服务，一般客户得到满意服务，重点客户得到特色服务或高端服务。四是打造品牌原则，要始终把创殡葬服务品牌贯穿于服务的全过程，着力追求精细服务、周到服务、完美服务，打造卓越的殡葬服务品牌。

（2）广泛动员，形成合力，提供殡葬标准化的保障。殡葬标准化是不可能单靠某一方面的努力就能实现的，它需要政府主管部门、殡葬服务机构、各种专门机构及其各个层级的人员的共同参与和配合。各级殡葬管理部门要行使行政职能，在总体部署的同时，利用财政投入机制和市场筹资机制，引导、鼓励或组织殡葬企事业单位和行业协会参与标准的制定；各地殡葬行业协会要发挥自身专业力量的作用，在标准基础研究以及标准起草、技术审定、宣贯实施、知识培训等方面承担相应的任务；各殡葬服务机构要对员工进行标准化知识普及教育，增强标准化意识，倡导以标准为依据的服务和管理行为。只有形成政府、社会组织、企事业单位共同关心、支持并投入殡葬标准化建设的良好局面，才能形成从标准基础研究到标准立项、从标准制定到标准执行的一体化工作机制，为殡葬标准化工作更好更快发展提供有力的保障。

（3）系统规划，精细设计，把握殡葬标准化的关键。殡葬标准化要着眼于殡葬服务的整体，采用系统的方法，根据行业特征和服务对象的特性从不同方面进行细节设计。殡葬标准化系统中无论是主干还是枝节，均应以客户为中心。在设计系统流程的架构时，要摆脱传统模式中过于精细的分工羁绊，从服务人员工作导向彻底走向客户服务导向，注意时刻围绕客户价值设计每一项服务的流程与质量标准，注意顾及部分客户的个性需要，根据机构内部条件和客户特殊需求谋求标准化和个性化的平衡。要注意让殡葬标准得以清晰、准确的表述，尽量减少质量信息在服务施受双方间不对称的现象，避免因殡葬标准的人为屏蔽或理解歧义而发生的纠纷。殡葬标准的整体与细节设计，在当前诸多殡葬服务机构中是一个极其薄弱的环节，建立规范统一、协调配合、层次清晰、科学合理、全面完善、实用有效的殡葬标准化体系，还需要政府与机构为相关人员提供更多的有关知识和技能的学习、研究与实践的机会，需要培育一支既精通殡葬业务又熟悉标准化知识的复合型标准化工作队伍。

（4）典型示范，经验推广，选择殡葬标准化的捷径。殡葬标准化的进程中，在时间与空间上必定有长期、繁复的工作要做，整体推进的困难必定很多。因此，可以在先期动员我国殡葬行业中的骨干机构和地方行业协会编制与执行企业标准或行业标准，开展殡葬标准化试点，再带动其他组织的殡葬标准化工作；可以在某些标准形成后，开展旨在推动标准实施的服务明星大赛、标杆企业评比、星级机构评定、服务品牌排名等竞赛活动，通过典型示范推动整个行业的标准化；可以开展专题研究、理论研讨、经验交流等活动，总结殡葬标准化的经验，并将成熟经验作为培训教材，使标准化的经验得以复制，以促进行业整体服务水平的提升。

三、殡葬标准体系的管理

（一）殡葬标准体系的实施

标准一经发布，就要通过各种媒体和培训等方式进行宣传解释，使执行单位和部门准确地理解条文的内容。提高实施标准的自觉性和责任感，对于强制性标准一定要强制执行，对推荐性标准要积极执行。

1. 殡葬标准体系实施的问题

殡葬领域的标准化工作与新时期国家推行的标准化发展战略要求还有很大的差距，与相关领域的标准化发展水平还有一定的距离。尤其在标准的实施方面还存在许多问题。

（1）执法不严，有效监督机制缺失。现行有效的国家强制性殡葬标准属于技术法规层面，都必须严格执行。多年来，全行业对于必须执行的强制性标准既没有严格的监督检查，也没有采取强制措施执行，更没有对不执行强制性标准的单位和个人进行处罚。对于推荐性技术标准同样缺少鼓励实施的机制。

（2）宣贯不足，标准工作意识淡薄。受殡葬领域传统意识强、开放程度差、区域差异大、科技普及率低等综合因素影响，许多殡葬从业人员的标准化意识淡薄，没有意识到社会科学技术的进步、全球经济和服务一体化对我国殡葬事业可持续有序发展提出的严峻挑战，没有意识到在本职岗位上规范管理和服务就能创造最佳秩序并取得最大效益。在标准的宣传贯彻方面，普及标准化基础知识不足，举行专题培训班等形式宣讲标准不够。对于现行有效的主要殡葬标准，还没有进行大规模的系统宣传贯彻培训，全行业对主要殡葬标准中的内容缺少理解，对实施标准中相关标准不够了解，加上对标准作用的认识不足，导致目前殡葬标准整体实施效果较差的现象，使一些现行有效的标准没有发挥其应有的作用。

（3）合作面窄，标准实施效果偏差。殡葬标准涉及的行业和部门很多，殡葬领域的国家标准需要多方合作与支持。例如，在殡葬建设用地方面，需要自然资源部门的合作与支持；在殡葬环境保护方面，需要环境保护部门的合作与支持；在绿色殡葬方面，需要同林业部门的合作；在国际运尸方面，需要同国家检验检疫和海关部门的合作；在殡葬卫生防疫方面，需要同卫生部门的合作；在无名尸的规范化处理方面，需要同公安部门的合作；在少数民族墓地的规范管理与服务方面，需要同国家民族事务和宗教事务管理部门的合作；在殡葬产品的质量检定方面，需要国家质量监督检验检疫部门的合作与支持；在殡葬设施建设和规划方面，需要同住房和城乡建设部门的合作；在殡葬标准体系建设和国家标准制（修）订方面，需要国家标准化管理部门支持与帮助；在殡葬标准科研方面，需要科技部门和财政部门的支持等。民政部门与有关部门合作不够，导致标准实施的效果不佳。

（4）人才缺乏，人力资源保障薄弱。目前，殡葬领域没有标准实施方面的专门管理和技术人员，在兼职的殡葬标准化队伍中普遍存在标准基础知识欠缺、标准化实践经验少、对标准的理解和实施能力差等问题，加上殡葬领域标准实施的推广示范和技术交流不到位，限制了标准的实施，在标准的研究、规划、制定、评价、复审、修订、转化、解释、实施、监督、管理等各环节都缺乏专业的人才保障。

2. 殡葬标准体系实施的对策

（1）制订殡葬标准化发展规划。研究制订标准发展规划是促进标准实施的一项基础性、前瞻性和战略性任务。2009 年 6 月，国家标准化管理委员会作出了“实施国家标准化体系建设工程”的重大战略部署，提出了用 3 年时间建成符合我国国情的标准体系、标准化技术体系、标准化推进体系和标准化保障体系。2009 年 7 月，民政部组织开展了民政标准化发展规划的前期研究工作并启动了民政标准化体系的建设工程。根据国家要求和行业发展需要，民政部应组织制订“全国殡葬标准化发展规划”，按照“统筹兼顾，合理布局；突出重点，以点带面；立足当前，着眼长远；强化实施，注重实效”的原则构筑科学的殡葬标准化体系框架，指导全国殡葬行业科学、合理、有力、有序地开展系列标准化工作，为促进殡葬事业的可持续发展提供战略保障。要充分发挥政府的规划作用，从战略高度推进殡葬标准化建设。殡葬标准体系就是殡葬领域规范服务活动的标准按其内在联系而形成的有机整体。建立殡葬标准体系，可以使殡葬服务的提供者向消费者提供规范的、可追溯和可检验的重复服务，有利于提高殡葬服务水平、保护消费者的合法权益、增强殡葬服务机构的竞争力。推进殡葬标准化建设，能为我国殡葬管理部门提供大量的殡葬领域标准化信息，有利于从技术上评价行业的发展现状及趋势，为殡葬管理部门的科学决策提供技术支撑。

（2）明确殡葬标准化工作重点。要注重“大体系、全过程”建设，规划好殡葬标准化体系，从标准的研制、实施、监督、服务等全生命周期进行系统规划。

一是要优化标准体系。结合标准化工作改革，推进标准体系结构性调整。完善标准制定程序，提高标准制（修）订效率。发挥市场主体作用，促进技术创新、标准研制和产业发展一体化。

二是要推动标准实施。完善标准实施推进机制，应用标准开展宏观调控、产业推进、行业管理、市场准入和质量监管。建立促进技术进步和适应市场竞争需要的企业标准化工作机制。

三是要强化标准监督。建立标准分类监督机制，完善标准实施监督和实施后评估制度，开展标准实施效果评价。加强标准化社会教育，强化标准实施的社会监督。

四是要提升服务能力。首先，建立完善标准化服务体系，加快培育标准化服务机构，引导标准化服务新兴业态发展。其次，要紧扣“全方位、广覆盖”布局，建设好殡葬领域标准化。围绕经济、社会、文化、生态和政治“五位一体”总布局进行全面规划，形成广覆盖、多层次的“全域标准化”架构。一要加强殡葬建设标准化，以统一市场规则、调整产业结构和促进科技成果转化为着力点，推进殡葬服务业与工业、制造业在更高水平上有机融合；二要加强社会治理标准化，以改进社会治理方式、优化公共资源配置和提高民生保障水平为着力点，提高社会管理标准化、科学化水平，促进保障改善民生；三要加强生态文明标准化，以资源节约、节能减排、循环利用、环境治理和生态保护为着力点，提升绿色循环低碳发展水平，服务绿色发展；四要加强文化建设标准化，以优化公共文化服务、推动文化产业发展和规范文化市场秩序为着力点，推进基本公共文化服务标准化、均等化，促进文化繁荣；五要加强政府管理标准化，以推进各级政府事权规范化、提升公共服务质量和加快政府职能转变为着力点，构建政府殡葬管理标准化体系，提高殡葬行政效能。最后，要着眼“守底线、保基本”要求，实施好殡葬标准化工程。一要围绕保障质量安全，实施殡葬设备用品安全标准化工程，提升殡葬设备用品生产现代化、规模化、标准化水平；实施殡葬消费品安全标准化工程，促进殡葬消费品安全和质量水平不断提高。二要围绕支撑产业发展，推进新一代信息技术标准化工程，保障网络安全和信息安全自主可控；推进智能制造和装备升级标准化工程，提升智能制造和装备制造技术水平。三要围绕保障改善民生，开展基本公共服务标准化工程，促进基本公共服务均等化；开展节能减排标准化工程，有效降低殡葬污染水平。四要围绕加强自身建设，大力实施标准化基础能力提升工程，增强标准化发展内生动力和可持续能力。

（3）建立科学的殡葬标准体系。要从服务角度实施殡葬标准化工作。殡葬标准化是通过对殡葬领域标准的制定和实施，以及对标准化原则和方法的运用，以达到殡葬服务与管理质量目标化、服务方法规范化、服务过程程序化，从而取得殡葬服务与管理高效优质的效果。从殡葬行业的服务角度，殡葬标准化应当涵盖殡葬服务的各个流程，包括接运、停放、火化、追悼、安葬、祭奠等全部服务及其管理的活动。既要做到殡葬服务流程的标准化，着眼于整体的服务，采用系统的方法，通过合理分配整个殡葬服务体系内的分工和合作方式，优化整个服务流程，从而提高服务的效率，寻求服务质量的保证；又要做到服务内容标准化，包括服务语言标准化、服务动作标准化和服务态度标准化。

（4）开展殡葬标准化试点工作。在殡葬服务机构开展服务标准化试点，通过制定和实施殡仪馆服务、火葬场服务、公墓服务、骨灰堂服务、遗体处理服务、骨灰处理服务、遗体接运服务、遗物祭品焚烧服务、国际运尸服务等标准和规范，系统地规范殡葬领域的服务设施、服务设备、服务流程、服务项目和服务质量等方面的技术要求，保证各项殡葬服务活动沿着规范化方向健康发展。通过实施殡葬服务标准，强化安全、卫生和环保意识，加强骨灰寄存和祭奠服务的安全防范，强化遗体接运和处理过程中的卫生防护，最大限度地控制火化等污染，建立环境友好型和资源节约型的殡葬服务标准体系，同时倡导健康文明的殡葬方式。

（5）实施殡葬标准化人才战略。在争取国家和部门标准研究和制定经费的同时，争取标准实施与监督专项经费，为标准实施与监督提供财政保障。在标准宣贯活动中，继续争取财政资金用于标准培训补助费。利用试点项目、检测评定等方式积极疏通标准实施的经费渠道，在财政上保障标准的顺利实施。实施殡葬标准化人才培养工程，建立并完善标准化培训教育制度和人才培养选拔制度。在殡葬机构实行标准化从业人员资质制度，培养本领域的标准化工程师。对于优秀的中青年标准化骨干，推荐到高校接受标准化学历教育。在标准实施和监督工作中，对有突出贡献的个人实行奖励，努力营造出标准化人才快速成长的良好环境。

（二）殡葬标准的监督管理

标准的监督分为行政监督、技术监督和社会监督。殡葬行业的行政监督除国家和地方各级标准化行政主管部门外，主要是民政系统的有关行政部门的政策性监督。技术监督由各级行政主管部门授权的质检机构执行，社会监督主要靠社会团体、各企事业单位和公民实施。标准的实施是一项坚持不懈的长期工作，只有建立起相应的支撑体系，形成长效机制，才能从根本上保证标准的实施，发挥标准的作用。创建实施监督体系，形成运行长效机制应从实施监督管理规定、机构、人员等几方面入手，采取纵向互动、横向联动、内外齐动的方式，扎实稳步推进。要从效能角度创建殡葬标准的监督体系，推进殡葬标准化建设。在标准监督管理规定中，应明确监督的行政管理和技术管理机构、适用范围、监督对象、标准实施内容与途径、奖惩办法等，以提高监督管理规定的可操作性。采取专兼职的形式，培养并聘任一批殡葬标准化监督员，履行国家、行业或地方标准实施的监督职责。要定期开展标准实施检查，监督并通报标准执行情况，对于强制性国家和行业标准，每年应组织一次标准实施情况大检查，促进标准的应用，发现标准自身的不足，以推进标准的评价、复审和修订等工作。

1. 建章立制

殡葬行业应首先制定切实可行的标准实施监督管理规定，作为民政部门规章批准发布，在全国殡葬领域执行。在标准实施监督管理规定中，应明确监督的行政管理和技术管理机构、适用范围、监督对象、标准实施内容与途径、奖惩办法等，提高规定的可操作性。要完善有关管理制度，对标准的实施采取多途径监督。

2. 明确职责

民政部作为殡葬标准实施监督的行政管理和业务管理部门，统一归口负责殡葬标准实施管理工作，对全国殡葬企事业单位标准的实施进行监督，负责监督结果的处理及监督备案等事宜，全国殡葬标准化技术委员会按规定开展标准实施监督的技术管理工作。各省级民政厅（局）负责本地区殡葬标准实施与监督的管理工作，组织所辖地（市）、区（县）开展殡葬标准的宣贯。

殡葬管理、服务、科研、生产等企事业单位应设立标准化归口管理的内部机构，负责本单位殡葬标准的实施和监督管理工作，落实上级部门下达的有关具体工作任务。要通过媒介宣传、教育培训、引导帮扶等综合途径，进一步明确殡葬企事业单位在标准实施过程中的主体地位，让殡葬企事业单位承担起实施强制性标准的法律责任和实施推荐性标准的义务，提高其开展标准化工作的自觉性。

3. 确保质量

采取专兼职的形式，培养并聘任一批殡葬标准化监督员，履行国家、行业或地方标准实施的监督职责。要定期开展标准实施检查，监督并通报标准执行情况，对于强制性国家和行业标准，每年应组织一次标准实施情况大检查。检查标准的实施既可以促进标准的应用，也可以发现标准自身的不足，有利于标准的评价、复审和修订。每次检查活动完成后，都应及时通报标准执行情况，提出努力方向和改进措施。

下篇

殡葬标准化实务

第五章　殡葬服务标准化

【基本要求】 通过本章的学习，您应能够：

1. 了解服务业标准体系的建设现状；
2. 熟悉服务业组织标准体系的建设；
3. 熟悉公共服务标准体系建设的实践；
4. 掌握殡葬服务标准体系建设的路径。

【核心概念】 服务标准体系；组织标准体系；公共服务；建设对策

第一节　服务业标准化的实施

当今世界经济发展，快速而规范的服务已成为发达国家市场经济中的重要形式，服务业也成为推动国民产出总量增长、经济持续发展的重要动力。2013 年，我国把服务业作为经济社会升级的“新引擎”，使“服务”有了新的内涵和特性。服务标准化是通过对服务标准的制定和实施，以及对标准化原则和方法的运用，以达到服务质量目标化、服务方法规范化、服务过程程序化，从而获得优质服务的过程。服务标准化的意义在于：确保服务质量，提高服务水平；保护消费者的合法权益；实现服务业的内涵式发展；应对国际服务贸易竞争，提高服务业的国际竞争力。

一、服务业标准概述

（一）服务业标准化的内涵

《服务标准制定导则——考虑消费者需求》（ISO/IEC Guide 76：2008）作为 ISO 历史上首个专门指导服务标准化工作的指南，对“服务”定义为：服务提供者与顾客接触过程中所产生的一系列活动的过程及其结果，其结果通常是无形的。服务的目的就是“满足顾客的需要”，这与服务行业常说的“顾客是上帝”的提法是一致的。服务所包括的内容有两个部分，一是“组织与顾客接触的活动”，二是“组织内部活动”，两个部分共同产生的结果就是服务所包括的内容。“组织与顾客接触的活动”指面对面的服务，也就是“前台服务”。“前台服务”直接服务于顾客，而“后台服务”同时为“前台”和服务对象提供服务。

服务业是指利用设备、工具、场所、知识、信息等为国民经济各行各业提供服务的产业，也就是生产或提供各种服务的经济部门或组织的集合。服务标准是规定服务应满足的要求以确保其适用性的标准。服务标准是国家主权在服务领域的延续，是服务业发展的重要制度规范和技术支撑，对服务业的发展具有重大的促进作用。公共产品论导致了服务标准化经济效益和陷阱阻碍分析的崛起，竞争工具论使得服务标准化供给与需求的分析盛行，系统工程论为基于系统理论的服务标准化工程研究提供了土壤。自 1996 年国际标准化组织（ISO）提出“服务标准化”以来，德国、美国、英国等西方发达国家都积极开展服务标准化工作，纷纷将服务标准化纳入国家发展战略，积极争夺国际服务标准制定的主导权。

随着国际服务贸易的深入开展，国际服务标准涵盖服务领域继续拓宽。各发达国家纷纷根据本国社会经济发展的总需求，大力开展服务业标准研制和相关政策的制定。面对未来国际服务业竞争的新一轮标准竞争已经愈演愈烈，我国服务业标准化也得到了稳步发展。目前，全国已成立和批准筹建与服务业相关的标准化技术委员会、分技术委员会、工作组百余个，涵盖了金融、旅游、邮政、物流、商贸、交通运输、文化、体育等重要的服务业领域。经过这几年来的努力，一个以国家标准为主体，行业标准、地方标准以及团体标准和企业标准相互配套的服务业标准体系已初步建立。

（二）服务业标准化的发展

1. 服务业标准化的基本特征

服务是为了满足顾客需要，由供应方凭借体力、智力和技能，借助一定的工具、设施和手段，通过与顾客之间的接触的活动以及供应方内部活动所产生的结果。因此，服务业标准化最大的特点是结果导向要与起点导向、过程导向相结合，这也就是服务的延展性特征。因为结果本身是不完全确定的，通过起点阶段的资源提供，间接地为结果测定提供帮助，具有比较完善的资源提供机制，可以部分地依此推论将会有一个较为满意的结果。因为结果本身是不完全可以储存的，通过过程阶段的流程和痕迹描述，部分地为结果测定提供依据，具有比较明晰的流程和痕迹规范，可以部分地依此推论将获得较为可靠的质量。

服务标准化的共性特征对于公共服务标准化的具体实施有直接的影响作用，在公共服务标准化的推进方面尤为明显。相对于有形产品的先生产、后消费而言，服务是生产和消费同时进行的过程，服务的生产过程并不是封闭的，公民的满意度非常重要。公共服务标准化在为公民直接提供服务的领域，在有公民参与和公民互动的一线部门可以最先试行和推广，因而各级地方政府的行政服务中心标准化、基层服务机构标准化等比较容易推行。标准化主要是对重复性工作的统一，因此，在重复性大、可变性小、较具流程性的行业更适合标准化。

2. 服务业标准化的国际概况

在世界经济由“工业经济”向“服务经济”转型，呈现全球经济一体化的背景下，服务标准逐渐成为国际服务贸易的准则之一。《服务贸易总协定》（GATS）明确提出要通过制定服务质量标准，对各行业服务提供者进行资格认证。对此，国际标准化组织（ISO）作出积极响应，在第17届国际标准化组织消费者政策委员会（ISO/COPOLCO）年会上对服务标准化进行了专题研讨，并将1996年“世界标准日”的主题确定为“呼唤服务标准”。自此，服务标准化开始登上标准化的历史舞台，并引起国际标准化组织和德国、英国、美国等发达国家的高度重视。

（1）服务业标准化技术组织建设不断加强。近年来，国际标准化组织（ISO）加大了服务标准化技术组织建设力度，已经成立的技术组织涉及个人理财服务，市场、民意与社会调查，旅游服务、教育服务、心理评估、品牌评估、评级服务、项目管理、会展术语等多个方面。在区域标准化组织层面，欧洲标准化技术委员会（CEN）也成立了家庭用品、交通、清洁服务、旅游服务、邮政服务和设备管理等标准化技术组织，开展了推动欧洲区域服务标准化工作。

（2）服务业标准化覆盖范围得到不断拓宽。目前，国际服务标准的覆盖领域已经从最初的旅游服务、金融服务两大领域拓宽至十余个领域。在国际标准化组织层面，ISO发布的服务标准已达40余项，除了“服务标准制定考虑消费者需求的建议”这一具有总体指导性的ISO/IEC指南之外，还制定了银行服务、金融保险服务、运输服务、邮政服务、旅游服务等标准。在区域标准化组织层面，CEN早在2004年就与欧盟成立了专题工作组，重点围绕旅游、翻译等领域开展标准化工作。在发达国家中，英国、德国标准化学会等也普遍在金融服务、维修服务、清洁服务、运输服务、邮政服务等领域自主研制或采用欧盟标准，对于促进国际贸易和推动本国服务业发展起到了重要作用。

（3）高度重视消费者参与服务标准化工作。服务标准化需要消费者的积极参与。作为服务标准化的倡导者，ISO开展服务标准化的基本宗旨之一就是注重保护消费者的合法权益不受侵害。因此，ISO历来与国际消费者协会保持着密切的合作关系，每年组织对消费者的信息服务和人员培训，并在网站上推出了方便用户使用的“消费者和标准”互动教程，以此增强消费者对标准化的认知程度，引导消费者参与服务标准化工作。

（4）借助服务认证确保服务标准有效实施。针对服务标准多数为推荐标准，在实施中往往缺乏有效监督、实施效果欠佳的现状，发达国家采取服务认证等多种方式强化服务标准的实施环节。例如，法国是最先开展服务企业质量认证的国家，目前已有18个服务行业开展认证，涉及搬家公司、旅行社、旅游信息中心、公共交通客运服务企业、售后服务及职业培训服务企业等，通过认证的服务企业将由法国标准化协会颁发法国质量认证合格标志。

3. 服务业标准化的国内概况

近年来，我国服务业的快速发展对标准化提出了迫切需求，服务业标准化工作得到加强，并取得了一定的成绩。

（1）标准化工作总体思路基本明确。先后完成并发布了《全国服务标准2005—2008年发展规划》《全国服务业标准2009—2013年发展规划》，明确了我国服务业标准体系基本框架。在此基础上，通过实施“国家标准化体系建设工程”，进一步构建服务经济社会科学发展的标准体系、标准化技术组织体系、国际标准化工作推进体系以及标准化保障体系，有利于进一步突出工作重点，明确发展方向，提高我国标准化总体水平。经过几十年的发展，我国服务标准已经从传统的消费性服务领域扩展到公共教育、公共就业、人口和计划生育、公共基础设施管理与服务、法治管理、社会组织管理等领域。《国家标准化战略纲要》也明确将社会管理和公共服务作为未来标准化工作的重要领域。根据《中华人民共和国国民经济和社会发展第十二个五年规划纲要》的有关要求，《国家基本公共服务体系“十二五”规划》（国发〔2012〕29号）主要阐明国家基本公共服务的制度安排，明确基本范围、标准和工作重点，引导公共资源配置，是“十二五”乃至更长一段时期构建国家基本公共服务体系的综合性、基础性和指导性文件，是政府履行公共服务职责的重要依据，其中多次提到基本公共服务标准，以引导公共资源配置。国务院办公厅《关于印发国家标准化体系建设发展规划（2016—2020年）的通知》（国办发〔2015〕89号）在重大工程的基本公共服务标准化工程中提出：围绕国家基本公共服务体系规划，聚焦城乡一体化发展中的基层组织和特殊人群保护等重点领域，加快推进基本公共服务标准化工作，促进基本公共服务均等化。围绕基本公共服务的资源配置、运行管理、绩效评价，农村、社区等基层基本公共服务，老年人、残疾人等特殊人群的基本公共服务，研制300

项以上标准，健全公共教育、劳动就业、社会保险、医疗卫生、公共文化等基本公共服务重点领域标准体系。鼓励各地区、各部门紧贴政府职能转变，开展基本公共服务标准宣传贯彻和培训，利用网络、报刊等公开基本公共服务标准，协同推动基本公共服务标准实施。开展100项以上基本公共服务领域的标准化试点示范项目建设，总结推广成功经验。加强政府自我监督，探索创新社会公众监督、媒体监督等方式，强化基本公共服务标准实施的监督，畅通投诉、举报渠道。加强基本公共服务供给模式、标准实施评价、政府购买公共服务等基础标准研究，不断完善基本公共服务标准化理论方法体系。《国务院关于印发“十三五”推进基本公共服务均等化规划的通知》（国发〔2017〕9号）提出“标准体系全面建立”的目标：国家基本公共服务清单基本建立，标准体系更加明确并实现动态调整，各领域建设类、管理类、服务类标准基本完善并有效实施。

（2）标准化技术机构建设逐步健全。目前，全国已成立和批准筹建的与服务业相关的标准化技术委员会、分技术委员会、工作组共102个，涵盖了金融、旅游、邮政、物流、商贸、交通运输、文化、体育等重要的服务业领域。其中，与生产性服务业、消费性服务业与公共服务业相关的技术机构分别占33%、13%和54%。这些技术机构为服务业标准化工作的有序开展发挥了重要的组织保障作用。标准实施工作逐步得到加强。为了提高服务业标准的实施水平和效果，2007年，国家标准化管理委员会联合国家发展和改革委员会等六部委印发了《关于推进服务标准化试点工作的意见》。在试点过程中，通过制定并实施各个服务提供环节标准，强化了服务企业内部管理，改善了服务质量，提高了企业的经济效益和社会知名度。

（3）标准化科研工作取得明显成效。我国注重社会公共服务评价体系研究和重要基础标准研制工作，相关服务行业部门的标准化科研工作取得较大进展。如民政部“十一五”期间进行了亚洲巨灾划分标准研究、残疾人发展战略研究以及地名公共服务等领域标准化关键技术研究，共计取得266项民政标准基础研究成果。《全国民政标准化“十三五”发展规划》（民发〔2016〕142号）提出：“十三五”期间制定修订不少于200项民政国家标准、行业标准，其中力争30项左右技术标准采用国际先进标准，支持、指导研制300项以上民政地方标准，培育、形成一批民政团体标准、企事业单位标准，民政标准的科学性、先进性、实用性显著提升。组织实施至少80项部级标准化科研课题，标准化研究课题在各业务部门部级课题中数量占比大幅提升；各地民政部门组织实施标准化科研课题总数达200项以上。

（4）国际服务标准化工作实现突破。2010年1月，中国向ISO/TC232非正式教育与培训全会提出研制“语言培训服务提供商基本要求”国际标准的提案，获得全票通过，实现了我国从参与研制国际服务标准到主导制定国际服务标准的重大角色转变，也揭开了我国国际服务标准化工作的新篇章。

（三）构建服务业标准体系

服务业标准化建设的核心工作是建立服务业标准体系并有效运行。建立服务业标准体系的目的，是为一定范围内规范和调整服务的提供相关管理活动的标准，组成科学、有机的整体，形成合理、协调的系统，促进标准化对象服务经营和管理水平的提升。

1. 服务业标准体系构建的原则

（1）目的性原则。构建服务业标准体系是一项以目的导向为第一原则的工作，是为了解决服务的具体问题，围绕服务的具体目标而进行的系统化顶层规划和战略布局。因标准化目的和对象不同，服务业标准体系构建的类型和方法也有所不同。在建立服务业标准体系时，应首先确定标准化的对象，明确对这些对象管理的目标、任务、方法和途径，将共同性和重复性的且对标准化对象有重要影响的事项一一列入，并运用简化原理，找出解决问题的关键点作为建立标准体系的基本要素。识别与目标有关的标准，剔除与目标无关或关系不大的标准，是建立标准体系十分重要的原则。

（2）系统性原则。服务业标准体系不是若干标准简单的集成，而是标准按其内在联系组成的有机整体，反映了标准化对象是一个有机系统，同时要求标准化人员要应用系统方法组织相关标准。将相关标准置于一个有目标的系统中，可以减少标准之间的不统一、不协调等问题，最大限度地发挥标准化的整体效益。建立服务业标准体系，在确定标准化对象之后应分析标准化对象诸要素之间客观的内在的联系。作为一门科学，服务业标准体系的构建以及表达方式还要遵循标准体系的一般规律，在此基础上将相关标准以一定的形式建立起逻辑关系则是形式的需要。

（3）结构性原则。标准体系的建立可以最大限度地发挥标准化的整体效益。在要素既定的条件下，其整体效益的发挥程度取决于标准体系表的结构（主要指标准体系结构图，还包括明细表、统计表）。因此，为了提升系统的功能，需要不断改进和优化系统结构。该结构主要表现为序列关系和层次关系的有机整合。序列关系是对标准体系要素按照一定逻辑关系进行的分类，体现标准体系要素的逻辑性。层次关系按照系统中各要素之间的共性与个性关系进行分类，体现标准的位阶性。服务业标准体系的序列结构表现为按照行业（专业）或要素划分的子体系或标准类别。层级结构一般表现为高层级对低层级有制约作用，而低层级又是高层级的基础，低层级诸项标准中的共同要求可上升为高层级中的单项标准。所以，服务业标准体系不是简单的标准的集合，不要把标准体系当成库存标准目录，而应是服务业运行和发展中相关联标准的集成。标准体系的基本单元是标准，因此，在体系序列结构中，子体系或标准类别的划分应科学合理，体现系统要素的完整性。而在体系层级结构中，大量个性化的标准应在低层级，低层级中共性的标准则应提升到上一层级，最高层级的标准为系统共性化标准。

（4）协调性原则。标准之间存在着相互连接、相互依存、相互制约的内在联系，只有相互协调一致，才能发挥体系的整体功能，获得最好的效益。服务业标准体系内的标准应相互兼容、协调、统一。上层级与下层级的标准，同一层级的标准，服务保障标准和服务提供标准，在标准体系内应相互协调。服务业标准体系与已经运行的其他管理体系的标准应相互协调，避免重复和交叉。服务业标准体系的标准应与已发布实施的国家标准、行业标准和地方标准相协调，不得违反国家有关法律法规、强制性标准、行业规划与政策及规范性文件的规定。

（5）适用性原则。建立和运行服务业标准体系，应借鉴先进管理模式、思想方法，如过程管理的系统方法、“PDCA”管理模式、关键控制点、合格评定、持续改进等。任何体系总是要与外部存在的大系统环境的有关要素相互作用，进行信息交流，并处于相互取长补短的过程中。同时，由于系统的不断优化要求，也要不断持续淘汰那些不适用的、功能低劣或重复的要素，及时补充新的要素。

服务业标准体系的发展是有阶段性的，因为标准化的效能发挥要求体系必须处于相对稳定状态。这样的稳态到非稳态、再到高一级的稳态，促使标准化的进步发展，体现了服务业组织标准体系阶段性发展的特征。因此，这就需要及时通过测量和数据分析，通过评审不断持续地改进服务业标准体系。

2. 服务业标准体系的基本构成

按照标准化对象范围的不同，服务业标准体系可大致分为服务业组织标准体系、服务业团体标准体系、行业标准体系、区域标准体系和国家标准体系5种类型。从标准体系的完整性方面讲，服务业标准体系可以延伸到服务业组织标准体系；就共性来讲，团体、行业、区域和国家4个标准体系具有宏观层面或普遍适用的意义，而服务业组织的标准体系则是建立在组织结构基础上的。

（1）标准体系结构图。

标准体系结构图体现了体系总的边界、层次构成、涵盖的专业门类、各层标准的类型、层级之间的关系等众多关键信息，并为体系标准明细表的形成提供了依据。

标准体系结构图可由总结构方框图和若干个子方框图组成。标准体系的结构关系一般分为上下层之间的“层级”关系，或按一定的逻辑顺序排列起来的“序列”关系，也可是由以上几种结构相结合的组合关系。每个方框可编上图号，并按图号编制标准明细表。编制服务业标准体系结构图，应首先明确体系类型、服务行业的总体架构、专业构成，以及不同专业的标准化工作重点方向，应重点参考国家发布的相关规划、政策性文件等。

根据《标准体系构建原则和要求》（GB/T 13016—2018）中 5.1.2 的规定，在标准体系结构图内，方框间用实线或虚线连接；用实线表示方框间的层级关系、序列关系，不表示上述关系的连线用虚线；为了表示与其他系统的协调配套关系，用虚线连接表示本体系方框与相关标准间的关联关系；对虽由本体系负责制定，而应属其他体系的标准也作为相关标准的并用虚线相连，且应在编制说明中加以说明；带文字下划线的方框，仅表示体系标题之意，不包含具体的标准。

（2）标准明细表。

服务业标准体系的标准明细表是与结构图中的每个结构单元方框项对应的所有标准列表的集合，表示了标准体系中包含的所有标准。服务业标准明细表作为服务业标准体系的重要组成部分，由该体系中所有现有标准、待制定标准、待修订标准等组成，应按照标准体系结构图中的构图方式一一对应、依次罗列。服务业标准明细表通常由标准体系编号、标准名称、标准号、标准类别等项目构成，明细表的项目构成应根据标准体系建设完善和使用管理工作的要求调整和设置。例如，一定地域范围或服务业组织的标准体系明细表一般采用表 5-1 所示的样式。其中，面向全国的服务业标准明细表中涉及国家标准和行业标准两类，面向地方的服务业标准明细表中涉及国家标准、行业标准和地方标准 3 类，且宜以地方标准为主。面向服务业组织的标准明细表涉及国家标准、行业标准、地方标准和团体标准以及服务业组织内部企业标准 5 类，且宜以服务业组织内部的企业标准为主。

表 5-1　标准明细表

体系编号	标准号	标准名称	标准类别	实施日期	被采用或转化的标准号	备注

(3) 标准统计表。

按照统计目的不同，可设置不同的服务业标准统计表，既可以按照标准级别进行统计，也可以按照标准类别进行统计（见表 5-2）。编制服务业标准统计表的核心目的是对应有标准数、现有标准数进行对比，从而确定下一步的标准制定（修订）工作重点。

表 5-2　标准统计表

标准体系（第一层）	标准子体系（第二层）	标准子体系（第 N 层）	国家标准	行业标准	地方标准	团体标准	企业标准	标准状态	合计
合计									

(4) 标准体系编制说明。

服务业标准体系编制说明的内容一般包括：标准体系编制的目的、依据；国内外标准概况；标准体系结构图的构建思路，如专业划分依据及划分情况；结合统计表分析现有标准与国际标准的差距和薄弱环节，明确今后的主攻方向；标准分析及其结论；与其他体系的交叉情况和处理意见，需要其他体系协调配套的意见等内容。

在构建和编制标准体系表之前应先收集相关的法律法规、规划、政策、标准等文件，这些文件是承载开展标准化工作目的的文件，是构建标准体系的主要依据。应以此为依据进行标准化需求分析，确保服务业标准化工作在国家法律框架内进行，符合行业发展政策和行业组织规划要求，符合服务业组织自身确定的发展方向和中心目标。这些文件既包括国家、行业相关的法律法规，也包括政府部门发布的相关规范性文件，行业组织发布的战略、规划、各类规定、规则；既包括服务规范类的国家标准、行业标准、地方标准，也包括企业管理者发布的方针、目标等管理文件。它们是研究标准体系建设方向、结构内容、表现形式的基础。不能系统全面分析这些文件，就无法对需求和目标进行准确定位，也无法构建科学合理的服务业标准体系。

3. 服务业标准体系的主要内容

按照《服务业组织标准化工作指南》（GB/T 24421）系列国家标准为指导，建立服务标准体系。整个服务体系就是围绕实现服务标准化试点建设的方针目标，依据服务所适用的法律法规以及标准化管理的有关规定。因此，在整个服务标准体系的上层即是服务标准化试点建设的方针目标以及适用的法律、法规和标准化管理规定，这些是指导性标准。服务标准体系内的所有标准，都是在这一层标准的指导下形成的。服务体系共分 3 个层次，4 个子体系。

（1）标准管理手册。为有效实施服务标准化体系提供管理与技术上的支持，需制定《标准管理手册》，用以指导标准化体系的建立与实施改进。

（2）服务标准体系。一是通用基础标准体系。通用基础标准体系主要包括标准化管理的基本规定、方针目标、管理办法、标准体系编制原则以及服务标准化工作指南、术语、测量等方面的基础标准，在组织范围内作为其他标准的基础，具有广泛的指导意义并普遍使用。二是服务保障标准体系。服务保障标准体系对服务过程中涉及的关键环节和因素进行管理和控制，为保证体系的顺利运行提供支持。按照全过程、各环节控制的原则，以对人、财、物的管理为核心，对信息管理、后勤保障管理等所有管理事项进行全面的规范，为服务标准体系提供全方位保障。三是服务提供标准体系。服务提供标准体系是针对标准化领域中需要协调统一的服务质量目标、服务方法、服务程序、服务提供过程及其结果等方面活动的适用标准，包含了服务规范、服务提供规范、服务控制规范、运行管理等标准，以及绩效评价和改进的标准体系，包括监督检查、绩效评价、奖惩措施等体现持续改进服务、修正服务偏离的具体落实和体现。

（3）行业标准体系。服务行业标准体系建设的目的是通过运用标准化方法和标准体系建设，完成行业发展顶层设计与规划，从战略角度对行业发展进行基础性、全局性谋划，指引整合行业资源，优化行业的运营质量，提升管理水平和效益，提升科学化、规范化、精细化水平，促进行业发展水平，推动转变发展方式。服务业包含众多的专业门类，内部结构复杂，门类间的个体差异很大，因此以服务行业为整体对象的服务标准体系只能着眼于通用性、共性的内容，而无法深入、具体地体现出每个专业门类的特点。为了更好体现标准体系对特定服务领域标准化工作的引导和规范作用，有必要针对每个具体的门类，甚至是门类中的大类，单独编制标准体系，即服务业专业领域标准体系，如餐饮业标准体系、金融业标准体系等。这类标准体系宜由行业主管部门与全国专业标准化技术委员会共同主导编制，编制过程中应充分考虑本专业领域的特征及与相关专业之间的区别、联系等，保证系统边界清晰完整，并避免与相关专业的标准体系出现交叉重叠。

（4）国家标准体系。为全面提升我国标准化总体水平，推动标准化更好地服务于经济发展方式转变，我国国家标准化行政主管部门于 2009 年启动了国家标准化体系建设工程（国标委综合〔2009〕40 号），从宏观经济产业布局出发，将全国标准化体系建设工作以三大产业分类为主线展开，将标准体系分为跨行业通用综合性基础标准和社会事业标准体系、第一产业标准体系、第二产业标准体系和第三产业标准体系等子体系。其中，第三产业即服务业。

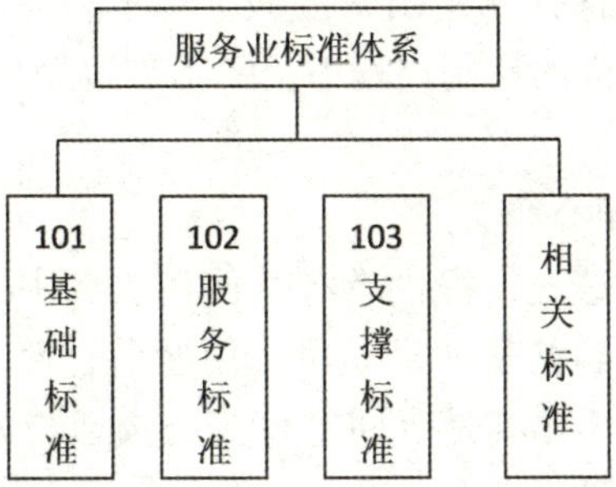

图 5-1　我国服务业标准体系总体框架结构

为贯彻《中华人民共和国国民经济和社会发展第十个五年计划纲要》的要求，国家标准化管理委员会早在 2005 年就会同国家发展和改革委员会等部门编制了《全国服务标准 2005—2008 年发展规划》，其中提出了全国服务业标准体系的总体框架（见图 5-1）。该体系包括：交通运输、仓储和邮政业，信息传输、计算机服务和软件服务业，批发和零售业，住宿和餐饮业，金融业，房地产业，租赁和商务服务业，减灾和救灾服务业，水利、环境和公共设施管理业，居民服务；卫生、社会保障和社会福利业，文化、体育和娱乐业；公共管理和社会组织；电力、燃气与水的生产和供应；其他服务等；共 15 个门类，并针对每个领域给出了新制定标准的发展规划建议。2009 年，国家标准化管理委员会又会同国家发展和改革委员会等部门，编制了《全国服务业标准 2009—2013 年发展规划》，总结了上一次规划编制和实施的经验与不足，结合服务业发展的新特点，对标准体系框架进行了修改，包含门类由 15 个增加到 18 个，增加了科学研究、技术服务和地质勘查业，国际组织以及旅游业 3 个门类，并在“交通运输仓储和邮政业”中增加了“物流业”的内容。《全国服务业标准 2009—2013 年发展规划》的标准体系总体框架为两层基本结构：第一层包括基础标准、服务标准、支撑标准 3 个类别，并给出了具体的标准制定（修订）建议；第二层则是主要依据《国民经济行业分类》（GB/T 4754—2002）划分的 18 个门类，18 个门类下根据各专业的具体特点再进行细分，提出了 1108 项制定（修订）建议。

二、服务标准的制定

服务标准是获得服务行为最佳秩序、实现产业发展最佳共同效益的得力工具。制定服务标准是服务标准化工作得以开展的基础。

（一）服务标准制定的原则

服务标准的制定只有在一定的原则指导下，遵循既定的制定程序，对标准条款严格把关，才能保证制定出来的服务标准科学、适用，满足行业发展的实际需求。在服务标准的研制过程中，除了需遵循标准制定的一般原则外，还要遵循以下原则。

1. 注重沟通，兼顾公平

信息与信息沟通在选择、提供及有效使用服务中起关键作用。与普通产品不同，服务在帮助顾客衡量产品质量、用途适合性、价值等方面存在的有形要素很少，信息沟通，尤其是合同签订前的沟通与处理方式（包括工作人员态度）是基本考虑事项。

服务可获得性取决于顾客对于他们需要或想要的服务的支付能力，以及服务对于所有顾客的可用性，而不论地点、社会和经济因素以及身体或心理机能障碍。为维护公平，标准需确保服务不会歧视任何特殊顾客群体，例如儿童和老年人、不同种族和文化背景的人以及不同能力的人。因此，在制定相关标准时应尽可能地考虑到所有的利益相关方。

2. 满足期望，促进选择

服务提供以满足顾客需求为根本宗旨。因此，制定服务标准时，应充分考虑顾客的需求和期望，不断提高服务质量，从而增强顾客满意度。

提供多种选择，满足不同顾客的多种需求是服务提供的宗旨。服务的各种特点将与性价比和市场竞争性的需要保持平衡。在标准化工作中，这意味着标准不宜偏袒任何特定服务提供者或受限于不必要的服务提供形式，应尽可能给顾客提供更多的可选种类、更大的可选空间，从而促进服务市场公平有序竞争，更好地保护顾客合法权益。

3. 关注安全，保证质量

服务提供安全，是重要原则。安全包括卫生安全、人身安全、财务安全以及个人数据信息等隐私安全。在标准中，编写关于安全的内容时要特别注意对困难群体的保护。例如要考虑到儿童、老年人、残疾人、生活条件差的人或因年老等原因丧失能力的人的安全需求，为他们提供相关帮助。

环境问题越来越为顾客所重视，同时也影响顾客的服务购买决定。环境问题包括通过减少浪费，降低气味、噪声和视觉污染来促进自然与人文环境的和谐，加强对人类物质、文化遗产的保护。这意味着在制定服务标准时，一般应提出环境要求来鼓励服务提供者尽可能地降低在服务提供过程中对环境造成的损害。

质量表示服务满足顾客需求的程度。质量包含构成优良服务的许多其他无形因素，例如提供有用而准确的信息，及时提供服务，很好地处理顾客投诉等。同时，质量也包括在环境影响评估和可持续发展框架内的因素，例如资源可持续使用和再利用能力。因此，在编写关于质量的标准条款时要考虑上述因素。

4. 统筹兼顾，照顾全面

制定标准时，标准起草工作组要考虑所有利益相关方，注意标准起草工作组中利益相关方代表的均衡性，既要有服务提供者代表、相关生产企业代表，也要有消费者代表。当所制定标准的主要内容会对消费者产生影响时，标准制定组织中要有消费者代表。如果不可行，需用其他方法确保各利益相关方的利益得到考虑，例如通过征求意见等方式。

（二）服务标准制定的程序

服务标准的制定，按时间顺序一般可分为预备阶段、立项阶段、起草阶段、征求意见阶段、审查阶段、批准阶段、出版阶段、复审阶段和废止阶段9个阶段。服务标准的制定可根据实际情况，减少部分阶段，但是至少应包括起草阶段、征求意见阶段、审查阶段、批准阶段和复审阶段。按逻辑顺序，服务标准的制定可分为识别服务接触环节和顾客期望、将顾客期望转化为具体标准条款、正式制定标准、对标准进行评估以及实施和修订服务标准的5个步骤。

1. 要素识别

（1）梳理服务的主要要素和环节。

对服务活动的主要环节和要素进行梳理，是制定服务标准的前提。一般而言，一项服务活动的主要环节和要素包括两个层面：一是服务支撑要素层面，即为保障服务顺利进行而需要准备的人员、设施、设备以及其他要素；二是服务传递要素层面，即服务提供者利用相关支撑要素，向顾客提供满足其需求的服务的各个环节和步骤。

（2）确定要素和环节的重要程度。

由于服务的各个支撑要素和环节影响整体服务质量的重要程度不同，因此，在对服务要素和环节进行梳理后，就需要对每个要素和环节的重要性进行评估，确定其影响整体服务质量的重要程度。确定要素和环节重要程度时，要充分考虑顾客期望，以顾客感知的服务质量作为判断依据，这就要求在这个环节中广泛开展顾客调研。

会议调研法。邀请具有代表性的消费者或消费者组织，召开征求意见座谈会，现场获得消费者关于不同要素和环节重要性的意见。会议调研法的好处是能在短期内获得有效的信息反馈，其缺点是与会代表覆盖面有限，可能具有一定局限性。

问卷调研法。设计调研问卷，向不特定对象发放问卷，并对问卷结果进行汇总分析，以此确定消费者对不同要素和环节重要性的意见。问卷调研的好处是调研的范围较为广泛，其缺点是问卷的回复率较小，成本较大。

实地调查法。派出调查人员或小组，深入服务现场或跟踪顾客接受服务的全过程来观察问题、征求意见。这种方法的好处是调查人员可以观察到顾客的实际态度和反应，并能有针对性地得到顾客的反馈信息，其缺点是适用的服务种类有限，周期较长的服务无法采用此方法。

角色转换法。标准起草者把自己假想为消费者，设身处地分析顾客需求。这种方法的关键是起草者要把自身的角色转换为顾客的角色，否则会出现不可靠的反馈信息。

（3）确定标准应规范的要素与环节。

了解了不同要素和环节的重要程度，就需要进行抉择，确定哪些要素和环节要纳入标准规范的内容，哪些可以在标准中舍弃。

一般而言，确定是否应纳入标准规范内容的依据主要有：

标准化工作范畴。着重考虑标准与法律法规以及其他规范性文件的界限。

制定标准的目的。不同目的会侧重于不同的内容。

标准的层级划分。国家、行业、地方以及团体和企业标准，在规范的内容上会有所区别，例如企业标准会侧重于服务的流程，而国家和行业标准，为避免干涉企业内部活动，一般会侧重于服务支撑要素以及服务传递环节的结果要素。

2. 指标确定

（1）指标的选择。

在正式制定标准之前，应根据要素和环节的具体情况，确定标准的关键技术指标，这些指标可能是硬性指标，也可能是软性指标。

能够用定量化（数量化）语言或时间化语言表述的标准，称为“硬”标准。例如“电话铃响10秒之内必须有人接”“顾客来信必须在2天内作出答复”和“给顾客回电不超过2小时”等，都是“硬”标准。“硬”标准主要适用于服务相对简单、人际交流相对较少的服务环节。然而，不是所有的服务标准都容易用定量化语言或时间化语言表述。较难用定量化语言或时间化语言表述的标准，称“软”标准。例如“要关注顾客个性化需要”是一项与关注性有关的服务标准。“顾客的个性化需要”“关注”等行为都难以用定量化或时间化语言描述。“软”标准有一定的灵活性，更适合服务人员运用服务接触技巧和发挥服务人员的创造性。“软”标准主要适用于服务相对复杂、人际交流比较多的服务环节。

起草组在拟定服务标准时，可以根据服务环节的复杂程度和人际交流的需要程度拟定“硬”标准或“软”标准。一旦起草组决定是采用硬指标或是软指标，下一步就必须通过各种方式得到这些指标规范的技术内容。对硬指标的测算可以通过机械计数、定时测算等技术方式实现。对软指标的确定则稍微复杂一些，需要向服务人员和顾客征求意见来进行感知测评。

（2）确定指标的具体数值或表述。

在确定采用硬性或软性指标后，标准起草组就需要确定指标的具体数值或表述。起草组必须将相关要求转化为具体化、明确化、量化、可操作化的条款，只有这样才能转变为有效的服务标准。服务标准的具体化、明确化的主要技巧是采用定量化或时间化语言，以有助于服务标准的具体化、明确化。

3. 编制标准

制定服务标准时，除遵循标准制定的一般程序和要求以外，还应根据服务本身的特性，在标准立项和起草时重点考虑相关事项。

（1）立项阶段。申请制定服务标准时，要确定以下事项：标准的目的、范围和适用的领域；服务提供者；服务满意度；当前可获得该项服务的用户群；消费者和服务提供者之间的沟通情况。

（2）起草阶段。标准起草工作组要做好充分的准备工作，确保以下事项：起草组中有消费者代表；起草组中服务提供者、用户及其他利益相关方的代表比例均衡；起草组成员熟知标准制定程序；起草组成员掌握用户投诉信息中与用户相关的信息，例如顾客投诉、事故和事件数据。

4. 标准评估

标准制定后，应通过各种方式对其适用性进行检验。一般而言，可以通过技术手段对硬性指标的合理性进行检验；同时可以选择部分消费者进行模拟交易来检验。检验时，对标准中不合理的地方应及时修改，予以纠正。

5. 标准修订

服务标准制定后进入实施阶段。在实施服务标准过程中，要建立一个信息反馈机制，以发现新标准存在的问题并加以修订、完善。服务标准的信息反馈机制通常就是服务标准的考核机制。按服务标准考核服务行为，找出服务行为不符合服务标准的情况。

当“服务标准正确，服务行为错误”时，要对服务行为加以调节和控制，以保证服务行为达到服务标准。这样对服务标准的修订工作没有影响。

当“服务行为合理，服务标准有缺陷”时，服务标准可能存在标准过高或过低两个问题。服务标准定得过高，超过了标准使用者的组织实施能力，这样的标准就难以实施，需要进行调整。服务标准定得过低，就缺乏挑战性和竞争力，不符合服务标准的选择标准，也需要调整。

（三）服务标准制定的要求

标准编写是标准化工作的关键环节，是标准实施的重要基础。标准的编写质量直接影响标准化工作的有效性。

1. 服务标准编写的要求

（1）符合现实需求。编写标准时，首先要识别与相关单位所提供的服务和组织的实际情况相关的国家法律法规要求，特别是安全、卫生、环境、节能减排和保护消费者合法权益等方面的法律法规，如《中华人民共和国食品安全法》《中华人民共和国消费者权益保护法》和《突发公共卫生事件应急条例》等。

（2）满足不同需求。不同的服务对象可能对服务提供有不同的需求，编写标准前应充分考虑服务对象的需求。对于处于相对弱势的服务对象，如老年人、儿童、不同文化背景的顾客及患病残疾或行动受限等顾客的期望和需求。

（3）确保内容适用。服务提供过程是服务的关键环节，是其服务质量和水平的体现。为了确保标准的适用性，在编制标准前应充分识别和分析服务提供过程的各环节，确定每个环节的输入、输出、所需的资源、提供服务的相关人员、所需的作业标准以及评价标准等。

（4）借鉴先进经验。制定服务标准时应收集相关资料，重点查找是否有相关的国际标准或国外先进标准，对于先进的国际标准或国外标准，可结合组织的实际情况加以采用，如《标志用公共信息图形符号》（GB/T 10001）。同时，鉴于管理体系标准比较成熟，且许多服务业组织不同程度地建立了相关管理体系，如质量管理体系、环境管理体系、职业健康安全管理体系，因此制定服务标准时，应充分考虑《质量管理体系 要求》（GB/T 19001—2016）、《环境管理体系 要求及使用指南》（GB/T 24001—2016）、《职业健康安全管理体系 要求》（GB/T 28001—2011）等标准的相关规定，以确保标准之间的协调性。

（5）强化可操作性。为便于标准使用者正确理解和应用标准，标准的结构要清晰，层次需分明，标准内容要具体。只有内容具体才能确保标准的可操作性，并有利于运用标准检查工作。

（6）便于实施应用。制定标准的目的在于应用，应用的前提在于充分理解标准的规定。因此标准制定过程中应做到语言简明、通俗易懂，不应使人产生歧义；且在一个标准或系列标准中应用到的术语、符号和代号应统一。

2. 服务标准的基本构成

服务标准构成主要包括资料性概述要素、规范性要素和资料性补充要素。

（1）资料性要素。资料性要素是标识标准、介绍标准、提供标准的附加信息的要素。声明符合标准时无须遵守这些要素，这些要素在标准中存在的目的是提供一些附加信息或资料。资料性概述要素是标识标准，介绍其内容、背景、制定情况以及与其他标准的关系的要素。具体到标准中，包括封面、目次、前言和引言。资料性补充要素是提供附加信息，以帮助理解或使用标准的要素。具体到标准中，是资料性附录、参考文献、索引等。

（2）规范性要素。规范性要素中的服务要求是服务标准中必须具备的内容。关于规范性要素，除名称、范围、规范性引用文件、术语和定义、符号和缩略语之外，还包括服务业组织要求、职员要求、顾客要求、合同要求、支付要求、交付要求、服务结果要求、服务环境要求、设备要求、补救措施要求、沟通要求等内容，涵盖了服务业的各类标准化工作对象；但由于服务业组织所处行业与开展业务千差万别，在具体制定标准时可根据实际情况进行删减。

3. 服务标准的编写技术

《服务标准制定导则　考虑消费者需求的建议》（GB/T 24620—2009）借鉴国际标准化组织2008年发布的《ISO/IEC Guide 76：2008》，给出了制定服务标准时通常关注的12个要素。这对服务业相关国家标准、行业标准和地方标准的制定提供了重要的指导。并非每一项服务标准都要包含上述12个要素，有些服务标准只需针对其中的几个要素展开编写工作，也不排除有些服务标准还要考虑除这12个要素以外的其他要素。

对于服务业组织标准的编写，《服务业组织标准化工作指南　第3部分：标准编写》（GB/T 24421.3—2009）有具体的规定，从服务规范、服务提供规范等角度给出了服务业组织在制定组织内部标准时应遵循的要求。

（1）服务提供者。服务提供者是指提供服务的组织或个人，服务提供者与顾客是提供服务与被提供服务的关系。例如顾客直接到宾馆住宿，宾馆就是服务提供者。制定“服务提供者”的标准，可从组织的质量管理、环境管理、职业健康安全管理、偿付能力和其他财务方面、诚信、能力、社会责任、人力资源管理等多方面进行规范。对服务提供者进行规范，主要目的是帮助服务提供者建立一整套运行有效的质量管理、环境管理、职业健康安全管理、财务管理等制度体系，规范服务提供者内部管理，从而保障服务过程顺利进行。对服务提供者的规范可包括质量管理、环境管理、职业健康安全管理、偿付能力和其他财务方面管理、能力、诚信、社会责任、人力资源管理8个方面。在编写服务提供者标准时，要注意是对服务提供者内部事项进行规范。例如同样是对人的规范，在服务提供者中是对人力资源管理进行规范，主要规范人员的构成、管理人员以及人力资源管理制度；在职员中，则主要规范人员能力、态度等内容。

（2）供方。供方是指为服务提供者提供产品或服务的组织或个人。供方包括制造商、批发商、产品的零售商或商贩、服务或信息的提供方，提供的产品可包括构筑物、系统、部件、零件或材料以及计算机软件等；提供的服务包括设计、制造、检查、无损检验、修理或安装等。供方管理是极其复杂的经济活动，它包含多个环节，如采购信息搜集、合格供方评估、合格供方选择、采购价格确定、合同签订、供方评价等内容。在服务标准中，对供方的规范，要注意规范与服务质量直接相关的内容，主要包括供方的资质管理和供方的绩效管理，而对于供方在某次具体供应活动的管理，一般在服务提供者与供方的合同中确定，例如供应物品或服务的质量、数量等。

（3）服务人员。近年来，基于对职员作用重要性的认识不断深入，人们对于职员管理的关注和重视程度日益加深，因此服务标准中通常都会提出针对职员的规范性要求。由于服务标准的最终实施是由每个职员的个体行为完成的，因此在编写服务标准时宜实不宜虚，要求应明确、详细、具体、清晰、可操作性强，同时在考虑标准适用范围的基础上尽可能地规范至服务最末端。服务人员的工作能力、知识水平、职业技能、职业道德等可以直接影响到组织的安全、保障和服务提供能力。因此，标准可以直接列明服务业组织所必须达到的人员配置标准，如最低人员配备、人员的能力要求和重要岗位人员所占全体员工的最低比例。应规定从事影响服务提供过程的人员的资格要求，资格要求应根据组织的机构设置、岗位设置、岗位职责及所需的人员技能和资格来确定。应规定一个合理的能力水平，过高和过低的要求都是不适宜的。标准中还应特别关注与顾客直接接触的人员。对于人员能力的要求，应从教育、培训、技能、经验以及人员的健康与素养方面予以规定；对于人员素养方面的要求，应包括对顾客隐私保密等方面的要求。

（4）顾客。顾客是指接受服务产品的组织或个人。广义的顾客不仅可以包括最终消费者，也可以是购买者、使用者或者其他受益者。这里的顾客包括了正在考虑预约服务、购买服务或享用服务的人。为保证顾客（相关的个体或预约团体）的安全和隐私，顾客需要达到一定条件才能被允许签订服务合同或接受服务。这些条件包括年龄、知识或技能、态度（例如顾客爱惜设施、尊重职员和其他顾客）或健康（例如患有心脏病的老年人不能剧烈运动）的最低要求。需要对在年龄、健康或智力方面处于弱势的顾客制定具体条款。

有限制条件时（例如合理的安全因素），服务提供者应明确表述。服务标准中对于顾客要素的编写可从顾客资格、顾客行为和顾客责任三方面体现。

（5）合同。合同是服务提供环节中的关键要素，顾客凭借合同内容要求服务提供组织提供服务。当发生服务提供不当时，顾客可根据合同内容进行索赔。鉴于目前存在有服务提供组织通过格式合同来侵害顾客合法权益的现象，因此有必要在服务标准中对合同要素予以规定和强调，以确保顾客利益得到最大限度的保护。一是清晰明确。订立口头合同时，清晰而有条理的沟通至关重要。订立书面合同宜使用简单易于理解的语言，并包含关键术语的解释。具体领域的标准需明确哪些条款需要解释。合同的印制宜具有足够的尺寸和可选方式（例如字符大小和语种）。为与服务交付相适应，具体领域标准可提供适合格式的详细信息。二是客观公平。关于公平合同条款、撤销权、全部成本、数据保护等方面的规定，需遵守国家法律法规。对于每年一签的服务合同，消费者可能认为服务自动延续（例如车险），因此，合同需明确指出是否存在自动转签，以及长期服务享有哪些权利。需考虑长期服务的一些权利是否为该行业消费者享有，并考虑是否有必要对其进行详细描述。三是格式正确。合同的设计影响对合同的理解，关键信息的位置和表达方式需考虑国家或部门规定。

（6）支付。服务通常针对不特定的顾客，且顾客较为分散，因此告知有关支付的相关信息，并尽可能提供便捷的支付方式和多种支付途径供顾客选择，对于保护顾客知情权、增强顾客满意度具有重要意义。一是相关信息。关于是否包含服务费、税费、运费等费用的发票或结算单，应明确说明。适当时，应提供单位价格信息（如电话费、电力和燃气供应）。二是支付方式。支付方式可能包括现金、代金券、签账卡、信用卡或电子资金转账。消费者可能更喜欢有多种支付方式供选择。标准中宜给出适合于被交付服务的支付方式。另外，如果预计的支付方式不可用或某种特定的支付方式存在相关的附加费用，应在标准中明确指出。三是支付条件。关于部分或全部支付服务费用的时限信息、大笔金额支出（如购房保证金）、增值税的信息应明确。合同中应规定投诉种类的处理，参照组织投诉程序和外部争执解决条款。

（7）交付。服务交付是服务提供的核心内容，是顾客获得服务、满足服务需求的重要环节。一是活动说明。具体领域的标准宜简要概述服务所包含的各种活动。二是可信赖性。具体领域的标准需描述交付协议。参照具体行业的评级方案，例如酒店评级方案。三是健康安全。其他标准或适用的法律法规要求可能与健康和卫生问题相关，例如与服务环境或者作为特定服务交付部分的商品的供应有关。其他标准或适用的法律法规要求可能与安全问题相关，例如与服务环境、使用设备或作为特定服务交付部分的商品的供应有关。四是环境卫生。对环境、人类和文化遗产的保护宜予以考虑，包括废物处理（减少、恢复或再利用）、降低气味、减少噪声和视觉污染，同时应增强顾客和职员的环境保护意识。五是行为守则。可以参照《质量管理 顾客满意度 组织管理的规范指南》（ISO 10001：2018）提供的行为规范。六是保密隐私。需遵守隐私和数据保护方面的相关规定。保密性包括人（如成人/儿童和领导/团队安排）、所有物（如用于安全存放有价值物质的设施）、投资、财务信息和顾客身份（如个人数据访问限制、互联网代码等）。它们各自相应的重要性取决于被交付的服务。

（8）服务结果。服务结果是顾客对于所享受服务的一个评价，是服务提供组织关心的重要方面，同时，也是服务提供组织持续改进服务的重要信息来源。一是顾客满意度。参考建立顾客满意度的方法，包括对投诉数据和顾客调查的定期分析。二是持续改进。服务提供者应预见或预先设计到某种持续改进的方案。质量管理标准，如《质量管理体系 业绩改进指南》（GB/T 19004—2011），提供了持续改进方法。实现改进目标的途径包括分析相关的投诉、索赔和事件（或意外事故）的数据。适当时，定期分析顾客满意度信息以及对顾客需求的调查，不断提高服务质量。

（9）服务环境。提供服务的客观条件状况的好坏在很大程度上也可能决定服务结果。可以毫无疑问地说，像麦当劳、肯德基那样同时在不同国家不同地区提供同一种服务的组织，如果没有对服务人员、服务环境以及服务程序的严格控制，就不可能给消费者提供“全球一致”的优质服务。针对所应达到的基本条件以及管理提出要求，以确保服务环境满足顾客需求。如宾馆内不同季节的温度控制要求、噪声的控制要求，银行内光线的控制要求，餐厅内的清洁卫生控制要求，等等。环境因素的提出源于《环境管理体系 要求及使用指南》（GB/T 24001—2016）：环境是组织运行活动的外部存在，包括空气、水、土地、自然资源、植物、动物、人以及它们之间的相互关系。外部存在是由组织延伸到自然界的各种直接或间接影响人类生活和发展的因素的总体。环境因素是组织在活动、产品和服务中能与环境发生相互作用的要素。如厨房废水的排放、空调氟利昂的泄漏、水和电的消耗以及噪声的排放等。环境影响是由组织的环境因素给环境造成的任何有害或有益的变化。环境因素和环境影响之间是存在因果关系的。判断环境因素是否造成环境影响，主要看环境是否发生了变化。组织需要控制的是对环境造成不利影响的环境因素，对于造成有益影响的环境因素应保持。在编写标准时，应识别出特殊环境下可能出现的情况以及相关法律法规要求，并从环境条件（如酒店规定不同季节的温湿度的控制要求）、环境因素（对组织内的环境因素进行识别和管理）和环境运行控制（日常运行中控制和减少有害环境影响的要求）三个方面制定环境管理的标准。

（10）服务设备。设备是提供服务的重要手段和支撑，设备的性能、质量和安全等因素也将直接影响服务结果。尤其是依托于高技术产业的服务业，如航空运输和电信服务，更需要对高技术含量的辅助设备进行有关安全、性能等重要方面指标的精密检测与控制。设施、设备和用品是保证服务提供活动的资源。管理者应结合顾客要求按服务提供的策划配备这些资源，并在日常工作中对这些资源予以有效的管理。服务业组织应从购置、验收、使用、存放、维护保养和报废处置等方面对设施、设备和用品资源进行规定：建筑物、工作场所，如办公楼、服务提供的现场（餐厅、酒店大堂、客房等）、储存场所等，以及与之配套的水、电、气的供应、通风照明、空调系统等相关设施；过程设备，泛指各种类型的与服务提供过程相关的硬件和软件，如办公设备及软件、工具、器具、装置等；支持性服务或者设施，如通信技术及设施（如果是以提供通信服务为主的服务业组织，此类设施属于过程设备），运输设施、信息系统、维护网络等；各类用品，除设施、设备之外，为保证服务提供活动所需的物资，如餐饮业的食物原料、饭店业的客房用品等。对于设施、设备和用品的标准应从两个方面予以考虑：一是对确保服务提供过程的有效运作所需的设施、设备和用品的要求，如设施设备的安全技术要求和最低配置的要求等；二是对设施、设备及用品的管理要求，如设施设备的操作规程、维护保养规定、报废处理规定等。

（11）补救措施。一是服务的中断或变更。发生影响使用者安全、服务中断或紧急情况时，用户希望在恢复正常服务和采取临时措施之前及时得到有关事故性质、所涉风险、联系方式、清晰的说明等信息。补救措施中宜具体规定政策、程序、相关设备，以及在各种情况下获得应急服务的渠道。具体领域标准可规定具体情况以及适用相关法律法规的特定情况。一旦出现公司被接管、兼并、迁移或其他对消费者造成影响的类似情况时（如服务的可获得性或条件可能发生变化时），在情况确定之前宜采取适当的措施通知消费者，并提供合理的连续性服务或顺延服务期限。二是责任条款。服务提供组织宜依据具体情况提供适当的保险。具体领域标准需明确可能需要保险的特殊领域和最低程度。三是保证。依据所交付的服务，保证向顾客提供适当履行（如列车到达时间间隔或旅馆客房保留时间段）。具体领域标准宜指出需要提供担保的范围或最低要求。四是赔偿。需制定服务未按照协议交付时的赔偿条款（如由于电力供应中断，电力公司自动提供补偿；航班延误超过规定的时间时，航空公司自动提供补偿），在行为守则中宜制定相关承诺，并制定组织投诉程序和外部争端解决办法的相关条款。

（12）沟通。一是服务提供者与顾客之间的沟通。顾客与服务提供者之间的沟通发生在服务提供之前、服务提供过程中和服务提供之后。广告中和其他宣传资料中所包含的信息以及签订合同、提供和支付账单、保证、维护和投诉等后续信息非常重要。二是服务组织内部沟通。服务组织内部以及该组织与其供方之间应进行良好的沟通。

三、服务标准的实施

服务标准的实施是整个标准化活动的重要环节，标准实施的好坏直接关系到整个标准化活动的成效。服务标准实施是将标准贯彻到生产、服务、技术、经营以及管理工作中的过程。服务标准编制完成正式发布之后，应立即组织各相关部门和各相关单位研究、落实标准的实施工作。服务标准只有通过贯彻实施，才能在服务活动规范、服务过程控制、服务质量保证、服务（产品）实现等方面产生预期效果，发挥标准的作用和效益。

（一）服务标准实施的原则

服务标准的实施应遵循因地制宜与实事求是相结合、关注顾客与注重实效相结合、重点突破与全面推广相结合、沟通协调与评价改进相结合的原则。

1. 因地制宜与实事求是相结合

由于客观条件的限制，不同行业往往呈现出不同的行业特性，其环境、人员、技术、设备、服务对象及管理水平也各不相同。因此，实施服务标准时，要区别对待，因地制宜地制定符合本地区、本行业、本组织、本部门客观实际的服务标准实施方案，最终达到规范服务内容、提高服务质量、优化服务流程、保障顾客利益、保护环境卫生、增强市场竞争力、产生最佳经济社会效益的目的。当有些标准中给出不同等级要求时，更应结合本地区、本行业、本组织、本部门的客观实际和发展潜力，科学合理、实事求是地确定要实施的等级。否则，不但会造成资源浪费和因目标过高无法实现而影响“士气”，而且最终也无法实现标准的预期效果。一般来说，实施某项标准可以策划若干方案，再对这些方案进行科学论证和综合评价，从中挑选出一个符合当前实际且经济社会效益最佳的方案组织实施。

2. 关注顾客与注重实效相结合

服务标准的实施应在考虑顾客需求和期望，突出服务过程和特点的基础上，充分发挥出标准的效益。实施服务标准，应从顾客的角度出发来思考问题，在明确谁是顾客（包括潜在顾客）和了解顾客需求（包括潜在需求）后，尽一切可能去满足甚至超越顾客期望，把提高顾客满意度和突出标准实用性作为首要目标。服务只有满足顾客需求、获得顾客认可后，才有可能取得预期的经济社会效益。同时，标准的实施应注重实效。要严格按照标准要求组织实施，为顾客提供高质量服务，增强顾客满意度，重视并及时有效处理顾客的投诉或建议。只有这样，才能造就忠诚的顾客群体，不断提高标准实施的经济社会效益。因此，在研究确定标准实施方案时，应尽量选用投入较少、收益较大、见效较快的方案，要追求标准实施效益最大化，优先采纳和应用能获得显著经济社会效益的标准实施方案。

3. 重点突破与全面推广相结合

服务标准涉及各行各业，领域广阔，一项服务标准（尤其是内容和结构较为复杂的标准）的实施，应根据其所在地区、行业、组织和部门的实际情况以及服务标准的内在要求，统筹安排、科学谋划，分重点、分层次、分批次地组织实施。通过在若干重点指标、关键环节取得实质性突破后，再逐步加快标准实施的时间进度，最终达到全面推广实施的目的。当同时实施多项服务标准时，应系统、全面地考虑各项标准的特定功能和实施要求，以及它们之间的相互衔接和内在联系。标准实施既要着眼于眼前，又要放眼于未来，可以根据标准实施难易程度的不同，按照由易到难或者由难到易的顺序，有选择、有重点地分批实施，通过点上的突破，不断总结经验，以点带面，最终积极稳妥地实现多项服务标准的全面推广实施。

4. 沟通协调与评价改进相结合

服务标准的实施应注重沟通协调，尤其是同时实施多项服务标准或标准实施涉及多个地区、多个行业、多个部门时，应建立有效的沟通协调工作机制，及时研究解决标准实施中可能出现的各种问题，避免标准内部或标准之间的不协调、不配套，重复甚至矛盾，进而保证标准实施的系统性和有效性。服务标准实施是一个不断改进螺旋上升的循环过程，标准实施过程中要持续跟踪、监督和考核标准实施的效果，及时反馈并妥善管理标准实施中产生的各种信息和数据。标准实施过程中应按标准要求建立规范的标准实施记录并保存这些原始记录，尤其要对标准的实施监督以及考核中发现的问题及时进行总结分析，采取纠正和预防措施，以便于改进后更好地实施标准，不断提高标准实施效果。

（二）服务标准实施的程序

服务标准实施是一项复杂细致的工作，涉及服务提供的各项活动，以及管理、保障等多方面，而且不同的服务标准，实施的难易程度不同，要求的实施条件也不尽相同。服务标准实施工作可分为计划、准备、宣贯、实施、监督、反馈、总结7个步骤进行，也可根据实施标准的实际情况进行调整。

1. 制订计划

要实施的服务标准，无论是国家、行业、地方标准，还是组织自己制定的标准，无论是一项标准，还是多项标准，标准实施前都要制订详细的工作计划（或方案），统筹规划，周密部署。不同地区、不同行业或不同组织都应结合客观实际情况制订目标明确、切实可行的标准实施计划。必要时，还要对拟实施的服务标准，先组织制订若干实施计划广泛征求意见，经过科学论证后再确定其中一个最佳方案组织实施。

（1）编制实施计划的主要内容。包括标准实施的范围、方式、内容、步骤、归口部门、协作部门、负责人员、时间安排、应达到的目标和要求、实施经费，以及为实施该项标准所需的技术、设备、流程改进项目等。

（2）编制实施计划的注意事项。从总体上分析实施标准的有利因素和不利因素，确定实施的先后顺序和应采取的措施。除一些重要标准需要专门组织实施外，一般标准应尽可能结合或配合日常服务工作进行宣贯或实施。将需要多部门、多环节共同实施的标准分解成若干项具有可操作性的任务和要求，分配给各有关部门和具体人员，明确职责，规定完成时限以及相互配合的内容和要求。根据标准实施的难易程度和涉及范围的大小，选择合适的实施方式，对难度较小且涉及范围较小的标准，可一次性铺开，全面贯彻；对涉及范围广、实施难度较大的标准，可先行试点，然后分期组织实施。这样既能确保标准实施工作的全面推进，又能兼顾重点标准的实施进程。

多项标准的实施计划制订还应考虑标准之间的相互协调，合理组织人力、物力资源，避免内容交叉、重复，人为造成矛盾。这样既能保证标准实施工作的顺利进行，又不造成资源浪费。

2. 实施准备

实施每项标准都需要做一些前期准备工作，准备工作是确保服务标准顺利实施的关键环节和重要保证，准备工作不足或过于简单，一旦标准实施过程中出现问题后得不到及时解决，便会延缓标准实施进度，影响实施效果。政府部门制定发布的标准，通常涉及社会管理和公共服务领域，社会影响面更广、公众关注度更高，对经济社会发展的影响更大。实施这类标准时，更需要扎实做好实施前的各项准备工作，并针对标准实施过程中可能出现的各类突发情况做好应急预案。准备工作主要包括组织准备、人员准备、保障准备和技术准备四个方面。

（1）组织准备。标准的实施，尤其是涉及面广、需要统筹安排和由专人负责的重大基础标准的实施，必须建立一个领导机构和日常工作机构，研究标准实施的各项具体措施，协调解决标准实施过程中出现的问题。领导机构的建立应根据标准实施的范围和要求来确定，主要是明确领导机构由谁来牵头负责，有哪些单位、部门和人员参加，以及对应的职责权限等。标准涉及的范围越广、内容越复杂，领导机构的层次也相应越高，参加的单位、部门和人员也就越多。必要时还可以专门成立以决策层领导为首的标准实施领导小组，各单位、各部门负责人员均应作为小组成员，共同组织和协调标准实施工作。对单一的、较简单的标准的实施，也应设专人或某一具体单位或部门来牵头负责标准实施工作。

（2）人员准备。实施标准涉及的关键岗位，应配备具有相应资质和技能的工作人员。服务行业的许多服务活动都是由服务人员与顾客直接接触来完成的，服务质量的高低与服务人员的技能、素质直接相关。服务标准通常明确规定了服务人员的任职资格。政府公共管理服务标准的实施涉及突发事件和应急情况的，都需要具有应急处理的专业知识，甚至处理过类似情况的人员才能完成实施任务。对技术要求较高或国家有明确规定的，在标准正式实施前，通常需要对有关实施人员进行专业系统的培训；对技能要求不高的岗位，一般也要进行相应的岗前培训。

（3）保障准备。服务标准实施要有一定的资金和物资条件做后盾。服务标准是对服务提供的规范，对服务的各个环节、最终质量都作出了明确规定，并具有一定的先进性。如有些组织制定的《服务人员着装规范》《服务大厅设置规范》标准中，明确提出了对服务人员统一着装、服务大厅应配备设施设备的要求，这些要求都需要一定的经费来支持才能实现。因此，实施此类标准前，应做好详细的经费预算和物资采购计划。其他服务标准实施中所需要的原辅料、设施设备、服务用品、工具、资金以及与实施标准相适应的环境条件，尽管不必在全部备齐后再开始实施，但必须按照标准实施过程及时提供，以免不能启动或中断标准的实施，影响标准整体实施进度。尤其在实施有关健康、安全、环保类标准时，要充分考虑到突发情况，及时备足物资，以保障社会和谐和稳定。

（4）技术准备。技术准备也是标准实施过程的一个关键活动，要根据标准实施计划，重点做好以下工作。一是提供标准文本及必要的宣传、介绍资料，有些标准还应准备有关图片、幻灯片以及其他音像资料。例如，政府部门在必要时可选择电视、广播、公共媒体、新闻发布会等形式，促进标准实施。二是针对某些特殊标准，还应编制新旧标准对照表，预先提出对标准实施中可能出现的主要问题的处理措施。三是标准实施涉及服务技术改进时，应提前进行相应的技术准备，必要时应进行技术攻关或采取新的工作方法或流程。四是有些涉及范围较广、实施难度较大的标准，实施前应先选取若干有代表性的单位或部门进行小范围试点，试点成功后，再进行大范围推广。

3. 宣贯培训

服务标准实施前，应认真组织宣贯培训工作，使所有有关人员对实施标准的必要性、重要性和可行性都有一个正确而全面的认识。同时，要确保实施人员都能准确掌握标准的详细内容，关键要求和难点。对内容较复杂或技术含量较高的标准，还应组织进行专业技能培训，这样才能全面、准确地贯彻标准的内容与要求，实现标准的预期效果。一般来说，宣贯培训标准时，可以按照决策层领导、中层领导和工作人员三个层次分别组织培训，以确保培训工作的针对性和有效性。

（1）对决策层领导进行宣贯培训。讲明各项组织、人员、物资、技术、经费保障内容和要求，以及实施过程中需要领导协调解决的重要事项等即可，不必过于详细讲解标准的具体内容和技术要求，培训次数和时间要严格控制。

（2）对中层领导进行宣贯培训。鉴于中层领导是标准实施的具体负责人和组织者，对中层领导进行宣贯培训，一是要讲清标准实施的必要性和重要性；二是要讲清标准实施中涉及领导的内容和实施要求；三是要讲清标准实施的重点和难点，需要进行的各项前期准备；四是对于实施范围较广的标准，要讲清各单位、各部门之间需要沟通协调、共同解决的各种事项；五是要讲清标准实施的计划安排、时间进度、监督和考核评价方式、内容和要求。

（3）对工作人员进行宣贯培训。对工作人员进行宣贯培训，对于标准中规定的各项要求，可以举办标准培训班或标准实施骨干培训班，聘请有关专家对标准进行系统的讲解和培训，也可以选择若干人员参加国家或行业标准，比如行政管理部门组织的标准宣贯培训班。要善于利用网络、电视、广播、报刊、板报、演讲、竞赛、技术比武、工作会、班前会等多种形式对一般工作人员进行标准的培训教育，广泛宣传标准的意义和作用、内容和要求、实施难点和技术要领，使一般工作人员都能充分了解实施标准的重要意义和作用，准确了解标准内容和要求，熟悉掌握标准实施的关键环节和技术要领，确保每位一般工作人员都能在日常工作中自觉地运用标准、执行标准和维护标准，实现全员参与的标准实施目标，实现标准实施效益最大化。

4. 实施标准

组织标准贯彻实施的中心工作就是要把标准中规定的各项要求应用到提供服务的各项活动中去。

（1）严格按照标准规定的要求组织实施。标准正式实施后，有关部门和人员应严格按照标准规定提供服务或进行经营、管理活动，不得随意降低标准或不按标准规定执行。具体要求有：一是对服务活动涉及的设施设备、服务用品、工具及相应的环境条件等，通过一定的方法确认其达到标准要求后再投入使用；对于服务人员，应通过考核确认其工作技能能够满足标准规定要求后再准予上岗。二是对服务标准规定的服务质量要求、服务提供要求等，应转化为各个岗位的具体工作要求，再加以实施。三是对于安全、环保等方面的标准要求，应落实到具体关键点上，并有相应的保证措施。四是对实施过程中遇到的各种问题，应及时采取有效措施予以解决，以保证标准各项要求的贯彻落实和标准实施的连贯性。一般来说，强制性标准及标准中的强制性条款，都对以上四点要求给出了限值，实施过程中必须达到；推荐性标准及标准中的推荐性或可选择的要求，可以根据实际情况灵活实施，但一经采纳也应严格执行。

（2）记录和保管标准实施中形成的数据。标准实施必定会对服务实现、经营管理等各个环节及最终结果产生一定的影响，实施过程中必然会形成一系列新的实施数据。例如，实施服务环境标准时，可能需要对环境卫生、水质、空气、光亮度等方面的指标进行检查；实施设施设备标准时，要记录设备运行状况，验证功能是否满足要求，检查设施设备性能、安全环保等指标；实施服务流程标准时，要记录每个环节运转情况，监测完成时间、数量等方面指标。实施标准过程中形成的各项数据是改进标准实施工作和修订标准的重要依据。因此，必须要求相关工作人员认真做好实施记录并妥善保管，必要时，应及时将记录信息反馈至有关单位或部门。

5. 实施监督

对标准的实施情况进行监督和处置是实施标准的重要组成部分，通过监督可以进一步验证标准的可行性、先进性和适宜性，了解标准的实施状况，发现标准中存在的问题，以便及时处理和解决。监督主要包括各级政府标准化行政主管部门、有关行业行政主管部门或中介组织依法对标准贯彻执行情况的监督和组织自身的实施监督。对标准实施监督可以按计划进行若干次。

（1）监督的主要方式。标准的实施监督可分为定期和不定期两种方式。定期的实施监督一般在年度标准化工作计划中就要确定组织实施监督的时间和范围，以避免和其他重要工作交叉或冲突，也便于实施服务标准的某一地区、某一行业或相关单位和部门提前准备，抓好落实。定期实施监督可以成立专门的监督机构，对重点地区、重点领域、重点部门、重点工作、关键环节和薄弱环节进行全面监督，以确保标准实施工作取得实效。不定期的监督一般由具体负责标准实施工作的单位或部门执行，而且需要特别强调其时间、部门和监督内容的随机性，从而确保不定期监督的有效性和代表性。组织标准实施监督时，要制订详细的实施监督方案，准备好相应的工具和记录表格。实施监督过程中要做好记录，发现问题后，要及时与标准实施单位或部门的负责人进行沟通，并要求其在相关记录上签字确认。标准实施的监督结果要定期公布，并作为对各单位或各部门绩效考核、奖惩评价的一项重要指标，与各单位或各部门的目标考核、绩效奖惩紧密挂钩。

（2）监督的主要内容。标准的实施监督一般包括两方面的内容：一是对标准实施准备工作的监督，主要是确保准备工作及其质量满足标准实施的要求；二是对标准实施情况的监督，即对服务过程中标准实施情况（包括标准实施效果）的监督。应事先明确服务标准中规定的要求，以及对相关地区、行业、单位或部门组织实施的要求。实施监督的过程中要做好记录工作，确保服务过程以及标准实施过程中产生的各项原始记录的可追溯性；通过对这些原始数据的分析和比对，可以更加全面、更加准确地掌握标准实施的情况。

（3）监督的结果处置。监督中发现的问题，要及时与相关地区、行业、单位或部门沟通反馈、共同研究，总结分析问题产生的原因，制定切实可行的整改措施，明确整改要求和完成时限。整改结束后，要适时组织复查，以确保整改结果的有效性。

6. 信息反馈

信息反馈就是将标准实施过程中形成的有关记录、实施效果以及监督过程中发现的问题和处理措施等方面的信息，及时传递给标准的批准发布机关、提出单位和起草单位，为标准的修订提供科学依据。

（1）自上而下的信息反馈。自上而下的信息反馈主要通过实施监督来实现，负责监督的机构应及时将发现的问题和整改措施反馈至相关地区、行业、单位或部门。

（2）自下而上的信息反馈。自下而上的信息反馈主要通过一般工作人员在实施标准过程中发现和提供，这是对自上而下实施监督的信息反馈机制的有效补充。组织标准实施的地区、行业、单位或部门，应制定以奖为主、奖罚分明、操作简便的标准实施奖惩制度，如《合理化建议奖励办法》《标准实施先进个人评选奖励办法》等。对主动思考、积极提供标准实施过程中存在的或潜在的问题的个人及其所在单位或部门，给予相应的奖励，从而充分调动全体人员参与标准实施工作的主动性、积极性和自觉性。只有一般工作人员全身心投入到标准实施的持续改进活动中去，成为标准实施和改进的主体，才能使标准发挥最佳的经济效益和社会效益。

7. 总结改进

标准实施经过监督和考核，确认其已基本实施到位后，应对实施情况进行全面总结，特别是对存在的问题采取了哪些措施及取得的效果进行分析和评价。总结工作主要包括对标准实施工作应用的技术和方法的总结，对各种文件、资料的归纳、整理和立卷归档，以及对下一步或后续标准实施的意见。在总结过程中，有关人员应深入实际了解情况，应与标准实施的重点单位、部门和环节加强联系，具体指导，及时交流情况、总结经验，从而推动标准的全面实施。通过对标准实施前后变化的比较分析，以及对标准实施总体效果的客观评价和经验与教训的总结，可以为以后的标准实施工作积累宝贵经验。每一次总结并不意味着标准实施工作的终止，它既是对前一阶段标准实施工作的阶段性总结，同时也是标准实施工作下一次策划、实施、监督、改进的“PDCA”循环的开始。

（三）服务标准实施的方法

1. 明确组织实施主体

实施主体是指具体负责实施标准的单位、部门或职员，即标准的实际执行者。实施主体应按照要实施标准的内容选择。服务标准最终实施主体，应是标准适用范围内涉及的相关地区、行业、单位、部门及其工作人员。组织服务标准实施的主体根据标准类别有所不同。

（1）国家、行业、地方和团体标准的组织实施主体。国家、行业、地方和团体标准的组织实施主体一般由其对应的标准化行政主管部门、行业主管部门或中介组织担当，各级主管部门的关键任务就是统筹组织，从宏观的高度推动、监督国家、行业、地方标准的实施。对重大的、涉及面广的、直接关系到人民群众切身利益的基础标准，各级标准化行政主管部门和中介组织要做好标准的宣贯工作，尽可能使标准涉及的相关地区、行业、单位、部门及其工作人员都能了解、熟悉和掌握标准。同时，在实施服务标准过程中，各组织实施主体要做好日常监督工作，督促标准涉及的相关地区、行业、单位或部门能够持之以恒地严格执行标准，确保标准实施的成效。对在实施过程中发生的具体问题和困难，要及时协助解决；对一些跨地区、跨行业、跨单位、跨部门的服务标准，要注意做好沟通协调工作，尤其对一些亟待解决的技术难题，共同参与，研究解决，为服务标准的实施铺平道路。

（2）组织制定的标准以及实施上级标准的组织实施主体。组织自己制定的服务标准以及经组织采用在组织内部实施的上级服务标准，其组织实施主体应为各相关组织。各相关组织应认真、严格地组织实施相关的强制性标准；对推荐性标准，要从组织的实际情况出发，确定适宜的实施方式，积极组织实施。对组织自己制定的服务标准更应严格实施。

2. 科学选择实施方法

实施主体如何对具体的服务标准进行实施，可以根据具体的标准要求和组织的实际条件来制定，也可以按照组织实施主体（标准化行政主管部门、行业主管部门及服务业组织）规定的统一要求进行实施。

（1）按照标准内容适用性的不同而选择。

直接采用法。一般来说，国家强制性标准或一些基础标准，应不作任何修改地全面实施。如《标准化工作指南　第1部分：标准化和相关活动的通用词汇》（GB/T 20000.1）、《国际单位制及其应用》（GB 3100—1993）、《标准化工作导则　第1部分：标准的结构和编写》（GB/T 1.1）等，都应该直接实施。对于不能直接采用的国家强制性标准或一些基础标准，可依据客观实际条件，将标准中适用的部分内容转化为组织标准进行实施。

细化提高法。在组织实施国家、行业和地方标准时，经常发现由于标准适用范围较广，标准中的很多内容规定往往比较原则或者不够具体。因此，实施标准时必须采取补充细化的方法，结合客观实际进行逐项分析。如服务业组织在实施《服务业组织标准化工作指南》（GB/T 24421）系列国家标准时，应对其中提出的通用性要求结合本组织实际情况进行具体分析，补充细化，以便于更好地实施标准。为了更好地规范一个地区、一个行业、一个单位或者一个部门的服务行为，优化服务流程、提升服务质量，在实施标准时，也可以加严或提高其中的部分或全部服务质量要求，以便于更好更快地达到标准实施的预期目标。

配套协调法。在实施某项具体标准时，有时需要同时实施相关的配套标准，才能取得预期目的。如实施某项服务规范时，往往要配套实施相关的服务提供标准，甚至服务保障标准。这种情况不仅限于国家、行业或地方标准，还包括组织自己制定的服务标准的实施。标准实施过程中应全面、系统地考虑各项标准之间的内在联系，统筹安排，确保标准实施顺利进行。

（2）按照标准特性的不同而选择。

过程法。是指按事件发生的时间顺序一步步或分阶段地实施标准，针对服务流程制定的有关标准，一般可采用这种方法进行实施。采用过程法实施标准要注意实施过程中各个阶段的相互衔接，因为上一阶段标准实施得好坏，可能直接影响下一阶段的实施，甚至当有一个环节没有很好地贯彻标准，将影响整个标准的实施效果。服务行业的很多标准，如服务流程标准等，就适宜采用过程法进行实施。

分类法。是指按照标准实施中涉及的范围大小和难易程度，分类组织实施。

一般来说，应先组织实施涉及地区、行业、单位或部门较少，实施难度较小的标准，以此调动全体工作人员实施标准的主动性和自觉性，不断激发工作人员的信心，确保标准实施的效果。在此基础上，逐步组织实施涉及地区、行业、单位或部门较广、实施难度较大的标准。例如，殡葬服务机构接待咨询服务规范、岗位工作标准等仅涉及一个部门或个人的就适宜先实施，而能耗管理办法、财务报销制度等涉及部门多、实施难度大的就适合最后实施。

要素法。有些服务标准是按照要素分别提出要求的，各要素之间虽有关联，但没有严格的时间上的关联性。当标准是按服务活动或结果的各个要素给出要求时，可采用要素法实施标准。例如，服务行业制定的环境标准、设施设备标准等，就属于这一类标准。这些标准的实施可按要素法进行，使每个要素分别达到标准的要求。

（3）按照实施主体组织结构的不同而选择。

横向联合法。有些标准需要在具有横向结构的组织中进行实施，或者为了某一标准事项，需要同一层级的多个部门共同参与实施。如一项政务审批事项的服务流程标准需要在某一级行政机构的多个部门间联合实施才能完成，这时，可以由其中的一个部门牵头，作为具体负责标准实施的责任部门。这一责任部门应该是这一服务事项的核心或关键部门，该部门除了实施标准中对自己部门的有关要求外，还要统筹安排其他部门的实施工作，确保标准能充分有效地实施。

纵向覆盖法。有些标准需要在具有纵向层级结构的组织中进行实施，或者为某一标准事项，需要不同层级的同类部门共同参与实施。通常这种结构的组织构成复杂而庞大，标准的实施需要由该组织内具有行政管理职能的部门来负主要责任。该部门最好是标准化主管部门。在这样的机构中实施一项服务标准，可以结合标准内容和特性的不同，优先选择业务较为熟练的某一级部门进行试点实施，然后对实施的情况进行总结改进后，再在所有层级的部门中全面推广实施。

独立运营法。单一机构指的是实施主体的组织结构较为简单，标准的实施与其他部门和单位联系较少，仅涉及某一单位或部门。如部分服务业组织制定的食品业标准的实施就属于这种情况。单一机构标准的实施较为简单，可以由其标准化管理部门具体负责组织内各项标准的实施，也可以设专人负责标准实施工作。

（4）按照系统理论构建服务标准化体系。

服务标准化建设是固化先进管理经验、深化创新服务理念、美化良好组织品牌、强化组织竞争能力的重要管理方法，也是服务机构联合或进行区域合作的重要技术前提之一。随着服务业不断成熟发展，项目服务标准化、标准系列化、模块化和组合化成为趋势，服务机构的优势由专业化的行为转为特殊化的服务标准。通过制定长期发展战略，将多年来形成的稳定和超前的专业化管理、制度、服务、市场观念和标准转化成员工的行为，以不断改进创新而巩固专业领先能力，从而促进组织机构规模化发展。这不仅是服务机构在当今社会发展阶段对客户和社会应尽的责任和义务，也是服务机构能否长期赢得市场、不断获得生存发展的客观要求。在服务规范、业务流程、技术平台和管理工具等方面着手，构建形成点、线、面相结合的一体化服务标准化体系，其中“点”是指每个服务岗位，“线”是指相关联岗位所要经过的服务流程，“面”是指整个业务平台。

以岗为点，建立岗位服务规范，构成业务点上的服务标准。服务规范主要包含6个模块，分别从服务对象、服务对象需提供的凭据及材料、服务内容、服务流程、服务标准、服务结果等方面，规范了服务对象的主要性质类别、业务办理条件、工作的主要内容、服务的程序步骤、服务的态度、效率和操作质量标准以及最后交付的服务结果。其特点主要有：一是体现系统思维，涵盖服务的输入条件、过程处理以及输出情况；二是指标合理、控制得当，定量指标和定性指标相结合，明确态度、效率和操作质量的要求；三是简明扼要、通俗易懂，便于操作。在组织编制服务规范的过程中，贯彻格式和行文方式的统一性、指标设计的合法与合理性等原则要求。其中《工作人员言行举止基本要求》包括仪容仪表、礼节礼貌、服务语言、职业道德、服务纪律、投诉处理、环境安全、环境秩序8个模块，从员工思想意识、在岗状态、安全卫生、行为举止等方面予以规范。通过实施岗位服务标准，对外服务岗位工作人员的服务面貌大为改观，服务态度更加积极、友好，服务效率更加高效，服务过程更加规范，服务结果更加优质。

连点成线，建立业务流程规范，构成业务线上的服务标准。出于专业化分工的需要，多项业务采取生产线式作业的劳动组织形式。针对服务项目的特点，借鉴管理界流程重组的技术经验，采取流程图和流程说明相结合的方式组织编制了业务流程规范，对主要业务进行流程梳理和规范。该业务流程规范最大的特点：一是系统规范，整体优化，通过改善整个服务体系内的分工和合作方式，优化整个服务流程，从而提高服务的效率，寻求服务质量的保证；二是环节分明、层次清楚，采用流程图节点的描述方法，线路走向清晰、图形标注规范、文字简明扼要；三是目的明确、内容简练，通过流程说明的任务名称、节点、工作内容、标准要求、工作时限、责任岗位6个要素结合流程图对业务流程各环节工作的标准要求进行说明，充分体现了首问负责制、限时办结制和责任追究制的要求。通过业务流程的规范化管理，理顺业务流程上各相关岗位各自分工和互相配合的组织关系，强有力地引导着组织资源共同实现服务目标，明确各环节工作的质量要求，既提高业务流程管理运作的效率、质量，降低业务间组织协调的成本，又提高业务控制的安全性。

以技术平台和管理工具为支撑面，建立平台、工具规范，构成业务面上的服务标准。以数据库共享的形式进行联网，组成联网系统，通过建立统一的管理和技术标准，促进区域内的联合发展。

总之，以服务规范为标准点，以业务流程为标准线，以技术平台和管理工具为标准面，构成点、线、面相结合的一体化的服务标准化体系。

3. 加强试点工作考核

服务标准是规范服务行为和服务市场、增强服务企业自律和调整服务企业与消费者关系的重要技术支撑，推进服务标准化工作是构建和谐社会、建立诚信服务的具体措施，也是优化服务产业结构、促进服务业可持续发展的重要手段。为加快服务标准化工作的深入开展，提高我国服务业的整体水平，促进我国和谐社会的建设，国家标准化管理委员会、国家发展和改革委员会、民政部、商务部、国家体育总局、国家旅游局于2007年1月19日联合发布了《关于推进服务标准化试点工作的意见》（国标委农联〔2007〕7号），在全国范围内进一步推进服务标准化试点工作。服务业标准化试点工作一般为2人，标准体系应运行半年以上方可申请评估。试点期满前3个月，试点单位应按照试点任务书和服务业标准化试点评估计分表内容进行自查，自查合格的，逐级向省、自治区、直辖市质量技术监督局提出评估申请，并填报《服务业标准化试点评估申请表》。

（1）评估的程序。

评估组由标准化、有关行业专家和管理人员组成，成员一般为3~5人。现场考核评估时，评估组听取试点单位工作汇报，查阅必备的文件、记录、标准文本等资料，考核服务现场，随机调查消费者满意程度，依据评估计分表进行测评，形成考核评估结论。评估组向试点单位通报评估情况，提出改进意见和建议。

（2）试点的复查。

“服务标准化单位”证书有效期届满前3个月，试点单位可向所在地的省、自治区、直辖市质量技术监督局提出复查申请，并提交《服务标准化单位复查自检报告》和《服务标准化单位复查申请表》；逾期不提交的，视为自动放弃。

成立复查专家组。复查专家组由标准化、相关专业领域的技术专家以及管理人员组成。专家组成员人数一般为 2~3 人，在申请单位复查时间一般为 1~2 天。

评价复查申请材料。专家组对申请单位复查申请材料依据相关标准和文件进行评价。

进行现场复查。主要包括对标准体系文件的审查及现场抽查两个方面内容。专家组对申请单位建立标准体系的适宜性、有效性及标准化工作情况予以审查。可采取查阅相关文件、记录、向相关人员提问等方式进行。对不合格项及有关问题做好现场记录，填写评分表。

形成复查结论。专家组根据现场审核结果，集体讨论后，提出结论意见，并就有关问题与被复查单位沟通。经复查合格的试点单位，由国家标准化管理委员会换发“服务标准化单位证书”。

第二节　服务业组织标准体系

服务业组织是整个服务行业最基本的结构单元，可以是服务业企事业单位、服务业企业集中的区域以及区域性综合服务机构，是标准贯彻实施的最终落脚点，也是服务业标准体系建设工作的重要一环。服务业组织标准化工作的核心是在组织内部建立实施标准体系并持续改进。

一、服务业组织标准化工作概述

服务业组织围绕提供“服务产品”开展活动，服务产品的“无形性”“不可贮存性”“过程提供性”及“以消费者需求为目的”等一系列特点成为决定服务业组织标准化工作特点的主要因素。服务业更多地体现个性化，除服务业必须满足的要求外，如安全性、社会责任等，对服务提供过程的控制是其重点关注的问题。通过对提供过程的控制，彰显个性化的服务，实现服务目标。服务业组织标准化更多关注消费者的感受，在如今产品同质化程度越来越高、可替代性越来越强的情况下，是否能够提供全过程的良好服务成为赢得消费者的关键因素。

《服务业组织标准化工作指南　第 1 部分：基本要求》（GB/T 24421. 1—2009）对服务业组织标准化工作的任务和内容进行了规定。服务业组织标准化工作的内容是围绕服务产品的提供建立科学完善的标准体系并有效运行，具体工作包括服务需求的分析、标准的搜集和制定、标准体系的建立和运行及持续改进等。

（一）制订标准化工作规划

在开展标准化工作前，服务业组织首先应对相应消费群体的服务需求及组织自身的发展需求进行分析，在明确需求的基础上确定标准化工作目标和任务，并结合组织经营和发展目标，制订标准化工作规划或计划。制订标准化工作规划一方面可使服务业组织标准化的各项工作能够有目标、有步骤地开展；另一方面，也可使标准化工作与服务业组织总的方针目标及其他管理工作同步协调发展。服务业组织开展标准化工作，应在遵循并贯彻国家（包括行业和地方）相关的方针、政策、法律、法规、规章及有关规定的基础上，制订标准化工作计划或规划，开展顶层设计。

（二）建立并完善标准体系

《服务业组织标准化工作指南　第2部分：标准体系》（GB/T 24421.2—2009）给出了服务业组织标准体系的建设模式，即由服务通用基础标准体系、服务保障标准体系、服务提供标准体系组成，它是服务业组织其他体系，如质量管理体系、环境管理体系等的基础和融合体。服务业组织在确定标准体系框架时，应充分考虑自身的服务特点和经营管理需要，研究建立协调配合、科学合理的标准体系。在建立标准体系过程中，应做到循序渐进、不断完善，以保证体系有效运行。标准体系内的所有标准，包括通用基础标准、服务提供标准和服务保障标准，应该相互协调、相互支撑，并且应现行有效。标准化工作人员应对标准体系实行动态管理，将新发布的标准及时纳入体系，对于已修订的标准应及时更新，对于废止的标准应终止使用。

（三）加快制定服务业标准

服务业组织制定标准（包括国家标准、行业标准、地方标准、团体标准、企业标准等），应符合规定的程序。根据《国家标准管理办法》《行业标准管理办法》《团体标准管理规定》《企业标准化管理办法》等相关规定，标准制定的一般程序是：编制计划，调查研究，起草标准草案，征求意见，对标准草案进行验证、审查、批准、编号、发布等。

服务业组织在制定标准的过程中，应认真检索所在行业领域的国际标准和国外标准。对于检索到的国际标准和国外标准，通过分析研究后，如果认为适合本组织使用，则应尽可能采用这些标准，这有利于我国的服务业组织跨越国外技术性贸易壁垒，参与国际市场竞争。服务业组织在起草标准时，还应考虑到所起草的标准是否与国内现行的其他相关标准协调一致，以免标准的内容互相矛盾或冲突。标准征求意见对保证标准的质量同样至关重要。服务业组织应广泛地听取各层面人员的意见与建议，以保证标准真正地扎根于实际。在标准正式发布和实施一段时间后（一般不超过3年），服务业组织应根据需要对已发布实施的企业标准适时进行复审，以确认现行标准继续有效或者予以修订、废止。有关服务标准化对象和要素的选取以及内容的编写应符合《服务业组织标准化工作指南　第3部分：标准编写》（GB/T 24421.3—2009）的规定。

（四）推动服务标准的实施

贯彻执行现行标准是服务业组织标准化工作最重要的任务，也是整个标准化活动的一个十分关键的环节。标准化的效益最终都将反映在标准的实施效果上，因为标准的实施效果直接影响服务的质量甚至服务业组织的声誉。因此，服务业组织应有组织、有计划地实施标准，并取得各方面的协调一致。

实施标准是一项复杂细致的工作，涉及服务准备、服务提供以及内部管理等许多部门。因此实施标准应有明确的目标，即提高服务质量、规范服务行为、满足顾客的需求和期望，以及保障安全和保护环境。服务业组织在建立标准体系后，应认真贯彻实施纳入体系的所有标准。在实施标准时，应制订切实可行的实施计划，包括确定实施范围、实施人员、实施进度和具体要求。服务业组织可以根据标准适用范围和工作任务的不同，灵活使用不同的方法，对实施过程中可能遇到的各种情况，有针对性地采取相应的解决措施，以保证标准的有效实施。此外，在标准的实施过程中，对于强制性标准，必须严格执行；对于推荐性标准，一经采用，就应严格执行；对于没有相应国家标准、行业标准和地方标准的，服务业组织可制定本组织的团体标准和企业标准。

服务业组织开展标准化工作除了建立完善内部标准体系，还应积极参与外部标准化活动，包括国际、国家、行业和地方服务业标准化活动。目前我国部分国家级服务业标准化试点通过自身标准化建设，进一步提炼总结建设经验，提出一批国家、行业服务业标准，建设一批国家级服务业领域标准化技术委员会，为相关行业标准化理论知识的构建和完善作出积极贡献。同时，标准化试点的辐射带动作用，对提升整个行业的标准化意识和水平起到积极促进作用。

（五）标准实施的监督评价

对标准的实施情况进行监督和评价是促进服务业组织认真贯彻实施标准，提高服务质量和经济效益的有效手段。服务业组织应对标准的实施情况进行定期或不定期监督和检查，其目的是促进标准的贯彻执行。同时，通过检查可以发现标准本身存在的问题和不足，以便日后对标准作进一步修订和完善。

在监督和检查过程中，服务业组织应对一些好的做法给予褒奖，而对不符合标准的行为应及时进行纠正。此外，还应对标准的实施效果开展评价，通过评价，总结经验，提出持续改进的意见或措施。

二、服务业组织标准的编写技巧

服务业组织标准编写是服务业组织标准化工作的重点工作之一。服务业组织标准的编写除应符合《标准化工作导则　第 1 部分：标准的结构和编写》（GB/T 1. 1—2009）的要求外，还应根据服务特性和自身特点，对服务质量和服务提供过程进行规范，主要参照《服务业组织标准化工作指南　第 3 部分：标准编写》（GB/T 24421. 3—2009）、《服务标准化工作指南》（GB/T 15624—2011）和《服务标准制定导则　考虑消费者需求》（GB/T 24620—2009）等。

（一）基本要求

《服务业组织标准化工作指南　第 3 部分：标准编写》（GB/T 24421. 3—2009）中第 3 章规定了服务业组织在标准编写过程中应满足如下要求。

1. 服务业组织标准的规范性要求

（1）遵守国家法律法规。这是服务业组织的义务，也是保护消费者合法权益、促进组织发展的保障。服务业组织在策划和编写标准时，首先要识别与本组织所提供的服务和组织的实际情况相关的国家法律法规要求，特别是安全、卫生、环境、节能减排和保护消费者合法权益等的法律法规，并在标准编写时加以贯彻。

（2）符合标准的规范性。为了使读者准确地理解标准的内容，标准的起草者应按照约定的格式进行编写。《标准化工作导则　第 1 部分：标准的结构和编写》（GB/T 1. 1—2009）和《服务业组织标准化工作指南　第 3 部分：标准编写》（GB/T 24421. 3—2009）是服务业组织标准编写工作的重要基础标准。其中，《标准化工作导则　第 1 部分：标准的结构和编写》（GB/T 1. 1—2009）对标准结构、标准表述规则和编排格式等进行规范；《服务业组织标准化工作指南　第 3 部分：标准编写》（GB/T 2442. 3—2009）规定了服务业组织标准编写的基本要求。因此，服务业组织起草服务标准时应遵循这些标准的基本原则。

（3）符合标准的可行性。为便于标准使用者正确理解和应用标准，标准的结构要清晰，层次需分明。此外，标准内容要具体，只有内容具体才能确保标准的可操作性，并有利于运用标准检查工作。

2. 服务业组织标准的服务性要求

（1）服务是特殊产品。服务是服务提供者与顾客接触面上的活动，是一边生产一边消费的特殊产品，因此，对服务提供过程进行控制是服务业组织标准化的重要任务。在策划和编制服务标准时，应充分识别和分析服务提供过程的各环节，确定每个环节的输入、输出、所需的资源、提供服务的相关人员、所需的作业标准以及评价标准等。

（2）考虑顾客的需求。除满足一般顾客的期望和需求外，应当特别关注处于相对弱势或行动受限人群的期望和需求，如老年人、儿童、残障人员等。对于有不同文化背景的顾客，在编写标准时应尊重不同文化、习俗或宗教信仰。

（3）满足服务的应用。应用的前提在于充分理解标准的规定。因此标准制定过程中应做到语言简明、通俗易懂，不应产生歧义，且在一个标准或系列标准中用到的术语、符号和代号应统一。

3. 服务业组织标准的技术性要求

（1）收集信息是标准编制的基础。服务业组织在制定服务标准时应收集相关资料，重点查找是否有相关的国际标准或国外先进标准，对于先进的国际标准或国外标准，可结合组织的实际情况加以采用。同时，鉴于管理体系标准比较成熟，且许多服务业组织不同程度地建立了相关管理体系，如质量管理体系、环境管理体系、职业健康安全管理体系。

（2）对相关要素进行有效的控制。服务业组织活动的形式和内容各不相同，但这些活动的形式和内容可以归纳出若干基本要素。《服务标准制定导则　考虑消费者需求》（GB/T 24620—2009），从满足消费者需求的角度提出了制定服务标准时需要考虑的服务要素，包括服务提供者、供方、职员、合同、支付、交付、服务环境、设备、补救性措施和沟通等。制定服务标准时可围绕服务要素作出适当的规定。

（二）主要内容

《服务业组织标准化工作指南　第3部分：标准编写》（GB/T 24421.3—2009）给出了服务规范、服务提供规范、人员资质、运行管理、安全、环境和设施设备及用品7项服务要求的编写方法。这些服务要求的提出参照传统工业企业比较成型的标准体系，如工作标准、管理标准、技术标准等，借鉴了《服务标准化工作指南　第1部分：总则》（GB/T 15624.1—2003）中“服务标准的基本内容”和《服务标准制定导则　考虑消费者需求》（GB/T 24620—2009）的有关规定。服务要求中没有包含（GB/T 15624—2011）中的“6.2 服务基础标准”，主要基于以下考虑：“服务基础标准”是通用标准，适合于各类服务业或某一服务行业，包括服务标准化工作指南、服务分类标准、服务术语标准、标识类标准等，对服务业具有普遍指导意义；《服务业组织标

准化工作指南　第3部分：标准编写》（GB/T 24421.3—2009）旨在为服务业组织编写企业标准提供指导，企业标准一般很少涉及诸如此类“共性”的条款。

1. 服务规范

服务规范规定的是服务应达到的水平和要求。服务规范的描述应该是服务提供过程结果的质量要求，质量要求通常包括明示的、隐含的或必须履行的期望或需求。服务业组织可将服务规范和服务提供规范的要求规定在一项标准中。为了突出某些方面的质量要求时，可以将相关的服务规范单独形成标准。特性要求可以是定量的（可测量的），也可以是定性的（可进行比较的），服务业组织在编写服务规范时，宜充分考虑以下方面的质量特性要求。

（1）功能性。功能性要求是从服务项目所达到的功效角度提出的。服务业组织应着眼于自身提供的服务，从满足顾客需要的角度确定功能要求。这种要求可以分散到组织的不同服务标准中，如一个健身俱乐部可能有教练服务的规范和游泳馆的服务规范，因服务项目的不同对于功能的要求可能会有所不同，也可将这些要求在不同的服务提供规范中规定。

（2）经济性。经济性是指用较少的输入获得同质量的服务。经济性要求往往是组织从自身的生存和发展的角度以及社会资源有效利用的角度提出的。经济性主要关注的是资源投入、使用过程中成本节约情况，以及资源使用的合理性，旨在用较少的资源提供高质量的服务。经济性是相对于所得到的服务质量而言的，即经济性是与功能性、时间性、舒适性等密切相关的。

（3）安全性。安全性对于服务业组织尤为重要，服务提供活动大多在与顾客接触层面发生，服务业组织应识别组织中可能会对顾客造成各种伤害的危险源，并根据实际情况规定安全性方面的要求，规定这些要求时应特别着重于保护易受伤害的群体。如消防、人身财产安全、保密和健康卫生等方面的要求和工作目标。

（4）舒适性。舒适性是顾客对服务设施、服务环境、服务人员和服务提供活动的一种综合感受。如何能保证让顾客感觉舒适，服务业组织应该在认真调研和分析的基础上，规定相关的要求和目标。

（5）时间性。时间性的要求在当今社会越来越为顾客所关注，服务业组织应针对有服务时限要求特性的服务项目提出相关的服务要求，应规定等待时间、服务提供过程的时间（包括开始时间和结束时间）、顾客意见反馈处理的时间及工作效率等。

（6）文明性。文明性要求体现了一个服务业组织中从业人员的素质，这种文明性的要求在服务业组织中具有普遍的适用性。服务业组织应通过对服务行为的规定体现文明性的要求，使接受服务者获得自由、亲切、受尊重、友好、自然和谅解的感受。同时，员工保障和社会责任方面的要求，也体现了文明性的要求。

对于上述服务特性的要求可以是定量的，也可以是定性的。定量的要求是可测量的，是对服务的“量”的要求，如银行要求处理存取款的时间是在5分钟之内。定性的要求是可以进行比较的，是对服务的“质”的要求，是规定服务“有没有”和“是不是”，如良好的仪容仪表要求和不得索取小费的要求等。以上服务特性适用于不同类型服务业组织，服务业组织可根据自身的实际情况确定特性要求，对于这些特性要求可以单独形成服务规范，也可将服务规范和服务提供规范在同一标准中体现。

2. 服务提供规范

服务提供规范是为确保服务提供过程满足服务规范的要求，制定的服务提供规范，服务提供规范规定的是服务方法和手段。服务提供规范制定应该考虑服务业组织的方针、目标和能力，以及诸如安全、卫生、环境或适用法律法规等方面的要求，要描述服务提供过程所用方法及服务提供程序等。服务提供过程应该包括有形产品和无形产品整个活动的过程。

服务提供规范的制定是以服务规范为前提，为了达成服务规范要求的特性，应对服务提供过程进行策划。可将服务提供过程划分为各个工作阶段，每个工作阶段应制定相应的程序（提供规范）标准，标准中应描述包含在每个阶段中的活动，特别注意各个不同工作阶段之间的衔接，服务提供过程的详细提供规范图能有助于工作阶段的划分。

服务提供规范中应该包括应急预案、应急准备和应急响应等标准，以应对突发事件。发生服务中断或有紧急情况足以影响服务提供时，顾客希望及时得到有关信息，包括事件的性质、存在的风险、联络信息、明确的指引、恢复服务所需的时间和临时解决方案等，对于不能按协议和承诺提供服务时应给出赔偿的程序。标准中可规定组织内可能会出现的紧急异常情况，如何对这些紧急情况做好预防和准备，以及如果发生类似情况时如何响应的应急预案。

由于服务是与顾客接触层面发生的活动，服务业组织与顾客的沟通非常重要，沟通不畅往往会导致顾客不满，招致投诉。因此，应在标准中对沟通进行规定，具体可以包括沟通的内容、沟通态度、沟通的渠道、沟通的频率、沟通出现问题时的解决方案等方面内容。此外，通过沟通获得顾客满意度信息十分重要。顾客满意度是顾客对服务业组织所提供服务的一种感受，服务业组织制定标准时应考虑顾客满意度信息的获取渠道和方法等内容。

服务提供规范可以用提供规范图体现，也可以用语言描述的方式。在编写服务提供规范时，应考虑如下方面的基本内容：

一是服务提供规范。应将服务提供的过程按服务提供规范分成各个工作阶段，明确各个工作阶段间不同部门的接口，描述各工作阶段的服务行为，包括工作步骤、各工作环节的输入输出要求、工作内容和操作规范等。

二是职责。应规定部门机构设置、最低人员配备、工种类别和工种执业资质的要求、部门职责及岗位职责和权限的要求等内容。

三是预防性措施。应制定相应的标准和配置相应的设施，以处理服务中断或紧急情况，应确保顾客及时获得有关的信息，包括事件的性质、风险、联络信息、明确的指引、恢复服务所需的时间和临时的解决方案等。

四是与顾客沟通的安排。应明确沟通的方法、内容、频率、态度政策和行为守则，包括顾客满意度测量的要求等。

3. 人员资质

人员资质包括人员配置、资质要求、能力要求等。

（1）人员配置标准。人员数量、员工技能可以直接影响到组织的案例、保障和服务提供能力。因此，标准可以直接列明服务业组织所必须达到的人员配置标准。如最低人员配备、人员的能力要求和重要岗位人员所占全体员工的最低比例。

（2）人员资质要求。应规定从事影响服务提供过程的人员的资质要求，资质要求应根据组织的机构设置、岗位设置、岗位职责及所需的人员技能和资格来确定。应规定一个合理的能力水平，过高和过低的要求都是不适宜的。标准中还应特别关注与顾客直接接触的人员。在编写人员资质相关要求时，应考虑教育与培训（与岗位职责相应的最低教育和专业培训背景要求）、技能与经验（完成岗位工作应具备的最低能力和与从事岗位相关的工作经历要求）、健康与素养（健康卫生要求和服务过程中的仪容仪表、责任和礼貌、时刻关注顾客的需要、遵守行业或组织的道德规范等）等方面的内容。

（3）人员能力要求。对于人员能力的要求，应从教育、培训、技能、经验以及人员的健康与素养方面予以规定；对于人员素养方面的要求应包括对顾客隐私保密等方面的要求。

4. 运行管理

运行管理应规定对各项运行管理活动的要求，包括计划、组织、领导和控制等方面的要求。在编写运行管理的相关要求时，服务业组织应针对与服务提供过程相关的运行管理事项制定标准。

（1）目标管理。企业为保证方针目标的实现，应制定相应的目标考核管理规定。

（2）信息管理。服务业组织应对信息的收集、加工、传输、处理、存储和利用等方面管理提出要求。

（3）沟通管理。沟通包括组织内部的沟通和组织与其他相关方之间的外部沟通。沟通的方法多种多样，在标准中应规定与沟通对象的文化和技能水平相适应的沟通方式，确保所沟通的信息清楚和便于理解，并能及时地将信息传递给相关的人员，明确沟通的频率和提出信息共享的要求。

（4）财务管理。应按有关法律法规的要求，规定财务活动、成本核算和定额管理等方面的要求。

（5）人力资源管理。规定人员聘用、人员培训和业绩考核等方面的要求。可通过制定人力资源管理标准来规范和提升员工的职业胜任力。人力资源管理标准可包括招聘、调岗、轮岗、考核和培训等内容。以培训为例，培训标准可包括培训方式、培训频率、培训内容等方面；培训内容可涉及人员专业知识、安全和健康要求、关注顾客特殊需要等方面；具体的培训活动应与员工所承担的工作任务相关。对人员的有关考核和评价的标准十分重要，服务业组织应依据考核评价标准找出人员能力的差距，从而更好地识别出人力资源管理的需求。

（6）能源管理。规定对能源消耗统计分析、能源的合理利用、能源设备的管理和节能措施的实施等方面的要求。

（7）营销管理。规定对市场信息、市场预测、营销策划和营销评价等方面的要求。

（8）合同管理。规范合同格式、合同评审和合同变更管理的要求。

（9）采购管理。规定对供方的管理和采购活动控制等方面的要求。制定采购管理标准时，主要从供方（包括服务的外包方）的选择、评价和再评价，采购活动的控制要求，包括采购信息（合同、协议、清单、口头约定等）、采购提供规范及控制要求等方面进行考虑。

（10）绩效评价。评价标准包括对服务结果、服务提供过程、各类运行管理活动的评定以及服务质量的顾客评定等方面的标准，应明确实施评价的职责和方法，应体现对服务及服务提供过程的监视和测量、体系评价和顾客满意等方面的管理要求。通过评价获得各类活动实施情况的数据，在对数据进行分析的基础上寻求改进的方向，以提高服务业组织的总体业绩。可从以下方面考虑制定对供方评价的标准：评价供方的产品（服务）质量；评价供方的质量业绩，如顾客满意度测量和组织业绩等；评价供方的管理能力，可通过现场的第三方审核和现场能力调查等方式评价；征询其他顾客对供方的意见，了解其社会信誉；查证有关符合性的证明文件，如产品检验报告等。

此外，要做到持续改进，服务业组织为持续改进组织业绩应制定有关数据分析和改进措施的标准，规定改进目标和寻找改进机会的过程，包括规定数据分析、纠正措施和预防措施实施的要求。

5. 安全要求

服务业组织的服务提供活动多发生在组织与顾客的接触层面上，与之相关的安全问题尤为重要。所以，服务业组织应制定与服务结果及服务提供过程相关的安全管理规定，对风险进行管理和控制，以消除安全隐患，确保相关方处于安全状态下。可以从场所、用品、设施和人员等方面考虑安全问题。对于存在的风险应制定安全保障措施，这些保障措施包括对人身和物品的安全保障措施，也包括对各类信息的安全保障措施，如电信、医疗等组织应制定关于保护个人隐私信息的安全保障措施。

服务业组织在编写标准时可参考《职业健康安全管理体系　要求》（GB/T 280001—2011）的相关要求，对于上述各方面可能存在的导致人员安全健康和公众生命安全、重大财产损失、环境损害和社会影响的危险源应制定风险分析和应急预案管理等方面的标准。应急预案的编制可参考《生产经营单位安全生产事故应急预案编制导则》（AQ/T 9002—2006）。很多法律法规、政策和标准都涉及安全方面的规定。服务业组织在编写有关安全的标准时应充分考虑这些内容，如《安全标志及其使用导则》（GB 2894—2008）、《安全社区建设基本要求》（AQ/T 9001—2006）等。

在编写安全相关要求时，宜考虑安全保障措施（如对个人、物品、投资、金融信息和顾客个人信息的保障措施）、服务场所的安全要求、服务用品使用的安全要求、服务设施的安全要求、服务从业人员的安全要求等方面的基本内容。

6. 环境要求

服务业组织为保证向顾客提供适宜的环境及保护环境、文化和人类遗产，应制定环境相关要求，规定本组织应具备的环境条件和应达到的环境保护的要求。环境条件标准以确保服务环境满足顾客需求。服务业组织在编写标准时应识别出特殊环境下可能出现的情况以及相关法律法规要求，并从以下方面制定环境管理的标准。

（1）环境条件。规定服务提供所需的温度、湿度、光线、空气质量、清洁卫生、噪声限值、场地面积等基本条件和管理的要求，如酒店规定不同季节的温度、湿度的控制要求。

（2）环境因素。对服务业组织内的环境因素进行识别和管理的标准，规定环境因素的识别和评价要求，环境因素的识别通常应考虑向大气的排放、向水体的排放、向土地的排放、原材料和自然资源的使用、能源使用、能量释放和废物等。

（3）环境管理。规定日常运行中控制和减少有害环境影响的要求，规定对环境因素实施控制的要求以提高组织的环境绩效，控制的要求包括废物处理、减少资源和能源的消耗、减少废气排放、噪声和视觉污染等。

（4）环境意识。增强环境、顾客和其他各相关方环境保护的意识。

7. 设施设备及用品

设施设备及用品是保证服务提供活动的资源。服务业组织应结合顾客要求按服务提供的策划配备这些资源，并在日常工作中对这些资源予以有效的管理。服务业组织应从购置、验收、使用、存放、维护保养和报废处置等方面对设施设备及用品资源进行规定。一是建筑物、工作场所和相关设施，如办公楼、服务提供的现场（餐厅、酒店大堂、客房等）、储存场所等，以及与之配套的水、电、气的供应，通风照明、空调系统等相关设施；二是服务提供过程设备，泛指各种类型的与服务提供过程相关的硬件和软件，如办公设备及软件、工具、器具、装置等；三是支持性服务或者设施，如通信技术及设施（对以提供通信服务为主的服务业组织，此类设施属于服务提供过程设备），运输设施、信息系统、网络维护等；四是其他用品，除设施设备之外，为保证服务提供活动所需的物资，如餐饮业的食物原料、饭店业的客房用品等。

编制关于设施设备及用品的标准应考虑对确保服务提供过程的有效运作所需的设施设备及用品的要求（如设施设备的安全技术要求和最低配置的要求等），以及对设施设备及用品的管理要求（如设施设备的操作规程、维护保养规定、报废处理规定等）。

三、服务业组织标准体系的建立

服务业组织的标准体系由服务通用基础标准体系、服务保障标准体系、服务提供标准体系 3 个子体系组成。它是服务业组织其他体系，如质量管理体系、环境管理体系等的基础和融合体。

（一）服务业组织标准体系的基本结构

《服务业组织标准化工作指南　第 2 部分：标准体系》（GB/T 24421.2—2009）给出了服务业组织标准体系总体结构与要求，并针对服务通用基础标准体系、服务保障标准体系、服务提供标准体系给出每种标准体系的结构、所应包含的标准类型和需要考虑制定标准的内容。服务业组织还应该通过搭建标准体系，识别标准缺失领域，明确需要标准化的重要环节和关键服务要素，依据《标准化工作导则　第1部分：标准的结构和编写》（GB/T 1.1—2009）和《服务业组织标准化工作指南　第3部分：标准编写》（GB/T 24421.3—2009）等相关标准开展标准制定工作，确保组织的各项工作有标可依。

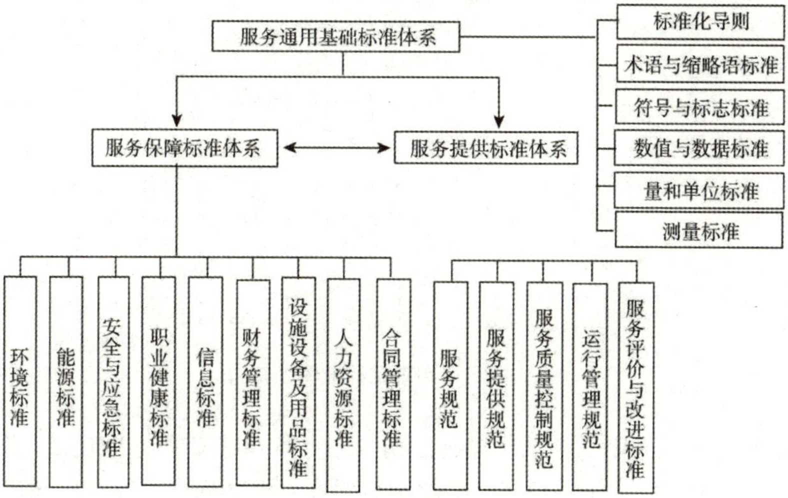

图5-2　服务业组织标准体系基本结构

根据《服务业组织标准化工作指南　第2部分：标准体系》（GB/T 24421.2—2009），图5-2中服务业组织的标准体系的3个子体系之间并不是独立的，它们之间有着广泛的内在联系，缺一不可。通用基础标准体系是服务保障标准体系、服务提供标准体系的基础；服务保障标准体系是服务提供标准体系的直接支撑，对服务提供标准体系起着保驾护航的作用；服务提供标准体系是为满足顾客需要，规范供方与顾客之间直接接触活动而建立的体系，是整个标准体系的核心。服务提供标准体系对服务保障标准体系起着检验、验证的作用，在服务提供过程中遇到因服务保障不完善造成服务不能有效提供时，就应考虑对服务保障体系进行完善和改进。

标准体系的建立应结合服务业组织的实际情况，突出服务功能和特点，建立适合自身要求的协调配套、科学合理的标准体系，并有效运行。对于中等以上规模的组织，应搭建较完备的标准体系；对于人数很少的小规模组织，如个体经营或独立的小店铺经营模式，可视情况建立简单的标准体系，确保标准体系覆盖组织的核心工作。对于那些已经建立质量管理体系、环境管理体系、职业健康管理体系等一种或多种体系的服务业组织，可以将已建的体系通过梳理、归纳分别融入服务业组织标准体系中，形成较完整的服务业组织标准体系。

1. 通用基础标准体系的构成

服务业组织服务通用基础标准体系结构如图 5-3 所示。

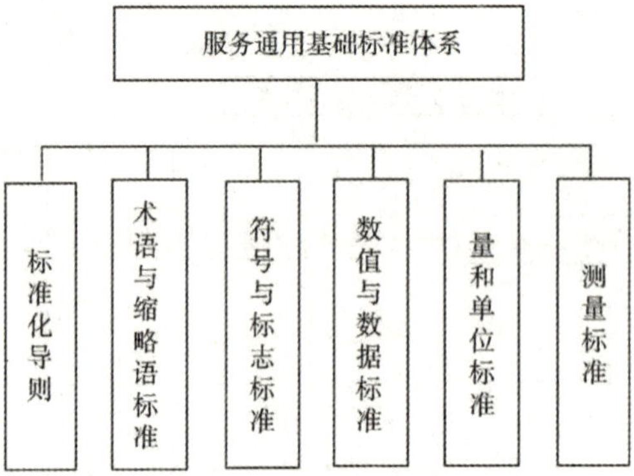

图 5-3　通用基础标准体系结构

（1）标准化导则。标准化导则是指导服务业组织开展标准化活动的规范性文件。标准化导则主要包括标准的制定程序、编写规则、标准的通用词汇，采用国际标准，规范性引用文件，标准的分类、编号以及标准体系建设和实施指南等内容的标准。主要包括现行有效的国家标准、行业标准、地方标准，以及为满足服务业组织的经营管理实际需求而编制的企业标准。服务业组织的标准化导则标准部分示例见表 5-3。

表 5-3　服务业组织的标准化导则标准明细示例

序号	标准编号	标准名称
1	GB/T 1. 1—2009	标准化工作导则　第 1 部分：标准的结构和编写
2	GB/T 15624—2011	服务标准化工作指南
3	GB/T 24421. 1—2009	服务业组织标准化工作指南　第 1 部分：基本要求
4	GB/T 24421. 2—2009	服务业组织标准化工作指南　第 2 部分：标准体系
5	GB/T 21421. 3—2009	服务业组织标准化工作指南　第 3 部分：标准编写
6	GB/T 24421. 4—2009	服务业组织标准化工作指南　第 4 部分：标准实施及评价
7	GB/T 13016—2018	标准体系表编制原则和要求
8	GB/T 13017—2018	企业标准体系表编制指南

（2）术语与缩略语标准。术语是对某些组织经常使用，而在行业外又易

造成混淆和难理解的名词进行统一解释或定义。其作用是让大家都能看得懂和理解词汇的具体含义，避免产生歧义。缩略语俗称缩写，是对较长或较复杂的汉语词汇或英文词组经简化后的一种表示方法。例如，“WTO”是“世界贸易组织”的缩略语、“TQM”是“全面质量管理”的缩略语。服务业组织的术语与缩略语标准部分示例见表5-4。

表5-4　服务业组织的术语与缩略语标准明细示例

序号	标准编号	标准名称
1	GB/T 10112—1999	术语工作原则与方法
2	GB/T 15565.1—2008	图形符号术语　第1部分：通用
3	GB/T 15237.1—2000	术语工作词汇　第1部分：理论与应用
4	GB/T 19000—2008	质量管理体系　基础和术语
5	GB/T 15236—2008	职业安全卫生术语
6	GB/T 24050—2004	环境管理术语
7	GB/T 17532—2005	术语工作计算机应用词汇
8	GB/T 20001.1—2001	标准编写规则　第1部分：术语

（3）符号与标志标准。符号与标志标准是指以特定的文字、字母或图形、图像为主要内容并附有相关说明的标准。这类标准主要用于规范公共场所和服务业组织内以及产品中涉及安全、卫生、环保等便于顾客识别的符号与标志。服务业组织的符号与标志标准部分示例见表5-5。

表5-5　服务业组织的符号与标志标准明细示例

序号	标准编号	标准名称
1	GB/T 10001.1—2012	公共信息图形符号　第1部分：通用符号
2	GB/T 10001.9—2008	标志用公共信息图形符号　第9部分：无障碍设施符号
3	GB 2894—2008	安全标志及其使用导则
4	GB/T 20001.2—2001	标准编写规则　第2部分：符号
5	GB/T 20001.3—2001	标准编写规则　第3部分：信息分类编码
6	GB/T 2893.1—2004	图形符号安全色和安全标志　第1部分：工作场所和公共区域中安全标志的设计原则
7	GB 13495—1992	消防安全标志
8	GB/T 16273.8—2010	设备用图形符号　第8部分：办公设备通用符号
9	CJJ/T 125—2008	环境卫生图形符号标准
10	GB/T 15566.1—2007	公共信息导向系统设置原则与要求　第1部分：总则

（4）数值与数据标准。数值与数据标准是对数字的表示、数值的计算、

数据的统计以及方法等有关内容的规范性文件。在服务业组织的经营和管理活动中经常涉及有关数值和数据如何计算或统计的问题，如数据统计中数值与数据的修约规则。服务业组织的数值与数据标准部分示例见表5-6。

表5-6 某服务业组织的数值与数据标准明细示例

序号	标准编号	标准名称
1	GB/T 8170—2008	数值修约规则与极限数值的表示和判定
2	GB/T 4086.1—1983	统计分布数值表正态分布
3	GB/T 3358.1—2009	统计学词汇及符号　第1部分：一般统计术语与用于概率的术语

（5）量和单位标准。量和单位标准是物理量以及量的单位、符号的使用和表示方法的规范性文件。服务业组织在经营和管理活动中所使用的量和单位应当严格执行《中华人民共和国计量法》规定的法定计量单位，不得使用非法定计量单位。如果需要制定量和单位的企业标准，则企业标准不得与现行的国家有关量和单位的强制性标准抵触。服务业组织的量和计量单位标准部分示例见表5-7。

表5-7 服务业组织的量和计量单位标准明细示例

序号	标准编号	标准名称
1	GB 3100—1993	国际单位制及其应用
2	GB 3103—1993	有关量、单位和符号的一般原则
3	GB 3102.1—1993	空间和时间的量和单位

（6）测量标准。测量是指用某种方法（实验）将已知标准量与未知的被测物理量进行比较和判断的过程。测量标准是对测量方法以编号及测量过程中所涉及的设备、器具、人员、环境、已知量和未知量的规范性文件。服务业组织需要对某项活动、过程、产品进行测量，检查其是否达到标准规定的要求时，就要用到测量方面的标准。根据服务的特性和服务的程序，服务业组织可选择并使用定量或定性方法对服务的安全性、有效性和服务满足顾客需求进行验证。定量或定性方法如果有国家标准、行业标准、地方标准的可直接采用，没有的就需要制定测量方法的企业标准。服务业组织的测量标准部分示例见表5-8。

表 5-8 服务业组织的测量标准明细示例

序号	标准编号	标准名称
1	GB/T 18204.13—2000	公共场所空气温度测定方法
2	GB/T 18204.14—2000	公共场所空气湿度测定方法
3	GB/T 18204.21—2000	公共场所照度测定方法

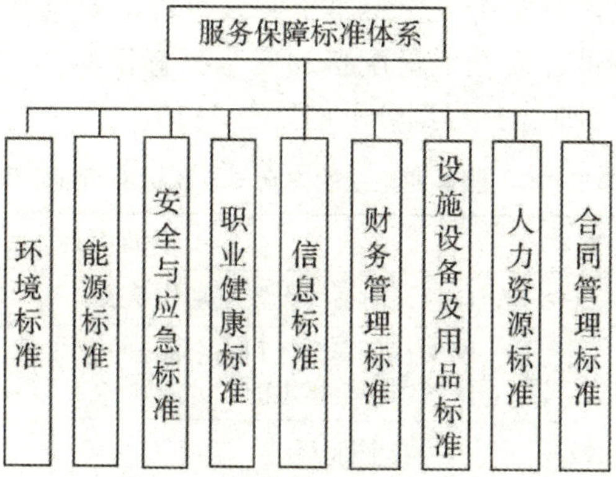

图 5-4 服务保障标准体系结构

2. 服务保障标准体系的构成

服务业组织服务保障标准体系结构如图 5-4 所示。

(1) 环境标准。环境是服务业组织运行活动的外部存在条件，包括空气、水、土壤、自然资源等。服务业组织应重点收集、制定服务场所的温度、湿度、光线、空气质量、卫生、清洁度、噪声等方面的国家标准、行业标准和地方标准，也需制定符合服务业组织实际情况的环境管理等方面的企业标准。服务业组织的环境标准部分示例见表 5-9。

表 5-9 服务业组织的环境标准明细示例

序号	标准编号	标准名称
1	GB/T 18883—2002	室内空气质量标准
2	GB 19085—2003	商业、服务业经营场所传染性疾病预防措施
3	DB31/ 405—2008	公共场所空调通风系统运行卫生要求

(2) 能源标准。在服务保障标准体系中对能源的管理以及用能和节能工作措施都是十分重要的内容。一是执行能源产品标准。服务业组织在运营和

管理活动中使用到的各种能源产品的产品标准。这些标准不需要服务业组织来制定，都有现成的国家标准或行业标准，服务业组织可以收集起来作为能源类标准的一部分。二是制定组织中能源系统的经济运行标准。如果没有国家标准、行业标准和地方标准可执行，企业需要根据自身的经营和管理活动需要，制定企业能源系统经济运行标准。

（3）安全与应急标准。为使顾客的生命和财产在服务过程中不受到伤害，或者在发生突发事件时能有效降低损失而收集制定的标准，包括安全标志、报警信号、危险因素分类等安全标准，突发事件应对预案与处置程序标准，安全防护与管理标准，安全人员配备和安全教育标准，设施设备安全标准。服务业组织的安全与应急标准部分示例见表5-10。

表5-10　服务业组织的安全与应急标准明细示例

序号	标准编号	标准名称
1	GB/T 23809—2009	应急导向系统设置原则与要求
2	GB/T 2893.1—2004	图形符号安全色和安全标志　第1部分：工作场所和公共区域中安全标志的设计原则
3	GB 13495—1992	消防安全标志
4	GB 15630—1995	消防安全标志设置要求
5	GA 654—2006	人员密集场所消防安全管理
6	GB 50140—2010	建筑灭火器配置设计规范
7	GB 4943—2001	信息技术设备的安全

（4）职业健康标准。为消除和减少服务提供过程中产生的职业安全风险，针对职工从事职业活动中的健康损害、安全危险及其有害因素收集而制定的标准，主要包括：工作场所的空气、噪声、温度、湿度限值标准，工作场所有害物质限量标准，职业安全培训标准，职业病的防护与管理等标准。服务业组织的职业健康标准部分示例见表5-11。

表5-11　服务业组织的职业健康标准明细示例

序号	标准编号	标准名称
1	GB/T 28001—2011	职业健康安全管理体系要求
2	GB/T 28002—2011	职业健康安全管理体系实施指南
3	GB/Z 188—2014	职业健康监护技术规范

（5）信息标准。信息标准指在服务业组织内均适用的与信息有关的标准。信息标准应用范围很广，各行业都有自己的信息应用方面的标准。比较典型的信息应用技术有 RFID 射频识别技术，俗称“电子标签”，在产品包装、动物食品追溯等方面应用很广。服务业组织也可根据服务特点收集和制定相关信息应用标准。服务业组织的信息标准部分示例见表 5-12。

表 5-12　服务业组织的信息标准明细示例

序号	标准编号	标准名称
1	GB/T 20271—2006	信息安全技术　信息系统通用安全技术要求
2	GB/T 20269—2006	信息安全技术　信息系统安全管理要求
3	GB/T 25058—2010	信息安全技术　信息系统安全等级保护实施指南
4	GB/T 20988—2007	信息安全技术　信息系统灾难恢复规范
5	GB/T 20272—2006	信息安全技术　操作系统安全技术要求
6	GB/T 20008—2005	信息安全技术　操作系统安全评估准则
7	GB/T 20273—2006	信息安全技术　数据库管理系统安全技术要求
8	GB/T 20009—2005	信息安全技术　数据库管理系统安全评估准则
9	GB/T 20270—2006	信息安全技术　网络基础安全技术要求
10	GB/T 22081—2016	信息安全技术　信息安全管理实用规则
11	GB 17859—1999	计算机信息系统安全保护等级划分准则

（6）财务管理标准。根据法律法规和标准的要求，应对财务活动中的成本核算和收支等方面进行管理，收集、制定标准，主要包括财务决策管理，财务计划分析与控制、成本管理、筹资投资管理等标准。

（7）设施设备及用品标准。设施设备及用品标准是服务保障标准体系的重要内容。只有设施设备完好、运转正常，才能保证服务提供的有效实施。服务业组织在选购适合的设施设备及用品方面需关注以下方面的标准：设施设备及用品的技术要求；进货验收的质量检验项目与检验方法；设施设备及用品的供方管理，审批程序、购置程序管理；设施设备及用品的储运方式、条件和出入库管理等标准；安装、验收技术条件。

（8）人力资源标准。人力资源是服务业组织最重要的资源和竞争力的源泉，通过对员工进行组织、开发、培训、考核等活动，实现最优化的组织绩效。为使所聘用的人员符合本组织提供服务的要求，服务业组织应从配备、使用、管理等方面对人力资源管理作出规定，主要包括人员资质要求、人员聘用管理、人员教育和培训、人员工作绩效考核等标准。

（9）合同管理标准。服务业组织为了保障服务目的实现，避免或减少纠纷，应制定合同管理标准，对服务实施有效的管理。经济合同一般包括信贷合同、租赁合同、采购合同、服务提供合同等，不包括与员工签订的劳动合同（劳动合同的管理应放在人力资源管理标准中）。合同管理标准的制定应与经济合同法的要求及本行业的相关规定协调一致。

3. 服务提供标准体系的构成

服务业组织服务提供标准体系结构如图 5-5 所示。

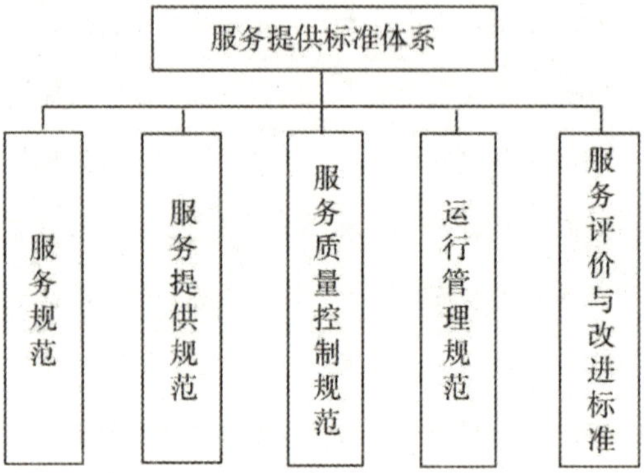

图 5-5　服务提供标准体系结构

（1）服务规范。服务规范是指服务业组织为满足顾客需求，对某项服务（工程）或者行为制定的定量或定性的服务要求的规定。服务规范的范围、种类非常广泛，不同的服务业组织、不同的服务对象、不同服务内容，其服务规范也各不相同。如有：旅游业的导游服务规范，交通运输业的公交客运服务规范，银行业的柜员服务规范，汽车租赁业的汽车租赁服务规范，等等。服务规范的内容既可能有技术性的内容，也可能有管理性的内容或服务人员的工作性内容。虽然服务规范的内容不同，但制定的目的是唯一的，都是为了满足顾客的需求。服务规范可从功能性、安全性、时间性、舒适性、经济性、文明性 6 个方面对服务应达到的水平和要求进行规范。

（2）服务提供规范。服务提供规范是服务实现过程中对服务提供的要求、提供的方法、程序所制定的标准。

（3）服务质量控制规范。服务质量控制规范是指在提供服务的过程中对反映满足需要的全部特性，采用一定的手段和方法去评价、改进并完善服务而制定的标准或要求。服务质量控制实际上就是对服务特性的控制，包括：服务提供的评价方法、控制措施标准，对顾客抱怨的处置标准，不合格服务的纠正管理标准，预防性措施的要求及评价标准等。

（4）运行管理规范。运行管理规范是根据组织的经营战略要求，对运行过程的规划、设计、实施和控制进行管理的准则或要求。运行管理是以各种过程为基本单位，规定每个过程的输入、输出、供方和顾客以及识别各个过程的相互关系和作用，建立过程网络，全面协调过程之间的相互匹配。服务业组织主要需要收集和制定以下方面的标准：组织协调服务提供过程中各种因素的平衡管理；营销的组织与管理要求，客户关系管理要求；服务人员的有序组织和配备要求；设施设备及用品与人员的配合标准。

（5）服务评价与改进标准。对服务业组织构建的标准体系开展有效性、适宜性和顾客满意度评价，并通过评价对达不到预期效果的服务提供进行改进，是服务业组织提高服务质量、完善科学管理的有效方法。服务评价与改进是一个持续的、周而复始的过程，一般可以按照“PDCA”（计划→实施→检查→处置）管理模式进行。服务评价与改进标准主要包括以下几方面内容的标准：评价的组织机构和人员；评价的程序和方法；评价的内容和要求；改进的方法。

（二）服务业组织标准体系建立的步骤

服务业组织应在深刻领会 GB/T 24421 系列国家标准的基础上，结合自身服务需求，建立科学适用的标准体系。服务业组织所建立的标准体系是组织执行标准的集合，体系应符合国家法律法规要求，符合政府和行业部门对服务业组织的各类要求，整合各种管理体系对服务业组织的要求。标准体系层次的分级和内部标准的分类应符合组织服务实际，体系内标准应相互兼容、协调一致、科学系统。服务业组织标准体系建设表现为“梳理→设计→编制→实施→改进”的过程。为了确保示范效应的发挥，还需要有宣传、推广和展示的环节。

1. 梳理

首先，梳理、确定服务业组织的标准化需求、标准化对象和通过标准化意欲达到的目标。其次，梳理服务业组织运营管理所涉及的法律法规、规范性文件等指导性依据，国家标准、行业标准、地方标准及组织内部标准等管理依据，对照标准化的目的需求查漏补缺。最后，梳理服务业组织的现有服务事项，进行科学分类，对现有服务类别、服务要求、服务流程的科学性、合理性进行评价，进一步强化关键质量控制点。

2. 设计

以适用的法律法规为基础，参照《服务业组织标准化工作指南 第2部分：标准体系》(GB/T 24421.2—2009）的要求，规划设计标准体系框架，按照一定编码要求形成标准体系明细表，根据单位业务发展规划和标准化发展需求编制标准化发展规划，形成规划表。对明细表中的标准按照不同方式进行统计，形成统计表，更好地对标准化工作进行管理。

3. 编制

主要体现为编制通用基础标准、服务提供标准、服务保障标准和岗位手册。通用基础标准应以满足实际需要为原则，服务业组织用不到的标准不列入体系和明细表，服务业组织只用到某个国家（行业、地方）标准的某些章节条款的，可以将该标准简化改写为服务业组织标准。服务提供标准应按照此前梳理的服务事项类别分别编制服务标准、运行管理标准、评价与改进标准。每一个服务（提供）规范应当要素齐全，如一般包括机构、人员、设施设备物品、业务（服务要求、服务流程）、质量控制、安全与环境、监督、记录与报告、评价与改进。评价与改进通用标准应当与各岗位的评价要求相区分。

4. 实施

实施中应注意需要全员参与，通过动员宣贯、培训等多种方式营造标准实施的良好氛围。

5. 改进

应注意对实施效果的评价，不断总结实施经验，持续提升和改进标准的质量和水平。

总之，通过标准体系建设，在法律法规、规划、政策指导下，在通用基础标准的支撑下，通过保障标准体系的运行来改进内部管理和运营质量，把保障服务业组织的发展与推动服务质量的提升有机融合。

四、服务业组织标准体系的运行

服务业组织标准体系的运行，就是服务业组织将标准体系中的相关标准逐步建立起来，并且有组织、有计划、有措施地将其在服务业组织的服务、经营、管理等活动中应用的过程。服务业组织标准体系的运行主要依据《服务业组织标准化工作指南 第4部分：标准实施及评价》（GB/T 24421.4—2009）。

（一）实施的原则

除了满足标准实施基本原则之外，服务业组织实施标准还应遵循系统性原则、有效性原则和持续性原则。

1. 系统性原则

服务业组织标准实施应坚持系统性原则，统筹兼顾，有计划、有步骤地进行。系统性原则即整体性原则，要求把标准的实施视为一个系统，以系统整体目标的实现为准绳，一方面协调标准体系各子体系、标准体系内标准的相互关系；另一方面协调标准实施部门和人员在标准实施过程中的相互关系，保证标准实施环节所涉及的各相关要素协调、平衡。

2. 有效性原则

服务业组织标准实施应坚持有效性原则，即在标准实施过程中应采取有效措施保证标准的有效实施，从而实现提升服务业组织服务水平、引领行业健康发展的根本目标。标准能否有效实施取决于诸多影响和因素。首先，标准体系和体系内标准内容的科学适用是第一要素；其次，组织内部人员的标准化意识和对标准的熟悉掌握程度也是一个重要方面，应采取宣传、培训和考核等多种措施保证相关人员对标准的熟练掌握；最后，标准实施过程中应因地制宜，实事求是，如对于一项规定共性问题的标准，由于不同组织和部门的人员、技术状况和相关条件有差异。因此，要在标准的贯彻执行时，因地制宜地考虑实施过程中的各个环节，合理配置资源，保证标准的贯彻执行。当标准中给出不同等级要求时，也应根据服务业组织的实际条件，确定要实施的等级。

3. 持续性原则

服务业组织标准实施应坚持持续性原则，即标准化实施和标准化工作不是阶段性的，而应当成为一种常态化工作，融入日常工作之中。通过标准体系的实施，定期或不定期地对发现的问题进行改进，不断提升标准体系的完备性和科学性，为组织的服务和管理提供持续技术支持。

（二）实施的方法

标准实施工作往往涉及服务业组织服务、经营、管理活动的方方面面，涉及管理者、操作者等各类人员，是一项比较复杂的活动。如何提高标准实施的有效性和科学评价标准实施效果，是服务业组织开展标准化工作必须解决好的一个问题。应该根据标准特性的不同，选择不同的实施方法，并且在实施过程中认真做好测量和记录，以验证标准体系及其各项标准的适宜性、充分性和有效性，并以测量和记录为依据，对标准体系进行改进。《服务业组织标准化工作指南　第4部分：标准实施及评价》（GB/T 24421.4—2009）中第3章介绍了过程法、要素法和符合性评价方法3种基本实施方法。

1. 过程法

过程法是指根据事件发生的时间顺序一步步或分阶段地贯彻标准的要求。采用过程法实施标准要注意实施过程中各个阶段的相互衔接。因为上一个阶段实施标准的好坏，可能直接影响下一阶段的实施，甚至当有一个环节没有很好地贯彻标准，将影响整个标准的实施效果。服务业组织的许多标准，如服务提供规范标准等，就适宜采用过程法进行实施。

2. 要素法

有些服务标准是按要素分别提出要求的，各要素之间虽有关联，但没有严格的时间上的关联性。如服务业组织制定的环境标准、设施设备标准等就属于这一类标准。这些标准的实施应按要素法进行，即使每个要素分别达到标准的要求，并注意要素之间的关联性。当然，在标准实施过程中，有时很难严格界定是采用“过程法”，还是采用“要素法”，常常两种方法同时使用，这要根据实际情况确定。

3. 评价法

标准实施时经常采用符合性评价方法，是用于评价标准实施的过程或结果是否符合标准要求的一种方法。

（三）实施的程序

在《服务业组织标准化工作指南　第4部分：标准实施及评价》（GB/T 24421.4—2009）中“3.3”，主要介绍了标准实施的一般程序要求，包括计划、准备、实施、改进、评价等步骤。

1. 计划

标准实施涉及服务业组织的方方面面，往往需要多部门、多方面人员的参与，是一项比较复杂的活动。因此，标准实施前应制订详细的工作计划或方案，周密部署，协调配合。在制订标准实施计划时，应着重考虑以下问题。

一是从总体上分析实施标准的有利因素和不利因素，确定实施的先后顺序和应采取的措施。除一些重要标准需要专门组织实施外，一般应尽可能结合或配合其他工作进行贯彻标准工作。

二是将实施标准分解成若干项具有可操作性的任务和要求，分配给各有关单位和具体人员，明确职责，规定完成时限以及相互配合的内容和要求。

三是根据实施标准的难易程度和涉及范围的大小，选择合适的实施方式，对难度较小且涉及范围较小的标准，可一次性铺开，全面贯彻；对涉及范围广、实施难度较大的标准，可先行试点，然后分期组织实施。

四是合理组织人力、物力资源，既保证实施标准工作的顺利进行，又不造成浪费。

2. 准备

（1）组织准备。服务业组织应建立相应的组织机构，统一组织标准实施工作。对重要标准或标准体系的实施，应建立由服务业组织决策层管理者牵头、各有关单位负责人参加的领导机构和相应的工作机构，配备必要的标准化工作人员，研究实施标准的具体措施，协调解决标准实施的有关问题；对单一的、较简单的标准的实施，也应设专人或部门负责标准实施工作。标准实施作为一项综合性的活动，必须建立一个组织领导和工作机构，协调解决标准实施过程中的有关问题。应根据服务业组织的管理模式和标准实施的范围、要求来确定如何建立组织机构，组织机构由谁牵头，有哪些部门和人员参加，以及相应的职责等。标准涉及面越宽、内容越复杂，组织机构的层次就越高，参加的部门和人员也就越多。服务业组织实施标准体系时，应建立最高管理者为首的组织机构，各部门负责人均应作为成员，共同组织和领导实施工作。组织机构的建立一般是非永久的，但重要标准的实施或标准体系的实施，最好建立一个相对稳定的组织机构。

（2）人员准备。服务业组织在实施标准前，应认真组织宣贯工作，使相关人员对实施标准的重要性有一个正确而全面的认识，掌握标准的有关内容，了解标准实施的关键点和难点，对内容较复杂或技术含量较高的标准，应专门进行专业培训。服务标准中也往往对服务人员的要求作出明确的规定。为了更好地实施标准，需要做好人员的准备，还需要进行相应的宣贯工作。一是人员资质和技能。许多服务岗位的工作人员需要相应资质和技能，标准中涉及的关键岗位，往往要求具有一定技能的人员才能完成实施任务，因此，人员准备是关键。对技术要求较高或国家有明确规定的，通常需要对人员进行专业培训，对人员要求不高的岗位，一般也要经过一定的培训。二是标准宣贯。标准宣贯是标准实施的重要环节。标准的实施过程中会遇到许多问题，这些问题的解决除依赖于技术因素外，还依赖于人们对标准的认知程度。标准宣贯首先可使相关人员对标准实施的重要性有一个正确而全面的认识。其次，可使标准的执行者充分理解标准的内容，掌握标准中的关键点和难点。为此，有时要专门组织标准宣贯培训班，请有关人员对标准进行系统的讲解。只有对标准有一个全面的把握，熟悉标准要求，且了解贯彻标准的重要意义，才能在服务、经营和管理等各项工作中自觉地、正确地贯彻标准。此外，在标准宣贯阶段，还要解决标准实施过程中的相互配合、相互衔接的问题。

（3）物质准备。服务业组织应配备相应的设施设备、服务用品、工具、资金及与实施标准相适应的环境条件。为了达到标准要求，往往需要对现有设施设备进行技术改造，有时还需要购置相应的检测设备、服务用品、工具等。服务的环境条件是保证最终服务质量的重要因素，因而需要达到标准要求。

（4）技术准备。服务业组织实施一项新标准，当涉及服务技术的改进时，应进行相应的技术准备，必要时应进行技术攻关和技术改造。为了达到标准中规定的新要求，常常需要采用一些新技术，需要进行试验，甚至技术攻关。例如，某地方标准《洗衣业服务质量规范》中就洗衣灭菌消毒要求作出如下规定：经消毒并洗净的衣物，细菌菌落总数每平方厘米应不大于 200 个。针对这条要求，需要解决的技术问题，一是采用什么消毒方法，二是要解决如何检测的问题。如果这些技术问题不能很好解决，就无法全面实施标准。

3. 实施

在做好标准实施准备工作的基础上，计划组织标准的贯彻实施。这一阶段的中心任务，就是对照标准要求，开展各项活动。《服务业组织标准化工作指南　第 4 部分：标准实施及评价》（GB/T 24421. 4—2009）给出的 4 个方面的要求，应在标准实施过程中认真把握。对于标准中的强制性要求，一般都给出了限值，标准实施必须达到；而对于标准中的一些推荐性或可选择的要求，可根据实际情况灵活实施。服务行业的一些标准，有时不能给出严格的定量要求，需要实施过程加以把握。一般来讲，实施标准的程度越高，效果就越好。

服务业组织应按计划组织标准的实施，使标准规定的各项要求在服务过程的各个环节上加以实现，并满足以下要求：对服务活动涉及的设施设备、服务用品、工具及相应的环境条件等，应通过一定的方法确认其达到标准要求后，投入使用；对于服务人员，应通过考核确认其达到标准要求后，准予上岗。对服务标准规定的服务质量要求、服务提供要求等应转化为各个岗位的具体工作要求，加以实施。对于安全、环保等方面的标准要求，应落实到具体关键点上，并有相应的保证措施。对实施过程中遇到的各种问题应采取有效措施加以解决，以保证标准各项要求的贯彻落实。

4. 改进

服务业组织在实施标准的过程中，应认真做好各项记录，并将各环节形成的数据和有关情况及时反馈至标准实施的组织协调部门，以便及时调整和改进标准实施工作。当发现标准中存在不完善等问题时，应及时向标准批准发布部门反馈情况。

标准的实施必定会对服务、经验、管理等各个环节及最终结果产生一定的影响，出现新的变化，形成一系列数据。例如，实施服务环境标准时，可能需要对环境卫生、水质、空气、光亮度等方面的指标进行检查；实施设施设备标准时，要记录设备运行状况，验证功能是否满足要求，检查设施设备性能、安全环保等指标；实施服务提供规范标准时，要记录每个环节运转情况，监测完成时间、数量等方面指标。实施标准过程中形成的各项数据是改进标准实施工作和修订标准的重要依据。因此，应认真做好记录，并及时将记录信息反馈至有关部门。

5. 评价

服务业组织在实施标准的各个环节是否满足标准要求以及标准实施效果如何，需要进行综合评价。评价的目的是进一步改进标准实施工作。对技术类标准的符合性，可使用适宜的仪器设备，按规定的方法进行试验验证。但是，鉴于服务行业采用的许多标准往往不能给出严格的定量指标，很难用单纯测量的方法进行全面的符合性评价，且标准实施效果在很大程度上体现在顾客的感受上，也难以采用简单的测量方法进行评价。因此，需要制定适合服务业标准特点的实施评价方法。

第三节　殡葬公共服务标准化

近年来，随着国家对民生领域的不断重视，我国的公共服务事业也迎来了前所未有的发展机遇。《“十三五”推进基本公共服务均等化规划》明确基本公共服务是由政府主导、保障全体公民生存和发展基本需要、与经济社会发展水平相适应的公共服务。提出要建立健全服务标准体系：各行业主管部门会同国务院标准化行政主管部门等，分别制定实施基本公共服务各领域设施建设、设备配置、人员配备、经费投入、服务规范和流程等具体标准，推动城乡、区域之间标准衔接，推进基本公共服务标准化工程建设，在有条件的地区开展公共服务标准化试点。

一、政府公共服务标准化理论

公共服务是社会主义市场经济条件下政府履行职能、发挥政府作用的核心问题。公共服务包括基本公共服务和非基本公共服务两部分。基本公共服务是指在特定的时空条件下，政府提供给公民的底线公共服务；非基本公共服务是指在特定的时空条件下，政府给特定的群体高层次的公共服务。基本公共服务和非基本公共服务是一个动态的过程，非基本公共服务可以随着社会经济的发展而转化成基本公共服务。《国民经济和社会发展第十一个五年规划纲要》界定了公共服务所包括的领域，即义务教育、公共卫生、社会保障、社会救助、促进就业、减少贫困、防灾减灾、公共安全、公共文化、环境保护、市政设施、公共交通，基础科学与前沿技术，以及社会公益性技术研究、国防等。为了确保公共服务业以最佳秩序和最高效率运转，不断提高服务质量，进行公共服务标准化是实现公共服务目标的主要手段和途径。

（一）公共服务标准化及其特征

1. 公共服务标准化的概念

公共服务标准化是在提供公共服务过程中使用标准化原则和对公共服务标准的设定和使用，从而达到能够使公共服务质量变得很具体、公共服务方法很合规、公共服务过程变得程序性，获得优质公共服务的过程。通过这一活动，能够实现在这些领域内政府公共服务提供社会效益的最大化。其开展的对象是那些在公共服务领域内存在各种待解决的问题并且具有重复性特点的事务。

政府的公共服务标准规定了政府公共服务应达成的目标，并确保其在一定范围内适用，也就是规定政府公共服务应满足的要求以确保其适用性的标准。首先，政府公共服务标准化的建设是一个制定公共服务标准并将其贯彻实施的活动过程，它是一个分阶段的、递进上升的运动过程。政府公共服务标准化的效果只有当标准在公共服务行业范围内得到实施之后才能表现出来，因此，对标准的贯彻和实施是公共服务标准化过程中一个重要的环节。其次，政府公共服务标准化是一个相对的概念。随着改革和建设的过程进行，公共服务的标准系统也需要经过不断的修正和调整，摒弃不合时宜的、不科学的，对于较完善的要进行保留并不断提升，也可根据客观的需要来增加新的标准等。每经过一次调整和修正，标准体系的结构就更趋于合理一点，公共服务能力就相应提升一步。标准化是要在一定程度内达到一个最佳状态，充分考虑我国的现实情况，利用宝贵的公共资源创造出最佳的社会效益。

政府公共服务标准主要包括：公共服务术语符号标准，基础数据标准，服务资源配置规划标准，公共服务设施标准，公共服务人员标准，公共服务质量标准，公共服务安全、卫生标准，公共服务环境保护标准，财政预算与支出标准，公共服务绩效评价标准和公众满意度评价标准等。

标准化是政府提供公共服务、进行社会管理的方法，它为政府自身改革、政府管理社会提供了一种科学性、技术性的解决思路，为服务型政府建设提供了一种可操作性的手段。作为标准化的主要成果，标准已经成为政府处理政府与市场、国家与社会关系的重要规则，成为政府进行社会管理、维护经济社会秩序的重要规则。因而，形成了法律规则、经济规则、标准规则共同规范政府管理与社会秩序的多元化、多层次的社会治理模式。政府公共服务标准化是将标准化原则和方法运用到政府公共服务领域，通过对服务标准的制定和实施，以达到服务质量目标化、服务方法规范化、服务过程程序化，从而获得最佳服务秩序和社会效益的过程。政府基本公共服务标准化标志着一个新的理论诞生，标志着标准化从传统的工业标准化向服务标准化的拓展，标志着标准从纯粹技术规范向行为规范的转变。

2. 公共服务标准化的价值

政府基本公共服务是一种特定的政府行为，存在着政府行为公共性、民主性、公平性、集中性、普遍性、示范性等特征，决定了其存在着标准化的必要性和可能性。

政府基本公共服务作为一种国家对社会和公民生活的干预，基本公共服务提供的范围和深度反映了国家干预的广泛程度。确定合理的基本公共服务的范围、程度和方式，直接决定着政府基本公共服务是否发挥内在化市场负外部性的重要功能。政府基本公共服务的内在属性要求这种公共服务的产生和提供实现公平、公开、公正、均等、统一，而这些特征进一步强化了基本公共服务标准化的必要性。基本公共服务的稳定性和强制性来源于标准化的直接保障，政府基本公共服务的运行机制和内在属性决定了其标准化的必要性。

政府基本公共服务在于保障社会和公民的基本生活运行，其范围、程度和方式都比较明确，政府和公共部门的保障方式使得基本公共服务具有标准化的可能。政府基本公共服务由于具有统一性、均等性、稳定性、集中性的特点，使得在操作层面政府基本公共服务可以作为标准化范围、方式和程度的考察对象。无论是政府基本公共服务提供的主体，还是政府基本公共服务的面向对象，或者是政府基本公共服务的运行机制，其内在属性和特征都决定了其存在着标准化的可能性。

总之，政府基本公共服务的标准化是当今世界公共管理和公共行政改革的趋势，作为建设社会主义政治文明的中国，更应当积极推进政府基本公共服务示范和改革的进程，使政府基本公共服务标准化在服务型政府的建设中发挥标志性作用。

3. 公共服务标准化的特征

（1）公共服务标准化的发展变化性。公共服务标准化不是一成不变的。政府进行公共服务标准化建设需要不断持续改进，要通过制定、颁布和实施等环节的不断循环，通过持续地调整和优化公共服务的标准，进而提高政府的公共服务水平和绩效。在标准化建设的过程中，标准的制定过程在不断进行和完善。政府的这一改革过程需要进行多次的循环往复，使公共服务水平和标准化管理水平在循环重复的过程中逐渐提高和完善。

（2）公共服务标准化的社会效益性。公共服务标准化最终的目的是追求最佳社会效益。制定和实施标准在服务改革过程中只是手段和途径，最终的效果和目的还是不断满足公众的公共需求，寻求最满意的社会效益，而不仅仅是为了方便管理和建立政绩。因此，政府进行公共服务标准化建设要在开始阶段就明确最终目标和首要任务，那就是取得最佳社会效益，满足公众公共需求。

（3）公共服务标准化的形式多样性。公共服务标准包含一系列定量指标，在可量化的范围之内要尽量制定和使用定量的标准和指标，以求得最科学、准确的效果；除此之外，公共服务领域绝大部分标准是没有办法量化的，这些标准的表现形式包括“在语言表述上的规范、在操作方法上总结出的规律，以及规范的政府职责和意识等”。因此，政府公共服务标准是由定量的指标、定性的描述和规范化的表述结合起来组成的标准体系，加上各地区之间存在的差异性，决定了我国政府公共服务的标准会存在多样化的形式和内容，是一个由定量指标和定性描述综合表达的体系。

（4）公共服务标准的方向一致性。公共服务各领域间没有明确界限，使得各层级、各政府部门公共服务领域界限也不是很清楚。政府的公共服务标准需要将各种管理标准、服务标准、技术标准进行有机整合，实现公共服务提供流程的规范化，明确各部门职责并促进各部门有机衔接。把各种标准中的单独的标准和其余的标准进行比较，找到其中的共同点，建立起一个方向一致的政府公共服务标准化体系，改变边界不清楚的状况，最终达到各个实施主体的公共服务标准都是在同一个方向的指导下进行的。统一的标准有利于政府公共服务状况的监控和相互对比，并且可以为科学的绩效评估提供相关的依据，最终构建一个统一的公共服务标准化体系。

（二）政府基本公共服务标准化

实现公共服务的标准化是政府创新型变革的一个组成，标准化建设通过使用各项标准及指标建立科学实用的指标体系，为考核政府管理和政府行为提供了标尺，以此来达到监督政府管理和政府行为的目的，同时使政府在公共服务领域的管理更加规范、高效、优质。

1. 政府基本公共服务标准化建设的重要意义

政府基本公共服务标准化是为实现社会公平与提升公共服务效能，将标准化原则和方法运用到政府基本公共服务领域，通过对服务标准的制定和实施，以达到服务要素配置均等化、服务质量目标化、服务方法规范化、服务提供程序化的过程。在这个过程中，政府需要实现公共服务的透明化和管理运作的规范化，从而建立一个完善的公共服务体系。

(1) 政府创新社会管理的必要途径。公共服务标准化的思想，是20世纪七八十年代在西方逐渐繁荣起来并被引入到西方公共服务领域的，政府在那一时期自身面临经济困境和政府变革的要求。因此，许多企业中使用的管理思想和模式开始在西方政府提供公共服务中使用，其中有关标准化管理的相关理念得到了最广泛的应用。西方政府收获了大量有用的关于实现公共服务标准化的理论和实际操作方面的感受，为我国政府实施这一建设做了非常有意义的前期的准备。我国进入经济社会全面转型时期，社会利益结构和利益主体都在发生快速变化，各种社会矛盾和社会问题也开始显现。基本公共服务标准化通过管理和操作标准化对政府部门和工作人员的行为进行规范，从而改变其通过命令和权力强力推行行政的模式，在提供基本公共服务过程中实现管理和运作透明化，不断扩大政府信息公开程度，建设真正的服务型政府。我国经济社会全面转型，要求政府必须创新行政管理模式，由“权力行政”转向“服务行政”，建设服务型政府，强化政府的服务和责任意识，将公共服务职能作为政府的基本职责，并探索不断满足公众公共需求的可行路径。公共服务标准化通过标准化的科学管理手段规范政府服务提供、服务管理和服务内部保障行为，从系统角度完善和优化政府公共服务职能的履行，提高政府行为的可预期性、稳定性和效率，建立一个不断满足公众需求持续改进的政府。可见，公共服务标准化是建设服务型政府的必然选择。

(2) 完善公共服务体系的技术支撑。随着经济社会的发展和人民生活水平的不断提高以及公共需求的迅速增长，完善公共服务体系的要求越来越迫切。标准化为公共服务体系的完善提供了技术路径和方法。通过建立政府基本公共服务标准体系，强化对公共部门的约束引导，提高政府提供基本公共服务的效率和水平，也是推进基本公共服务均等化的重要保障机制。针对我国国情和公共服务型政府建设实践，建立一套科学的政府基本公共服务标准体系，有利于推动政府绩效水平的提高。标准不仅是衡量政府绩效的基础，也是提升政府服务水平与服务质量的有效手段。目前国内外对政府服务质量的要求和评价大都采用了一套量化、标准化的指标体系。随着经济社会全面转型，公众对基本公共服务日益增长的需求与政府有限的公共服务供给的矛盾日益突出，政府管理与公共服务模式的创新提上议事日程，而标准化作为政府科学管理的工具已为国内外的实践经验所证实。公共服务标准化建设中，政府部门通过流程的梳理和再造，提高本部门服务水平和效率；强化不同政府部门之间的有机联系和协同，实现公共服务在不同部门之间的无缝衔接。服务标准化的核心是服务质量及其持续改进，公共服务标准化建设可以使政府将其关注重点回归到公共服务的提供及其质量改善上，不断优化工作程序，提升服务水平。

（3）有利于政府绩效评估内容的定位。绩效评估是考核服务型政府履行公共服务职能的基本模式，需要建立一套科学、合理的评估指标体系作为评价的基础，而建立科学完备的绩效评估体系是全面准确考核政府工作的关键环节。科学合理的评判标准可以正确地评价公共服务均等化绩效，更好地稳固公共服务均等化成果，是目前我国政府工作的一项重要任务。通过公共服务标准化建设，可以为各部门工作提供出一个定量的、可操作的评价依据，使得部门工作达到规范化、精细化，提高政府在提供公共服务过程中的工作标杆，提高政府行政效能。政府基本公共服务标准化完善了政府绩效的评价体系，改变了以经济指标评价为主的指标体系，形成了完整的评价指标体系和标准，它有利于全面科学地评价政府绩效，进行持续改进，不断提高公共服务质量和行政效能。

（4）优化了推进经济社会发展的环境。实践证明，在硬环境具备了一定基础之后，软环境往往成为促进一个地区经济发展的关键因素。只有集中代表政府形象的公共服务这个软环境建设好，才能推动经济又好又快的发展。而标准化恰恰就在这个软环境建设过程中发挥了技术支撑的基础性作用，其统一、规范、协调和优化方法原理的应用正是不断提高公共服务质量和效率的工作突破点。改革开放以来，我国经济社会取得成果的背后也逐渐暴露出了社会中存在的各种问题和矛盾，这一现状实际上是由于政府滞后的改革与社会经济发展要求不相匹配而造成的。因此，公共服务标准化这一政府创新模式的建设，为我国实现这一建设创造了有利的政治环境。建立以规范权力运行为核心、以权力公开透明为重点、以考核考评为动力、以监督制约为保障的公共服务标准化体系，有利于进一步简化办事程序、规范服务行为、提高工作质量，切实达到方便服务对象、提高行政效能、提升政府形象、优化发展环境的目的。

（5）提升了政府的形象和公众满意度。良好的政府形象是提升政府公信力的法宝，有利于提升公众参与公共服务的积极性。政府形象的建设归根结底是要获得公众的满意和认可，高绩效政府是指在履行行政职责的过程中，在注重社会公平的基础上，能够积极回应公众要求，追求公众满意度，以相同或更少的资源获得公共产出的最大化。标准化是建设高绩效政府必不可少的手段。标准化可以实现效益的最优化，并提高公众满意度，从而改善政府形象。公共服务标准化对政府行为进行明晰和固化，稳定公众预期，有利于缩小公众预期与政府行为的差距，不断满足公众公共需求，提升公众满意度。

通过服务标准体系的建设，明确政府各个部门和政府工作人员的工作要求和流程，明确其提供的服务所要达到的质量要求，促进政府服务职能的透明和完善，建立一个以更好的效益满足人民公共需求的政府。提高公众满意度是服务型政府“以人为本”的必然要求。公众满意是公共服务供给和生产的出发点与归宿，公众满意度是评判公共服务绩效的最终标准，是政府基本公共服务标准化要实现的主要目标之一。公众满意度是指公众对政府绩效（效果）的感知与他们的期望值相比较后形成的一种失望或愉快的感觉程度的大小。当政府绩效的感知效果达到或超过公众期望时，公众趋向于满意或比较满意，反之则感到一般、不满意或很不满意。公众期望的公共服务质量也应有一个合理限度，如果超出了政府的能力也是无法实现的。这就意味着政府提供公共服务的水平和质量应该有一个各方一致认同的标准，才能使公共服务向最优化发展，维护良好的秩序。标准化能使公众与政府服务之间找到契合点，实现均衡，防止公众期望过高或政府服务水平设定过低。公众参与是提高公共服务质量和效益的重要条件。政府通过与公民的合作构建有民众和市场机制参与，以政府为主体的多元化公共服务体制，有利于实现职能行使的最优化，有利于促进公共服务评价的科学化、民主化。标准化过程本身就是一个公众参与、协调一致的过程，是相关各方“合意”的结果，是公共选择的结果，为公众参与公共服务提供一个渠道。公众参与到公共服务及其标准化进程中可以提高公共政策与标准制定的科学性、民主性、有效性和合理性，以及提升标准化水平。政府基本公共服务标准化使政府展现出公开透明的形象，有利于公众参与到公共决策中，从而更好地约束和规范政府行为，更有效地监督政府行为。

公共服务标准化体系的建设不仅是为了解决和改善当前我国社会面临的公共需求与社会发展不平衡的矛盾，也是为了我国建设服务型政府的顺利开展和进行，通过对政府各项管理操作的合规化，制定公共服务具体实施时要达到的标准，进而在标准化的建设过程中达到或者基本实现我国公共服务的均等化，从而达到对社会所需的公平与正义的保留和维护。对政府的公共服务进行构建一个切实可行的标准体系，纳入标准化体系中的要素对公共服务的供给要实现公平、公正，使政府尽可能实现大家越来越多的公共需要，最终完成达到公共服务均等化的目标。

2. 政府基本公共服务标准化建设的理论基础

政府公共服务标准化的发展，强调公共服务主体将企业管理的一系列科学的方法引入到公共服务领域，通过公共服务标准化的建设来提升政府公共服务的品质。

（1）新公共服务理论的“以服务代替掌舵”。新公共服务学派强调以公民为中心，主张在公共管理改革过程中倡导民主参与式的政府管理模式，发挥社区与非政府组织在公共管理中的作用，发挥民主机制的作用。新公共服务理论的基本原则是：第一，服务而不是掌舵。政府部门的角色定位应该是不断满足社会公众的公共需求和社会共同的利益，而不是控制和掌握社会发展的方向。第二，公共利益是公共服务的目的。政府部门首先要把实现公共利益、追求最佳社会效益作为行动和工作的主要目标，在组织行为过程中形成一种公共利益观念。第三，战略地思考，民主地行动。满足公共需要的政策与规划要从宏观的角度来考虑，运用战略高度的方法和理念来进行，同时不能忽略这一过程中民主的参与。第四，服务于公民。强调政府提供公共服务和产品的对象是公民，要时刻以实现公共利益为目标。我国经济社会全面转型要求政府必须创新行政管理模式，进行公共服务型政府的建设，必须要强化政府部门的责任意识和服务意识，从传统的“掌舵”转变为更适应时代的“服务”，从满足公众公共需求出发，将公共服务职能作为政府的基本职责。公共服务标准化建设是通过标准化的管理手段来科学规范政府进行公共服务提供、管理和保障等行为，不断优化和完善公共服务职能。公共服务标准化建设强调政府要将关注点放到为公众提供公共产品和服务上来，履行和完善公共服务职能，真正建立一个服务角色明确且重要的服务型政府。

（2）全面质量管理理论的“树立目标不断改进”。全面质量管理就是指组织通过树立“不断改进”理念，“密切关注任何一个与组织的产品和服务打交道的客户的需求，不时地对组织作业过程中的关键变量进行精确度量，保证产品的及时改善和服务质量的提高，改进组织各项工作的质量，进而使组织获得高绩效的过程。”全面质量管理是在传统的质量管理基础上，“强调以组织产品的质量为中心，倡导全体组织成员参与到提高组织的产品和服务的质量中来的一种新的管理方法。”其目的在于通过获得长期的高顾客满意度、组织成员和社会的利益，最终实现组织的高绩效。从近年来全面质量管理健康、持续的推行效果来看，全面质量管理有利于凝聚企业的整体实力，提高企业的整体素质，增强企业的市场竞争力、增加企业的市场占有份额。对于目前政府公共服务标准化体系的建设，引入全面质量管理的理念将有利于标准化建设的深入推行，进而促进我国公共服务质量的提升和水平的改进。全面质量管理的科学理论能够促进政府部门行政管理和公共服务绩效水平的提高。随着公民意识的不断提高和信息技术的发展壮大，政府在提供公共服务的过程中要进一步进行信息公开，逐步实现管理和工作的透明化。这就要求政府要分析、梳理自身的工作流程，明确合理的政府行为规范和公共服务的标准，并做好信息的公开工作，通过公共服务标准化建设来进一步促进政府服务职能的透明和完善，建立一个高效、公众满意度高的政府。

（3）标杆管理理论的“参照目标寻找最佳方式”。任何组织或部门如果没有科学的标准来参照，就不可能实现规范精细的管理，如何建立有效的确定目标是组织成功的关键。标杆管理的理念即参照预期设定的可操作性强的目标，不断寻找和研究最佳的行为实践，并以此为基准来进行比较、分析和判断，从而不断改进组织绩效和行为。20 世纪 80 年代，标杆管理开始兴起于企业管理当中。标杆管理是一种有目标的学习过程，通过学习来重新思考和设计其发展模式。从本质上看，标杆管理是一种面向实践和过程、讲求循序渐进的管理方法。标杆管理的实践和标准化管理的共同点在于都是找出达成目标的最佳方式，并通过标准的形式贯彻到自身实践中去。目前我国对政府绩效管理缺乏系统性的研究和成熟的实践经验，引入标杆管理，提高标准并在实践中贯彻标准化操作，提高政府绩效，可以使政府发现自身问题，优化管理技术、提高管理标准水平。

我国政府在进行公共服务标准化建设的过程中，通过借鉴新公共服务理论中“服务”而非“掌舵”的思路，推动公共服务型政府的建设，转变政府部门提供公共服务的传统思维，促进公共服务水平的提升和标准化体系的建设；引入企业管理中的全面质量管理理论，通过对政府部门进行系统的全面质量管理，来持续改进政府部门行政管理和公共服务的效率和效能，促进公共管理水平的提升，推动公共服务标准化的顺利进行；在政府公共服务标准化中借鉴“以目标为中心”和“注重实践过程”的标杆管理理论，以制定和设计合理、可操作性强的目标来推进政府部门管理工作的高效率和高品质，同时也可以引用标杆管理中“找出达成目标的最佳方式”的思路来对公共服务标准化进行有步骤的发展和建设。

3. 政府基本公共服务标准化建设的研究现状

（1）国外基本公共服务标准化建设的研究现状。

20 世纪下半叶，标准化思想开始引入到西方的公共服务领域。80 年代开始，信息网络技术发展，对政府的公共服务范围以及模式提出了新的改革要求，西方公共服务实践中开始应用到许多企业管理的模式，标准化管理的思想也开始在公共服务领域得到广泛的应用。

1981 年，美国里根政府最先提出在公共服务体制中引入标准化管理思想和管理技术。英国的《新公民宪章》为公共服务标准体系研究奠定了理论基础。各国在公共服务领域相关制度的建立和组织的构建方面为公共服务标准体系的发展提供思路和研究的范式。其中，最主要的形式是通过制定公共服务标准，推进公共服务质量的标准化。因此，在公共服务的提供过程中开始运用了全面质量管理、标杆管理、平衡计分卡等量化和指标化的管理方式。

为了有效改进公共服务质量，英国政府实施了许多政策文件，进行了一系列的管理工作。如英国的国防部、财政部、国税局等中央政府机构及众多地方政府都采用了ISO 9000质量管理模式，这些管理行为和管理工作是在制定和执行一个完整的公共服务标准化体系的过程。英国梅杰政府在1991年开展的公民宪章运动就是政府服务管理标准化的一种形式，《新公民宪章》以改进公共服务质量为目的，在一定程度上可以称为公共服务标准体系，这一文件也为国外公共服务标准体系研究奠定了基础。政府把服务的内容、标准、责任等向公众公布，接受公众的监督，实现提高服务水平和质量的目的。从1991到1998年间，英国陆续颁布了48部宪章，涵盖了公共服务各个领域，并设计了地方政府绩效指南、最有价值服务指南以及绩效评估框架，对推动政府改革有很大的影响。这为国外公共服务标准体系研究奠定了理论基础，世界许多国家和地区都仿照该宪章的结构对本国的公共服务项目和政府管理工作进行重新梳理和设计。

加拿大联邦近些年来实施均等化战略的最主要的经验为“均等化的核心参数是标准”。加拿大在1994年就制定了《公共部门组织实施ISO 9000质量管理体系指南》（CGSB 184.1），用企业管理理念中专业的标准来进行公共管理，对公共服务领域的发展和改革有着重要作用。目前国际上多用人均指标对财政能力均等化和财政需求均等化进行衡量。而基本公共服务均等化则需要用实物指标和实物标准来进行测量。首先是确定基本公共服务的技术标准。通过客观因素评估，科学计算转移支付的数额，以此数额为基准，尽量减少和避免在转移支付过程中的随意性和盲目性。其次是建立公共服务的国家最低标准。由国家制定最低标准，有益于商品、服务和资本的自由流动，能够减少各行政区之间无益的支出竞争。

20世纪90年代开始，流程再造理论已经逐渐为越来越多的公司运用到组织变革中，旨在促进组织绩效的提升。如今，流程再造思想已被逐步应用到了政府管理领域中，并伴随着“服务型”政府理念的推崇而日益受到重视，同时也为推进国外政府业务流程以及服务流程标准化管理的变革提供了一种新的视角和方法论。1993年3月，美国克林顿政府成立了国家绩效评审委员会，在不断推进政府再造的过程中，提出了基础性改革措施，这其中就包括建立顾客服务标准。到1996年，美国联邦政府的各行政机构已建立了2000多个顾客服务标准，政府将标准化的管理方式与管理技术引入到联邦政府公共服务体制创新中，大大提高了政府管理与服务水平。

西方国家的公共服务标准化发展和改革中，其实践经验可以总结为以下几点：一是以公共服务财政定额标准作为公共服务均等化的基础和核心，通过财政均等，实现提供公共服务和公共产品的均等化；二是建立公共服务国家的最低标准；三是建立公共服务的技术标准。这些实践经验对我国公共服务标准化的发展有重要意义。

（2）国内基本公共服务标准化建设的研究现状。

标准化是一项政策性和技术性都很强的基础性工作，我国对于标准化的相关研究发展起来时间较晚，目前的研究大都集中在一般性介绍，缺乏全面深入的研究，至于标准体系、实施机制以及具体的实施策略方面的研究就更加缺乏。标准化研究落后的深层次原因是标准化模式、运行机制、管理机制，标准化管理法律法规体系不完善，以及相应的基础研究不足。我国 20 世纪 70 年代才从严格意义上开始系统地对标准化问题进行研究，这些研究主要是对已成型的实践经验进行归纳和总结，较少从公共服务标准化的理论基础进行深入研究。就标准化体系规划建设方面的研究来看，我国只有极少数的专家学者对该领域进行了初步研究，研究成果也比较早反映在一项专门的国家标准《标准体系编制原则和要求》中。但这些学者的研究大都是从公共服务标准的具体编制技术技巧的角度进行的，很少涉及标准体系建设的一般规律性的概括和揭示等领域。到目前为止，我国对于公共服务的分类也没有统一的界定和规范，还没有形成较系统、完善的公共服务标准体系。

近年来，公共服务领域不少学者致力于推广质量管理的理念和方法，从而改进政府所提供的公共服务质量，例如，我国行政审批服务流程标准化、纳税征管服务标准化、海关服务标准化等。一些学者不仅对旅游业服务标准体系框架有较为详细、全面的论述，更针对其标准推广策略以及推广过程中的政府行为进行了论证。另外，物流服务标准化、电子政务技术标准化等领域都积累了不少成熟的理论和丰富的实践经验。与此同时，一些国内的机构和学者也开始关注公共服务标准化的研究。钟瑛（2011）曾在其《政府公共服务标准体系研究》一书中提出，政府公共服务作为服务的一种，其基本过程的构成与一般服务过程不存在本质上的差异。而且 ISO 9004 标准在附录 A 中指出，这个标准也可以适用于公共事业管理。钟瑛依据 ISO“质量环模型”理论，构建了政府公共服务环理论模型。黄恒学、张勇（2011）在《政府基本公共服务标准化研究》中认为服务流程标准一般包括：提供服务的方法和手段；提供服务的流程、工作内容、操作规范和输入、输出要求；服务的沟通与确认要求；服务管理要求。

实践证明，运用标准化简化、统一等原理对公共服务流程进行再造，是提升政府绩效的有效途径。徐婷（2012）在《我国政府公共服务标准化建设研究》中提出，政府部门可通过引入 ISO 9000 标准，建立质量管理体系，以此来规范政府行政行为以及深化考核机制，最终达到改进公共管理体制和推动政府公共服务标准化建设。徐婷在研究中以南京市江宁区财政局的案例为佐证，论证了 ISO 9000 管理标准对推进公共服务标准化和规范政府行为的重要作用。

在我国的一些地方政府的公共服务中，特别是在人力资源和社会保障领域，也逐步将标准化的技术和方法引入进来，并在实践的过程中取得了积极的效果和影响，特别是在公共服务的机构名称、服务场所、设备配置、人员配备等方面提出了明确的规范化、标准化要求。与此同时，在人力资源和社会保障领域，我国还相继成立了一些标准化的组织及研究机构，以此来保障我国公共服务标准化的建设和长远发展。

随着地方公共服务标准化领域实践的推进，一些相关国家标准、行业标准以及地方标准也相应颁布实施。据统计，在人力资源和社会保障领域所颁布的涉及人力资源服务、职业能力建设、社会保险、劳动定员定额以及信息化建设等内容的国家标准共计 17 项、行业标准共计 268 项，如《人才服务规范》（DB11/T 494）标准和《人才服务机构等级划分与评定》（DB11/T 495—2007）标准等。人力资源和社会保障领域公共服务标准化的积极探索与实践，也推动了公共就业服务领域标准化的发展步伐。在公共就业服务标准化的实践领域，我国一些地方率先取得了一定的成效与经验。2006 年《鞍山市就业工作规范化管理体系》从标准体系、服务规范、平台建设、研发和创新领域实施“五个一”工程，全面推进就业工作规范化管理。2007 年《苏州市完善公共就业服务功能实施方案》从就业服务内容、方式和手段角度入手进行星级评定，打造独特的服务项目和品牌，实现各项就业服务的有机衔接，努力开展文明服务、公开服务、承诺服务、配套服务、标准化服务、个性化服务等特色公共就业服务。2009 年《湖南省公共就业服务体系建设标准与规范》依照各级行政主体的功能不同，从公共就业服务窗口基础设施、服务标准以及考核、奖惩制度角度实施公共就业服务标准化管理。2012 年《青岛市公共就业人才服务标准化建设评估制度》从品牌创建、模式创新、制度完善、流程再造、平台建设、信息网络、活动助推等方面实施公共就业人才服务标准化建设与规范化管理。2012 年《四川省公共就业服务和管理指南》完善健全微笑服务、规范服务、AB 角工作、首问负责、限时办结、一次性告知、服务承诺 7 项制度及失业管理服务、就业服务、就业援助服务、创业扶持服务、技能培训服务 5 项标准，以此来规范全省各级公共就业服务工作，旨在为公众提供更为规范、精细和周到的服务。

二、政府公共服务标准化建设

公民公共需求和公共意识的日益增长，要求政府管理由传统公共服务模式向现代公共服务模式转化，建立公共服务型政府，通过建立完善的公共服务体系，实现公共服务的透明化和管理运作的规范化。公共服务标准化建设正是政府实现这种公共服务模式转变的必要助力。

（一）政府公共服务标准化建设的问题分析

我国政府不断完善公共服务职能，加大公共服务投入，在公共服务体系建设方面取得了长足进展。随着我国公共服务事业的发展，公共服务标准化工作得到了国家和地方标准化主管部门的重视，也取得了一些进展。在国家层面上，2009 年国家出台了《服务业组织标准化工作指南》（GB/T 22421—2009）系列标准，对公共服务的标准化进行了规范，充分发挥了标准化对公共服务组织的支撑作用。2010 年国家编制了《公共服务标准化工作指南》（项目编号：20080392 - T - 469），并于 2010 年 10 月开始征求意见。此外，《行政服务标准化工作指南》《行政服务中心运行规范》等 6 项涉及公共服务领域的国家标准已正式立项。一些地区也在公共服务领域进行了标准化的尝试，并取得了一些经验。公共服务标准化建设作为我国公共服务体系建设的重要途径，是实现公共服务模式成功转型的一种全新的政府改革路径，因此要深入、全面地分析目前该体系存在的问题和不足，并提出解决问题的对策。

1. 政府基本公共服务领域尚需拓展

（1）服务供给不均衡。目前我国的公共服务供给在不同地域、不同群体之间存在着明显的不均衡状况，没有形成一个全国统一的、完善的基本公共服务标准体系。现行的标准很多比较模糊，造成政府部门仅着眼于现有工作流程和公共服务状况的梳理，不去关注有效标准的制定和推行，致使很多地区的基本公共服务标准跟不上社会发展，低于公众对于基本公共服务的需求，公共服务长期处于不均衡状态。由于我国公共服务领域中现行标准的界定方面比较模糊，再加上受到不同地域和群体的影响，公共服务的标准难以明确、统一，很多地区的公共服务标准尤其是基本公共服务标准的发展情况，难以满足公共服务体系发展的要求和公众的公共需求。不同地区、不同群体都有自身的公共服务供给状况，在标准确定的过程中要重视和衡量不同的群体和不同地域的公共需求，因此，很难通过一个或一系列标准来满足各个地区、各种群体的公共诉求。

（2）管理体制不健全。目前，我国政府部门缺乏一套行之有效的标准化管理体制，有些政府部门在公共服务当中将自己定位为“管理者”的角色，服务的意识相当淡漠，因此在开展公共服务标准化工作中，难以做到以公共利益为出发点，管理和服务工作的透明度较差，其模式和方法得不到公众的了解和认同。

（3）保障措施不充分。公共服务标准化对人才的素质要求很高，除了要掌握标准化方面的知识外，还需要有相应领域的专业技术知识，了解该领域的发展战略以及国家的相关政策等。但我国目前十分缺乏此类的专业化复合型人才，而且政府提供的经费也无法支持现有的标准化工作人员进行深入的研究。近年来，我国财政支出中对于基本公共服务领域的投入在不断增加，但增幅较小，财政收入中基本公共服务支出所占的比例相对于发达国家及部分发展中国家而言，依然处于较低水平。财政对于基本公共服务投入不足，导致公共服务领域没有足够的资金保障来发展我国的基本公共服务，目前亟待制定和出台公共服务的相关标准来规范和增强政府部门对于公共服务相关领域的财政投入以及其他公共资源的投入，以标准化的途径来达到公共服务提供水平的上升和公共服务均等化的最终目标。

（4）服务体系不完善。我国基本公共服务体系包括教育、医疗、住房、社会保障等子体系。目前我国基本公共服务的体系虽然已经初步形成，但是公共服务体系的内容、结构不全，保障水平不高，依然需要进一步的理论研究和实践操作，不断充实公共服务体系的内容，完善公共服务体系的内外部结构，进一步提高公共服务保障水平；公共保障体系建设刚刚起步，政府部门及社会公众对于公共保障体系的认识尚未统一，仍需要进一步的宣传和引导，来推动各界对该体系的认同和支持，促进公共服务保障这一子系统的有序发展。

2. 政府公共服务行政管理尚需完善

（1）政府公共服务水平和效能有待提高。目前，我国政府的管理现状与服务型政府的目标仍有差距，政府服务过程中“重管理，轻服务”的现象仍然存在，服务过程中每个环节的服务质量都不同程度地存在一定的问题。这些问题主要表现在政府对于公共服务的提供方面效率低下、对于公共服务改进的滞后性和非连续性，以及公共服务水平较低等方面。随着我国服务型政府目标的提出，客观上需要从以政府为中心的办事流程转变为以公众为中心的办事流程，由职能导向型向流程导向型转变，办事流程不断向简洁化和人性化发展。目前，一些政府部门和机构仍然缺乏规范的服务流程和相应的责任机制，这不仅造成了公共服务的资源浪费，而且使得公共服务效率低下，公众满意程度较低。一些政府部门虽然已经构建了明确简捷的服务流程，建立了相应的责任机制，但缺乏强有力的执行和监管。尽管有些地方政府出台了关于行政服务的管理办法，将行政服务机构的功能界定为组织、协调、指导、监督各部门的行政审批行为，但并未明确界定行政服务机构与政府、窗口部门及监察部门之间权力与责任的边界。

（2）政府公共服务的监管体系尚未健全。我国政府公共服务部门的相关监管机制和体系还没有完善和健全。监管规则不完善，监管规则的执行机制和监管治理机制不健全，很多方面存在地域、部门等方面的歧视和不公平对待。要实现行之有效的监管功能，不仅要注重各种制度工具的制定、实施以及这些制度工具之间的协调配合，还要关注部门管理的透明程度、政府行为的可问责性、政府管理的效率等。在政府对公共服务监督管理的过程中，政府部门仍然发挥着主导作用，在公共服务监管中占有重要地位，而各种行业协会、社会组织、消费者保护群体等的认识还没有真正提高，参与的积极性也没有得到有效的调动。

（3）公众参与政府公共服务的程度不高。我国公共服务标准化建设是一项系统、非常复杂的政府改革项目，这一标准化建设工程需要政府部门相关领导的重视和推动，同时更需要政府部门及其工作人员的认可和支持。因为标准化建设不仅涉及政府内部的权责调整，也直接影响着社会利益的实现和公共需求的满足。目前，我国对于公共服务标准化体系的构建方面还缺乏一定的认识和关注，对这一领域还没有比较清晰的认识。这在很大程度上阻碍了公共服务标准化体系的建设，最终影响最佳社会效益的实现和公众迫切的公共需求的满足，使得公共服务均等化的目标难以实现。

3. 政府公共服务绩效管理尚需规范

（1）公共服务的绩效评估主体较为单一。我国政府绩效评估与考核大多数是政府内部考评，缺乏民众的参与，即使在政府内部，大多也是上级对下级的评估，部门的自我评估较少。由于信息不对称等原因，不仅无法进行公众参与的政府绩效考评，而且各个部门出于对自己利益的考虑，无论是收集材料还是处理分析，都在一定程度上存在“暗箱操作”的现象，从而直接影响了整个结果的客观性和准确性。特别是政府绩效考评中缺乏第三方评估，而这一评估模式多由该领域的专家和学者组成，且这些成员大都掌握专业知识，信息面较广，又与被评价者没有利益冲突，因此更能客观公正地作出评价。

（2）政府绩效评估的规范化程度不充足。我国政府绩效评估存在的最突出问题是规范化程度明显不同。政府绩效评估多处于自发、半自发状态，没有相应的制度和法律作保障，评估的内容设计和评估构建等几乎都是基于政府本身需要而定，没有客观的衡量标准，更没有形成制度化。一是缺乏统一规划和指导，绩效评估分散在目标责任制、社会服务承诺制等多种管理机制中，评估内容和侧重点差别很大，评估方法不一致，评估程序存在很大随意性，因而结果很难做到客观公正，有的甚至完全流于形式。二是政府绩效评估往往是一个短期行为，缺乏对政府绩效的持续性测定。有的是为了应付上级或政治诉求，没有科学、战略性的规划，组织者难以从绩效管理的宗旨角度得到全面的反馈，这就导致了管理者很难把工作重点放在政府绩效的持续改进上。

（3）公共服务的绩效考核体系不够科学。当前我国政府部门的绩效考核评价过于注重经济指标，而忽略了政府提供公共服务和产品的质量和效率，缺乏相应的评价指标体系。这种传统的考评方式影响了政府绩效考核的科学性和合理性，也不利于政府部门改进公共服务质量、提升公共服务水平。由于全国不同地方在地理环境以及经济、社会等诸多方面存在较大差异，不同的地方在发展战略方面有所区别，不应该要求所有的地方都去追求相同的发展模式。由于现行的政府绩效评估思路是用完全相同的指标体系去对地方政府的绩效进行评估，这种"一刀切"式的绩效考核，实际上无法反映各地政府付出的实际努力和真实绩效，也使那些基础薄弱的地方政府失去努力的动力。

4. 政府公共服务标准化发展不科学

通过对政府标准化实践的梳理，对现行有效与规划制定的各类标准的收集整理，发现国内公共服务标准化工作存在一些问题。

（1）缺乏系统的理论指导。由于实践样本不够充足，目前尚没有形成系统完善的公共服务标准化理论体系，影响了国内公共服务标准化的发展方向和在全国的推广。标准化停留在点和个别领域，系统化程度不高，具体规划之间衔接不好。

（2）标准体系建设不科学。标准类别与分布不平衡。现行有效相关标准多数为地方标准，国家标准和行业标准较少；直接规定公共服务要求的标准数量较少，对公共服务起支撑作用的基础、通用、技术标准占大多数。技术水平高的领域，标准化水平较高，标准数目多，标准规范的领域较全。服务标准化的新兴领域如社区服务、行政服务、教育、社会保障、文化体育等，标准数量少，水平较低，多数事项缺少具体标准。

（3）缺乏实物标准的参照。多数标准仅考虑货币数额，缺乏实物标准。公共服务的货币标准有助于计量的统一，但是各地由于物价水平、生活水平不同，同样的货币标准产生了不少的问题。以我国的社会福利为例，我国目前在该领域实施的标准是货币标准，因各地居民收入、生活成本存在巨大差异，仅仅采用货币标准，很难实现公共服务的标准化与均等性。其他基本公共服务，如教育、医疗卫生也存在类似的问题。

(4) 标准统一性尚未实现。标准的规定比较模糊。由于我国基本公共服务标准制定的实际困难，过多强调了区域的差异，而忽视了标准的统一性，有些标准指标规定采用模糊的语言。

(5) 标准指标存在滞后性。我国公共服务标准制定还处于起步阶段，由于制定发布周期一般需要两三年的时间，适应不了形势变化和经济社会发展的需要。

总体来看，我国还没有针对基本公共服务均等化目标来建立一套相应的供给标准，没有设定与这些标准相对应的客观因素评估法来核定地方财政平衡能力。

(二) 政府公共服务标准化建设的主要对策

公共服务标准的制定和实施是一个科学系统的、严谨的动态过程。在整个过程中，各级政府必须树立以人民为中心的思想，时刻以为人民服务、为社会谋利、为百姓造福为第一目标和第一追求，通过试点开展先行先试工作，为今后的推广积累充足的经验和翔实的第一手资料，并在此基础上逐步扩大试点，充分调动人民群众的积极性，让他们也能参与到公共服务标准化建设中，努力在社会公众层面、各级政府层面、专家学者层面达成普遍的社会共识，逐渐形成科学合理有序的理论系统，为今后公共服务标准化建设的良好发展趋势奠定坚实的基础。

1. 建立公共服务统一标准

公共服务标准化建设以满足公众日益增长的公共需求、追求最佳社会效益为目标，以实现基本公共服务均等化为定位，符合国家提出的社会管理创新和社会治理的任务目标，应加大力度进行研究推广。在部分区域乃至全国范围内推广公共服务标准化建设，有利于实现基本公共服务均等化的目标。通过国家和地方相互结合的方式，有利于各种社会资源的自由流动，减少各地区之间的盲目支出竞争。在基本公共服务领域内，通过推行公共服务标准化建设，能够明确基本公共服务的范围和领域，确定在一定时间段内基本公共服务所应该达到的目标，通过有效实施进一步促进基本公共服务的均等化。对于基本公共服务范围和标准的确定，必须经过科学的研究论证，必须符合公众的需求和我国目前经济社会发展的现状，符合最广泛的社会共识。标准的制定还需要统筹考虑不同地域、不同群体的公共服务供给情况，在制定全国统一的公共服务标准时不能损害公民的基本权利。在推进公共服务标准化建设的进程中，各级政府必须确定基本公共服务标准在不同时期和阶段需要实现的规划和目标，确保基本公共服务标准从虚转为实，保持基本公共服务供给的连续性。

（1）制定涵盖基本公共服务领域的标准以推进公共服务均等化。我国政府应依据当前各项公共服务供给的情况，针对教育、医疗、基本生活保障等基本公共服务领域，制定和出台统一的基本公共服务标准，各级政府在这些标准的规范下进行决策和行为，管理过程和行为都必须以此标准参照实施。制定的公共服务标准不仅要具有全面性和科学性，改变传统公共服务模式中政府指标片面、单一的问题，更要与经济社会的发展水平和各级政府的供给能力相适应，增强标准的可操作性。对于实施基本公共服务标准来说，除了具有一个明确可行的目标之外，还应当有详细的操作步骤，并且建立与之相适应的法律法规政策和技术支持平台，以此保障基本公共服务的公平、有序进行。在全国范围内推广公共服务标准化建设，制定教育、医疗、社会保障等公共服务的最低提供标准，作为强制性标准推广，缩小基本公共服务在不同地域、不同群体之间的差距。对于基本公共服务标准的确定，要经过科学、合理的可行性研究和论证，必须符合我国经济社会发展的现状，符合最广泛的社会共识。同时，在推进公共服务标准化建设的进程中，各级政府必须确定基本公共服务在不同时期和阶段需要实现的目标，保持连续性，使公共服务标准能够跟得上社会发展形势，切实起到实际的作用。制定和出台统一的公共服务标准，可以从基本公共服务领域所涵盖的内容和方面来划分，包括公共教育、医疗卫生、社会保障、公共安全和公共环境几个方面，公共服务标准化的建设可以从这几个方面入手，分别进行具体标准的制定并最终归纳汇总，将各项标准构建成一个结构科学、联系紧密的有机体系。从基本公共服务领域中的几项重要服务来进行标准化的建设，能够有针对性、有重点地对这些领域的公共服务水平进行提升，促进这些重点领域公共服务的发展和完善，不断满足公众最基本、最迫切的公共需求，最终达到一个最佳的社会效益。从基本公共服务提供的流程及运作角度来制定和出台统一的公共服务标准，可以从公共资源配置、机构与设施、工作人员、预算和支出、公共服务流程和品质标准几方面来建设。通过对公共服务提供流程中的各环节的各项工作和运作行为来进行标准的制定，能够有效规范流程中各项具体工作和行为，切实提高公共服务提供的效率和效能，保证较高的公共服务水平和品质。

（2）制定各类公共服务的设施标准和财力标准以保障财政投入。国民经济和社会发展规划应在促进基本公共均等化的过程中发挥积极作用。公共服务的设施标准是公共服务标准化建设过程中各类物质保障和设施保障，在相应的公共服务领域中要制定相应的设施标准，用看得见、摸得着的物质标准来提高公共服务的水平；公共服务的财力标准，即各类公共服务建设中需要投入的财政资源的标准，只有在雄厚财力的基础上，公共服务的发展和体系的建设才能顺利开展。相关部门在制定规划时必须统筹考虑，要建立健全支撑这些标准的数据采集、转移支付、支出责任等相关配套系统，并以法律法规或者规章制度的形式加以确定。

（3）建立基本公共服务的技术标准和国家最低标准以提供支撑。现在世界上许多国家在实施公共服务的均等化战略时，通过客观因素评估，科学计算转移支付的数额，以此数额为基准，尽量减少和避免在转移支付过程中的随意性和盲目性，达到降低人为因素影响和干扰的目的。一是采用对客观因素进行评估的方法，确定地方财政平衡能力，并在此基础上实行程序严格、方式灵活、补助多样的方法。一般情况下，客观因素评估内容包括国土面积、人口数量、国民生产总值和社会发展水平等要素，并按照这些要素进行计算得出地方财政支出水平。二是根据地方税收的相关数据，计算地方的“理论收入”。三是通过计算地方财政支出水平和地方“理论收入”之间的差额，得出需要转移支付的数额。采用这种方式，有利于减少中央政府与地方政府间的价格差价，同时能够调动各级地方政府的积极性。因此，在制定和出台全国统一的基本公共服务标准的同时，要对上述标准的实施和标准化体系的建设提供技术方面的支撑，从技术层面保证所制定和执行的公共服务标准科学、合理、有操作性，保障标准的顺利实现。目前，许多国家开始探索制定公共服务的国家最低标准，包括服务质量、服务对象、服务需求等。由国家制定统一的公共服务最低标准和公共服务均等化的目标，由地方政府参照国家最低标准和均等化目标来提供公共服务，这一过程有益于商品、服务和资本的自由流动，有利于地方政府进行公共资源有效配置。

2. 引入全面质量管理方法

在建立公共服务标准化体系过程中，要厘清各级政府各个部门的职能，对政府公共服务流程进行梳理，从而明确政府各部门应负责的基本公共服务项目、服务流程、服务质量等。还要建立与之相适应的公共服务考核与评估体系，以便公众对政府行为进行监督和评价，通过标准化的手段来规范政府的行政行为。政府通过公共服务标准化的建设，能够梳理清楚各部门之间的工作范围和权责界限，规范管理工作的具体流程，实现行政管理行为和公共服务行为的标准化，增加政府工作的透明度，增强政府的运转效率。政府部门可以考虑引入ISO9000标准，通过全面质量管理的理念对政府部门提供的公共服务进行质量管理体系建设。ISO9000标准是概括、总结、提炼世界各国质量管理理论和实践经验而形成的，吸收了现代管理的科学原理，包含了从质量术语、质量管理要求到业绩改进指南及支持性技术标准等一整套标准，是一套非常科学的质量管理标准，主要由质量管理和质量保证术语、质量管理和质量标准选用和实施指南、质量保证标准、质量管理标准四部分构成。ISO9000标准作为国际先进的管理体系，在引入政府部门改进公共管理体制、推动政府公共服务标准化建设的过程中，应该很好地将质量管理体系与公共管理及公共服务理论相结合，将标准的方法和思想融入政府的管理体制当中，才能取得较好的效果。政府部门引入ISO9000标准建立质量管理体系，能够克服随意行政，进一步规范行政行为，有利于进一步深化考评管理，理顺考核机制，树立良好的政府形象，建立一个高效、惠民的公共服务型政府。

（1）明确总体目标，优化管理工作流程。政府部门想要真正运用好ISO9000标准来提升自身公共服务管理水平和质量，必须使ISO9000标准很好地适应公共组织内部的体制和模式。既要制定出基本方针和质量目标并做到目标和方针明确、清晰，使工作人员能够充分把握，又要按照标准和质量目标的要求，对政府内部的职责和权限进行划分和细化，做到职责明确、岗位合理，还要根据制定的标准和目标做好贯彻实施工作。政府部门引入ISO9000标准实施贯彻工作，遵从现有的管理基础和管理文化，在现有的基础上实现政府部门综合管理能力的提升。为政府部门编制质量管理体系文件，通过优化工作流程和规范管理行为，系统改善政府部门公共管理体制。

（2）严格评审管理，规范服务监管体系。ISO9000标准条款明确要求，要定期组织内审和管理评审，内审与管理评审一起成为推动ISO9000质量管理体系持续改进的两个最重要的手段。内审一般可以包括体系审核、过程审核和产品审核三个方面的内容，行政机关主要进行过程审核。通过定期组织内审，能够促进全员参与，使员工对工作更加重视，推动体系文件及时落实到位，各项记录清晰，活动开展有据可查，确保上级工作要求落实到位，促进工作目标的实现。通过过程监控，加强对流经部门或部门内部流转的各项工作过程的控制、监视和测量，主动及时地发现工作中的差错，将问题消灭在萌芽状态，减少因工作差错而造成的损失。针对所发现的不合格及其原因，制定纠正和预防措施，并进行跟踪，验证所采取措施的有效性，推动工作的持续改进。内审和管理评审的应用能够有效规范政府部门进行管理工作和公共服务的过程，保证公共服务的高品质、高效率。

（3）加大宣传力度，提高全员参与意识。政府机关工作人员是开展各项管理工作的基础，要实施贯彻全面质量管理，需要全体工作人员的积极参与，形成一种全员参与的良好氛围。因此，要对ISO9000标准及质量管理等相关体系内容进行广泛的宣传，通过宣传及培训让工作人员了解并把握这一体系的内容及精髓，充分调动员工的积极主动性，有效利用政府部门各种人力、物力及信息资源，提出符合要求和期望的公共管理及公共服务目标，推动政府公共管理体制的顺利改革。

ISO9000标准体系是以增强顾客的满意程度为目的，政府公共服务标准化的目的是满足公众的需求，提升自身的管理水平和公共服务能力，两者在管理目的上是一致的。ISO9000标准要求组织建立质量目标及方针，各项组织活动都要围绕这一目标及方针开展，并以此来考核组织各项活动的总体绩效。政府公共服务标准化采用目标和指标相结合的方法，对政府部门及其工作人员的行政管理能力和水平实施考核，最终实现政府公共服务和行政管理水平的不断提高，两者在管理理念上是一致的。ISO9000标准采取全面质量管理的系统方法，追求组织的持续改进和创新，实现组织的自我发展。政府的公共管理要求各级政府机关通过流程管理、系统监控和目标考核等方法来提升公共服务水平和公共管理能力，两者在管理方法上是一致的。政府部门引入ISO9000质量管理体系，不仅要建立一套完善、系统的质量管理体系，更重要的是制定质量目标后的实施工作，一方面通过执行质量管理体系文件，不断查找各项管理工作中的漏洞和不足并及时纠正，以此来提高工作的管理能力和效能；另一方面通过实践活动来检验标准体系基础上制定的质量管理体系文件是否完善和全面，使标准理论与日常工作紧密结合，互相促进。

3. 科学考核持续改进绩效

政府绩效管理的难点在于政府管理中存在许多难以量化的指标和一些主观因素的影响，因此，制定政府的公共服务标准中必然包含政府绩效标准这一重要组成部分。绩效标准为政府的管理体制改革和绩效管理提供了技术支持，它既是管理工具，又是检测和考核政府绩效的指标，能够指引政府行动通向正确的方向。绩效标准成为我国政府进行公共服务科学考核的有力工具。

（1）充分发挥绩效评估主体内外结合的优势。我国政府行政体制改革和公共服务标准化建设的一个主要目标是建立起一个与市场经济发展相适应的灵活、高效的政府管理体制，真正实现建设服务型政府的目标，对公共部门进行科学的绩效考核能够有效促进政府管理水平公共服务能力的提高。针对目前我国绩效评估主体单一的问题，应坚持“内”与“外”相结合的绩效考评方法，公共服务绩效考核的“内”是指负责考核的主体，即考核公共部门服务绩效的部门和人员；公共服务绩效考核的“外”则是指公共部门服务的管理对象和公众。一方面，坚持严格的内部考核，对制定的公共服务标准进行逐项分解，对各项标准达到的程度进行考察核实，并进行相应的考核结果的公布；另一方面，坚持必要的外部测评，即由公共部门管理相对人和受其影响的公众为其打分。然后将各评估主体的分数综合起来进行科学考核评价，这样比较客观公正，能够在一定程度上反映政府部门公共服务的真实绩效水平。这一过程正是以科学的“外”打破主观化的“内”的一个过程。

（2）将公共服务提供程度纳入政府综合考评。通过进行公共服务标准化的建设，政府可以依法依规建立详细的服务标准，将提供公共服务的程度和效能纳入政府的综合考评中，完善政府绩效考核评价体系，增强考核的针对性和可操作性。政府将公共服务标准的实现情况纳入考核评价体系，为各级政府提供服务、履行职能提供了标准，有利于政府节约资源、提速增效、改善服务质量。公共服务标准化建设是一项长期而艰巨的任务，在进行标准体系本身的建设过程中，需要建立与之配套的绩效改进体系，并对体系中所涉及的绩效标准、指标以及整个绩效考评体系之间的操作和运转作出具体明确的规定，以更加规范、科学的绩效考评体系和考核评价流程来促进政府部门管理绩效的不断提高，同时推动公共服务得到持续不断的改善。在公共服务水平提高的同时，公众对于服务的标准和要求也日益增高。因此，公共服务标准化建设的最终目标就是转变政府传统的行政管理模式为以公共服务为重点的现代管理模式，不断满足公众日益增长的需求，为政府改进服务、促进职能转化提供稳定可靠的路径和可操作的方式方法。

（3）通过科学的指标体系完善绩效考评体系。通过公共服务标准化的建设，政府部门可以参考一套行之有效的指标体系来作为公共服务工作中的标杆，依据定量与定性相结合且可操作性较强的一个标准体系，推动部门工作更加规范和精细化，从而提高政府的行政效能。通过服务标准体系的建设，明确政府各个部门和政府工作人员的工作要求和流程，明确其提供的服务所要达到的质量要求，促进政府服务和管理的透明化，建立一个以最佳社会效益满足人民公共需求的政府。政府的公共服务标准化建设能够进一步改进和完善政府绩效评价体系，形成完整的评价体系和标准。建立和实行政府绩效管理标准，不仅仅是对政府部门及其工作人员管理行为进行科学考核，更重要的是通过绩效标准科学地考评，能够转变政府部门的管理观念，从传统的治理模式向新的服务模式转变。政府部门及其工作人员要树立为民服务的理念，将为公众提供优质高效的公共服务作为政府管理中的重要部分。政府实行绩效管理标准，在很大程度上可以提高政府部门对于公共服务的重视和关注，将公共服务理念内化到每一个部门及工作人员当中，必定能够推动公共服务标准的建设和公共服务体系的发展。

当前，我国正处于经济社会高速发展、公众需求和公共意识不断增长的阶段，政府部门必须摒弃传统的思维模式和管理方式，积极运用丰富的实践经验、先进的科学技术和有效的管理方法来进行公共管理，履行自己的职能。这就要求政府的管理方法和公共服务的提供应逐步转化为与现代经济社会发展相适应的新型公共服务模式，最终建立真正意义上的服务型政府。通过公共服务的标准化建设，政府可以利用先进的管理方法和技术来梳理、分析整理部门的工作和职责，减少管理的随意性，以一种标准化的方式来提升政府部门的管理水平和公共服务水准。

对我国政府公共服务进行标准化建设，不仅能够以此为基础有效衡量政府绩效，也能够有效提升政府公共服务水平和改善服务质量。随着经济社会的发展，公众对于社会事务的参与程度不断提高，政府应当集中更多精力于服务公众和提升公众满意度上。因为这是公共服务供给和生产的出发点的最终归宿，也是评价公共服务绩效水平的重要标准。公共服务标准化建设正是政府实现这一改革目标的不竭动力。政府公共服务标准化建设是我国政府进行不断满足公众需求、追求最佳社会效益、实现公共服务均等化的正确方向和有效途径。政府通过公共服务的标准化建设，对各项工作进行详细梳理和分析，并对其进行规范化的引导，推动政府的各项管理从之前的很粗放的管理方法，走向一种集中的、不同以往的管理，提高政府工作中各种资源在使用上的效率，不断提高公众的满意程度。标准化也是政府绩效评估的基础，有助于形成科学的政府绩效评估体系。将各项民生服务业中倡导的标准化提高到政府管理与公共服务的层面，是执政者在思想上的一种革新。

三、殡葬公共服务标准化建设

殡葬服务标准是指根据相关法律原则和殡葬服务工作经验与实践总结出来的，规定殡葬从业人员在提供殡葬服务过程中应该具备的职业道德、熟悉的基本知识、掌握的基本技能等。殡葬服务标准以殡葬服务活动作为标准化对象，其内容涵盖殡仪馆、公墓等殡葬服务机构与殡葬服务有关的每项业务、每个流程、每个岗位，涉及范围包括殡葬服务行业中的全部服务及其管理的活动，是殡葬从业人员必须遵守的强制性要求。

随着改革开放和经济社会快速发展，我国殡葬事业总体水平与社会要求不相适应的矛盾日益突出。目前殡葬行业提供的服务不能很好地满足公众的殡葬需求，反映了当前社会对于殡葬行业的认知评价倾向。一些先进的殡仪馆与公墓陆续引进 ISO 质量管理认证体系，有的开始实行 5S 管理或进行流程再造。但我国的殡葬服务标准化离形成体系还有很大的差距。社会公众对于服务的很多批评主要是针对服务质量的，在我国殡葬行业纷纷觉醒并倡导“阳光殡葬”的时候，应当尽快实现服务标准化，以详尽的标准作为检验服务水平的标尺。这是协调业者和客户关系，转变殡葬行业形象的关键所在。在推进殡葬服务标准化的过程中，应逐步建立“结构合理、层次分明、重点突出”的殡葬服务标准体系，推动更多的殡葬服务机构通过标准化向集约型、品牌化、效益型方向发展，努力提升我国殡葬行业在管理、信誉、品牌、服务、理念等方面的“软实力”，实现殡葬行业形象的根本好转。

（一）殡葬服务标准体系建设的意义

构建殡葬服务标准的主要功能在于推进殡葬机构标准化、规范化、专业化建设，以此为重要抓手，促进殡葬机构快速、健康和可持续发展。构建殡葬服务标准体系，具有激励殡葬机构不断提高服务水平、促进殡葬事业持续健康发展和培育新的经济增长点等现实意义。

1. 激励殡葬机构提高服务水平

通过构建殡葬机构服务标准，使殡葬机构在提供殡葬服务时有标杆参照。殡葬客户能够对照标准对殡葬机构提供的服务进行衡量评价，及时、有效地维护自身合法权益不受损害。由此形成倒逼机制，迫使殡葬机构不断提高服务水平。同时，通过构建殡葬机构服务标准，对殡葬机构的场地设施、服务内容、服务标准、管理制度、人员配置等软硬件条件提出明确的指导性、强制性规定，对殡葬机构的社会效用和效益有更加全面、系统、规范的要求，并辅之以配套的奖励措施和惩戒机制，能够激励和引导殡葬机构围绕客户服务满意度提升为目标，在改进硬件设施、创新服务模式、健全管理制度、完善工作流程、提高人员素质上不断下功夫，主动提高管理服务水平。

2. 促进殡葬事业持续健康发展

当前我国人口老龄化不断加快，殡葬服务需求急剧膨胀，越来越多的民间资本，甚至是国外资本都渴望进入殡葬服务这一巨大市场。但由于以往缺乏殡葬服务标准规范，导致殡葬服务产品总体质量不高，同时也给部分殡葬机构违规操作提供了可能，导致殡葬服务机构良莠不齐，普遍存在不正当竞争现象，严重制约了殡葬事业发展。通过构建殡葬服务标准体系，促进殡葬机构标准化建设，可以提高服务要求和服务评价的统一、规范，有利于进一步强化政府监管和社会监督。促进殡葬机构合法设置、合规运行，保障殡葬服务市场健康有序，从而吸引更多的社会资源投入到殡葬事业，形成政府办殡葬机构、社会办殡葬机构各司其职、相互补充、统一规范、竞争有序的殡葬服务供给体系。同时，通过构建殡葬机构服务标准，有利于对整个殡葬服务行业的统筹规划、合理布局、整合资源，保障殡葬事业持续健康发展。

3. 有利于培育新的经济增长点

通过构建殡葬机构服务标准，可以加快殡葬服务的专业化建设，逐步打造个性化、多元化的服务产品和项目，锻造殡葬机构的服务品牌，满足殡葬服务需求，从而进一步扩大内需。同时，通过专业化殡葬机构的不断发展，提供更多的就业岗位。另外，专业化殡葬服务更利于延伸和提升产业链，发挥殡葬服务的辐射带动作用，培育和激发与之相关联的安全保护、交通旅游、心理咨询、休闲娱乐、教育文化等产业的市场需求。

（二）殡葬服务标准体系的主体结构

根据 GB/T13016—2018 标准体系构建原则和要求，标准体系的框架结构采用方框图分层次表示，上下层之间的关系用实线连接，同层关系按顺序排列。

1. 框架结构

殡葬服务标准体系的框架结构用平面方框图表示，结构图的纵向为层级分布；结构图的横向为逻辑和顺序关系排列。每个小方框均代表共同属性的一组标准，方框间用实线连接表示层次关系和序列关系，方框间用虚线连接则表示协调配套的关联关系，体系的总体框架结构如图 5-6 所示。

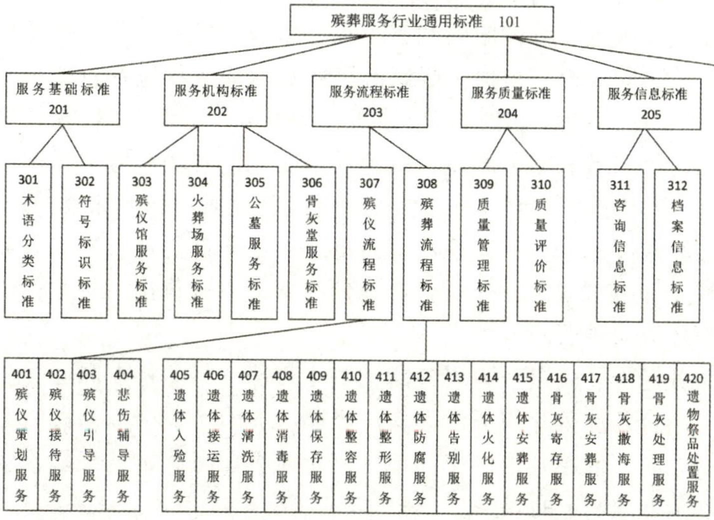

图 5-6　殡葬服务标准体系层次结构图

2. 层次划分

按照殡葬标准的通用程度和使用范围我们把殡葬服务标准体系分成四个层次，划分方法为：行业通用标准和相关标准居第一层，专业通用的殡葬居第二层，门类通用的殡葬居第三层，个性专用标准居第四层。上层统领下层，下层支持上层。

行业通用标准。殡葬服务行业通用标准是体系中适用范围最广的标准，处于第一层，总代号为101。主要包括殡葬服务标准体系表、殡葬服务标准化工作导则、殡葬服务标准编写指南等标准。

专业通用标准。殡葬服务专业通用标准是体系中适用范围较广的标准，处于第二层，按殡葬服务标准的基本属性分为服务基础、服务机构、服务流程、服务质量、服务信息、服务保障等6个专业，其代号分别依次为201、202、203、204、205、206。

门类通用标准。殡葬服务门类通用标准是体系中适用范围较窄的标准，处于第三层，按殡葬服务标准的类别分为14个门类，其代号分别依次为301、302、303……

个性专用标准。殡葬服务个性专用标准是体系中的最底层标准，本层标准的标准化对象单一、具体，其代号分别依次为401、402、403……

（三）殡葬服务标准体系的主体内容

有关殡葬服务标准，不少国家和地区专门制定相关法规进行规定。例如，《德国关于殡葬服务的行业标准》由德国实用性和服务业标准委员会殡葬服务工作委员会起草，由德国政府颁布，标准明确了殡葬服务的要求，从遗体运送、遗体存放、遗体入殓、咨询服务和丧事料理服务、提前预备后事等六个方面，分别规定了不同过程必须提供起码的服务和从业人员应具备的最低技能。法国1995年5月颁布了《法国殡仪馆服务规范》，叙述了殡仪馆与客户首次业务联系到提供服务和服务结束，殡仪馆所提供的各类服务，根据殡仪馆业务的性质不同，将殡仪馆服务分为标准服务、补充服务和特殊服务三类，并就不同类型的服务分别给出具体规定，对每一项服务都规定了基本服务项目内容、服务特点和要求规范，还对企业的信誉保证方式作出了规定，要求企业应符合外部环境的要求。

制定殡葬服务标准，应以殡葬服务活动基本规律、行业特点和社会公众的需求为基础，结合各地殡葬服务活动先进经验，充分考虑今后一段时期殡葬服务活动发展方向，借鉴其他国家和地区制定殡葬服务标准的经验，吸取其他服务行业规范标准制定的成果。

1. 殡葬服务标准的分类

殡葬服务标准可从不同角度分类。从殡葬服务标准的对象不同划分为殡葬服务工作者礼仪规范和殡葬服务过程规范。从殡葬服务标准的内容不同划分为殡葬服务项目规范、殡葬服务标准规范和殡葬服务内容规范。从殡葬服务提供的流程可分为咨询服务规范、接待客户规范、遗体接运规范、防腐整容规范、更衣规范、化妆规范、礼仪服务标准、殡仪场所布置规范、入殓规范、火化规范、捡灰规范、骨灰交接规范、骨灰寄存规范、安葬规范、祭扫活动规范等。从殡葬服务的提供者不同可划分为殡仪馆（含火葬场）服务标准、公墓服务标准、骨灰安置处服务标准、殡葬服务派出机构服务标准、殡葬代理服务机构服务标准等。

我国殡葬服务标准化的内容可以从不同的角度进行细化：一是服务流程层面，即服务的递送系统，向客户提供满足其需求的各个服务步骤的标准化，要求对适合这种流程服务标准的目标客户提供相同步骤的服务；二是具体服务层面，即在各个服务环节中同客户接触的每个瞬间，服务人员所展现出来的仪表、语言、态度及行为等的标准化，要求通过提供具有殡葬行为特点的体贴周到的服务，在客户心中建立质量可靠的形象。

2. 殡葬服务标准的内容

殡葬服务也具有类同于一般服务领域的标准化内容。工作重点内容包括建立健全殡葬服务标准体系、制定并组织实施殡葬服务标准、开展殡葬服务行业质量评价活动、通过典型示范培育和树立殡葬服务品牌。需要建立的服务标准的类型有服务基础标准、服务管理标准、服务质量标准、服务资质标准、服务设施标准、服务安全与卫生标准、服务环境保护标准和保护消费者权益的标准等。需要建立的服务标准实施评价体系包括组织内部质量管理自我评价体系、服务质量社会评价体系和服务质量认证体系。

（1）殡葬服务性能的标准化。殡葬服务机构服务产品的定位，要站在客户角度，优先考虑服务的性价比，服务机构要以技术和管理为后盾，做到低成本和高质量，为客户提供物有所值或物超所值的服务。

（2）殡葬服务技巧的标准化。在语言上要求能够同客户实现有效的沟通，有标准化的倾听、询问、推荐、解释等话语交流的流程，以更好地把握和满足客户的真正需要，处理好客户功能利益和情感利益的关系；在态度上能够让客户体会到超值的享受，有标准化的显现礼貌、敬重、热情、主动等态度的原则与操作规定，以争取更高的客户满意度和社会美誉度。

（3）殡葬服务效率的标准化。要在科学研究的基础上提高工作效率和工作质量，通过标准化为每个服务构成环节制定一种科学方法，设计出精确的工作程序，通过新的最佳方式使服务效率得到大幅提高。

（4）殡葬服务要求的具体化。一是定义明确。对殡葬服务中的服务主体、服务过程、服务场所、服务设施、工具等给出统一定义。例如，“遗体火化师”要指出履行哪些具体工作，不仅仅指火化操作本身，还包括火化的前期准备和后期操作过程的工作人员，给出明确的定义，以便具体应用。二是划分过程。明确划分殡葬服务提供过程。例如，根据遗体的处理流程划分，可以列出：遗体接运、遗体整容、遗体防腐、遗体更衣、遗体化妆、入殓、火化、骨灰移交、骨灰领取、骨灰寄存、安葬等。而根据客户的活动划分，可以列出：电话接听、洽谈接待、殡葬用品销售、服务确认、礼厅布置、主持仪式、骨灰领取、骨灰寄存、安葬、祭扫等。三是明确内容。明确每一过程的具体服务内容。例如，在遗体接运阶段的服务内容可以规定为：根据与客户的协商，在指定时间用指定工具将遗体从指定地点准确、安全地接运回殡仪馆。四是制定标准。对具体服务内容应制定详细的标准，包括操作标准与具体要求。例如，遗体接运阶段的操作标准为："按时到达接尸地点，确认遗体无误，安全行驶，不出事故等。"其中仅就"确认遗体无误"可以制定以下具体要求：遗体接运单作为接运遗体的依据，应保持清洁、完整、字迹清晰；仔细核对遗体信息，同遗体接运单逐项对照；认真检查遗体质量和随身携带物品，做好记录，并请相关人员验证；做好遗体交接工作，保持交接记录；为遗体配置本单位识别的信息卡，保证信息卡信息无误，并做到卡不离"身"等。五是规定礼仪。对具体服务提供时的礼仪要作出规定。如业务洽谈时应该注意的语言规范、行为规范和着装规范等。

（四）殡葬服务标准体系建设的对策

1. 加快研究殡葬机构服务标准

殡葬机构服务标准涉及经济社会发展阶段、群众需求层次、社会承担能力、要素资源现状等诸多因素，殡葬机构服务标准的制定必须统筹兼顾，并需要有一个不断探索完善的过程，才能具有较强的科学性、合理性和可操作性，实现真正落地。在研究过程中，对殡葬机构日常管理中的一些共性的、普遍性的、需要规范的统一的事项和管理，进行调研和归纳总结，制定殡葬服务规范类标准。一是全面摸清行业底数。包括行业规模、硬件设施、经费保障、从业人员、服务产品、存在问题等情况。二是全面梳理相关政策。包括涉及殡葬机构服务标准的有关法规和政策，进行整合归类，厘清政策脉络。三是学习借鉴现有经验。深入调研国内先进城市有关殡葬机构服务标准的一系列政策举措，结合实际，筛选切实可行的对策措施。四是认真开展研究论证。组织科研部门、高校、殡葬机构等行业专家研究制定殡葬机构服务标准，并邀请相关管理部门及行业专家进行咨询和论证。

2. 抓紧制定殡葬机构服务标准

为了加大殡葬机构服务标准的执行力度，亟须提高殡葬机构服务标准的权威性和强制力。目前，国家在殡葬服务领域已经发布了《殡仪馆建筑设计规范》等支架性的设施、质量标准。殡葬机构服务标准制定需要系统全面，建立以国家标准与行业标准为主体、地方标准为补充的标准化管理体系，涵盖殡葬机构可能涉及的所有硬件建设和软件服务。

殡葬服务机构标准构建是一个动态的过程，是一项长期、系统的工程，服务标准的有效性、可行性取决于指标的阶段性及现实契合度，必须紧密结合经济社会发展水平、居民需求层次、要素支撑能力，建立动态调整机制。就发布方式而言，也是一个循序渐进的过程，宜先出台试行办法，再形成规范性文件，条件成熟时颁布地方性法规，逐步提高权威性和强制性。在实施步骤上，公办殡葬机构可以率先制定和实施殡葬服务标准化试点，以试点示范带动殡葬服务业标准的逐步推广实施。将机构服务试点经验进行总结，在《服务业组织标准化工作指南》（GB/T 24421）系列国家标准的基础上，根据各类殡葬机构的服务特点，研究制定《殡葬机构服务标准体系建设指南》系列标准，使其更具有适用性和针对性，用以有效指导殡葬服务机构的标准化建设工作。

3. 强力推行殡葬机构服务标准

殡葬机构服务标准要想真正实施和推广，关键在于殡葬机构的积极性和主动性能否得到激发。为此，需要加大监管力度，奖优罚劣并举，完善激励措施。一是重视宣传教育。要充分利用广播、电视、报刊、网络等媒体大力宣传殡葬服务业标准化工作，普及殡葬服务业标准化知识，增强服务者、经营者、管理者和消费者的标准化意识，形成人人关心殡葬服务业标准化工作的良好氛围。标准的拟定需要各岗位人员的共同参与，并在参与中培养和提高标准意识，在实际服务中予以有效落实，遵循“自下而上，自上而下”的畅通机制。二是完善激励引导。通过殡葬标准化评价机制，对殡葬机构进行星级划分与评定，并视星级高低给予不同额度的经费奖励；将殡葬机构建设纳入城乡公共设施建设规划，优先安排用地计划指标；鼓励殡葬机构在岗人员参加职业技能培训，持证上岗的可按规定享受相关扶持政策。三是打造服务品牌。要围绕管理中的人、事、物、财，力求以管理中所涵及的人才、服务、资产、利润的各个方面为主线，建立无缝覆盖的服务和管理标准体系。在创建服务标准体系的同时，不断探索新的服务机制，创新服务意识，逐步建立符合实际的自有服务标准化支撑体系，形成一系列服务标准，打造服务标准化品牌，产生辐射带动效应。

4. 构建殡葬机构服务标准体系

单一的标准是对组织管理中“点”的规范，对某一项操作、某一项管理、某一项工作形成的规范要求。服务标准体系即管理中“面”的规范，将每一个标准按照体系构架起来，成为一个系统资源，全面覆盖经营和管理、服务的每一个方面，并相互关联，使管理成为有机的联合体。通过对服务标准的制定和实施，以及对标准化原则和方法的运用，以达到服务质量目标化、服务方法规范化、服务过程程序化，从而获得优质服务的过程，突出“以人为本，服务为先”，在殡葬服务标准化试点建设中力求把殡葬服务中的每个环节通过标准进行规范，并形成殡葬服务标准体系。

殡葬服务标准体系用标准来约束和规范殡葬服务组织的整体运营情况，指导殡葬服务组织的每一项运作都符合既定的标准和系统要求。建立服务标准体系可以规范服务行为，增强组织对标准的认识，让服务工作有一套完善的标准可以操作，从而规避经验式管理和人传人式管理的种种不足和人力风险，提升服务质量，并为消费纠纷提供评判依据。此外，运行服务标准体系可以加速组织的职业化进程，使组织对服务的感性认识与衡量上升到理性测量与量化的考核。运行服务标准体系的最终目的是实现无缝隙覆盖，组织管理人员可以从事务性工作中解脱出来，同时将更多的精力和时间放在理性思考和谋划组织的长期发展规划上，逐步实现组织与国际接轨，提高组织的市场竞争力，维护消费者和经营者的合法权益。

服务标准体系是管理人员的“管理手册”，是员工评价的“考核准则”、员工服务的“作业指导书”、培训员工的“教科书”、顾客接受服务的“说明书”。通过标准化工作的推行，可使各项工作形成“处处有流程、事事有标准、物物有人管、岗岗有考核、日日有坚持、时时有创新”的工作机制。

（五）殡葬服务标准体系建设的实践

殡葬服务属于第三产业的居民服务和其他服务业。随着市场经济的发展和公众殡葬需求的不断提高，我国原本并不健全的殡葬服务体系暴露出一系列问题，在一定程度上影响了殡葬改革顺利进行，如殡葬服务基础设施薄弱，殡葬服务市场运行不规范，殡葬服务质量有待提高，基本殡葬服务保障体系不健全等。因而，殡葬服务标准体系的建设尤为重要。

1. 殡葬服务标准的现状分析

（1）现已发布的殡葬服务国家标准。迄今为止，殡葬领域发布了1项殡葬服务国家标准。

表5-13　已经发布的殡葬服务国家标准

序号	发布标准名称	标准号	类别	状态
1	接运遗体服务	GB/T 26374—2010	服务	有效

（2）现已发布的殡葬服务行业标准。民政部发布了13项殡葬服务行业标准。

表 5-14　已经发布的殡葬服务行业标准

序号	发布标准名称	标准号	归口部门
1	殡仪接待服务	MZ/T 018—2011	民政部
2	遗体保存服务	MZ/T 019—2011	民政部
3	遗体告别服务	MZ/T 020—2011	民政部
4	遗体火化服务	MZ/T 021—2011	民政部
5	骨灰寄存服务	MZ/T 022—2011	民政部
6	骨灰撒海服务	MZ/T 023—2011	民政部
7	公墓业务接待	MZ/T 034—2012	民政部
8	墓体制作服务	MZ/T 035—2012	民政部
9	公墓安葬服务	MZ/T 036—2012	民政部
10	公墓维护服务	MZ/T 037—2012	民政部
11	公墓祭扫服务	MZ/T 038—2012	民政部
12	殡葬服务满意度评价	MZ/T 048—2013	民政部
13	平板火化机捡灰服务	MZ/T 099—2017	民政部

（3）殡葬服务地方标准与企业标准。殡葬服务地方标准既有地方技术监督部门组织制定的，也有地方民政厅（局）和殡葬协会组织制定的。殡葬服务企业标准集中于殡葬服务机构，如北京市八宝山殡仪馆的“殡仪引导员岗位服务规范、告别厅服务员岗位服务规范”等 23 项。

表 5-15　已经发布的部分殡葬服务地方标准

序号	发布标准名称	标准号
1	骨灰撒海服务规范	DB 11/T 664—2009
2	医疗机构太平间殡仪服务规范	DB 11/T 859—2012
3	殡葬上门服务规范	DB 13/T 1786—2013
4	殡葬引导服务规范	DB 13/T 1787—2013
5	殡葬服务代理机构服务规范	DB 13/T 2176—2015
6	殡葬代理服务规范	DB 31/T 501—2010
7	殡仪业务大厅服务规范	DB 35/T 1342—2013
8	殡葬服务业顾客满意度测评规范	DB 35/T 1463—2014
9	遗体接运服务	DB 50/T 428—2012
10	治丧守灵服务	DB 50/T 429—2012

2. 殡葬服务标准的编制计划

我国已经制订了殡葬服务标准编制计划，正在编制或计划编制的殡葬服务标准见表 5-16 至表 5-23。

表 5-16　殡葬服务通用标准

序号	标准名称	标准代号	标准主要内容
101. 1	殡葬服务标准体系表	GB/T	确定殡葬服务标准体系的整体框架，划分标准的层次结构，编制标准明细表、结构表和编制说明
101. 2	殡葬服务标准化工作导则	GB/T	规定殡葬服务标准化工作原则、范围、内容、基本方法与主要技术事项
101. 3	殡葬服务标准编写指南	GB/T	规范殡葬服务国际标准、行业标准、地方标准和企业标准的起草规则、编写要点与技术要求

表 5-17　殡葬服务专业通用标准

序号	标准名称	标准代号	标准主要内容
201. 1	殡葬服务基础项目类别	GB/T	规定殡葬服务基础项目的类别划分、基本内容和代号
202. 1	殡葬服务机构设置原则	GB/T	规范殡葬服务机构设置依据、规划原则与基本方法
203. 1	殡葬服务流程的确定方法	GB/T	规范基本殡葬服务流程和项目的确定方法，给出不同殡葬服务阶段的流程编码规则
204. 1	殡葬服务质量体系	GB/T	给出殡葬服务质量体系的建立方法和各构成要素，规范服务质量体系的运行模式
205. 1	殡葬服务信息处理通则	GB/T	划分殡葬服务信息类别，制定殡葬服务书面信息和电子信息收集、处理、利用的技术通则
206. 1	殡葬服务保障体系	GB/T	给出殡葬服务保障体系的构成要素，规范服务保障体系的创建途径、运行控制和评价指标

表 5-18　殡葬服务机构标准

序号	标准名称	标准代号	标准主要内容
303. 1	殡仪馆服务	GB/T	规范殡仪馆、殡仪服务中心、殡仪服务站类殡仪服务机构资质条件、设施设备要求、人员配置、基本服务内容与服务质量要求等
304. 1	火葬场服务	GB/T	规范火葬场类机构资质条件、设施设备要求、人员配置、基本服务内容与服务质量要求等
305. 1	公墓服务	GB/T	规范公墓类服务机构资质条件、设施设备要求、人员配置、基本服务内容与服务质量要求等
306. 1	骨灰堂服务	GB/T	规范骨灰堂类服务机构的资质条件、设施设备要求、人员配置、基本服务内容与服务质量要求等

表 5-19　殡葬服务流程标准

序号	标准名称	标准代号	标准主要内容
307. 1	殡葬服务项目与流程的确定导则	GB/T	制定殡葬服务项目的主要内容、确定原则；规定殡仪服务流程确定的技术途径和基本方法

表 5-20　殡葬服务质量标准

序号	标准名称	标准代号	标准主要内容
309. 1	殡葬服务质量控制要求	GB/T	规定殡葬服务质量控制的主体要素、辅助要素及其技术管理要求
309. 2	殡葬服务客户满意度调查途径与方法	GB/T	制定殡葬服务机构和基本服务项目的质量承诺、客户满意度调查主要途径与技术方法

续表

序号	标准名称	标准代号	标准主要内容
310.1	殡仪馆等级评定标准	GB/T	规定国家一、二、三级殡仪馆的评定指标、评定内容和评定方法
310.2	公墓等级评定标准	GB/T	规定公墓等级评定指标、评定内容和评定方法
310.3	骨灰堂等级评定标准	GB/T	规定骨灰堂等骨灰寄存服务机构等级评定指标、评定内容和评定方法
310.4	殡葬服务标准化示范单位评审标准	GB/T	制定殡葬服务标准化示范单位评审指标、内容、评分标准和方法等

表 5-21　殡葬服务信息标准

序号	标准名称	标准代号	标准主要内容
311.1	殡葬服务咨询信息分类	GB/T	对开展殡葬服务活动业务咨询的信息进行分类并编码
312.1	殡葬服务归档信息分类	GB/T	对开展殡葬服务活动形成的归档信息进行分类并编码
312.2	人生档案技术管理规范	GB/T	制定死亡人员书面和电子档案立卷、保管、开发、利用服务技术规范

表 5-22　殡葬服务保障标准

序号	标准名称	标准代号	标准主要内容
313. 1	殡葬服务保障体系制定原则	GB/T	规定不同殡葬服务项目所需的基本殡葬设施、设备、用具、用品、人员等保障条件和安全、卫生、环保等保障体系的制定原则和方法
314. 1	殡葬服务社会责任和信用规范	GB/T	规定不同殡葬服务机构的社会责任和社会信用通用要求

表 5-23　殡仪服务标准

序号	标准名称	标准代号	标准主要内容
401. 1	殡仪策划服务	MZ/T	规范殡仪服务活动开展过程，策划殡仪服务内容与注意事项等
403. 1	殡仪引导服务	MZ/T	规范殡仪引导服务活动的内容与基本要求
404. 1	悲伤辅导服务	MZ/T	规范悲伤辅导、心理抚慰服务活动的主要内容与基本要求
405. 1	遗体入殓服务	MZ/T	规范遗体入殓服务的基本内容与技术要求
407. 1	遗体清洗服务	MZ/T	规范遗体清洗服务的基本内容与技术要求
408. 1	遗体消毒服务	MZ/T	规范遗体消毒服务的基本内容与技术要求
410. 1	遗体整容服务	MZ/T	规范遗体整容服务的基本内容与技术要求
411. 1	遗体整形服务	MZ/T	规范遗体整形服务的基本内容与技术要求
412. 1	遗体冷冻冷藏服务	MZ/T	规范遗体冷冻和冷藏服务的基本内容与技术要求
412. 2	遗体化学防腐服务	MZ/T	规范遗体化学防腐服务的基本内容与技术要求
415. 1	遗体安葬服务	MZ/T	规范遗体安葬服务的基本内容与技术要求

续表

序号	标准名称	标准代号	标准主要内容
417.1	骨灰安葬服务	MZ/T	规范骨灰安葬服务的基本内容与技术要求
419.1	骨灰处理服务	GB/T	规范骨灰处理服务的基本内容与技术要求
420.1	遗物祭品焚烧服务	GB/T	规范遗物祭品焚烧服务的基本内容、服务要求与条件
420.2	遗物祭品生态化处置服务	MZ/T	规范遗物祭品生态化处置的技术原则、服务的内容与要求

第六章　殡葬管理标准化

【基本要求】通过本章的学习，您应能够：

1. 掌握管理标准编制技术；
2. 熟悉工作标准编制技术；
3. 熟悉质量管理标准体系；
4. 熟悉环境管理标准体系。

【核心概念】管理标准化；工作标准；质量管理体系；环境管理体系

第一节　管理标准化基础实务

管理标准是管理机构为行使其管理职能而制定的具有特定管理功能的标准，是关于某项管理工作的业务内容、职责范围、程序和方法的统一规定。在组织的业务活动中，有许多管理工作都是重复进行的，诸如规划的编制、文件的制定和修改、过程产品的管理等，所有这些都是制定管理标准的对象。以获得最佳秩序和社会效益为根本目的，以管理领域中的重复性事物为对象而开展的有组织的制定、发布和实施标准的活动，称为管理标准化。

一、管理标准的编制技术

制定管理标准就是运用标准化的原理，对在管理实践中所出现的各种具有重复性特征的管理活动，进行科学的总结，形成规范，用于指导人们更有效地从事管理活动。管理标准是对标准化领域中需要协调统一的管理事项所制定的标准。“管理事项”主要指在企业管理活动中，所涉及的经营管理、设计开发与创新管理、质量管理、设备与基础设施管理、人力资源管理、安全管理、职业健康管理、环境管理、信息管理等与技术标准相关联的重复性事物和概念。管理标准具有双重属性，既具有与生产力、社会化大生产相联系的自然属性，又具有与生产关系、社会制度相联系的社会属性。管理标准的自然属性，就是要求在制定和贯彻管理标准的活动中，应当充分反映生产发展的自然规律和各种技术要求。管理标准的社会属性，就是要求制定管理标准要充分反映不同社会的生产关系和客观经济规律的要求；要符合不同社会制度的经济利益和社会效益。不论制定什么管理标准，都应当符合社会主义市场经济规律，要有利于促进社会主义市场经济发展和正确处理劳动者之间的关系，充分调动员工的劳动积极性。制定管理标准的目的是合理组织、利用和发展生产力，正确处理生产、交换、分配和消费中的相互关系及科学地行使计划、监督、指挥、调整、控制等行政与管理机构的职能。

（一）管理标准的主要种类

管理标准不仅数量多，而且不同的管理标准有着不同的管理内容和特点。为了研究和正确地制定管理标准，就要对管理标准进行科学的分类。

1. 管理标准的一般分类

根据不同的目的和用途，管理标准可以划分为不同的类别。在实际工作中通常按照标准的作用不同，将管理标准分为管理基础标准、技术管理标准、经济管理标准、生产管理标准和工作标准。

（1）管理基础标准。管理基础标准是对管理标准化的共性因素所制定的标准，对制定各种管理标准具有普遍的指导作用。例如术语、符号标准，代码、编码标准，管理通则（通用管理程序和管理方法标准），图表账卡文件格式标准等。

（2）技术管理标准。技术管理标准是为了保证各项技术工作更有效地进行，建立正常的技术工作秩序所制定的管理标准。例如图样、技术文件、标准资料、情报档案的管理标准，为进行科研、产品开发、设计、工艺、技术改造和搞好设备的维修工作等而制定的管理标准，为合理利用原材料、能源所作的技术规定和计算等管理标准，质量管理标准等。

（3）经济管理标准。经济管理标准是为了合理安排各种经济关系，对各项经济活动进行计划、调节、监督和控制，保证各项经济活动顺利发展，促进经济效益不断提高而制定的管理标准。例如经济决策和经济计划标准，各种资源消耗和利用标准，劳动人事、工资、奖励、津贴和劳保福利标准，利润留成和分配标准，经济核算、经济活动分析和经济效果评价标准等。

（4）生产管理标准。以生产管理事项为对象而制定的标准，称为生产管理标准。从广义上来讲，生产管理标准的内容很广，涉及生产管理过程中的各个环节和各个方面。例如：生产经营管理、产品设计管理、生产工艺管理、生产组织与劳动管理、定额管理、质量管理、设备管理、物资管理、能源管理和销售管理等。生产经营管理标准是为了正确地进行经营决策，合理地组织生产经营活动所制定的标准。例如市场调查和市场预测标准，生产作业计划标准，生产调度和过程产品管理标准，物资订货、采购与验收保管标准，劳动组织和定员标准，产品销售和售后服务标准等。对生产过程中的管理事项所作的统一规定，称为生产过程管理标准。生产过程管理标准一般包括：生产计划、工作程序、方法的规程，生产组织方法和程序的规程，生产管理控制方法规程等。从狭义上来说，生产管理标准仅涉及与产品加工、制造和装配等活动直接相关的生产组织和劳动管理等方面。

（5）工作标准。工作标准同管理业务标准相辅相成，是对每个具体的工作岗位作出的规定，从而形成一个完整的管理网络。因此，工作标准包括生产岗位的作业标准和管理岗位的管理工作标准。以管理工作为对象所制定的标准，称为管理工作标准，其内容主要包括：工作范围、内容和要求，与相关工作的关系，工作条件，工作人员的职权与必备条件，工作人员的考核、评价及奖惩办法等。

2. 管理体系标准的分类

根据 ISO 指南 72：2001《管理体系标准的论证和制定》中的规定，管理体系标准分为 3 类。

A 类（管理体系要求标准）。向市场提供有关组织的管理体系的相关规范，以证明组织的管理体系是否符合内部和外部要求（如通过内部和外部各方予以评定）的标准。例如管理体系要求标准（规范）、专业管理体系要求标准。

B 类（管理体系指导标准）。通过对管理体系要求标准各要素提供附加指导或提供非同于管理体系要求标准的独立指导，以帮助组织实施和完善管理体系的标准。例如关于使用管理体系要求标准的指导、关于建立管理体系的指导、关于改进和完善管理体系的指导、专业管理体系指导标准。

C 类（管理体系相关标准）。就管理体系的特定部分提供详细信息或就管理体系的相关支持技术提供指导的标准。例如管理体系术语标准，评审、文件提供、培训、监督、测量绩效评价标准，标记和生命周期评定标准。

（二）管理标准的主要功能

1. 有利于建立协调高效的管理秩序

无论是一个国家还是一个企业，管理的对象均可视为一个系统。对系统进行管理的实质，就是按照各自的愿景和使命建立系统的一定秩序，使系统能高效地发挥其功能的活动。管理标准就是建立系统秩序的标准，通过制定和实施各类管理标准，使各种管理系统的要素之间形成有机联系，相关系统之间相互协调、密切合作，基层系统保证上层系统，子系统的目标保证系统的总体功能的发挥和总体目标的实现。企业只有建立起良好的管理秩序，才能成为高效率和高效益的经济实体。

2. 有利于管理实践的科学持续发展

管理科学化的过程，就是不断认识本组织的特点、不断总结管理经验的过程，实质上就是要使管理活动逐步走向有序化、标准化。这个过程是经验的不断积累和不断深化的渐进过程。管理标准就是这种积累的一种方式，一种有效的途径。一方面，通过不断地总结管理经验，制定管理标准，使这些成功的经验得以推广，然后再根据管理活动中出现的新经验，通过修订标准再总结、再提高。另一方面，可以用这些标准去培养新的人员，从而使这些成功的管理经验普遍推广并持续改进。

3. 有利于实现现代企业科学化管理

科学的管理方法、管理原则、管理形式，不论其多么完备或被管理实践证明是如何正确，也不会被企业全体员工自觉接受。因为这些管理方法、原则和形式本身并不具备约束力和强制力，人们可以采用，也可以不采用。而这些方法、原则和形式一旦被制定成管理标准，并经有关部门批准发布和被企业采用，对企业全体员工就具有一定的约束力，所有员工就必须严格地贯彻执行。有了管理标准就可以使人们养成依法行事的习惯，员工遇到同类管理事务则可按照标准执行，不需要再请示领导，只有在偶尔出现新问题时才去请示。这样就可以把企业领导从日常琐碎的管理事务中解放出来，使其集中精力考虑一些关系企业长远发展的重大战略问题。建立健全管理标准，是实行按“例外管理原则”（企业的高级管理人员把一般的日常事务授权给下级管理人员去处理，而自己只保留对例外事项，如有关企业重大政策和重要人事任免等的决策和监督权）管理的前提条件。

（三）管理标准的主要内容

不同的管理标准属于不同的管理系统，是针对不同的管理工作和为了满足不同的管理要求而制定的，因此，每个管理标准都有其特定的内容。但是，作为一项综合性管理标准的内容，主要由下列 4 个方面的要素构成。

1. 管理业务

管理业务即管理活动中重复出现的业务，又称为任务、职责、权限，如计划编制、统计分析、物资采购、资源配置等。不同种类的管理标准，有着不同的管理业务内容，即使属于同一类的管理标准，由于管理层次不同，管理的业务内容也有所不同。各类、各级管理标准的业务内容，都要根据该项业务的管理目标，从本部门实际出发，正确地确定该项管理业务的任务、职责和权限，这是制定管理标准的核心。

2. 管理程序

管理程序是指从事某项管理工作的具体行动步骤，其作用是把某项管理工作在空间上的分布和时间上的次序加以明确和固定。管理程序可以通过文字内容、流程图、表格以及上述形式的组合，或企业所需要的任何其他适宜的方式作出规定。

3. 管理方法

管理要实现其特定目标，必须有一定的科学方法。管理方法就是完成管理业务、行使管理职能所运用的方法。

4. 管理成果

管理成果的评价、考核是组成管理标准的一个要素，同时也是管理标准与管理制度的重要区别之一。因此，对大部分管理标准来说，都应包括对贯彻执行该标准所取得的管理成果进程评价和考核，而且尽量使考核指标量化，具有可测量性，从而使管理标准从制定到贯彻形成一个闭环管理。

（四）管理标准的编写要求

管理标准应先进合理，能使劳动者、劳动工具和劳动对象实现最佳结合，起到合理组织生产力的作用；管理标准应能调节生产关系，调动劳动者积极性；管理标准应以现代经营思想为指导，树立牢固的市场观念；管理标准应实现管理的整体优化；制定管理标准应从实际出发，讲求实效；企业管理标准应能有助于相关技术标准的实施。企业管理标准的编写格式可以由企业自行规定，也可以参照《标准化工作导则　第 1 部分：标准的结构和编写》（GB/T 1. 1—2009）的规定总的原则，力求简单、方便、实用，防止不必要的烦琐；企业管理标准应使用统一的编号方法，并应与技术标准、工作标准相区别。

二、工作标准的编制技术

为实现整个工作过程的协调，提高工作效率，对每个岗位的工作制定的标准称之为工作标准。这里所指的“工作”，不仅包括生产过程中的各项活动，而且包括为生产过程服务，对生产过程进行管理的其他各项活动，其范围不仅包括企业，还包括服务业，甚至政府机关的工作。因此，就其属性来说，工作标准是管理标准的一种类型，它同管理标准相辅相成，在执行时相互渗透、互相补充。工作标准是对标准化领域中需要协调统一的工作事项所制定的标准，是对工作的范围、责任、权利、程序、要求、效果、检查方法等所作的规定，是按工作岗位制定的有关工作质量的标准。管理业务标准是针对某一部门或某一管理环节的，它协调和统一整个部门的管理活动。而工作标准则对每个具体的工作（或操作）岗位作出规定，从而形成一个完整的管理网络。工作标准是按岗位制定的，岗位大体上分为生产岗位和管理岗位。

针对前者所制定的标准又称作业标准，针对后者所制定的标准可称之为管理工作标准。一般来说，岗位分工越细，标准的划分也应细些，以便通过标准对各工作岗位的要求作出明确的规定。

（一）工作标准的主要功能

工作标准的对象是人所从事的工作。任何一个企业的生产活动，都是利用一定的“资源”（包括机器设备、能源、信息、工作环境等），通过“人”的劳动（脑力的和体力的）把“原材料”加工成产品的活动。这三要素的有机结合便是推动社会进步的生产力。企业的经济效益、社会财富的增加、扩大再生产的实现、经济的发展以及社会的进步，都同这三要素的合理组合和利用直接相关。

一般来说，一项活动按同一程序重复多次就可能形成习惯。如果通过分析研究，设计出最科学、合理的工作程序和作业方法，将其制定为标准，用以约束同一工种的所有工人遵照执行，不仅可以加速个人习惯的形成，而且是形成群体习惯的最有效的方法。作业标准化的过程是形成群体习惯和群体行为准则的过程，是人的素质升华的过程。它不仅能有效地消除不必要的、不合理的作业程序和作业动作，而且能促使工人克服已经形成的不合理的习惯和操作上的缺点，防止个体差别和非固定性不必要的扩大，增进人的作业的可靠性。每个作业者的动作形成习惯，进而达到熟练之后，其动作既能做到迅速、准确，又会感到轻松、协调。一旦达到能同机器体系的运动规律相适应的程度并具有应变能力，人在生产系统中的能动作用便可得到最充分的发挥，由这三要素组成的生产系统便可处于最佳运行状态，创造出较高的生产效率和综合效益。

（二）工作标准的主要内容

1. 岗位目标

企业是以管理目标为核心形成的多层次的管理系统。企业的方针目标，通过制定各部门各分系统的管理标准，尤其是通过制定各工作岗位的工作标准，才能最后落到实处。在确定每个岗位的工作目标（工作任务）时，一定要从整个企业的目标管理系统出发，根据该工作岗位在系统中所处的地位、所起的作用以及整个系统对它的要求来考虑和确定岗位目标。就整个企业来说，确定岗位目标的过程，实际上是企业目标系统的分解过程，较为科学地确定岗位目标，是制定好工作标准的首要环节。

2. 工作要求

任何一个工作岗位上的工作，只要具有重复的特征，就可通过总结经验或试验，优选出较为理想的工作程序和工作方法，以达到提高效率、减少差错的目的。将这些程序和方法纳入标准之后，既能提高个人的操作水平，又能使该岗位的所有工作人员的操作达到统一的要求。

3. 业务分工

现代企业以精细分工为特征，岗位是劳动分工的产物。任何岗位都不能孤立发挥作用，而要依赖其他岗位的协作。这种相互分工、相互联系、相互协作配合的关系处理得越好，系统的效率越高。这里还包括信息传递方面的要求，都可在工作程序的优化过程中同时解决。

4. 职责权限

每个工作岗位都有与其承担的任务相应的职责和权限，这是行使其业务职能的必要前提。在制定工作标准时要注意恰当划分各岗位的职责与权限，明确与相关联的岗位的分工、协调配合以及该岗位必须具备的资源等要求。

5. 质量要求

对岗位的工作必须规定明确的质量要求，有时还包括数量和时间方面的要求，尽量做到可测量、可考核。凡能规定定额的岗位，均应制定定额（时间消耗、物资消耗等），以便于考核以及贯彻按劳分配原则。

6. 技能要求

岗位的任务是靠该岗位的工作人员去完成的，工作人员的能力（操作水平、文化水平、管理知识等）对能否完成岗位任务起决定性作用。因此，对岗位人员的技能要求也应形成工作标准。

（三）制定工作标准的原则

制定工作标准除了遵守企业标准化工作的有关规定之外，还应考虑下列原则要求。

使每个岗位的职责、任务服从企业总目标，通过制定工作标准形成全员的目标管理系统。这就要求各岗位在制定本岗位工作标准时要从大局出发，坚持局部服从整体、小局服从大局的原则。

岗位之间互相衔接、互相保证，形成有机联系，保证整个管理系统工作协调。

操作者应亲自参加制定标准，对标准进行讨论，发表意见。为了提高工作水平，制定标准时应以熟练操作者的经验为基础。

应针对所制定的工作标准组织相关人员进行培训，可以由熟练工进行操作表演，组织新工人上岗培训，也可纳入工人技术等级考核内容。

工作系统中存在较多的随机因素，工作标准化过程中要特别注意防止标准约束人的主动精神和创造性的负面作用，并注意持续改进。

第二节 管理标准体系的建立

管理体系是指建立方针和目标并实现这些目标的体系，而体系是指相互关联或相互作用的一组要素。对各种管理体系（如质量管理体系、环境管理体系、职业健康安全管理体系、风险管理体系、社会责任管理体系等）规定要求及其实施、审核指南的一系列标准称为管理体系标准。

一、质量管理与标准化

从古至今，人类的任何实际活动都要按照一定的章法运行才能奏效。从现代来看，“规矩”就是标准，“方圆”就是质量。标准是基础，是提高产品（或服务）质量的依据，而质量是社会物质财富的重要内容，是社会进步和生产力发展的一个标志，是社会文明的表现。提高质量可以增强国家经济实力和满足人民物质文化生活不断提高的需要。质量是企业的生命，以质量求生存，以品种求发展，是现代企业经营管理的正确道路。保证和提高质量是改善企业经营管理、降低成本和提高经济效益、增强企业竞争能力的重要途径，是企业参加国际商品市场交换和竞争、开辟世界市场、发展外向型经济和对外贸易的重要保证。

（一）质量的定义与标准化

1. 质量的定义与特性

（1）质量的定义。

ISO9000：2005 标准对质量的定义是“一组固有特性满足要求的程度”，同时以“注”的形式作了进一步的解释：

注 1：术语“质量”可使用形容词如差、好或优秀来修饰。

注 2：“固有的”（其反义是赋予的）就是指某事或某物中本来就有的，尤其是那种永久的特性。

在理解质量的定义时，应注意以下两个要点。

一是固有特性。特性是指可区分的特征，包括物质特性（机械、电气、化学、生物特性）、感官特性（嗅觉、触觉、味觉、视觉等感觉控制的特性）、行为特性（礼貌、诚实、正直）、时间特性（准时性、可靠性、可用性）、人体工效特性（语言、生理特性、人身安全特性）、功能特性（飞机的航程、手表显示时间的准确性）等。特性可以是“固有的”，也可以是“赋予的”。固有特征是通过产品、过程或体系设计和开发及其后的实现过程形成的属性，如长方体的长、宽、高，机器的生产率等。赋予特性不是某事物本来就有的，而是完成产品后因不同的要求而对产品增加的特性，如产品的价格等。

二是要求。要求指明示的（如明确规定的）、通常隐含的（如组织的惯例、一般习惯）或必须履行的（如法律法规、行业规则）需要和期望。只有全面满足这些要求才能评定为好的质量。顾客和其他相关方对产品、体系或过程的质量要求是动态的、发展的和相对的，是随着时间、地点、环境的变化而变化的。所以应定期对质量进行评审，按照变化的需要和期望，相应地改进产品体系或过程的质量，才能确保持续地满足顾客和其他相关方的要求。

（2）质量的特性。

ISO9000：2005 标准对质量特性的定义是："产品、过程或体系与要求有关的固有特性。"质量概念的关键是"满足要求"，这些要求必须转化为有指标的特性，作为评价、检验和考核的依据。

一是产品质量特性。由于顾客的需求是多种多样的，所以反映产品质量的特性也是多种多样的。对硬件产品来说，它一般包括性能、可靠性、维修性、安全性、经济性以及环境要求等。性能是指根据产品使用目的所提出的各项功能的要求，包括使用性能、特殊性能、效率等。可信性是指描述可用性及其影响因素（包括可靠性、维修性和维修保障等）的一个集合性术语。因此，它常用产品的可用性、可靠性、维修性和维修保障性来表示。这些性能都是与时间有关的。如可靠性，即指产品在规定时间内和规定条件下，完成规定功能的能力。安全性是指产品在流通、使用过程中保证安全的程度，一般要求极其严格，视为关键特性而需要绝对保障。经济性即产品寿命周期的总费用，包括生产过程、销售过程和使用过程的费用等。环境要求是指产品在使用过程中是否产生公害、污染环境、影响人的身心健康等。

二是服务质量特性。服务产品具有内在的特性。有些服务质量特性是顾客可以直接观察或感觉到的，如服务等待时间的长短、服务设施的完好程度、火车的正点率等。一般来说，服务特性可以分为服务的时间性、功能性、安全性、经济性、舒适性和文明性 6 种类型。不同的服务对各种质量特性要求的侧重点会有所不同。

2. 标准中的质量要求

作为生产、工作、服务等各项活动的准则和依据的标准，需要明确提出一些应该达到，并能够运用一定方法进行检验的质量要求，这些质量要求构成了标准的核心。

（1）质量要求的内容。

不同类型的标准有着不同的质量要求内容，而其中每一个具体的标准的质量要求也是各异的，表 6-1 列举了产品标准中质量要求的示例。

表 6-1　产品标准中质量要求

质量特性	质量特性要求	示例
性能	使用性能要求	功率、效率、速度、灵敏度
	外观和感官性能要求	颜色、手感、听觉、视觉
	理化性能要求	化学成分、强度、电容、电感
可信性	可靠性要求	平均寿命、可靠度、失效率
	维修性要求	维修度、平均维修间隔时间、年均保养时间
安全性	安全要求	防爆、防火、防辐射
	卫生要求	药品、食品有害成分限制
	环境保护要求	噪声等污染限制
适应性	环境条件要求	温度、湿度、气压、震动、辐射
	稳定性要求	抗震、抗老化、对气候等的反应
经济性	能耗要求	耗电、耗油
时间性	时间要求	交货期、等待时间

（2）质量要求的制定。

一是以系统最佳为目标。标准中的各项质量要求可以看作一个系统，这个系统的目的或特定功能是由许多目标或指标形成的。因此，不能只从某一质量要求出发，要着重从系统的整体性对标准中的质量要求进行优化组合，选出最佳的方案。

二是尽可能具体和量化。标准中的质量要求也就是规定的质量特性和特征，它们有的直接反映用户的要求，有的间接反映用户的要求。无论是直接反映用户要求的“真正质量特性”，还是间接反映用户要求的“代用质量特性”，它们在标准中的指标都需要以量化结果加以表示，形成质量特性值。

三是可测试和便于检验。标准中经过量化的质量要求，常常体现为一些计量或计数的质量特性值：这些质量特性值应该能够用检测手段和符合要求的检测技术和方法来完成试验和检验工作；这些质量特性值检测所应用的手段、技术和方法在经济上是合理的。在选择质量特性和确定质量特性值过程中，应同时制定质量特性值的检测方法和规则，并做到检测方便、费用少。

（二）质量管理的主要内涵

1. 质量管理的基本概念

质量管理是指“在质量方面指挥和控制组织的协调的活动”。在质量方面的指挥和控制活动，通常包括制定质量方针和质量目标及质量策划、质量控制、质量保证和质量改进。质量管理是通过建立质量方针和质量目标，并为实现规定的质量目标进行质量策划，实施质量控制和质量保证，开展质量改进等活动予以实现的。

组织在整个生产和经营过程中，需要对诸如质量、计划、劳动、人事、设备、财务和环境等各个方面进行有序的管理。由于组织的基本任务是向市场提供符合顾客和其他相关方要求的产品，围绕着产品质量形成的全过程实施质量管理是组织的各项管理的主线。

质量管理涉及组织的各个方面，是否有效地实施质量管理关系到组织的兴衰。组织的最高管理者应正式发布本组织的质量方针，在确立质量目标的基础上，按照质量管理的基本原则，运用管理的系统方法来建立质量管理体系，为实现质量方针和质量目标配备必要的人力和物质资源，开展各项相关的质量活动，这也是各级管理者的职责。所以，组织应采取激励措施激发全体员工积极参与，充分发挥他们的才干和工作热情，打造人人争作贡献的工作环境，确保质量策划、质量控制、质量保证和质量改进活动顺利地进行。

2. 全面质量管理的内涵

质量管理并不等同于全面质量管理。全面质量管理（Total Quality Management，简称 TQM）的概念最早见于 1961 年美国通用电气公司质量经理阿曼德·费根堡姆（Armand Vallin Feigenbaum）发表的《全面质量管理》一书，他指出："全面质量管理是为了能够在最经济的水平上并考虑到充分满足用户需求的条件下进行市场研究、设计、生产和服务，把企业各部门的研制质量、维持质量和提高质量的活动构成一体的有效体系。"费根堡姆首次提出了质量体系问题，提出质量管理的主要任务是建立质量管理体系。全面质量管理的含义可以这样来表述：以全面质量为中心，以全员参与为基础，目的在于通过让顾客满意和本组织所有者、员工、供方、合作伙伴或社会等相关方受益而达到长期成功的一种管理途径。

全面质量管理是对一个组织进行管理的途径，"全面质量"包括提高组织的产品的质量、缩短周期（如生产周期、物资储备周期）、降低生产成本等。全面质量管理的思想是通过对组织活动全过程的管理，追求组织的持久成功，也就是使顾客、本组织所有者、员工、供方、合作伙伴或社会等相关方持续满意和受益。

（三）质量管理的标准作用

标准化与质量管理是人类活动的一种纪律约束，是人类社会发展、科技文明进步所不可背离的一项基本法则。它既是社会发展的产物，又是推动社会进步发展的科学手段。组织现代化生产、进行科学技术研究、实行科学管理、提高人们生活的质量、促进社会可持续发展，都离不开标准化与质量管理。在人类经济依次步入农业经济、工业经济、现代经济的蓬勃发展的过程中，标准化与质量管理为它们的快速发展并取得较高的效率，显示出卓著的功效。在今天，以知识为基本生产要素，以信息技术和信息产业为主导经济的知识经济运行过程中，标准化与质量管理仍然以其“获得最佳秩序和效益”为目的，成为促进知识经济健康、高效发展的科学手段。

1. 标准化为质量管理提供了依据和基础

标准是评价和衡量产品质量、工作质量的尺度，又是企业进行质量管理的依据，没有各类标准，就无从进行管理。因此，标准化是质量管理的基础。

制造产品必须有标准，抓产品质量必须首先抓好标准。产品质量是由产品标准规定的，工作质量是由工作标准规定的。在企业的各项标准中，产品标准是龙头，其他标准应根据产品标准的要求来制定。在技术和管理两类标准中，技术标准是核心和基础，管理标准必须在相应技术标准的基础上，与质量管理体系相对应，形成完整的标准体系。

2. 标准化与质量管理共同支撑人类生活

标准化决定着人们的生活质量，支撑着人们生活的一切。在人们的心目中，标准是一种“基准”，它被选定作为物体或行动进行比较的样本、判别事物的准则、测量质量的依据。在知识经济时代，人们已深深地坠入由各种标准化信息技术织成的网络中，如网上图书馆、网上影院、网上沙龙、网上购物、网上教育。上网成为人们生活、学习、工作的重要方式。当今世界，人们期待着快速高效的通信，希望消费品和产品更便宜，更易于生产和更高质量，标准的制定和贯彻实施将会满足人们的需要，保护人们的利益。不论确保全球联通的电话网标准，还是确保医院救治生命的医疗设备的标准，或是帮助企业提供更好服务的质量管理和环境管理标准，这些国际标准、国家标准给人们的日常生活提供了实实在在的支撑，它们通过对安全、人身健康和环境保护的贡献，促进人们生活质量的提高。

3. 标准化与质量管理是信息产业的基础

知识经济是以信息革命为前提，以信息产业为主导的经济，是建立在知识和信息的生产、分配和使用基础上的经济。在知识经济的产生、发展和整个运行中，信息技术广泛渗透在全球信息社会的各个领域，成为全球信息社会的基础设施。目前，各国最关注的“数字地球”“信息安全”“通信网络”“智能交通”等标准问题，它们主要是靠通信卫星采集数据，计算机处理数据标准化，即在信息采集、处理、使用过程中标准化的信息技术应用，达到信息资源共享。加强信息技术研究，提高信息技术水平，是推动全球信息社会前进、知识经济发展的重要问题。信息技术和信息产业标准化涵盖了最先进的技术、管理和可持续发展的社会效益及经济效益。信息技术水平的高低是由其基础要素标准化程度的高低所决定的，信息技术的竞争实为信息技术标准化与质量水平的竞争。

通过研究信息技术与信息产业标准化和质量管理，就可以深入到信息社会的各个领域，深入到知识经济的内部，从如何标准化、如何提高产品质量入手，探讨知识经济的运行规律，从而更好地把握各种发展时机，有针对、有目的地制定战略战术，促进社会和经济迅速、健康发展。

4. 标准化与质量管理是提高质量的保证

产品的质量标准就是对产品的质量作出具体的技术规定。也就是说，质量标准是产品质量必须达到的目标，离开了质量标准规定的目标进行生产，质量就无法保证。

在激烈竞争的市场环境中，仅仅以单个产品满足质量标准是远远不够的，需要更强有力的竞争武器。标准化不仅是保证和促进企业质量提高的重要技术基础工作，而且要贯穿于企业质量管理的全过程。ISO9000 族国际标准，为企业和企业产品（服务）取得质量体系认证、进入国际市场、参与实力竞争铺平了道路。

讲质量，首先要讲标准。如果按落后的标准组织生产，质量再好也是一个落后的产品。产品质量的竞争，实质上就是标准水平的竞争。因此，必须坚持高标准，严要求。质量是企业的生命，抓住了标准-质量这个根本，企业就能立于不败之地。

5. 标准化与质量管理是现代管理的基础

现代化的科学技术和现代化的管理是企业发展的两个轮子，缺一不可。现代化的管理是科学的管理，是依据生产技术发展规律和客观经济规律进行的管理，它要求管理机构高效化，管理工作计划化、程序化，管理技术和管理手段现代化。要实现这样的目的，其主要的措施是制定和贯彻实施一系列的管理标准和工作标准，为各项管理工作提供目标和依据，从而使管理工作有序化和高效率。国际标准化委员会制定的 ISO9000 质量管理体系标准、ISO14000 环境管理标准和 OHSAS18000 职业健康安全管理标准，为各项管理工作提供了指南。这些管理标准的实施，为提高符合国际标准化要求的管理水平，如并行工程（CE）、同步工程（SE）、精益生产（LP）、供应链管理（SCM）、客户关系管理（CRM）、企业资源计划（ERP）等各项现代管理，提供了崭新的思想、方式和工具。这些管理标准的实施，是参与竞争取胜的基础。

二、质量管理体系标准

目前国际上比较著名的管理体系标准有ISO9000质量管理体系标准和ISO14000环境管理体系标准。随着各行业贯彻管理体系国际标准进程的加快，行业在服务质量、环境保护、健康安全等方面进行了积极的探索，积极实施国际标准体系认证（主要是ISO9000质量管理体系标准、ISO14000环境管理体系标准和OHSAS18000职业健康安全管理体系标准），有效地加强了科学管理，促进行业的可持续发展。国际标准化组织（ISO）成立于1947年，目前有包括中国在内的120多个正式成员国。该组织的目的是在世界范围内促进标准化及有关工作的发展，以利于国际贸易的交流和服务，并发展在知识、科学、技术和经济活动中的合作，以促进产品和服务贸易的全球化。以ISO9000族为主体的国际标准体系的导入和实施，能确保服务机构的管理水准及员工的管理理念得到全面提高，各部门运作更加协同、有序和高效，对于服务质量的保证与提高将起到重要作用。服务机构引入ISO9000认证，有利于形成公共服务质量的机制保障。随着我国认证事业的发展，国内各行业普遍实施的管理体系认证和先进的管理方法也逐步进入管理行业，不仅提供了科学的理论、先进的理念，而且提供了先进的工具、科学的方法。ISO9000族质量管理体系标准是世界上第一套有关质量管理方面的标准，它不仅顺应了发展国际经济贸易与交流合作的需要，而且对规范市场行为、促进企业加强质量管理、提高产品质量、增强市场竞争能力产生了积极效果。

（一）质量管理体系标准的内涵

1. 质量管理体系标准的产生与发展趋势

（1）管理体系标准的产生。

随着社会的发展，人们对质量的要求越来越高，顾客越来越要求得到保证符合规范要求的产品或服务。但因产品日趋复杂，仅按技术规范进行验证已明显不足，如果规范本身有缺陷时，或者设计、生产和提供产品或服务的组织体系存在某些不足时，技术规范本身就不能保证产品质量始终满足顾客要求。因此，必须在生产过程中建立质量管理体系，以补充技术规范对产品或服务的要求，这就导致了质量管理体系标准的产生。许多国家为此制定了各种质量保证制度，以适应质量工作的要求和经济发展的需要。但由于各国经济制度及发展水平不同，而且所采用的质量术语也不同，各种质量保证制度很难在国际间被认可。质量管理经由检验质量管理阶段、统计质量管理阶段到全面质量管理阶段，积累了比较丰富的实践经验，形成了初步成熟的理论，步入标准化质量管理的时机逐渐成熟。1979年，国际标准化组织（ISO）

成立了第176技术委员会（即ISO/TC176），负责制定质量管理和质量保证领域的国际标准及相关文件，其愿景是："通过在全世界范围内接受和使用ISO9000族标准，为提高组织的绩效提供有效的方法，增强组织和个人的信心，从世界各地得到任何期望的产品，以及将自己的产品顺利地销往世界各地，促进贸易、经济繁荣和发展。"为适应国际间贸易发展的需要，国际标准化组织（ISO）在总结各国质量保证制度经验的基础上，ISO/TC176于1986年发布了《质量管理和质量保证术语》（ISO8402）标准；1987年发布了ISO9000《质量管理和质量保证标准选择和使用指南》、ISO9001《质量体系设计、开发、生产、安装和服务的质量保证模式》、ISO9002《质量体系生产、安装和服务的质量保证模式》、ISO9003《质量体系最终检验和试验的质量保证模式》以及ISO9004《质量管理和质量体系要素指南》。这6项国际标准统称为1987版ISO9000系列国际标准。1990年，ISO/TC176开始对ISO9000系列标准进行修订，于1994年发布了1994版ISO8402、ISO9000-1、ISO9001、ISO9002、ISO9003和ISO9004-1等6项国际标准，统称为1994版ISO9000系列标准。这些标准分别取代1987版6项ISO9000系列标准。随后，ISO9000族标准进一步扩充到包含27个标准和技术文件的标准家族。这套标准对规范质量管理活动、促进国际间的贸易发展起到积极的作用。

（2）管理体系标准的发展。

随着国际贸易发展的需要和标准实施中出现的问题，特别是服务业在世界经济的比重所占的比例越来越大，ISO/TC176对1994版的ISO9000族标准进行了修订，并于2000年年底发布了2000版的ISO9000族标准。2004年ISO/TC176年会认可了有关修正ISO9001：2000的论证报告，并决定成立项目组ISO/TC176/SC2/WG 18/TG 1.19，对ISO9001：2000进行有限修正。2008版的ISO9001标准经过工作组草案（WD）、委员会草案（CD）、国际标准草案（DIS）和最终国际标准草案（FDIS）阶段，已于2008年11月15日正式发布。ISO和国际认可论坛（IAF）根据世界上170个国家大约100万个通过ISO9001认证的组织的8年实践，认为ISO9001：2008标准更清晰、明确地表达ISO9001：2000的要求，并增强与ISO14001：2004的相容性。该标准吸收国际上先进的质量管理理念，采用PDCA循环的质量哲学思想，对于产品和服务的供需双方具有很强的实践性和指导性。

目前全球已有几十万家工厂企业、政府机构、服务组织及其他各类组织导入ISO9000并获得第三方认证。ISO9000质量管理体系标准是以顾客为关注焦点而组织建立的质量管理体系，它通过对影响质量的活动、过程及其产品（包括服务）控制，达到组织提高质量管理能力，确保持续改进、强化和预防不合格，增强顾客和相关方满意的目的。

管理体系认证之所以得到全球的认可，在于其高度概括、总结和提炼了世界各国质量管理理论和实践的精华，统一了质量管理的原理、方法和程序，其过程控制、预防为主、持续改进管理思想有利于实现管理的系统化、规范化、制度化。在行业实施管理体系认证，有助于实现全面发展，提高管理水平，实现规范化、标准化管理，帮助解决行业所面临的如何提升服务质量问题。引入先进的管理体系后，各项制度和服务流程得到了有效的整合，有利于实现管理系统化。建立认证体系后，按质量标准要求确定各部门及其工作人员的职责，制定文件化的工作程序和管理文件，杜绝了服务操作的随意性，克服了凭经验管理的不规范做法，解决了基础管理弱化、内部协调不畅等问题，使管理达到规范化、制度化要求。同时，在内部强化管理的基础上，通过第三方认证监督机制也大大强化了行业的系统化、规范化和制度化管理，使其达到顾客满意和满足相关方的需求，提高了管理水平，确保行业达到可持续发展。

（3）管理体系标准的展望。

自 ISO 正式发布 ISO9000 质量管理体系标准和 ISO14000 环境管理体系标准以来，其他区域或行业标准化组织又先后发布了许多类似的管理体系标准并且依此对企业进行认证。如德国汽车工业协会（VDA）制定的应用于汽车工业的“VDA 质量管理体系标准”，欧洲医疗器械供应商质量体系标准（EN 46001）、安全认证分包方（SCC）程序、危害分析与关键控制点（HACCP）规范、《食品安全管理体系　对食品链中各组织的要求》（ISO22000）、职业健康安全管理体系（OHSAS）标准、社会责任管理体系标准（SA 8000）、《风险管理原则与实施指南》（ISO31000：2009）。此外，还有《安全质量评定体系》（SQAS）、《信息技术管理体系标准》（BS7799）、《欧洲 ITSEC 准则》等，也是在 ISO9000 之后出现的管理体系标准。

繁衍出如此之多的管理体系标准，与国际标准化宗旨是不一致的。国际标准化组织 2005—2010 年发展战略的第一条就是制定协调一致的多领域全球相关的国际标准。从企业整体出发，如果能用一种认证涵盖多种形式的认证要求，使用一种标准建立一体化管理体系，无疑会大大降低企业生产成本，提高有效性和效率。因此，国际标准化组织多年来一直努力开拓一体化的工作。2003 年的 ISO 大会作出决议，要求 ISO 技术管理局会同 TC176 和 TC207 主席考虑未来管理体系标准的制定工作。技术管理局于 2007 年成立了管理体系标准联合技术协调组（ISO/TBM/TAG 13-JTCG）制定了未来管理体系标准发展的共同愿景和高层结构，并识别和定义各类管理体系所涉及的共同术语。

一是共同愿景的主要内容。通过促进识别“条款标题、条款标题的顺序、文本内容和术语”的共同方面，所有的 ISO 管理体系要求类标准结合一致，并进一步提高现行管理体系标准之间的兼容性，仅当各自应用领域需要存在特定差异的情况下，方允许有所偏离。在未来的标准修订过程中使用这种方法的目的是提高现行管理体系对用户的价值。

二是管理体系标准的结构。管理体系标准除了包括范围（scope）、规范性引用文件（normative references）、术语和定义（terms and definitions）外，还包括以下内容：

组织概述（context of the organization）。为满足组织和相关方需求所需考虑的方面，也可称之为组织环境。

领导（1eadership）。承诺、承诺的证明以及管理方法等。

策划（planning）。战略策划、管理体系策划等方面。

支持（support）。资源以及组织运作所需的其他方面。

运作（operations）。组织实现其目的的活动或过程。

绩效评价（performance evaluation）。测量和数据采集、分析和使用。

改进（improvement）。提高组织绩效的活动。

未来管理体系发展的共同愿景和高层结构不仅可用于指导现行管理体系标准的修订，也可用于指导新的管理体系标准的制定。

2. 质量管理体系标准的主要特点与作用

ISO9000 作为第一套管理性质的国际质量管理体系，是各国质量管理与标准化专家在先进的国际标准的基础上，对科学管理实践的总结和提高，逐渐形成的科学、权威的国际通用标准管理模式。ISO9000 质量体系的思想就是要通过建立一个质量体系，来达到质量控制的目的。它强调质量控制不是一种可以由检验部门独立承担的活动，而是由所有的部门如营销、设计、工程、采购、生产、运输等部门共同参与实施的。

管理体系标准认证为认证组织提供了一套行之有效的发现问题、预防事故的防控管理体系。同时，它又是一个持续改进、不断优化的过程，是一种长期有效的约束机制、自我完善机制。通过引入标准认证，科学运用“持续改进”的原理，建立自我约束、自我监控、自我调节、自我完善的科学发展机制，及时发现并解决发展中存在的问题，从而保证社会全面、协调、可持续发展。

ISO9000 族标准衡量的对象不仅是产品质量，更重要的是体系过程管理的质量。任何产品的质量问题都与过程的管理控制有关，ISO9000 族标准从现代性和科学性方面强调动态循环的管理思想，强调以顾客为关注的焦点，强调领导者的作用和全面质量管理的思想，兼顾内部、外部双方的要求。

（1）适应性强。

质量管理体系适用于各种组织的管理和运作，包括所有产品类别、不同规模和各种类型的组织，以及医疗器械、通信、网络、汽车等特殊行业对标准的要求。ISO9001：2000标准为企业申请认证的依据标准，在标准的适用范围中明确本标准是适用于各行各业，且不限制企业的规模大小。有效开展质量管理，必须设计、建立、实施和保持质量管理体系。目前国际上通过认证的企业涉及国民经济中的各行各业。组织的最高管理者对依据ISO9001国际标准设计、建立、实施和保持质量管理体系的决策负责，对建立合理的组织结构和提供适宜的资源负责；管理者代表和质量职能部门对形成文件的秩序的制定和实施、过程的建立和运行负直接责任。

质量管理体系易于使用、语言明确，易于翻译和理解。ISO9001：2008和ISO9004：2009两个标准结构相似，方便了组织的选择和使用。在ISO9000：2005标准的术语部分，将分散的术语和定义用概念图的形式，分10个主题组，将有关概念之间的关系用分析与构造的方法，按逻辑关系将其前后连贯，以帮助使用者比较形象地理解各术语及其定义之间的相互作用和关系，并全面掌握它们的内涵。

为了防止将ISO9000族标准发展成为质量管理的百科全书，2008版ISO9000族标准简化了其本身的文件结构，减少了强制性的“形成文件的程序”的要求，取消了应用指南标准，强化了标准的通用性和原则性，使用了过程导向的模式，替代了以产品（质量环）形成过程为主线的20个要素，以过程描述所有的产品，将过程方法用于质量管理，将顾客和其他相关方的需要作为组织的输入，再对顾客和其他相关方的满意程度进行监控，以评价顾客或其他相关方的要求是否得到满足。这种过程方法模式可以适用于各种组织的管理和运作。

2015版ISO9001标准采用了高层结构，规定了通用的章节结构，方便了使用者实施多个ISO管理体系标准。此外，采用了基于风险的思维，减少了规定性要求，具有灵活的成文信息要求，提高了服务行业的适用性，更加强调了组织环境，增强了对领导作用的要求，更加注重实现预期的过程结果，以增加顾客满意。

（2）强调质量。

质量管理体系的设计和建立，应结合组织的质量目标、产品类别、过程特点和实践经验。因此，不同组织的质量管理体系有不同的特点。

质量管理体系强调持续的顾客满意是推进质量管理体系的动力，以顾客为关注的焦点，并考虑到所有相关方的利益和需求，将顾客满意或不满意信息的监控作为评价质量管理体系业绩的一种重要手段。组织依存于顾客，组织应当理解顾客当前和未来的需求，直接以顾客满意为目标，满足顾客要求并争取超越顾客期望。顾客是组织存在的基础，组织应把满足顾客的需求和期望放在第一位，并将其转化成组织的质量要求，采取措施使其实现；同时还应测量顾客的满意度，处理好与顾客的关系，加强与顾客的沟通，通过采取改进措施，使顾客和其他相关方满意。同时，由于顾客的需求和期望是不断变化的，也是因人因地而异的，因此需要进行市场调查，分析市场变化，以此来满足顾客当前和未来的需求，并争取超越顾客的期望，以创造竞争优势。

质量管理体系能采用适当的预防措施，有一定的防止重要质量问题发生的能力。强调以预防为主，消除产品不合格或不合格潜在的原因，防止不合格的再发生，从而降低成本。质量管理体系重点是质量问题的预防，而不是依靠事后的检查。现代质量管理思想强调“从事后检验到事先预防，以预防为主”，ISO9000 标准的许多条款都是从预防角度来作的规定。例如要求进行质量策划，包括制订质量计划、配备必要的设备和检测手段、确定和准备质量记录等。

ISO9000 标准所规定的质量管理体系要求是通用性要求，适用于各种类型、不同规模和提供不同产品的组织。因此，质量管理体系的建立与实施一定要结合本组织及其产品的特点，重点放在如何结合实际、如何注重实施上来，重在过程、重在结果、重在有效性，既不要脱离现有的那些行之有效的管理方式而另搞一套，也不要不切实际地照抄他人的模式、死搬硬套、流于形式。尤其是在编制质量管理体系文件时，一定要依据质量策划的结果确定本组织对文件的需求。对确实需要的文件，则必须确保文件的价值性和适用性。

（3）强调管理。

将相互关联的过程作为体系来看待、理解和管理，有助于组织提高实现目标的有效性和效率。质量管理的作用主要是能够使组织的工作结果符合要求，即实现预期的目标，但绝大多数结果都要经过复杂的过程才能得到。一个组织的体系是由大量错综复杂、互相关联的过程组成的网络构成的。最高管理者要成功地领导和运作一个组织，要求用系统的和透明的方式对过程网络实施系统管理，帮助组织提高实现目标的有效性和效率。管理的系统方法包括了确定顾客的需求和期望，建立组织的质量方针和目标，确定过程及过程的相互关系和作用，并明确职责和资源需求，确立过程有效性的测量方法并用以测量现行过程的有效性；寻找改进机会，确立改进方向，实施改进，监控改进效果，评价结果，评审改进措施和确定后续措施，等等。这种建立和实施质量管理体系的方法，既可用于建立新体系，也可用于改进现行的体系。这种方法不仅可提高过程能力及产品质量，还可为持续改进打好基础，最终导致顾客满意和使组织获得成功。

将活动和相关资源作为过程进行管理，可以更高效地得到期望的结果。组织为了有效地运作，必须识别并管理许多相互关联的过程。在建立质量管理体系或制定质量方针和目标时，应识别和确定所需要的过程，确定可预测的结果，识别并测量过程的输入和输出，识别过程与组织职能之间的接口和联系，明确规定管理过程的职责和权限，识别过程的内部和外部顾客。在设计过程时还应考虑过程的步骤、活动、流程、控制措施、投入资源、培训、方法、信息、材料和其他资源等。只有这样才能充分利用资源，缩短周期，以较低的成本实现预期的结果。

质量管理体系具有系统性，质量管理体系是相互关联和作用的组合体，包括：组织结构（合理的组织结构和明确的职责、权限及其协调的关系），程序（规定到位的形成文件的程序和作业指导书，是过程运行和进行活动的依据），过程（质量管理体系的有效实施，是通过其所需过程的有效运行来实现的），资源（必需、充分且适宜的资源包括人员、资金、设施、设备、料件、能源、技术和方法）。质量管理体系具有全面有效性，其运行应是全面有效的，既能满足组织内部质量管理的要求，又能满足组织与顾客的合同要求，还能满足第二方认定、第三方认证和注册的要求。

领导者应确保组织的目的与方向的一致，创造并保持良好的内部环境，可使员工充分参与实现组织目标的活动。最高管理者应建立体现组织总的质量宗旨和方向的质量方针和质量目标，应时刻关注组织经营的国内外环境，制定组织的发展战略，规划组织的蓝图。最高管理者通过其领导作用及所采取的各种措施可以创造一个员工充分参与的内部环境，质量管理体系只有在这样的环境下才能确保其有效运行。最高管理者应作出有关建立和实施质量管理体系并持续改进其有效性方面的承诺，并带头以增强顾客满意为目的，确保顾客要求得到确定并予以满足。最高管理者还应将质量方针、目标等落实到组织的各职能部门和相关层次，让全体员工理解和执行。为了实施质量方针和目标，组织的最高管理者应身体力行，建立、实施和保持一个有效的质量管理体系，确保提供充分的资源，识别影响质量的所有过程并管理这些过程，使顾客和相关方满意。为了使建立的质量管理体系保持其持续的适宜性、充分性和有效性，最高管理者应亲自主持对质量管理体系的评审，并确定持续改进和实现质量方针、目标的各项措施。质量管理体系重视高层领导的作用，强调领导是关键，质量管理的职责由最高管理者代表承担，其对质量方针和质量目标的制定并落实以及质量管理体系的建立、完善、实施和保持的决策负责。成功实施 ISO9000 标准，需要建立并有效运行质量管理和质量保证体系，企业高层领导应对企业的质量问题承担主要责任。

质量管理体系将质量管理与组织的管理过程联系起来，强调对各部门的职责权限进行明确的划分、计划和协调，从而使企业有效地、有秩序地开展各项活动，保证工作顺利进行。如 2008 版 ISO9000 族标准强调过程方法的应用，即系统识别和管理组织内所使用的过程，特别是这些过程之间的相互作用，将质量管理体系的方法作为管理过程的一种方法。

质量管理体系标准考虑了所有相关方利益的需求。每个组织都会有几种不同的相关方，除顾客外，组织的其他相关方包括组织的员工、所有者或投资者、供方或合作伙伴、社会等。针对所有相关方的需求实施并保持持续改进其业绩的质量管理体系，可使组织获得成功。全员参与是质量管理体系建立与实施的根本，因为只有全员充分参与，才能使他们的才干为组织带来收益，才能确保最高管理者所作出的各种承诺得以实现。组织应采取措施确保在整个组织内提高满足顾客要求的意识，确保使每一位员工认识到所在岗位的相关性和重要性以及如何为实现质量目标作出贡献。在质量管理活动中，不是只有最高管理者发挥作用，而是需要每一个员工都参与到这项活动中来。全体员工是每个组织的根本，人是生产力中最活跃的因素。所以应赋予各部门、各岗位人员应有的职责和权限，为全体员工制造一个良好的工作环境，激励他们的创造性和积极性，通过教育和培训，增长他们的才干和能力，发挥员工的革新和创新精神；共享知识和经验，积极寻求增长知识和经验的机遇，为员工的成长和发展创造良好的条件。质量管理体系强调员工的参与及培训，确保员工素质能够满足工作要求，并使每个员工具有较强的质量意识。

质量管理体系讲求经济性，“经济性-质量成本”被单独作为质量管理体系的一个要素，指出组织需要在经营上以最佳成本达到和保持所期望的质量。

（4）强调改进。

质量管理体系具有动态性。最高管理者定期批准进行内部质量管理体系审核，定期进行管理评审，以改进质量管理体系；要支持质量职能部门（含车间）采用纠正措施和预防措施改进过程，从而完善体系。质量管理体系旨在最佳化，组织应综合考虑利益、成本和风险，通过质量管理体系持续有效运行使其最佳化。

强调对业绩的持续改进。持续改进是一种管理的理念，是组织的价值观和行为准则，是一种持续满足顾客要求、增加效益、追求持续提高过程有效性和效率的活动。持续改进的最终目的是提高组织的有效性和效率，它包括改善产品的特征和特性、提高过程有效性和效率。持续改进包括：了解现状，建立目标，寻找、实施和评价解决办法，测量、验证和分析结果，纳入文件等活动。其实质也是一种 PDCA 的循环，从策划、计划开始，执行和检查效果，直至采取纠正和预防措施，将它纳入改进成果加以巩固。

顾客的需求和期望在不断变化，以及有市场的竞争、科技的发展等，这些都促使组织持续改进，持续改进是组织的永恒目标。持续改进的目的在于增加顾客和其他相关方满意的机会。组织应通过各种途径促进质量管理体系的持续改进。质量管理体系强调和突出“持续改进”，提高质量管理体系的有效性和效益，满足顾客不断变化的需求，达到顾客满意。ISO9000 标准十分强调企业必须建立和完善质量体系，它把对全过程控制的思想作为其基本思想。质量管理体系以文件的模式实现系统化、科学化的管理，克服人制的弊端，在最佳工作途径下达到内部法制化管理，减少管理被动引起的内耗。建立“计划→实施→评价→改善”的“PDCA”循环机制，实现组织的可持续发展。

总之，ISO9000 族标准吸收了全球范围内质量管理和质量体系认证实践的新进展和新成果，更好地满足了使用者的需要和期望，达到了历次修订的目的，即更科学、更合理、更适用和更通用。

（二）质量管理体系标准的实施

1. 学习质量管理体系文件

（1）学习质量管理体系核心标准。应组织各级员工，尤其是各管理层认真学习 ISO9000 族质量管理体系的核心标准，重点是学习质量管理体系的基本概念和基本术语、质量管理体系的基本要求，增强员工的意识、积极性和参与程度。

（2）学习质量管理体系相关文件。在质量管理体系文件正式发布或即将发布而未正式实施之前，认真学习质量管理体系文件对质量管理体系的真正建立和有效实施至关重要。组织宣传质量方针并促进质量目标的实现，各部门、各级人员都要通过学习，清楚地了解质量管理体系文件对本部门、本岗位的要求以及与其他部门、岗位的相互关系的要求，只有这样才能确保质量管理体系文件在整个组织内得以有效实施。

2. 策划质量管理体系活动

（1）确定质量管理目标。应根据组织的宗旨、发展方向，以及顾客的需求和期望，确定与组织的宗旨相适应的质量方针，对质量作出承诺，在质量方针提供的质量目标框架内规定组织的质量目标以及相关职能和层次上的质量目标。质量目标应是可测量的。

（2）质量管理体系策划。组织应依据质量方针、质量目标，应用过程方法对组织应建立的质量管理体系进行策划，并确保质量管理体系的策划满足质量目标要求。在质量管理体系策划的基础上，进一步对产品实现过程及其他过程进行策划，确保这些过程的策划满足所确定的产品质量目标和相应的要求。

（3）确定质量管理职责。组织应依据质量管理体系策划以及其他策划的结果，确定各部门、各过程及其他与质量工作有关人员应承担的相应职责，并赋予相应的权限并确保其职责和权限能得到沟通。最高管理者还应在管理层中指定一名管理者代表，代表最高管理者负责质量管理体系的建立和实施。

3. 发布质量管理体系文件

（1）编制质量管理体系文件。组织应依据质量管理体系策划以及其他策划的结果确定质量管理体系文件的框架和内容，在质量体系文件的框架里确定文件的层次、结构、类型、数量、详略程度，规定统一的文件格式，编制管理体系文件。

（2）发布质量管理体系文件。质量管理体系文件在正式发布前应认真听取多方面意见，并经授权人批准发布。质量手册必须经最高管理者签署发布。质量手册的正式发布实施即意味着质量手册所规定的质量管理体系正式开始实施和运行。

4. 实施质量管理体系标准

（1）质量管理体系标准的运行。质量管理体系运行主要反映在两个方面：一是组织所有质量活动都应依据质量策划的安排以及质量管理体系文件要求实施；二是组织所有质量活动都应提供证据，证实质量管理体系运行符合要求并有效实施和保持。

（2）质量管理体系的内部审核。组织在质量管理体系运行一段时间后，应组织内审员对质量管理体系进行内部审核，以确定质量管理体系是否符合策划的安排、ISO9000 标准要求，以及组织所确定的质量管理体系要求是否得到有效实施和保持。内部审核是组织自我评价、自我完善机制的一种重要手段，组织应每年按策划的时间间隔坚持实施内部审核。

（3）质量管理体系的管理评审。在内部审核的基础上，组织的最高管理者应就质量方针、质量目标，对质量管理体系进行系统的评审（管理评审），确保质量管理体系持续的适宜性、充分性和有效性（评审也可包括效率，但不是认证要求）。管理评审包括评价质量管理体系改进的机会和变更的需要，包括质量方针、目标变更的需要。管理评审与内部审核都是组织自我评价、自我完善机制的一种重要手段，组织应每年按策划的时间间隔坚持实施管理评审。

通过内部审核和管理评审，在确认质量管理体系运行符合要求且有效的基础上，组织可向质量管理体系认证机构提出认证的申请。

（三）质量管理体系标准的评价

1. 适宜性

适宜性指质量管理体系与组织所处的客观情况的适宜过程。这种适宜过程应是动态的，即质量管理体系应具备随内部和外部环境的改变而作相应的调整或改进的能力，以实现规定的质量方针和质量目标。不同类型、不同规模、提供不同产品（或服务）的组织，具有各自不同的特点。质量管理体系应体现组织的特点，与组织内外部情况相适应，适合于组织的运行。组织所处的外部环境是不断变化的，如：相关法律法规和产品标准的修订；质量管理体系要求的变更；顾客要求和期望的变化；供方情况的改变；市场行情的变化；环保、节能等社会要求的改变；科学技术的不断进步，等等。

组织的内部环境同样处在不断变化之中：组织机构与职能的调整；高层领导人事变动；财务状况的变更；组织规模随人员、设施的增加不断壮大；改组、改制等带来的运营机制的变化；产品结构与类型的调整；采用新技术、新工艺、新设备引起的资源与手段的更新；组织的宗旨和自身要求的变化；生产经营、财务、职业的健康安全、环境等其他管理体系的变化，等等。

由于组织所处的内部环境是不断变化的，客观上要求质量管理体系的框架和内容也要发生相应的变化。这种变化可能导致质量方针、质量目标的变更，组织应及时调整或改进为实现质量方针和质量目标而构成的一组相互关联或相互作用的质量管理体系过程，使质量管理体系持续地与内部环境变化相适应。

2. 充分性

充分性指质量管理体系对组织全部质量活动过程覆盖和控制的过程，即质量管理体系的要求、过程展开和受控是否全面，也可以理解为体系的完善程度。充分性要求组织的质量管理体系结构合理，过程满足质量管理的需要，程序完善，资源充足，具有充分满足顾客和市场不断变化的要求的能力。因此，组织在建立、运行和保持质量管理体系时，要考虑体系的结构和过程的合理性，评价其是否符合 ISO90001 标准的要求、组织的需要和组织的能力，是否具有自我发现问题和解决问题的能力，以实现持续改进。

质量管理体系的充分性包括两个方面：一是组织是否识别了所有的质量管理体系过程，是否对已识别的质量管理体系过程进行了适当的表述，是否根据控制的需要对过程予以充分的展开。如果某一过程（特别是对质量管理体系有影响的过程）没有被识别，或者尽管识别了某一过程，但对如何确保过程的有效运行和控制没有给予适当的规定，或者对过程控制和管理职责作出规定，就会因过程不能得到有效控制而造成质量管理体系的不充分。二是组织在实施各种持续改进时，可能会发现质量管理体系存在诸多考虑的活动，或者结构不合理、删减标准条款不恰当、职责权限及接口规定不明确、资源配置不足、文件不能满足确保其过程有效策划与运行和控制的需要、所需的信息不够、采用的方法不当等，出现这些情况就是没有实现质量管理体系的充分性。

3. 有效性

有效性指组织对完成所策划的活动并达到策划结果的程度所进行的度量，即通过质量管理体系的运行，完成体系所需的过程或者活动而达到所设定的质量方针和质量目标的程度，包括与法律法规的符合程度、顾客满意程度等。为判定质量管理体系的有效性，组织可将有关的信息与设定的质量方针、质量目标进行对比，判断质量管理体系过程是否达到预定的目标。这些信息主要有：顾客的反馈（包括对顾客的满意、不满意程度的测量结果和顾客抱怨），过程的业绩（即过程实现直接增值或间接增值而达到预期结果的程度，包括顾客对员工服务态度满意程度的提升、生产效率的提高、市场占有率的增加、成本的降低等），产品的符合性（包括与顾客要求、法律法规要求及组织要求的符合程度），审核的结果（包括内审和外审发现的产品、过程和体系的不符合等）。

总之，由于组织内部环境的变化，可能导致质量管理体系的不适宜；由于过程未识别或已识别的过程未充分展开，可能造成质量管理体系的不充分；由于质量方针和质量目标未能实现，会影响质量管理体系的有效性。适宜性、充分性和有效性是相互关联、不可分割的整体。有效性是组织建立质量管理体系的根本目的，适宜性、充分性是达到有效性的重要保证。组织的最高管理者应按策划的时间间隔，围绕适宜性、充分性和有效性对质量管理体系系统的评审，根据评审结果及时作出改进决定并采取相应的措施，实现对质量管理体系、产品、过程和资源需求的持续改进。质量管理体系对环境的变化应具有持续的适宜性，在满足要求方面具有持续的充分性，从而确保实现质量管理方针和质量目标的持续有效性。

三、环境管理体系标准

环境管理体系（EMS，Environmental Management System）是一个组织内

全面管理体系的组成部分，它包括为制定、实施、实现、评审和保持环境方针所需的组织机构、规划活动、机构职责、惯例、程序、过程和资源，还包括组织的环境方针、目标和指标等管理方面的内容。

（一）环境管理体系标准的发展历史及现状

环境管理体系是一个组织有计划，而且协调动作的管理活动，其中有规范的动作程序、文件化的控制机制。它通过有明确职责、义务的组织结构来贯彻落实，目的在于防止对环境的不利影响。环境管理体系作为一项内部管理工具，旨在帮助组织实现自身设定的环境表现水平，并不断地改进环境行为，不断达到更新更佳的高度。

环境管理体系来源于环境审计和全面质量管理这两个独立的管理手段。迫于遵守环境义务费用的不断升级，北美和欧洲发达国家的公司不得不在20世纪70年代研制了环境审计这一管理手段以发现其环境问题，其初期目标是保证公司遵守环境法规，其工作范围随后扩展到相对容易出现环境问题的部位实行的最佳管理实践的监督。全面质量管理起初是用于减少和最终消除生产过程中导致不能达到生产规范要求的种种缺陷，以及提高生产效率等，但这一手段已经更多地用于环境问题上。

环境管理是与可持续发展分不开的。环境管理系列标准的出台是对可持续发展的主动响应，也是环境保护发展的必然结果。ISO认识到自己的责任和机会，并为响应联合国实施可持续发展战略的号召，于1993年6月成立了ISO/TC207环境管理技术委员会，正式开展环境管理标准的制定工作，期望通过环境管理工具的标准化工作，规范企业和社会团体等组织的自愿环境管理活动，促进组织环境绩效的改进，支持全球的可持续发展和环境保护工作。ISO/TC207从1993年开始制定的一系列环境管理国际标准（ISO14000），它包括了环境管理体系（EMS）、环境管理体系审核（EA）、环境标志（EL）、生命周期评价（LCA）、环境绩效评价（EPE）、术语和定义（T&D）等国际环境管理领域的研究与实践的焦点问题，向各国政府及各类组织提供统一、一致的环境管理体系，产品的国际标准和严格、规范的审核认证办法。1996年9月1日，ISO发布了《环境管理体系规范及使用指南》（ISO14001：1996）和《环境管理体系原则、体系和支持技术通用指南》（ISO14004：1996），随后又陆续发布了一系列环境管理标准。2004年11月15日，ISO对上述两个重要标准进行了修订，发布了ISO14001：2004和ISO14004：2004，并规定了18个月的转换期。ISO14001：2015版标准发生了较大的变化，不仅在标准结构上以及术语和定义上有变化，还提出战略环境管理的思维，采用基于风险的思维，强化领导作用，新增保护环境的理念，强化提升环境绩效，运用生命周期观点，细化内外部信息交流，强调履行合规义务，等等。

（二）环境管理体系标准的主要特点与作用

环境管理体系是企业或其他管理组织的管理体系的一部分，用来制定和实施其环境方针，并管理其环境要素。环境管理体系标准主要特点和作用如下。

1. 自愿采用

ISO14000 系列标准的所有标准都不是强制的，允许组织自愿采用，就是排斥任何强迫和不必要的行政干预。这是 ISO14000 系列标准的一个明显特点，也是保证标准有效实施所必须坚持的原则。

2. 广泛适用

ISO/TC207 技术委员会在制定 ISO14000 系列标准时考虑到标准应适用于任何类型与规模的组织，并适用于各种地理、文化和社会条件，既可用于认证注册，也可用于自我管理。对于 ISO14000 系列的核心标准 ISO14001 来说，凡具有下列愿望的任何组织均可实施该标准：实施、保持和改进环境管理体系；使自己确信能符合所申明的环境方针；向外界展示这种符合性；寻求外部组织对其环境管理体系的认证/注册；对符合本标准的情况进行自我鉴定和自我申明。

3. 灵活合理

标准的灵活性或合理性是其适用性的基础。ISO14001 标准要求在其环境方针中作出遵守有关法律法规和持续改进的承诺，但并没有提出对组织环境绩效的绝对要求，不包含任何环境质量、污染治理技术与水平的内容，对环境管理体系文件的形式、复杂程度也没有硬性规定。因此，组织的技术水平和环境绩效水平可根据组织的自身状况确定。另一方面，实施环境管理体系标准能够帮助组织加强、优化管理机制，以改善组织及其对所有相关方的环境绩效。组织在经济条件许可的条件下，可采用最佳适用技术，并充分考虑采用该技术的成本和效益。

4. 全程预防

ISO14000 系列标准突出地强调了环境保护的预防为主原则。环境管理体系要求制定环境方针，并要求组织的领导在方针中必须承诺污染预防，且把这个承诺在环境管理体系中加以具体化和落实，强调系统的全过程管理，加强组织生产现场的环境因素管理，建立严格的操作控制程序，以保证组织实现其环境方针和目标。生命周期评价和环境绩效评价则将产品的环境影响及企业的环境绩效评估也纳入环境管理中，可使在产品最初的设计阶段和组织各种活动的策划过程中，比较、评价其产品或活动的环境特性，为决策提供支持。强调以预防为主，强调从污染的源头开始治理，强调全过程的污染控制，体现了当前国际环境保护领域的发展趋势。

5. 持续改进

ISO14000 系列标准总的目的是支持环境保护和污染预防，协调它们与社会需求和经济发展的关系。就每个组织来说，无论是污染预防还是环境绩效的改善，都不可能一经实施这个标准就得到圆满的解决。一个组织建立了环境管理体系，并不能表明其环境绩效如何，而是表明这个组织决心通过实施这套标准，建立起能够不断改进的机制，通过坚持不懈的改进，实现自己的环境方针和目标、指标，最终达到改善环境绩效的目的。ISO 14001 标准从制定环境方针及目标指标、制订环境管理方案、实施运行、监视和测量，到规定纠正和预防措施、实施环境管理体系审核、进行管理评审，本身就体现了“PDCA”循环的持续改进机制。环境管理体系围绕环境方针的要求展开环境管理，管理的内容包括制定环境方针、实施并实现环境方针所要求的相关内容，对环境方针的实施情况与实现程度进行评审、并予以保持等。环境管理所涉及的管理要素与企业生产管理、人事管理、财务管理相似，ISO14001 标准将它们系统化、结构化。环境管理体系模式遵循了传统的“PDCA”管理模式：规划（PLAN）、实施（DO）、检查（CHECK）和改进（ACTION），即规划出管理活动要达到的目的和遵循的原则；在实施阶段实现目标并在实施过程中体现以上工作原则；检查和发现问题，及时采取纠正措施，以保证实施与实现过程不会偏离原有目标与原则，实现过程与结果的改进提高。

（三）实施环境管理体系标准应遵循的原则

ISO14000 环境管理体系标准不仅是创建绿色企业的有效工具，而且是一个国际通用的标准，可以通过标准的认证，对企业持续地开展环境管理工作及对企业的可持续发展起到有效的推动作用。ISO14000 是一个适用于任何组织的有关环境管理的标准，把握环境效益、社会效益和企业效益，应坚持以下原则。

1. 服务的原则

一般情况下，一个组织的经营管理服务于组织自身发展的需要，但是环境管理工作的根本目标是满足社会环境保护和持续发展的需要。在许多情况下，环境保护和企业发展是一对尖锐的矛盾，企业为了生存和发展会选择后者而不顾及环境保护。随着全球环境状况的恶化，保护环境、改善环境急不可待，公众的环境意识逐渐提高，政府的环境管理法律法规日趋严厉，因此，企业必须实施环境管理。

2. 领导的原则

企业的最高管理层的高度重视和强有力的领导是企业实施环境管理的保障，也是取得成功的关键。由于最高管理层是组织的决策层，决定和控制着组织的发展情况，同时为管理活动提供资金、人力等方面的保障，并在实施过程中起到协调和引导作用，所以领导的作用是重要的。在环境管理中，领导作用不能很好地发挥，有两个主要表现：一是领导不能很好地了解环境问题，无法在这方面作出决策判断，只是把这一工作交给某个部门去做，这样的工作往往会发生较大的偏离。二是领导不能较好地协调各部门的管理，使环境管理工作障碍很大，往往中途失败。出现上述问题的原因是领导素质较低，不能胜任工作。

3. 参与的原则

环境管理是一项管理工作，但并不意味着管理工作只是管理层的事。员工参与管理若能很好地把握，对管理是很有帮助的。在企业环境管理中发现，管理者并不与员工有效沟通，只是对员工下命令，所以员工对命令的不理解甚至抵触，使命令得不到有效执行。当命令得不到有效执行时，管理者更愿意把它归结为员工素质低，造成这一问题不能解决。

4. 控制的原则

过程是指将输入转化为输出所使用资源的各项活动的系统。过程的目的是提高其价值。任何一项活动都可以作为一个过程来管理。过程管理能够极大地提高效率。

在一般的产品生产过程中，生产的结果是有形的产品，所以对结果的控制可以有两种情况：一种是直接对生产结果（即产品）的控制，一般采用的是检验的方法，把不合格品剔除；另一种情况是对生产过程进行控制，减少不合格品产生的可能性。第一种方式被广泛采用，可以有效控制产品质量，但企业的损失较大，因为次品要返工或报废，这是对资源的极大浪费。过程控制可以明显减少这类浪费并且保证质量。环境管理包括末端治理和过程控制。末端治理是指在生产过程的末端，针对产生的污染物开发并实施有效的治理技术。末端治理在环境管理发展过程中是一个重要的阶段，它有利于消除污染事件，也在一定程度上减缓了生产活动对环境污染和破坏趋势。但随着时间的推移、工业化进程的加速，末端治理的局限性也日益显露：首先，处理污染的设施投资大、运行费用高，使企业生产成本上升，经济效益下降；其次，末端治理往往不是彻底治理，而是污染物的转移，如烟气脱硫、除尘形成大量废渣，废水集中处理产生大量污泥等，所以不能根除污染；最后，末端治理未涉及资源的有效利用，不能制止自然资源的浪费。所以，要真正解决污染问题，需要实施过程控制，减少污染的产生，从根本上解决环境问题。

5. 改进的原则

持续改进是一个组织积极寻找改进的机会，努力提高有效性和效率的重要手段。由于环境问题是一个不断发展、不断改进的问题，所以，环境管理的目标是持续改进，这也符合可持续发展的原则。

企业采取措施，提高环境绩效比较容易做，在环境得到改善后，保持现有的环境管理水平及环境管理绩效也能开展，但是，要提升管理绩效却比较难，原因在于管理者缺乏持续改进的意识。“改进”是指所满足的标准的不断提高，由于标准提高，如果企业通过努力仍能满足标准，那么，这时企业是在“改进”。企业要从长期发展以及环境保护要求出发实现“持续改进”。

第三节　殡葬管理标准化建设

殡葬标准制定与实施将对提高殡葬机构服务质量和管理水平，推动殡葬事业的规范化和现代化建设发挥重要作用。探索建立健全殡葬管理标准化体系，关系到殡葬服务结构和服务质量的优化，关系到殡葬事业发展和殡葬产业市场秩序的规范，关系到提高殡葬服务质量的提高。殡葬管理标准化的内容包括服务质量、服务价格、质量保证、服务管理、服务监督、服务投诉的标准化。

一、殡葬管理标准体系的建立

管理标准体系（administrative standard system）是企业标准体系中的管理标准按其内在联系形成的科学的有机整体。殡葬管理标准体系是对与殡葬服务与经营管理有关的重复性的管理活动制定管理标准，并按其内在联系形成体系。

（一）殡葬管理标准体系的基本构成

1. 殡葬管理标准体系的基本构成

殡葬管理标准体系包括殡葬服务机构所执行的国家标准、行业标准、地方标准、团体标准和殡葬服务机构制定的管理标准。殡葬服务机构的管理标准体系可以是一个独立的体系，可以是多个管理标准体系组合形成，也可分成若干相互联系相互作用的子体系，但应避免重复和矛盾。

管理标准体系采用层次结构，同层次的技术标准与管理标准应确保相互协调。管理标准体系的结构形式见图 6-1，图中的管理内容、类别基本涵盖了一般殡葬服务机构的主要管理活动。

2. 殡葬管理标准体系的编写要求

管理标准体系的基本要求包括：管理标准体系应在企业标准体系表的框架下制定，管理标准体系表应符合 GB/T 13017；管理标准体系应贯彻国家、行业的管理基础标准；企业应充分吸收和运用国内外先进的管理理论和经验，

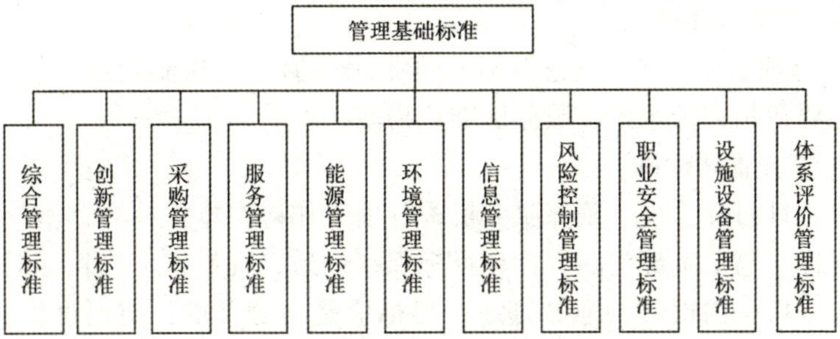

图 6-1　管理标准体系的结构形式

结合实际，将其应用在管理标准体系的建立和实施中。

（1）名称。标准名称应简明、确切，反映管理活动的主题。标准名称除采用“管理标准”以外，也可以采用管理活动的主题与“程序”“控制”“办法”“制度”等的组合。例如，合同评定程序、采购控制、能源管理办法、财务管理制度等。

（2）职责。明确主管部门和实施管理部门及其职责、权限。该管理活动涉及多个部门时，应规定主管部门、协作部门及其接口和相互关系，同时应明确该项标准贯彻、实施、检查、考核的部门及方法。

（3）管理活动的内容与方法。在制定殡葬管理标准时，首先确定管理内容和方法，包括：应详细规定该管理活动所涉及的全部内容和应达到的要求、采取的措施和方法；逐步列出开展此项活动的细节，明确输入、转换的各环节和输出的内容，其中包括人员、信息和环境方面应具备的条件，与其他活动接口的协调措施；明确每个服务过程中各项工作内容、定人、定点、定时、定量进行控制；内容复杂的管理标准，可根据管理活动的特点或类别分别列出若干章节，分别表述；管理要求要尽可能量化，不能量化的可使用比较的方式表述。

（4）报告和记录。殡葬管理活动所形成的报告、记录，其格式、签发、传递和保存应符合国家、行业、地方的要求，若无明确要求的，应制定具体要求。

（二）殡葬管理标准体系的主要内容

管理标准（administrative standard）是对企业标准化领域中需要协调统一的管理事项所制定的标准。“管理事项”主要指在企业管理活动中，所涉及的经营管理、设计开发与创新管理、质量管理、设备与基础设施管理、人力资源管理、安全管理、职业健康管理、环境管理、信息管理等与技术标准相关联的重复性事物和概念。

1. 综合管理标准

（1）管理基础标准。管理基础标准是殡葬服务机构制定各项管理标准的基础，主要包括管理术语、服务标准化指南。

（2）综合管理标准：

一是方针目标管理。殡葬服务机构各项工作应在本机构方针指导下进行，方针和目标应与上级部门的方针和目标保持一致。在制定方针目标时应考虑：方针应在本机构内得到沟通和理解；目标应是可测量的，应通过检验以确定服务实现的程度；在相关职能和层次上展开目标时注意各部门之间配合及协调关系，确保方针目标的实现。

二是合同管理。合同管理标准应包括合同管理的程序、内容和相关的要求。建立合同管理标准要求：规范合同格式，确认格式等效性；明确合同授权或委托权限；合同管理依据《中华人民共和国合同法》有关规定。

三是财务管理。应按国家法律法规和行业的要求，对财务活动和成本核算以及收支进行管理，并制定财务成本收支标准。管理者应支持和鼓励殡葬服务机构的业绩改进，开展具有创新性的财务管理方法。

四是人力资源管理。应包括人员招聘、培训、业绩考核和聘用管理标准等。编制人力资源管理标准要求：执行国家和行业有关人力资源方面的职业要求；建立培训制度时，应考虑殡葬服务机构发展、人员综合素质要求以及殡葬服务机构文化现状的需要；建立评价与考核制度，详细规定组织形式、考核内容、频次和奖惩办法；强调殡葬服务理念更新，满足服务对象需求。

2. 创新管理标准

（1）主要内容。殡葬服务机构应对设计开发进行控制，对改革创新提出要求，并制定管理标准，包括设计开发输入输出及创新工作的要求，并进行评审、验证。

（2）编制要求：

一是设计开发输入输出的要求。设计开发输入应反映相关强制性标准、法律法规以及行业的要求、服务的安全性和舒适性的要求；设计开发输入应采集国际、国内同行业的相关信息；设计开发输出应注意服务提供过程的量化指标。

二是评审、验证的要求。应对设计结果进行评审，验证设计要求，对收集的数据进行认定；确定服务设计是否满足需求，并留有记录。

三是服务创新工作的要求。管理者应主动寻求对服务管理的有效性和效率持续改进；建立服务创新必要的工作程序并制定奖励办法。

3. 采购管理标准

殡葬服务机构对采购活动进行控制，并制定采购管理标准。内容应包括：

在审批采购时，应加强对其准确性和完整性的审查；标准应规定在采购过程中选择合格的供方，要求供方提供其作为合格供方的证据（包括供方的资质、产品、程序、过程、设备、人员的概况），以及供方的产品安全认证；根据供方提供产品的能力，进行评价和选择；对评价结果记录予以保存；应建立并实施检查、验收，以确保采购的产品符合质量要求；不合格品的处置。

4. 服务管理标准

（1）主要内容。应对提供服务的人员、设施、资源、方法、程序和环境等因素及服务提供的全过程进行有效控制，制定服务管理标准。

（2）编制要求：

制定服务规范，规定服务达到的水平和要求，包括：功能性、经济性、安全性、舒适性、时间性、文明性的要求等；制定服务提供规范，将服务提供过程按步骤划分成各个工作环节，规定每个工作环节中的内容。

应注意提供过程所要求的各项设备、设施、器材、人员等资源；编制服务程序，确定各类服务过程中的接口，不应留有空白或空缺。

制定质量控制规范，包括：识别并分析对服务质量有重要影响的关键过程，并加以控制；规定过程的评价方法及建立控制手段；对不合格项的管理应制定标准，包括不合格项的原因分析、识别、记录、评审和处置等控制办法，防止不合格项对殡葬服务机构造成损失；应制定纠正措施标准，以消除不合格项发生的原因，防止不合格项的再发生；制定预防措施标准，以消除潜在的不合格的原因，防止不合格的发生；制定预防措施；对预防措施进行监控，制定跟踪措施并评价；质量争议的处置。

服务满意度调查。服务管理标准应制定评价和改进程序，持续改进服务质量以满足顾客需求。

5. 能源管理标准

殡葬服务机构对能源的使用和消耗的全过程进行科学的计划、监督和调节，并建立能源管理标准。内容应包括：在满足顾客需要的前提下进行节能调整和改造；能源管理各种记录的保存和利用；能源的计量和能耗的分析；注意能源的合理使用，降低费用支出。

6. 环境管理标准

依据 GB/T 24001 的规定建立环境管理标准。内容应包括：依据有关要求，采取必要的管理措施；对可能对环境造成危害的废弃物处理应执行行业强制性措施；将环境保护纳入殡葬服务机构日常管理；提高员工环境保护的意识，发动员工积极参与环境保护工作。

7. 信息管理标准

应对信息的收集、分析、处理、存储与利用等方面制定信息管理标准。

信息管理标准应明确：信息收集渠道与方法；信息的筛选、分析和利用；明确信息的储存方式，根据需求和可能选择合适的信息技术，并与本机构发展相匹配，对文件进行有效管理。

文件管理应明确：使文件和资料易于查找，明确文件发放、回收、借阅、销毁的要求，重要文件应纳入受控状态；文件发布前应得到批准，以确保文件是否充分与适宜，必要时对文件进行评审与更新，并再次批准；文件的更改和修订状态得到识别，在使用时可获得适用文件的有效版本；文件保持清晰，易于识别，外来文件得到识别，并控制其分发；及时将失效文件和资料从所有发放和使用场所撤回，或采取其他措施，防止作废文件的非预期使用，如因任何原因需保留作废文件时，对这些文件应进行适当的标识。各种记录是殡葬服务机构为各种管理标准体系提供有效运行证据，将记录纳入管理标准。

记录管理应明确：记录保持清晰，字迹清楚、标志明确，并可追溯相关活动，易于识别和检索；记录的标志、贮存、保护、检索、保存期限和处理应予以控制。

管理活动中形成的具有保存价值的信息，包括文字、图表、图样、数据、音像、电子信息等资料，均应纳入档案管理范围。及时收集、分析顾客满意和不满意的信息，并不断提高顾客满意度。

8. 风险控制管理标准

GB/T 28001 规定的管理手册、程序文件，是危机与风险控制管理标准的一种形式，可将其纳入殡葬服务机构管理标准体系。

管理过程应包括：殡葬服务机构提供服务的全过程中的污染控制、各种事故的防范、突发事件的处理、日常服务过程监控、安全管理、人员培训等方面的管理。

内容应包括：加强传染病的预防教育、感染控制培训、各类安全教育和各种技术操作培训；明确检查制度，规定污染控制环节、各种事故的防范、突发事件的处理、日常服务过程监控、安全管理、人员培训、设施设备、安全防护等方面的危机管理措施；编制各类危机与风险控制的工作预案和处理程序；通过风险评估、服务过程控制，采取预防和纠正措施并获得改进。

标准应明确处理程序，包括：识别潜在的或紧急情况，及时作出反应，预防和减少可能的危险和伤害；按照国家和行业规定进行事故分类；规定报告程序、时限和应急处理措施。

9. 职业安全管理标准

依据 GB/T 28001 制定职业安全管理标准，以消除和减少服务提供过程中产生的职业安全风险。

内容应包括：对高温和运动性损伤情况定期进行统计并对发生原因进行分析；发放劳动防护用具，采取预防和纠正措施；开展职业安全培训，提高员工职业安全防范技能；对职业禁忌病的诊断、调离、治疗。

10. 设施设备管理标准

殡葬服务机构应对设施设备的全过程进行管理，并制定管理标准。

管理过程包括设施设备的选择、购置、安装、调试、控制、维修、保养、改造和报废处理以及特种设备强检等全过程。

内容应包括：殡葬服务机构对内部或外部提供的支持性服务所涉及的设施设备，应予以控制；设备购置管理应包括购置计划管理、申请审批程序、购置程序；设备验收安装管理包括设备开箱验收记录及有关图样、制造厂产品标准、合格证等保存、建档；维修保养管理，包括设施设备日常运行、检查、停用的管理；锅炉、压力容器、电梯等特种设备严格实行强检；计量器具应按检定周期定期检定；对设备使用者进行培训并建立设备技术档案；水、电、暖等依靠外部供给的，应签订外包合同建立良好的供方关系，确保正常运转。

11. 体系评价管理标准

殡葬服务机构应制定体系评价标准。对其建立的殡葬服务标准体系及机构内配套服务提供体系运行的状况应定期进行评价，以利于查明各种管理体系的实施效果是否达到了规定的要求，及时发现存在的问题，采取纠正措施，保证相关的管理体系有效运行。

殡葬服务机构标准体系的评价工作，按照 GB/T 19273 进行。

体系评价标准要求机构最高管理者，就本机构的方针、目标、各管理体系的方针、目标以及机构各管理体系的适宜性、充分性、有效性和效率，进行管理评审。这种管理评审要求：明确管理评审由最高管理者主持；按计划的时间间隔进行，一般每年一次；管理评审的输入应包括：对方针、目标的评价，对体系的评价结果、顾客反馈信息、产品的符合性、预防和纠正措施的状况、以往管理评审的跟踪措施、改进建议等。

管理评审的输出应包括：各管理体系及其过程有效性的改进、与顾客要求有关的产品改进，以及资源需求等方面有关的任何决定和措施。

总之，我国殡葬管理标准化体系建设可以用“健全制度、完善标准、注重细节、优化管理、规范服务、建设队伍”来概括。

二、殡葬工作标准体系的建立

工作标准体系是指企业标准体系中的工作标准按其内在联系形成的科学的有机整体。工作标准体系是企业标准体系的重要组成部分，是企业标准体系的子体系。

（一）工作标准体系的构成

构成工作标准体系的工作标准一般包括岗位工作标准或岗位责任制和作业指导书。工作标准体系的结构形式如图 6-2 所示。工作标准体系的基本要求包括：企业对与生产、经营、管理有关的工作岗位应建立工作标准，并形成体系，以保证技术标准和管理标准的实施。工作标准体系应在企业标准体系的框架下制定，并与技术标准和管理标准协调一致。工作标准应使用本机构统一的标准编号方法，并应与技术标准、管理标准和其他标准或体系文件相区别。

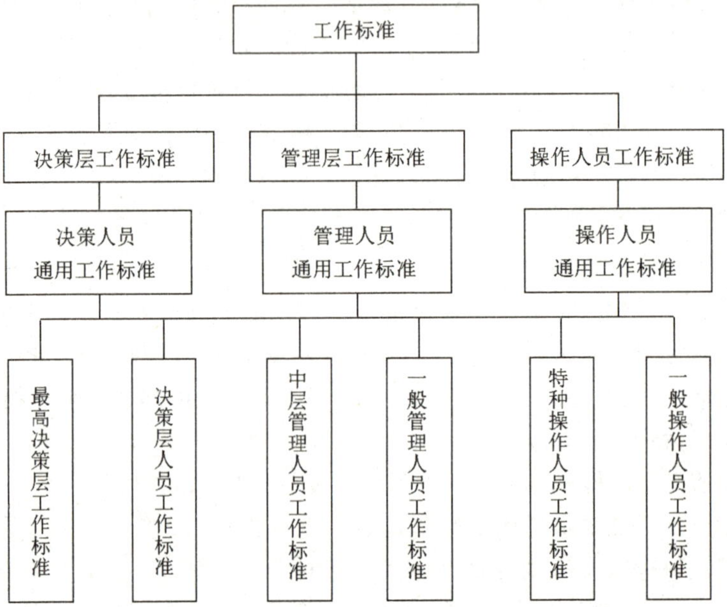

图 6-2　工作标准体系的结构形式

（二）工作标准的编制要求

工作标准是对企业标准化领域中需要协调统一的工作事项所制定的标准，其目的是为保证技术标准和管理标准的有效实施。

1. 编写原则

制定本机构内各职务、各岗位的工作标准时应注意：最高决策层和每个职务都应制定明确的职责和权限；一般管理人员工作标准应按岗位制定，其职责、权限体现在工作标准中；应制定员工通用的工作标准；对特殊工序过程的操作人员，可对特殊工种、特殊任务制定相应的具体工作标准；操作人员的职责权限应体现在具体的岗位工作标准中，应按工种制定；服务人员的工作标准应包括服务规范和服务提供达到的要求。

2. 主要内容

构成工作标准体系的工作标准可根据行业不同选择不同的内容，一般包括岗位工作标准或岗位责任制等。工作事项主要指在执行的技术标准和管理标准与操作作业人员的工作岗位的职责、人员的基本技能、工作内容、工作要求和方法、检查、监督与考核，以及相关记录表格等有关的重复性事物和概念。

（1）名称。工作标准的名称应简短明确，反映标准的主题。工作标准的名称一般由岗位名称或职务名称加“工作标准”或“作业指导书”字样组成。例如：《殡仪馆主任职务——主任工作标准》《礼仪部主任职务——主任工作标准》《殡仪服务员岗位——殡仪服务员工作标准》。

（2）职责、权限。明确该岗位的职责和权限，以及相关岗位的相互关系，部门正职管理人员在工作标准的职责中还应明确该部门组织机构的设置内容。

（3）岗位人员资格要求。明确岗位人员的基本资格要求，包括文化水平、操作技能、管理知识等。从事特殊作业的人员应有其技能的资格要求。

（4）工作内容与要求。明确该岗位在殡葬服务机构管理活动中所应承担的工作目标；最高决策者的工作内容，主要是确立本机构的方针目标，作出决策、提供资源、监督实施、评价体系、持续改进等；决策层人员的工作内容应由最高决策者确定；管理人员的工作内容应注意尽量避免交叉，明确接口，工作内容应由主管管理者确定，对管理人员应侧重于效率和服务的要求；对岗位的工作内容应偏重于质量要求，也包括数量和时间方面的要求，能够定量的要求尽可能量化；对特殊工序工作岗位，如焊接工、电梯工、电工、锅炉工等作业要求，应参照国家有关部门颁布的操作规程及规定制定；对每个岗位按顺序列出工作（作业）的细节，明确服务提供的各环节的内容，并与其他工作（作业）接口处相互协调。应明确服务过程中的各项要求，说明需要注意的情况，必要时附上工作程序或流程图。

（5）附录、记录及表格。必要时以附录形式补充说明，殡葬服务机构应编制必要的各种记录或表格。

三、殡葬机构管理标准化建设

殡葬机构标准化建设旨在建立健全殡葬机构的国家标准、行业标准或地方标准，让殡葬消费者享受到标准化的服务。

（一）殡葬机构管理标准化存在的问题

我国民政标准化工作的发展，对我国民政事业发展起到了技术支撑作用。1999 年 5 月，建设部和民政部联合下发了强制性行业标准《殡仪馆建筑设计规范》，就殡仪馆建筑的环境设计、建筑设计、建筑设备与室内设施等作出了规定。民政部多次提出把“加强管理标准化建设”作为推进工作的一项重要措施，要求各职能部门结合各自的工作领域制订管理标准项目计划和管理标准化实施方案。地方殡葬机构的标准化建设也为殡葬服务行业的标准化管理体系建设奠定了基础。

殡葬机构的管理服务标准与产品标准不同，它不仅仅是技术问题，还与社会经济、文化水平和社会发展息息相关，更体现了社会对特殊群体的关怀。标准化建设与殡葬服务工作和殡葬事业发展的需求相比，还存在许多不相适应的地方，可以概括为5点：一是现有的部分殡葬机构规范缺乏前瞻性、规划性和配套性，没有建立起完整的殡葬服务标准体系；二是殡葬服务机构管理标准体系缺失、陈旧、滞后，内容科学性和可操作性欠佳；三是标准年龄较长，制定（修订）和复审不及时，没有建立起认证、认可、检测、合格评定等相结合的标准宣传、执行、实施以及评估体系；四是殡葬标准化研究机构不健全，标准化工作的财政投入不足等；五是殡葬机构标准化专业人才紧缺，人们对标准化建设缺乏足够的重视。

（二）殡葬机构管理标准化建设的路径

殡葬机构管理标准化建设是一项系统工程，要推进这项重要工程前进，就需要立足国情，借鉴发达国家的先进经验，掌握标准化的原理和要求，结合殡葬机构管理的实践，以市场需求为基础，以完善制度为根本，以厘清职责为保障，以人才建设为支撑，提高殡葬机构管理标准化总体水平，促进殡葬事业的又好又快发展。

1. 以市场需求为基础

殡葬机构管理标准化建设要以市场需求为基础。发达国家的标准化管理体制、机构、运营方式虽各不相同，但都体现了标准制定以市场需求为基础，建立了遵循市场化原则的标准管理体制。殡葬机构管理的市场需求就是殡葬消费者的服务需求，要按照殡葬消费者的实际情况和需求特征作为制定标准的基础、实施标准的依据以及监督标准执行情况的准绳，以殡葬消费者的需求为导向，科学研判经济社会发展形势和标准化发展趋势，加强当前殡葬事业发展急需标准建设；着眼殡葬事业长远发展，超前部署一批殡葬标准基础研究课题。

2. 以完善制度为根本

殡葬机构管理标准化建设要以完善制度为根本。把加强管理标准化的制度建设作为推进标准化工作的一项重要措施和重要杠杆，各职能部门结合各自的工作领域制订管理标准项目计划，重点围绕管理标准化内涵、项目类别、制定主体、评定主体、配套政策5个方面展开调研，并在此基础上制定管理标准化实施方案，完善标准基础研究到标准立项、从标准制定到标准执行的一体化工作机制的制度建设，为标准化工作更好更快发展提供有力保障。

3. 以厘清职责为保障

美国、德国、英国等发达国家都基本形成了政府监督、授权机构负责、专业机构起草、全社会征求意见的标准化工作运行机制。政府授权并委托标准化协会或标准化学会统一管理，协调标准化事务，在标准起草、审查、批准、发布、出版、发行以及信息服务方面有充分自主权。政府只负责全程监督和财政扶持。我国也正在积极借鉴国际通行的标准制定规则和程序，越来越重视调动各方面力量参与和支持标准化工作，充分发挥标准化专家委员会在标准研究、决策、规划、立项、制定、管理、验收等环节中的专业咨询作用，形成“政府主导、社会参与、专业支撑”的标准化工作格局。

4. 以人才建设为支撑

标准化工作是一项专业性工作，离不开专业力量的支撑。实施标准化的殡葬服务对提高殡葬从业人员的素质有着极其重要的意义。从 2010 年 8 月起，民政部举办多期全国民政标准化建设培训班，通过人才建设使各地殡葬服务机构的管理人员和工作人员明确殡葬服务行业推进标准化的步骤和工作任务，了解和掌握殡葬服务机构标准化实施的具体内容和成功经验，为推动殡葬服务行业标准化建设的进程打好基础。

总之，加强殡葬机构管理标准化建设，是民政部门履行好“解决民生、落实民权、维护民利”核心职责的迫切需要，是一个亟待解决的命题。因而要抢抓机遇，发挥专业作用，坚持研究先行，创新体制机制，为实现殡葬工作与标准化工作之间的良性互动和协同发展进行不懈努力。

四、殡葬管理标准体系的建设

（一）殡葬管理标准的发布

1. 现已发布的殡葬管理国家标准

迄今为止，已经发布了 3 项殡葬管理国家标准。

表 6-2　已经发布的殡葬管理国家标准

序号	发布标准名称	标准号	类别	状态
1	殡葬服务、设施、用品分类与代码	GB/T 19632—2005	基础	有效
2	殡葬术语	GB/T 23287—2009	基础	有效
3	殡葬服务从业人员资质条件	GB/T 24441—2009	基础	有效

2. 现已发布的殡葬管理行业标准

民政部已发布了 12 项殡葬管理的行业标准。

表 6-3　已经发布的殡葬管理行业标准

序号	发布标准名称	标准号	类别
1	殡仪馆等级标准	（民 1990）	管理
2	殡葬服务术语	MZ/T 017—2011	基础
3	殡葬代理机构服务规范	MZ/T 047—2013	基础
4	殡葬服务项目分类	MZ/T 046—2013	基础
5	殡葬管理服务信息系统基本数据规范	MZ/T 098—2017	管理
6	安葬随葬品使用要求	MZ/T 102—2017	管理
7	火化随葬品使用要求	MZ/T 105—2017	管理
8	殡葬服务公共平台基本要求	MZ/T 143—2019	管理
9	节地生态安葬基本评价规范	MZ/T 134—2019	管理
10	殡葬管理服务信息系统数据共享和交换规范	MZ/T 141—2019	管理
11	殡葬服务机构安全管理指南	MZ/T 144—2019	管理
12	殡葬服务单位业务档案管理规范	MZ/T 145—2019	管理

3. 已发布的殡葬管理地方标准

表 6-4　已发布的部分殡葬管理地方标准

序号	发布标准名称	标准号	类别
1	殡仪场所消毒管理规范	DB 35/T 1464—2014	管理

（二）殡葬管理标准的编制

我国已经建立了殡葬管理标准编制计划，其主要内容见表 6-5。

表 6-5　殡葬管理标准编制计划

编号	标准名称	标准代号	标准主要内容
1	遗体分类和编码	GB/T	划分遗体的种类并进行编码
2	火葬术语	MZ/T	规范火葬方面的专用名词术语
3	土葬术语	MZ/T	规范土葬方面的专用名词术语
4	存尸设备分类和术语	MZ/T	规范存尸设备类别划分和专用名词术语
5	运尸设备分类和术语	MZ/T	规范运尸设备类别划分和专用名词术语
6	殡葬设施分类和术语	GB/T	规范殡仪馆、殡仪服务站、公墓、骨灰堂等建筑类别划分和专用名词术语

续表

编号	标准名称	标准代号	标准主要内容
7	火化设备分类和术语	MZ/T	规范火化设备的类别划分和专用名词术语
8	火化机类别与型号	MZ/T	规范火化机类别、型号与代号
9	殡葬设备分类和术语	MZ/T	规范殡葬设备的类别划分和专用名词术语
10	殡葬用品分类和术语标准	MZ/T	规范殡葬用品的类别划分和专用名词术语
11	火化烟气净化器和除尘器类别与型号	MZ/T	规范火化烟气净化器和除尘器类别划分与型号
12	骨灰盒类别与型号	MZ/T	规范骨灰盒的类别与型号
13	等级殡仪馆评定方法	GB/T	制定国家不同等级殡仪馆的评定办法
14	等级公墓评定方法	GB/T	制定国家不同等级公墓的评定办法
15	绿色殡仪馆标准	GB	制定绿色殡仪馆基本条件和技术要求
16	绿色殡仪馆评定方法	GB	制定绿色殡仪馆技术评定程序和方法
17	绿色生态公墓评定资质条件	GB	制定绿色生态公墓基本条件和技术要求
18	绿色生态公墓评定标准	GB	制定绿色生态公墓技术评定程序和方法
19	火化机辅机类别与型号	MZ/T	划分并确定火化机辅机的类别与型号
20	火化节能器类别与型号	MZ/T	划分并确定火化节能器类别与型号

第七章　殡葬技术标准化

【**基本要求**】通过本章的学习，您应能够：

1. 熟悉技术标准制定技术与实施任务；
2. 了解殡葬技术标准体系的层次结构；
3. 熟悉殡葬技术标准体系的主要内容。

【**核心概念**】技术标准；制定；实施；层次结构

第一节　技术标准的研发编制

技术标准是对标准化领域中需要协调统一的技术事项所作的统一规定。技术标准的类型繁多、数量庞大，其实质是对一个或几个生产技术设立的必须符合要求的条件以及能达到此标准的实施技术，其目的是让相关的产品或服务达到一定的安全要求或市场进入的要求。我国国家标准目录中第1000号以前的标准主要属于技术标准。由于技术标准同技术进步的关系极其密切，对国家经济发展和企业的竞争力都有最直接的影响，因此，加强技术标准的研究和制定，提高技术标准的适用水平，是标准化的核心任务。

一、技术标准的内涵

技术标准是经公认机构批准的、供通用或重复使用的产品或相关工艺和生产方法的规则、指南或特性的文件，是一种或一系列具有一定强制性要求或指导性功能，内容含有细节性技术要求和有关技术方案的文件。

（一）技术标准的意义

技术标准的发展与科学技术的进步密不可分。技术标准以科学、技术和实践经验的综合成果为基础；在市场经济条件下，科技研发的成果通过一定的途径转化为技术标准，通过技术标准的实施和运用（即标准化）来促进科技研发成果转化为生产力；而在技术标准实施以及科技研发成果转化为生产力的过程中，市场的信息和反馈又可以反作用于技术标准的修订改进和科技研发活动，从而促进技术标准和科技的发展。

技术标准发展水平的提高是研发活动和科技进步的有机组成部分，前者既是后者的成果，又是后者发展的有效推动力。一方面，技术标准的出现和发展以科技进步为前提。无论何种产业，只有当技术进步令规模化成为可能时，技术标准才有可能作为实施规模化生产经营的必要工具出现；技术标准的制定必须以科技研发及其相关科技成果为基础，其制定和修改不能脱离对应的科技水平，否则，其适用性、有效性会大打折扣甚至完全消失。另一方面，技术标准及标准化的发展与科技进步互相促进。技术标准的出现是应科技发展到规模化大生产后的经济社会需求而产生的，它一旦出现又可提高微观经济主体的生产经营效率，使它们能够将更多的资源投入研发活动，继而新技术、新工艺的应用推广使更高水平的技术标准的制定和实施在技术上和经济上得到支持；微观经济主体的竞争、合作交互作用令技术标准和科技研发活动在整个社会范围内互相促进，从而在宏观层面上显示出标准发展水平与科技进步水平的互动发展。技术标准发展水平与科技进步成果转化水平，即经济活动的技术密集程度保持一致，工业化发展到一定阶段后的经济体中技术标准和科技研发关系更加密切以致两者成为有机的整体。从产业乃至从整体国民经济来看，无论是劳动密集型、资金密集型还是技术密集型产业或经济体，只要它处于工业化起步后的经济体中，技术标准都会在制造业中率先被制定、推广、修订，并由此波及各种产业；当产业结构升级到第二产业居社会经济主导位置之后，技术标准在整个社会经济中的位置和科技研发一同上升，成为社会生产力的主要推动因素。此后，随着产业结构的进一步升级，技术标准及标准化与科技研发对社会经济发展的推动作用进一步上升，两者之间的关联也日益密切，在技术密集型的产业或经济体中，技术标准是科技研发的出发点之一，其制定、修订也是科技研发的重要成果。

（二）技术标准的作用

1. 标准框架的科学性

不同的企业由于其产品种类不同、企业性质不同、技术水平不同、销售渠道不同和所属环境不同，其企业技术标准的框架和内容也会不同，而技术标准的框架结构无疑是衡量一个企业技术水平和产品质量的首要体现。技术标准结构的确立不是简单的技术指标和技术要求的简单罗列，更不是对相关规定的照抄照搬，而是依据企业生产实际对企业生产过程科学合理的标准化描述，是对完成产品各项先进性能的技术性总结。市场经济下的企业技术标准框架应为今后技术的发展留有余地，并具有良好的可扩充性，保证其各要素之间的相关性、环境条件的统一性、结构的有序性、形态的整体性、内涵的功能性、实施的可控性和明确的目的性，从而发挥技术标准在企业生产实践中的纲领性作用。

2. 标准内容的先进性

技术标准所规定的技术指标水平高于现行企业实际水平，并成为企业在一定时期内的奋斗目标和发展方向，通过实施先进的技术标准来促进企业的技术进步。确保企业技术标准水平具有先进性的关键，是企业在制定标准时必须坚持高标准和严要求的原则，将主要技术指标定位在经过企业较大努力后能够达到的水平上，使企业按该标准生产出的产品在一定时期内能够充分满足市场的客观需求。必须在经济合理的前提下追求技术标准的先进性。在确定技术指标时，应当与标准可行性和合理性相统一，否则，一个因要求太高而在企业生产工艺中无法实施的标准只能是一纸空文，失去了其对企业实际生产中应有的指导性。

3. 满足需求的预知性

企业若要真正做到其产品满足用户需求，企业技术标准必须要保证不仅仅能满足用户目前对产品的实际要求，还要考虑到用户潜在的和未来可能的需求。要预知用户隐含的和潜在的需求，在产品开发初期，应详细了解产品销售区域的各项自然条件、用户购买能力和使用要求，准确理解用户对产品明确的要求，分析和确定市场潜在的期望，考虑用户之未考虑，并将其列入相应的技术标准草案中。在产品设计阶段，将考虑到的用户需求通过各种设计要素落实到产品中去。确定技术标准时，广泛征求用户意见，力争让尽可能多的用户对自己的产品满意。只有对用户需求进行准确预测和判断，考虑到用户需求可能在未来时期内的变化，才能确保技术标准的适用性。

4. 市场变化的适应性

企业技术标准是企业生产力的重要组成部分，企业的核心竞争力必须依靠技术标准来体现。这在客观上就要求企业必须通过对市场需求的不断追踪和分析，制定出适应市场变化并可以促使企业生产出更加物美价廉产品的标准，完成技术标准从以往的生产型向如今的市场型转换，使企业能稳定地占领市场，不致因市场的变化而引起产品质量波动，失去顾客的信誉而丢掉市场，从而保证企业战略目标顺利实现。所以，认真研究市场经济规律，自主地而不是依附于人为地制定标准，将市场因素融入企业技术标准中，能从根本上摆脱计划经济的束缚，使标准档次再上新台阶，增强产品自身的竞争力。

5. 持续改进的灵活性

技术标准一经确定和发布实施，将会在一段时期内相对稳定。当新技术、新工艺不断引入和完善后，标准所涉及的内容必然将会不同程度地发生变化。这就要求企业的技术标准必须有针对技术更新的灵活性，能够及时修订和不断完善标准内容，使企业产品始终站在先进技术的行列中，不因技术的快速更新丢掉应有的市场份额。市场经济条件下的企业技术标准应当始终处于“适宜—不适宜—适宜”的良性的动态循环中，争取每一次改进都是一次质量和技术的提高，促使企业向更高的技术目标迈进。

（三）技术标准的领域

一般来说，需要同时又适合用标准加以规范的技术事项，均可制定成为技术标准。

1. 基础标准

这是技术标准始终关注的重点领域。这类标准种类繁多，如名词、术语、图形、符号、编码、代号（码）、量和单位、优先数、公差与配合、螺纹、齿轮、标准长度、标准直径、标准电压、标准电流、字符集和信息码、程序设计语言、系统接口等。这类技术标准的特点是随着科技进步的步伐加快，老标准必须更新。例如，现行的（第一代）以几何学为基础的产品几何技术规范，包括尺寸公差、形状位置公差、表面粗糙度、测量仪器、测量器具等标准，由于不能适应计算机辅助设计（CAD）、计算机辅助制造（CAM）和计算机辅助质量管理（CAQ）的推广和应用，不利于现代制造业的发展，ISO于1996年成立了一个专门技术委员会（ISO/TC213）负责制定新一代产品几何技术规范（GPS标准），成为引领世界制造业前进方向的、基础性新型国际标准，是实现数字化制造和发展先进制造技术的关键。重大基础标准的更新常常引起大范围的技术改造和知识更新，这也是基础标准的特点。

2. 产品标准

产品是技术标准的又一个重点领域，为生产（包括各种工业生产、农业生产）以及信息产业和服务业提供的终端产品使用的原料、材料、辅助材料、工具、器具、配件、元器件、标准零部件、模块等大都是以产品的形式被独立制造和销售的，有的对国民经济建设的关系重大，如重大关键技术装备、精密仪器设备、重要交通工具、基础设施、基础材料、原料、关键零部件、标准模块等；有的对国防建设有重要意义；还有相当大的一部分与公众密切相关。因此，产品标准化的对象多而杂且难度很大。

随着客户（顾客）需求的日益个性化，以往按标准成批生产的机器设备等产品，现在也已不得不根据客户的要求按订单生产了。在市场竞争日益激烈的环境下，企业必须不断地推出新产品，并且使产品尽量多样化。有些产品创新的速度远远超过标准制定的速度。那些属于高科技的产品或网络经济产品，不仅创新速度快，而且占领市场也快，标准稍有怠慢就失去统一化的时机。

3. 方法标准

方法标准是以给出方法为特征的一类标准的总称。通常是以试验、检查、分析、抽样、统计、计算、测定、作业等活动的方法为对象制定的标准。它是为了提高工作效率、保证工作结果必要的准确一致性，对上述活动中的最佳方法所作的统一规定。

方法类标准是数量庞大、种类繁多的技术标准。它的存在方式可分为两种：一种是作为产品标准的组成部分，通常是在制定产品标准时与产品的技术要求同时拟定，而且要针对技术要求中所规定的质量特性设定与其对应的试验方法（检测方法）；另一种是单独的方法标准，如臭氧质量浓度的测定化学发光法、城市环境噪声测定法等。

由于方法标准解决了方法统一的问题，在现代生活中的作用越来越重要。无论是国际标准还是国家标准，方法标准的绝对数和相对数都在增加。

4. 其他标准

就标准的内容和属性来说，安全、卫生、环保、能源标准的每一类都已经自成独立系统。

以保护人和物的安全为目的所制定的安全标准，涉及职业安全、特种设备安全、电气安全和消费品安全等 4 个方面，内容包括安全色、安全标志、安全性能要求及试验方法等。

为保护人的健康，对食品、医药及其他方面的卫生要求所制定的卫生标准，涉及环境卫生、食品卫生、职业卫生、放射性卫生防护等。

为保护环境和有利于生态，对大气、水、土壤、噪声、震动等环境质量、污染源、检测方法及其他事项所制定的环境保护标准，涉及环境基础、环境方法、环境质量、污染物排放、环境保护仪器设备、环境标准样品等。

为合理开发和有效利用能源，以能源为对象所制定的能源标准，涉及能源的开发、生产、加工、转换、输送、分配、储存、使用和消耗，以及其中涉及的材料、设备、工艺、环境、安全等。

二、技术标准的研制

技术标准是为人们的技术活动制定共同遵守的准则。制定技术标准有大量组织协调工作，必须采取有效形式，把各方面专家组织起来，按照统一规定的工作程序和要求开展工作，才能保证和提高制定技术标准的质量和水平，加快制定速度。技术委员会作为在一定专业领域内从事标准工作的技术工作组织，是一个以科技人员为主体组成的有权威的专家组织，通常包括生产、使用、经销、科研、教学和监督检验等方面具有较高理论水平和较丰富实践经验，并且熟悉和热心标准化工作的科技人员，其任务是组织本专业技术标准的起草、技术审查、宣贯、咨询等技术服务工作。企业制定技术标准的工作，除了成立技术委员会的方式外，通常是在企业技术负责人的统一领导下，由企业的标准化机构或标准化人员负责组织。基础性、综合性的技术标准，一般由标准化机构或标准化人员组织起草；专业性的技术标准，一般由专业机构或专业人员组织起草，最后都由企业技术负责人组织相关部门共同审查。

（一）公标准的研制

公标准是以公共资源制定的标准。由于这类标准对技术进步有强烈影响，对国民经济有重大意义，又与人民生活密切相关，其中的强制性标准又具有法规作用。所以，这类标准的研制必须十分严谨，除严格遵守基本原则外，还必须满足如下要求。

1. 标准的公正性

公正性是公标准的灵魂，也是公标准威信之源。公正是指标准体现的是“最佳公共效益”（即相关方的共同效益），而不是仅仅追求某一方的效益。这是作为“公共资源”的标准必须恪守的基本出发点。一是人员构成问题，标准工作组的人员构成要合理，要能充分表达各相关方的要求。工作组的每个成员，既代表一个方面的利益充分表达要求和意见，又要有全局观念，尊重“最佳公共利益”，用自己的专业知识维护标准的科学性和适用性，而不把本单位、本部门的局部利益强加给工作组。二是考虑标准的协调问题，标准中相关要求的提出和参数值的确定，通常要提出几个备选方案，经过必要的技术经济论证，证明确实能取得“最佳公共效益”。

2. 标准的科学性

技术标准的科学性是其权威性的根源。因为标准是技术成果的积累，这种积累为技术创新提供了一个平台，可以通过平台提高创新的效率。标准又表现为对事物的固定和对活动的约束。在制定标准过程中对标准中的每一项规定都要做利弊分析，通过深入细致的调查研究，把最佳方案写到标准里。

3. 标准的前导性

当今的科技进步和市场竞争，极大地加快了技术创新、产品创新的速度，这时的标准必须具备前导作用，才能有效防止因统一过迟而造成的混乱。对技术的发展趋势有清醒的判断，不失时机地作出具有前瞻性的决策，使所定标准真正起到前导作用，既杜绝了混乱，又能引领技术健康发展。

4. 标准的适用性

产品标准的核心内容是技术要求，也就是用户和消费者对该产品使用要求的体现。体现的越是符合实际，标准便越适用，产品便越受欢迎。因此，适用的标准才是好标准。技术指标的高低要根据客观实际来确定，并不是指标越高越好。简单地用指标高低来判定标准水平的做法，会把制定标准工作引向单纯追求高指标脱离实际的轨道。即使是评价标准文本质量也不能简单化，否则会把标准引向形式主义的轨道。在标准研制过程中要使标准中的要求和规定做到宽严适度、繁简相宜。

（二）私标准的研制

私标准即企业标准，其目的同其市场竞争目的一样是为了获取最大经营利益。企业标准就是要在遵守国家法律、法规，履行社会责任的条件下，最大限度地获取利益。为了达到这样的目的，甚至采取技术上和经济上的竞争策略打败对手，取得市场的优势地位，因而不可能要求私标准像公标准那样在各相关方利益之间取得平衡。企业制定标准，开展标准化活动的根本目的就是要它为市场竞争服务。技术标准在企业标准中不仅占主导地位而且对企业市场竞争有最直接的关系。所以私标准的研制是同企业命运攸关的一项基础工作，必须从本企业的实际情况和实际需要出发，扎扎实实去做。

1. 有利于提高企业的市场竞争力

技术标准战略是指组织从自身的可持续发展出发，利用技术标准的建立和实施，在技术竞争和市场竞争中谋求利益最大化的策略。对企业的市场竞争力有最直接影响的技术标准是产品标准，因为产品标准中所规定的要求事项是市场（顾客）要求的反映。这个反映对企业至关重要，它使企业的管理（特别是质量管理）有了明确的目标，企业上上下下都必须为实现这一目标而奋斗，企业方方面面的工作也都依此而展开，这个标准就成为连接企业与市场的桥梁，同时也是企业在市场竞争中取胜的武器。

产品标准制定得好，也就是标准中所作的规定确实能正确地反映市场（顾客）的需求，这时企业如能认真地按标准组织生产，当最终产品投放市场时，必能受到市场（顾客）的欢迎。关键在于标准的内在质量，在于标准是否起到了这个最关键的反映市场（顾客）需求的作用。因此，做好制定标准过程的调查研究，不仅要研究市场的现状和走势，还要认真了解每一个细分市场的顾客需求，以及竞争对手产品的特点和优点，真正做到知己知彼。

2. 有利于企业建立持久创新平台

企业要有持久的竞争力，就必须有持久的创新能力。这就要求企业具备随着市场的变化而及时应变的能力。在这方面，技术标准可以充分发挥其特有的功能。例如，在日常的技术活动中，尤其是产品设计过程中，将那些经常重复利用的要素（部件、组件、零件、结构要素等）加以优选和整理，建立相应的数据库，作为共享资源，为以后的设计所选用。这样既能提高产品开发效率，还会带来一系列节约。这类要素便可制定为企业标准，这类标准积累到一定程度，就能起到支持产品创新的平台作用。再如，当企业开发设计新产品时，不是开发一个孤立的产品，而是使之形成一个系列（成系列开发）。这样，就不仅可以扩展市场实现范围经济，而且因系列产品内部通用化程度高，标准件、通用件比重大，有利于获得规模效益。由于系列产品可以根据市场的变化及时推出派生、变形产品，使企业具有应对市场的能力。这个产品系列便是一个产品创新的平台。如果企业按模块化原理开发设计新产品，企业就会逐渐积累功能模块，并且用模块组合产品。当企业的模块积累到一定程度（或专门生产模块的企业多到一定程度），企业就会用（或购买）模块快速开发新产品。这样不仅可以应对市场变化，而且可以实现大规模定制生产，即使是复杂的高科技产品也能满足用户的个性化需求。这是最能使企业保持其持久创新力的平台。企业标准化做到这一步，才能把它的作用充分地显示出来，才能真正成为企业的竞争武器。

3. 有利于整合资源发展网络经济

企业既有内部资源，又有外部资源，若能把它们整合到一起，企业就会如虎添翼。开展综合标准化就是整合内外资源的极好方法。因为综合标准化是围绕企业的关键问题开展的标准化，如质量攻关、产品创新、技术改造、节能降耗等。这类问题常常牵涉到企业的方方面面，也就是说必须调动各方面的资源，乃至上下游企业的外部资源才能解决。综合标准化就是把企业内部、外部资源科学地组织（整合）起来，集中力量、集中时间、同心协力解决问题的标准化方法。

在特定的企业里，围绕某种产品组织生产多个零部件，不论其批量大小都是“局部经济”；而生产模块的企业可以制造面向世界市场的通用产品，它在特定模块上集中力量拓展世界市场网络，这就属于“网络经济”。“局部经济”的发展要求扩大设备规模，“网络经济”的发展要求扩大用户规模。“局部经济”注重内部资源，往往向“小而全”“大而全”的方向发展；模块化基础上的“网络经济”则善于利用外部资源（如全球采购）、充分发挥外部作用，企业可以在全球经济网络中整合资源，实现跨国经营，发展为跨国企业。

三、技术标准的编写

技术标准作为从事生产、建设及商品流通的一种共同依据，必须具有措辞准确、逻辑严密的特殊文风。不仅内容要体现符合政策、经济合理、技术先进等要求，而且表达形式也要力求准确、简明，做到内容和形式的统一。

为此，国家颁布了相关标准，对标准文本的体例格式、章条编号、文字结构与表达方式等方面都作出规定和要求，编写公标准时应予遵守（见 GB/T 1.1—2009）。

在编写相关内容时，要发挥创造性，不能生搬硬套。文体尽量简单明了，通俗易懂，不产生歧义。表达方式上，根据不同的技术内容，灵活运用适当的表述形式，包括文字和图表等。

企业标准采用什么样的体例格式可以自行规定。关键是要从精简、效能、实用、方便等方面出发，该繁则繁、该简则简。企业在制定自己的标准时可参考相关国家标准规定，但不必全盘照搬。企业标准化是企业文化的一部分，要有自己的风格和创造。

技术标准中“技术要求”的内容是较为关键的部分，对产品标准来说尤为重要。技术要求的编写应遵守目的性原则（根据制定标准的目的，有针对性地选择列入标准的要求内容）、最大自由度原则（标准中的技术规定要给技术发展留有余地）、可验证性原则（标准中所作规定必须是能被验证的定量要求）、数值选择原则和避免与其他标准内容重复等原则。

技术标准中常常涉及安全方面的内容，这部分内容的编写应尽量包括可能消除危险或在消除不了时也能降低风险的重要要求。这些要求应当作防护措施来表述，而且能验证。还应规定所采用的验证方法，可参见《标准化工作指南　第 4 部分：标准中涉及安全的内容》（GB/T 20000.4—2003）。

技术标准的许多对象都会对环境产生影响。制定这类技术标准时，必须对其可能产生的环境影响进行充分的调研，作出有针对性的规定或限制性要求，促进企业采取必要而又可能的措施，最大限度地节省资源，降低产品生命周期内对环境的不利影响。

第二节　技术标准的实施要求

技术标准的实施是指在社会生产实践中，为实现技术标准中规定的各项内容所采取的专门措施和进行的有关活动。在技术标准制定结束后，实施成为标准化工作的中心任务。

一、技术标准实施的意义

（一）实现技术标准的目的

任何一项技术标准发布后，仅停留在纸面上而不去实施，是不会自动产生任何作用的。在与技术标准有关的企业、事业单位中组织实施技术标准，就是要把科学技术和实践经验的综合成果运用到社会生产实践中去，转化为直接的生产力。因此，必须通过有组织、有计划、有措施地开展宣传贯彻技术标准的活动，使其在生产、建设和流通领域中得到全面有效的执行，使其中规定的各项要求真正得到落实，才能使制定技术标准的目的得以实现。

（二）检验技术标准的质量

技术标准制定得是否科学合理、是否圆满地实现其预定目的，只有在实践中才能得到验证。虽然技术标准要求以科学技术和实践经验的综合成果为基础，在制定过程中，又进行了广泛的征求意见及许多新的试验验证工作，但技术标准是依据起草人对相关问题所积累的经验和认识，而任何人的经验和认识都可能有其局限性，尤其是在特定条件下进行的一些局部试点验证，很难保证反映全面情况。因此，技术标准实施时难免会出现许多在起草制定过程中未能考虑周全的问题。这些问题反映出来，有助于技术标准的进一步修改和完善，使其能更好地实现预定目的。

（三）促进技术标准的发展

技术标准的制定和实施，本质上是依据人们对技术事项的现有认识和经验，去指导今后的实践。随着生产建设的发展、科学技术的进步，在技术标准实施过程中，人们会发现现有技术标准中存在的问题，同时收集到解决这些问题的办法和建议，认识也会不断提高，到一定时期，就会对现有技术标准提出许多更新更高的要求。最后，在技术标准实施的基础上，废止旧的技术标准，制定新的技术标准，促进技术标准的水平不断从低级向高级发展。因此，技术标准的实施也是推动标准化不断向前发展的最重要的环节。

二、技术标准实施的任务

技术标准的实施是一项复杂细致的工作，大致包括宣贯、执行、监督等主要任务。

（一）技术标准的宣贯

宣贯是技术标准实施过程中的一项首要工作。任何一项技术标准制定完之后，负责制定该项技术标准的起草单位，都要根据技术标准的内容、范围及复杂程度，组织动员多方面的力量，制订计划，统筹安排，广泛进行宣贯。宣贯内容主要包括：通过提供技术标准文本和宣贯材料，使有关各方了解技术标准，并能正确地认识和理解其中规定的内容和各项要求，同时做好技术咨询工作，解答各方面提出的问题；通过对技术标准中各项重要内容及其实施意义的说明，宣传技术标准的重要性，使有关各方提高对实施技术标准意义的认识，取得各方的支持和理解；通过编写新旧技术标准内容对照表、更替注意事项和参考材料，说明实施中应注意的问题，以及有关实施的一些合理化建议等，使有关各方做好各种实施准备，保证技术标准的顺利实施。技术标准宣贯的主要形式，除了编写、提供各类宣贯资料外，一般还采用举办培训班、组织召开宣贯会等形式。

（二）技术标准的执行

根据技术标准的性质，技术标准的贯彻执行分为两种形式。

一是强制性标准的贯彻执行。《中华人民共和国标准化法》规定，强制性标准必须执行，不得擅自更改或降低强制性标准所规定的各项要求。对于违反强制性标准的，要由法律、行政法规规定的行政主管部门依法处理。为了贯彻执行强制性标准，企业研制新产品、改进老产品，进行技术改造，从国外引进设备和技术时，必须充分考虑标准化要求，符合有关强制性标准中的各项规定。有关技术文件必须进行标准化审查。禁止生产、销售和进口不符合强制性标准的产品。一切工程建设的设计和施工，都必须按照强制性标准进行，不符合强制性标准的工程设计不得施工，不符合强制性标准的工程不得验收。为使强制性标准的贯彻执行最终落实到生产、建设、流通等领域的技术活动中去，还需要提供一定的物质技术条件。重大的物质技术条件，还应纳入各级技术措施计划。

二是推荐性标准的贯彻执行。推荐性标准是由有关各方自愿采用的标准，国家一般不强制要求执行，但可以采取多种措施，鼓励有关方面贯彻执行。在下列情况下则应严格执行推荐性标准：推荐性标准被法规、规章所引用时，便成为相关法规、规章的一部分，在该法规、规章约束范围内，成为必须贯彻执行的技术标准；推荐性标准被合同、协议所引用时，由于合同、协议受相关法律约束，推荐性标准一经引入合同、协议，便相应具有法律约束力，不贯彻执行有关规定，便要承担相应的法律责任；使用者声明其产品符合某项推荐性标准时，可以申请产品质量认证，合格者发给产品质量认证证书并允许产品使用合格标志，从而提高了产品在市场竞争中的质量信誉和社会知名度，这时不贯彻执行标准，便会受到查处。

（三）技术标准的监督

技术标准实施后，有关部门必须经常进行各种形式的监督检查，以保证技术标准得到认真贯彻执行，这是技术标准实施过程中的重要环节。《中华人民共和国标准化法》规定，由县级以上人民政府标准化行政主管部门负责，对技术标准贯彻执行情况进行监督、检查和处理。对产品是否符合技术标准，还可专门设置检验机构，或授权其他单位的检验机构，负责产品质量监督检验。检验机构提供的检验数据具有法律效力，也是判定产品是否符合技术标准的依据。监督检查形式主要是对产品质量进行的国家监督检查、地方监督检验、市场抽查和专项检查等。为了保证推荐性标准更广泛地采用，我国实行自愿性的产品质量认证制度，对国家制定了推荐性标准的产品进行认证，并对获得认证的产品和企业实行法定的监督检验。

三、技术标准实施的反馈

为了保证技术标准的适用性，在其实施一段时间后，必须根据科学技术的发展和经济建设的需要，对技术标准的内容及其规定的要求是否仍能适应当前的科学技术和生产先进性的要求进行审查。这种技术标准实施后进行的定期审查称为复审。一般对实施周期达 5 年的技术标准进行复审，企业标准的复审周期可以更短。技术标准的复审工作，由该项技术标准的主管部门组织有关单位进行。复审前，由负责复审的单位收集技术标准实施中所发现的问题和标准化对象的发展情况，分类整理后，作为复审的主要内容。技术标准的复审类似于技术标准的审查，也可以采用会审或函审两种方式进行。为了使复审工作具有连续性，一般要有参加过该项技术标准审查工作的单位或人员参加，对技术标准的复审结果，分别作出确认、修改、修订、废止处理。

（一）确认

技术标准的内容不需要修改，仍能适应当前生产、使用的需要，符合当前技术水平的，给予确认。确认继续有效的技术标准重版时，在标准封面上标明“××××年确认有效”的字样。

（二）修改

技术标准的内容大体不动，但需要对局部、个别内容作些修改，可通过技术勘误表或修改单完成。此时技术标准仍作为确认重版时，可将技术勘误表或修改单上的内容纳入技术标准中。

（三）修订

技术标准的大部分内容需要修改时，应作为技术标准修订项目，提交一个新工作项目建议，列入技术标准工作计划。技术标准修订的主要工作程序，按制定技术标准程序要求进行。

（四）废止

技术标准的内容已不适应当前生产和使用的需要，或为新的技术标准所代替，已无存在必要时，应予废止。

在审查结束后，负责技术标准复审的单位应写出复审报告，内容包括复审简讯、处理意见、复审结论和依据等，报主管部门作出决定。对于复审后确定为无存在必要的技术标准，经主管部门审核同意后发布，予以废止。

第三节　殡葬技术标准化建设

构成殡葬技术标准体系的标准包括殡葬服务机构所采用和贯彻的国家标准、行业标准、地方标准及本机构制定的技术标准。所有技术标准均应在标准化法律法规、各种相关政策和本机构制定的方针、目标等指导下形成有机整体。

一、殡葬技术标准体系的层次结构

殡葬服务机构编制技术标准体系时，可采用层次结构图表示（见图7-1）。

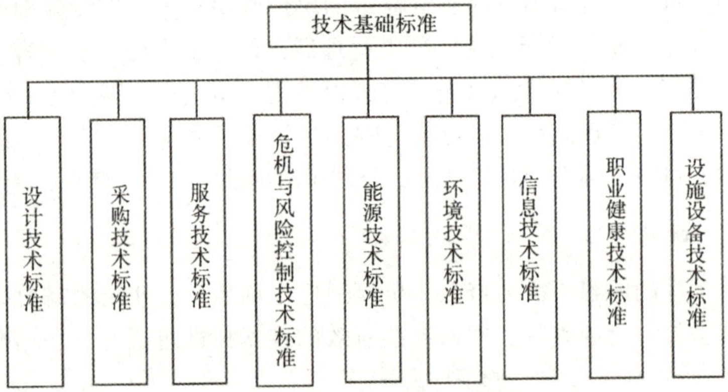

图7-1　技术标准体系的结构形式

注1：体系表中的各类技术标准均表示殡葬服务机构内服务提供涉及的该类技术标准的总和。

注2：层次结构的技术标准体系第一层是技术基础标准，是指导殡葬服务机构服务标准和提供服务实现过程中技术标准制定的基础，它涵盖了殡葬服务机构的服务标准、服务实现过程中所有综合性的技术基础标准。

注3：第二层的技术标准是服务提供过程中主要的技术标准。

二、殡葬技术标准体系的主要构成

（一）殡葬技术基础标准

技术基础标准是在一定范围内作为其他标准的基础并普遍使用，具有广泛指导意义的标准。殡葬服务机构技术基础标准是在殡葬服务机构范围内，作为本机构制定技术标准、管理标准、工作标准的基础。

1. 主要内容

（1）标准化工作导则。标准化工作导则是指导殡葬服务机构开展标准化工作的指导性文件。主要包括：标准的结构和编写规则，如 GB/T 1.1；标准编写规则，如 GB/T 20001；标准中规范性技术要素内容的确定方法，如 GB/T 1.2 的有关规定；各类标准的通用编写规定，如 GB/T 1.1 的有关规定；当 GB/T 1.1 不能满足殡葬服务机构特殊需求时，可制定本机构标准编写规定。

（2）标准的主要内容。术语和定义标准按照 GB 15497 中 7.2.2 执行；量和单位标准按照 GB 15497 中 7.2.3 执行；数值和数据标准按照 GB 15497 中 7.2.4 执行；公共信息图形符号按照 GB/T 10001.1 相关要求执行。

2. 编写方法

（1）收集。殡葬服务机构应收集全国通用的综合性标准、行业通用标准、地方通用标准等有关技术标准。

（2）转化。殡葬服务机构对技术基础标准一般可直接引用，也可根据本机构需要，选择其中部分内容转化为本机构标准或规定，供机构内部使用。一是编入殡葬服务机构技术标准体系的方法；二是对于国家、行业的标准，可先将其编号和名称集中编入一个标准，然后再将标准文本编入技术标准体系，从而使国家标准、行业标准中的标准编入殡葬服务机构标准体系；三是将国家、行业的标准编号和名称直接写进标准体系中，然后再将标准文本编入技术标准休系。

3. 制定要求

应建立齐全、有效的殡葬服务机构技术基础标准，对制定技术标准有指导和制约作用。能够指导服务提供技术的国家或行业基础标准应纳入技术基础标准体系。没有国家或行业基础标准的，殡葬服务机构可自行制定服务提供技术基础标准。

（二）殡葬设计技术标准

殡葬设计技术标准是为保证和提高殡葬服务产品设计质量而制定的标准。

1. 主要内容

主要包括：设计符号、代号、术语标准；产品安全、环境和其他法规要求及国际惯例；专业设计规范；设计参数与数据标准；设计中用于评价服务过程的质量方法和规则；设计图样与文件的格式和编号标准；设计文件完整性要求。

2. 制定要求

主要包括：设计标准应满足适用的法律、法规和强制性标准的要求；服务设计标准应满足顾客的需求，服务的功能和特性要求；在设计标准中对重要质量特性应作出明确而适当的规定，保证服务实现得到有效的控制；明确服务规范、服务提供规范、服务质量控制规范的各项要求。

（三）殡葬采购技术标准

殡葬采购技术标准是指对殡葬服务机构提供服务过程中所需的外包服务、外购物品、生活用品、燃料、设施设备等的质量要求制定的标准。

1. 主要内容

（1）采购要求。采购质量要求应规定采购物品适用的质量标准（如质量特性、品种、规格、等级），采购质量要求可以引用国家标准、行业标准、地方标准，也可以直接规定具体技术要求。

（2）验收规则。对外包服务、采购物资应规定验收规则，检查外包服务、采购物资的质量是否符合规定的质量要求及其购买条件。验收项目可根据需要与具备的技术条件，规定验收的检测项目、数量、频次等。

（3）验收方法。对验收的项目应规定相应的检验方法。

（4）注意事项。主要规定采购物资的保管和贮存期限，以及对不合格采购物资隔离存放的规定，并有记录要求。

2. 制定要求

主要包括：采购标准应保证对外包服务、采购物资进行严格控制，防止不合格的服务和物资进入；确定验收规则时，应考虑其成本和对服务质量的影响；要规定对采购物资品种、规格的优化、压缩及选用原则。

（四）殡葬服务技术标准

殡葬服务技术标准是指对服务提供过程所涉及的技术事项而制定的标准。

1. 主要内容

主要包括：服务质量标准是指服务的提供以及对服务的检验、验收和仲裁检验的依据，是殡葬服务机构对顾客和社会的服务质量责任承诺；服务质量控制技术规范是对服务及服务提供发生的质量缺陷进行处置的技术规范。

2. 制定要求

主要包括：服务质量标准应是符合《中华人民共和国标准化法》要求的合法标准；服务质量标准内容应满足顾客的需求，顾客虽然没有明示，但服务质量标准内容也应满足规定的服务功能或已知的预期功能所必需的要求；应规定特定的服务和服务提供应达到的水平和要求，如结合服务项目的特点规定定量和定性质量指标要求，一般包括服务的功能性、经济性、安全性、舒适性、时间性和文明性的要求；服务质量控制技术规范应规定控制的内容、控制程序和方法。

（五）殡葬能源技术标准

殡葬能源技术标准是指殡葬服务过程中对用能和节能所涉及的技术事项而制定的标准。

1. 主要内容

主要包括：能源产品标准，主要是煤、电、油、气体燃料、热力、水等产品质量标准；能源设备及其系统的经济运行标准，主要是能源的转换设备、供能输送设备、用能终端设备的耗能定额标准，以及设备经济运行规范等；省能材料标准，主要是载能、隔能材料及能量传导材料技术标准。

2. 制定要求

应贯彻国家、行业和地方节能法律、法规和能源标准。根据实际制定本机构能源技术标准，为节能管理提供技术依据。

（六）殡葬环境技术标准

殡葬环境技术标准是指殡葬服务过程中为保护环境和有利于生态平衡，对环境质量、监测方法及其他事项制定的标准。

1. 主要内容

涉及殡葬废弃物、废气、生活垃圾等处理的技术标准。

2. 制定要求

国家和地方环境有关技术标准是强制性标准，应依法执行。

（七）殡葬信息技术标准

殡葬信息技术标准是指殡葬服务过程中对殡葬服务机构内各种信息的收集、贮存、传递、利用等信息技术活动制定的技术标准。

1. 主要内容

包括殡葬服务机构内各种信息的收集、贮存、传递、利用等信息技术活动。

2. 制定要求

信息技术标准应满足有关适用的法律、法规和标准的要求，使殡葬服务机构的全部标准文件和记录处于受控状态和便于应用。

（八）殡葬风险控制技术标准

殡葬风险控制技术标准是指殡葬服务过程中以保护生命和财产安全为目的而制定的技术标准。

1. 主要内容

涉及提供殡葬服务全过程中安全通用标准、污染控制、各种事故的防范、突发事件的处理、日常服务监控、设施设备安全标准等方面，安全通用标准，包括安全标志和报警信号标准、危险因素分类技术标准；污染控制标准，包括污染预防技术和污染控制技术标准；各种事故的防范规范，包括火灾等防范规范；突发事件分类技术标准，包括各种突发性疾病抢救标准和突发事件处理预案；殡葬服务安全保护技术标准；设施设备安全标准，包括电器、压力容器、锅炉、电梯等特种设备使用安全标准；无障碍基础设施标准和建筑基本规范。

2. 制定要求

应将国家和行业有关的安全基础标准、服务质量、安全保护技术和危机控制技术要求纳入危机与风险控制技术标准；需要顾客注意的危机与风险控制技术要求应纳入本机构服务提供过程中、维修手册、标签及宣传材料；使用适宜的污染监测方法、控制技术；根据实际制定相关预案和技术操作规程，为安全服务、危机控制、防范事故提供技术依据。

（九）殡葬职业安全技术标准

殡葬职业安全技术标准是指殡葬服务过程中为消除、限制和预防职业活动中的健康损害和安全危险及其有害因素而制定的标准。

1. 主要内容

主要包括：空气、噪声、温湿度限量标准等；有害物质浓度限量标准；感染控制标准等；劳动防护技术标准。

2. 制定要求

主要包括：相关法律、法规和其他法规技术要求；服务过程中涉及职业安全危险源的有害因素；对服务场所和操作现场的职业安全要求；职业安全要求的监测方法和评价方法；控制及防护措施，等等。

（十）殡葬设施设备技术标准

殡葬设施设备技术标准是指殡葬服务过程中根据相关标准要求对设施设

备的技术条件及维修保养质量要求而制定的标准。

1. 主要内容

主要包括：设施设备的技术标准；维修保养规程；设备操作规程。

2. 制定要求

应贯彻国家、行业和地方法律、法规和标准。根据实际制定设施设备维修保养规程和操作规程，为安全运营提供技术依据。

三、殡葬技术标准体系及其建设

（一）殡葬技术标准的发布

1. 现已发布的殡葬技术国家标准

迄今为止，殡葬领域已经发布了11项国家标准（见表7-1）。

表7-1　已经发布的殡葬技术国家标准

序号	发布标准名称	标准号	类别	状态
1	燃油式火化机污染物排放限值及监测方法	GB 13801—1992	环保	废止
2	火葬场卫生防护距离标准	GB 18081—2000	卫生	有效
3	殡仪场所致病菌安全限值	GB 19053—2003	卫生	有效
4	燃油式火化机通用技术条件	GB 19054—2003	产品	有效
5	殡葬服务、设施、用品分类与代码	GB/T 19632—2005	基础	有效
6	殡葬术语	GB/T 23287—2009	基础	有效
7	木质骨灰盒通用技术条件	GB/T 23288—2009	产品	有效
8	燃油式火化机大气污染物排放限值	GB 13801—2009	环保	废止
9	国际运尸 木质棺柩	GB/T 26342—2010	产品	有效
10	火化棺通用技术条件	GB/T 31182—2014	产品	有效
11	火葬场大气污染物排放标准	GB 13801—2015	环保	有效

2. 现已发布的殡葬技术行业标准

民政部、国家质量监督检验检疫总局、原建设部等部门发布了多项殡葬技术行业标准，其中两项已废止（见表7-2）。

表 7-2 已经发布的殡葬技术行业标准

序号	发布标准名称	标准号	类别	状态	归口部门
1	燃油式火化机通用技术条件	MB 1—1984	产品	废止	民政部
2	遗体冷藏箱	YY 91114—1999	产品	废止	医药局
3	中小型殡仪车通用技术条件	（民 1987）	产品	有效	民政部
4	殡仪馆建筑设计规范	JGJ 124—1999	建设	有效	住建部
5	入出境棺柩消毒处理规程	SN/T 1212—2003	卫生	有效	质检总局
6	入出境遗体、棺柩、骸骨卫生检疫查验规程	SN/T 1320—2003	卫生	有效	质检总局
7	入出境遗体和骸骨卫生处理规程	SN/T 1334—2003	卫生	有效	质检总局
8	燃油式平板火化机及辅机运行规程	MZ/T 100—2017	产品	有效	民政部
9	火化机烟气净化设备通用技术条件	MZ/T 101—2017	产品	有效	民政部
10	殡仪场所消毒技术规范	MZ/T 103—2017	卫生	有效	民政部
11	火化残余物处理处置要求	MZ/T 104—2017	环保	有效	民政部
12	火葬场二噁英类污染物减排技术导则	MZ/T 106—2017	环保	有效	民政部
13	遗体火化大气污染物监测技术规范	MZ/T 107—2017	环保	有效	民政部
14	殡仪馆建设标准	建标 181—2017	建设	有效	住建部
15	城市公益性公墓建设标准	建标 182—2017	建设	有效	住建部
16	遗体收殓运输消毒卫生技术规范	MZ/T 135—2019	卫生	有效	民政部
17	遗体整容操作技术规范	MZ/T 136—2019	卫生	有效	民政部
18	遗体冷冻柜通用技术条件	MZ/T 137—2019	产品	有效	民政部
19	突发事件遇难人员遗体处置技术规范	MZ/T 138—2019	卫生	有效	民政部
20	遗体防腐操作规程	MZ/T 139—2019	卫生	有效	民政部
21	殡仪场所致病菌检测技术规范	MZ/T 140—2019	卫生	有效	民政部
22	燃气式火化机通用技术条件	MZ/T 142—2019	产品	有效	民政部
23	殡葬场所烟气排放连续监测技术规范	MZ/T 146—2019	环保	有效	民政部
24	火化机生产制造基本规范	MZ/T 147—2019	产品	有效	民政部

3. 殡葬领域地方标准和企业标准

殡葬技术地方标准和企业标准主要是产品标准，集中于殡葬设备和用品生产企业。例如：沈阳北松火化设备厂的“进尸车技术条件”等。

表 7-3　已经发布的部分殡葬技术地方标准

序号	发布标准名称	标准号	类别	状态
1	公墓建设规范 第 1 部分：骨灰安葬设施	DB 11/T 747.1—2010	建设	有效
2	经营性公墓建设规范	DB 50/T 536—2013	建设	有效
3	公益性公墓建设规范	DB 50/T 535—2013	建设	有效
4	经营性公墓建设规范	DB 65/T 3570—2013	建设	有效

（二）殡葬技术标准的编制

我国已经建立了殡葬技术标准编制计划，其主要内容见表 7-4。

表 7-4　殡葬技术标准编制计划

编号	标准名称	标准代号	标准主要内容
1	殡葬行业环境保护技术规范	GB	规范行业环境保护活动的整体技术行为
2	殡葬行业卫生防疫技术导则	GB	规范殡葬行业卫生防疫方面的通用技术原则
3	殡葬行业安全作业技术标准	GB	制定殡葬行业安全施工作业技术规范
4	传染性遗体处理规范	GB	规范传染性、腐蚀性遗体安全处理进行技术
5	事故性遗体处理规范	GB	规范各种事故性遗体安全、卫生处理进行技术
6	殡葬服务机构技术条件	GB/T	规范殡葬服务机构资质技术条件
7	遗体检验的技术方法	GB/T	规范脑死亡、肺死亡和心死亡的综合检验技术方法并区分假死情况
8	殡葬设备噪声测量方法	GB/T	制定不同殡葬设备在各种工作场合的机械噪声强度的测定技术方法
9	运尸设备性能检测标准	MZ/T	制定运尸设备性能检测的基本技术方法
10	殡仪消毒装置技术检验方法	GB	制定殡仪消毒装置技术检验方法
11	遗体防腐装置技术检验方法	GB	制定遗体防腐装置技术检验方法
12	燃油式火化机炉体质量检验方法	MZ/T	制定燃油式火化机炉体的质量检验方法
13	燃油式火化机燃烧系统质量检验方法	MZ/T	制定燃油式火化机燃烧系统的质量检验方法

续表

编号	标准名称	标准代号	标准主要内容
14	燃油式火化机电控系统质量检验方法	MZ/T	制定燃油式火化机电控系统的质量检验方法
15	燃油式火化机进尸系统质量检验方法	MZ/T	制定燃油式火化机进尸系统的质量检验方法
16	燃油式火化机排放系统质量检验方法	MZ/T	制定燃油式火化机排放系统的质量检验方法
17	燃气式火化机炉体质量检验方法	MZ/T	制定燃气式火化机炉体的质量检验方法
18	燃气式火化机燃烧系统质量检验方法	MZ/T	制定燃气式火化机燃烧系统的质量检验方法
19	燃气式火化机电控系统质量检验方法	MZ/T	制定燃气式火化机电控系统质量检验方法
20	燃气式火化机进尸系统质量检验方法	MZ/T	制定燃气式火化机进尸系统的质量检验方法
21	燃气式火化机排放系统质量检验方法	MZ/T	制定燃气式火化机排放系统的质量检验方法
22	火化除臭器检定方法	MZ/T	制定火化除臭器检定规则和技术方法
23	火化烟气除尘器、除尘系统产品质量检验方法	MZ/T	制定火化烟气除尘器、除尘系统的产品质量检验方法
24	火化自动控制器安全检验规程	MZ/T	制定火化机自动控制器检测质控规程和方法
25	火化节能系统质量检验规范	MZ/T	制定火化节能器系统产品质量检验规程
26	火化节能器质量检验规程	MZ/T	提出火化节能器产品质量检验规程
27	火化推尸器质量检验规范	MZ/T	提出火化推尸器产品质量检验规范
28	火化送尸车产品质量检验规范	MZ/T	提出火化送尸车产品质量检验规范
29	骨灰处理机质量检测规程	MZ/T	制定骨灰处理机的质量检测规程
30	骨灰盒产品质量检验方法	MZ/T	制定骨灰盒的质量检验方法
31	骨灰寄存架质量检验方法	MZ/T	制定骨灰寄存架的质量检验方法
32	寿服产品质量检测方法	MZ/T	提出寿服的质量检测方法
33	殡葬用品质量检验规程	MZ/T	制定殡葬用品质量检验总则和工作规程

续表

编号	标准名称	标准代号	标准主要内容
34	火化棺质量检验方法	MZ/T	提出火化棺的质量检验方法
35	殡葬设施验收技术规范	GB/T	制定殡葬设施的验收规定、标准和验收办法
36	殡葬产品开发的技术原则	GB/T	制定殡葬产品开发的指导原则与技术要求
37	绿色殡葬产品的技术要求	GB/T	规范绿色殡葬产品的通用技术要求
38	殡葬设备安全通则	GB	规范殡葬设备的安全使用运行通用技术要求
39	殡葬用品安全通则	GB	规范殡葬用品安全使用通用技术要求
40	殡仪车安全规范	GB	规范殡仪车安全方面的通用技术要求
41	殡葬设备卫生要求	GB	规范殡葬设备卫生方面的通用技术要求
42	殡葬用品卫生要求	GB	规范殡葬用品卫生方面的通用技术要求
43	殡葬服务安全卫生要求	GB	规范殡葬服务安全卫生方面的通用技术要求
44	殡仪馆卫生防疫标准	GB	规定不同规模殡仪馆的卫生防疫要求
45	殡仪车卫生标准	GB	制定殡仪车卫生基本技术条件
46	瞻仰台类设备卫生防疫标准	GB	给出瞻仰台类设备卫生要求
47	整形整容装置卫生条件	GB	规定整形整容装置卫生条件和要求
48	殡葬设备机械噪声限值	GB	制定不同殡葬设备在各种工作场合的机械噪声强度限制
49	燃气式火化机污染物排放限值及监测方法	GB	给出燃气式火化机污染物排放限值及监测方法
50	墓地石材放射性安全限值	GB	制定墓地石材放射性安全限值及其监测方法
51	火葬场建设技术规范	GB	规范火葬场的选址要求、功能规划、平面和整体设计、施工等技术
52	公墓建筑设计规范	MZ/T	规范公墓选址、总平面设计、功能区划分等技术
53	墓地的选址原则和方法	MZ/T	规定墓地的选址原则和方法

续表

编号	标准名称	标准代号	标准主要内容
54	骨灰寄存设施建筑设计规范	MZ/T	提出骨灰寄存设施建筑设计规范和技术要求
55	殡葬设备安装调试规范	MZ/T	提出殡葬设备安装调试技术规范
56	殡葬设备维护管理规程	MZ/T	规范主要殡葬设备的使用维护通用技术要求和管理规程
57	殡葬设备验收通则	MZ/T	规范殡葬设备的验收规程和验收技术
58	存尸设备技术性能及检测标准	MZ/T	制定各类存尸设备性能检测的基本技术方法
59	遗体冷藏箱通用技术条件	MZ/T	制定遗体冷藏箱技术性能指标、检测方法
60	遗体冷冻柜通用技术条件	MZ/T	制定遗体冷冻柜技术性能指标及其检测方法
61	常温遗体存放装置技术条件	MZ/T	制定常温遗体存放装置的通用技术要求
62	殡仪车通用技术条件	MZ/T	制定殡仪车基本技术要求和通用技术条件
63	殡仪消毒装置通用技术条件	GB	制定殡仪消毒装置通用技术条件
64	遗体防腐装置通用技术条件	GB	制定遗体防腐装置通用技术条件
65	整形整容装置技术通则	GB	给出整形整容装置技术通则
66	遗体整形装置通用技术条件	GB	制定遗体整形装置和设备的通用技术条件
67	瞻仰台类设备通用技术通则	MZ	制定瞻仰台类专用设备的基本要求和技术通则
68	挽联机通用技术条件	MZ/T	制定挽联机的通用技术条件
69	刻碑机通用技术条件	MZ/T	制定刻碑机的技术条件和要求
70	殡仪专用电子设备通用技术条件	MZ/T	制定殡仪专用电子设备通用技术条件

续表

编号	标准名称	标准代号	标准主要内容
71	殡葬专用电子设备检测规范	MZ/T	制定殡葬专用电子设备产品的技术检测规程
72	殡仪专用礼炮通用技术条件	MZ/T	制定殡仪专用礼炮的安全指标和通用技术条件
73	燃气式火化机通用技术条件	GB	制定燃气式火化机通用技术条件
74	燃油式火化机炉体技术要求	MZ/T	确定燃油式火化机炉体基本功能和技术要求
75	燃油式火化机燃烧系统技术条件	MZ/T	规范燃油式火化机燃烧系统的技术条件
76	燃油式火化机电控系统技术条件	MZ/T	规范燃油式火化机电控系统的技术条件
77	燃油式火化机进尸系统技术条件	MZ/T	规范燃油式火化机进尸系统的技术条件
78	燃油式火化机排放系统技术条件	MZ/T	规范燃油式火化机排放系统的技术条件
79	燃气式火化机炉体技术要求	MZ/T	确定燃气式火化机炉体基本功能和技术要求
80	燃气式火化机燃烧系统技术条件	MZ/T	规范燃气式火化机燃烧系统的技术条件
81	燃气式火化机电控系统技术条件	MZ/T	规范燃气式火化机电控系统的技术条件
82	燃气式火化机进尸系统技术条件	MZ/T	规范燃气式火化机进尸系统的技术条件
83	燃气式火化机排放系统技术条件	MZ/T	规范燃气式火化机排放系统的技术条件
84	火化烟气除尘器通用技术条件	GB	制定火化烟气除尘器的技术条件
85	火化烟气净化器通用技术条件	GB	制定火化烟气净化器的技术条件
86	火化烟气净化器检验规则	GB	制定火化烟气净化器技术检验方法
87	火化除臭器技术要求	GB	制定火化除臭器技术指标和技术要求
88	火化送尸车技术条件	MZ/T	制定火化送尸车的技术指标和有关条件

续表

编号	标准名称	标准代号	标准主要内容
89	火化推尸器技术条件	MZ/T	确定火化推尸器的技术指标和有关条件
90	火化引风机技术条件	MZ/T	制定火化送尸车技术条件
91	火化消声器技术条件	MZ/T	制定火化消声器技术条件
92	火化消声器性能检验规程	MZ/T	提出火化消声器产品质量检验规程
93	火化节能器技术条件	MZ/T	制定火化节能器的技术条件
94	火化节能系统技术要求	MZ/T	制定火化节能器系统的技术条件
95	火化污染检测器选用的技术原则	MZ/T	制定火化污染检测器选用的技术原则
96	在线型火化污染检测器安装调试技术条件	MZ/T	确定在线型检测器的现场安装调试技术条件
97	在线型火化污染检测器现场检测质控规程	MZ/T	制定在线型火化污染检测器现场检测质控规程
98	简易型火化污染检测器使用技术规范	MZ/T	提出简易型火化污染检测器使用技术规范
99	火化烟尘黑度监控系统使用技术规范	MZ/T	对烟尘黑度监控系统给出使用技术规范及要求
100	骨灰处理机技术条件	MZ/T	确定骨灰处理机产品技术条件
101	遗物焚烧炉通用技术条件	GB	制定遗体焚烧装置的通用技术条件
102	祭品焚烧装置通用技术条件	GB	制定殡仪场所祭品焚烧装置的通用技术条件
103	殡葬用品使用技术规范	MZ/T	制定各类殡葬用品使用技术规范
104	遗体包装物技术条件	MZ/T	制定各类遗体包装物通用技术条件
105	骨灰寄存架通用技术条件	MZ/T	制定骨灰寄存架类产品的通用技术条件

续表

编号	标准名称	标准代号	标准主要内容
106	火化棺通用技术条件	MZ/T	制定火化棺类产品通用技术条件与要求
107	火化遗体包装物技术要求	MZ/T	制定火化遗体包装物的技术要求
108	国际运尸技术规范	GB/T	规范国际遗体接运服务的资质条件、业务流程、基本要求

（三）殡葬技术标准的实施

强制性殡葬标准是国家或行业“技术化、数字化、具体化的殡葬法规”，推荐性殡葬标准则是国家科技发展要求、行业技术积累和部门标准化水平在殡葬领域的具体体现。大力宣传贯彻殡葬标准就是技术执法，就是推进行业的科技进步。

多年来，殡葬领域的国家标准和行业标准在殡葬设施规范化建设、国家等级殡仪馆评定、火化机等殡葬设备产品的质量检验、国际运尸、职业技能鉴定、殡葬环境监测评价与治理等主要工作中，都起到了支撑和依据作用；殡葬领域地方标准的实施在相关领域规范了殡葬专项事务；殡葬领域企业标准的实施促进了殡葬产品质量和殡葬服务水平的提高。

我国殡葬技术标准化应用成果获得了多项省部级科技奖励：《燃油式火化机污染物排放限值及监测方法》国家标准获得了民政部1998年度科技进步奖，同时，该国家标准还被原国家技术监督局列为国际交流项目，全文译成英文后出版发行，在国际上进行了技术交流；《殡仪馆建筑设计规范》行业标准获得了北京市2002年度科技进步奖；《燃油式火化机通用技术条件》国家标准在全国火化机产品质检等领域得到了广泛应用，2009年获得了民政部首届科技创新奖。

第八章　殡葬综合标准化

【基本要求】 通过本章的学习，您应能够：

1. 了解综合标准化概念与方法理论；
2. 了解殡葬综合标准化的主要过程；
3. 熟悉殡葬服务业综合标准化建设。

【核心概念】 综合标准化；理论；方法；过程；建设

第一节　综合标准化的基本概念

综合标准化作为现代科技迅速发展的产物，是现代标准化的重要特征和基本形式之一，也是在现代条件下保证原料、材料、配套产品和成品以及服务和管理标准化整体协调一致的重要标准化方法。科学技术的高度分化与高度综合是新技术革命十分重要的特征。工业由专业化、自动化发展形成一个现代化综合性生产体系，科学技术和工农业生产的横向综合并向整体化发展，推动了标准化管理向系统化、综合化发展，从而产生了综合标准化。在此基础上，服务业的快速发展又推进了综合标准化的进一步成熟和拓展。

一、综合标准化的内涵

综合标准化是现代标准化的科学方法论。综合标准化在传统标准化的基础上发展起来，更能反映当今时代的特点和要求。这种标准化的新方法又包含着标准化的观念和理论的创新，具有方法论的价值。综合标准化是以系统理论为指导，遵循系统分析方法而开展的标准化。每一个综合标准化项目，实际上都是一项系统工程。因此，综合标准化就是标准化系统工程。

（一）综合标准化的定义

综合标准化最初是苏联标准化工作者创造的。1968 年，苏联国家标准给出的定义是："综合标准化是使成为标准化对象的各相关要素的指标协调一致，并使标准的实施日期相互配合以实现标准化，从而保证最全面、最佳地满足各有关部门和企业的要求。使用编制标准化计划的方法来保证综合标准化，计划中包括制品、装配部件、半成品材料、原料、技术手段、生产准备和组织方法等。”这个定义反映了苏联开展综合标准化初期工作方法的特点。1985年，苏联国家标准又给出了一个新定义：“综合标准化是用系统分析方法建立的期限、执行者和以标准化方法为措施手段的相关综合体，在综合成就的基础上，不断提高满足社会需求的水平。”这个新定义反映了苏联综合标准化的新经验，着重指出要采用系统分析方法和建立标准综合体的问题，从而提炼出综合标准化的本质特征。

综合标准化又称为“全面标准化”或“整体标准化”，就是针对不同的标准化对象，以考虑整体最佳效果为主要目标，把所涉及的全部因素综合起来进行系统处理的标准化形式。《综合标准化工作导则 原则与方法》（GB/T 12366. 1—1990）给出了如下定义：“为了达到确定的目标，运用系统分析方法，建立标准综合体，并贯彻实施的标准化活动。”这个定义突出地强调了综合标准化的要点，即有明确的目标、应用系统分析方法，建立标准综合体并全面实施。这是在吸取苏联经验成果的基础上，结合中国的实践经验而进行的理论概括。“系统分析方法”即系统工程的方法。“相关的要素”是指影响综合标准化对象的功能要求或特定目标的要素。假如综合标准化对象是某种产品，目标是把这种产品的质量提高到某一水平，这时，产品的设计结构、零件之间的配合、构成该产品的零部件、生产零部件所用的原材料、加工零件的设备、工艺装备、工人的操作、作业环境条件、装配质量、检测手段等，都可能成为影响要素。“标准综合体”即“综合标准化对象及其相关要素，按其内在联系或功能要求，以整体效益最佳为目标，形成的相关指标协调优化、相互配合的成套标准”。修订的《综合标准化工作指南》（GB/T 12366—2009）沿用了原有的综合标准化定义，明确了综合标准化是系统工程和标准化相结合的产物。它以标准化具体对象系统为研究对象，准确地把握各种相关要素之间的关系，以保证整个系统的功能效果最佳。综合标准化对象及其相关要素按其内在联系或功能要求以整体效益最佳为目标形成的相关指标协调优化、相互配合的成套标准。

综合标准化是用系统分析方法针对具体的标准化对象及其相关要素所形成的系统进行整体标准化的方法。综合标准化以标准化对象的整体最佳效益为目标，对包括设计、工艺、原材料、零部件、半成品、配套制品、技术手段、生产准备、检验方法等综合考虑，进行整体标准化，其主要目的是综合地解决提高产品（或服务）质量的问题。综合标准化的实质就在于使那些能够保证产品（或服务）达到最佳技术水平和质量水平的所有相关要素保持完整的系统性和最佳关系。开展综合标准化工作，要求针对不同的标准化对象，制定一套相互协调的标准技术文件，把这一整套经过系统处理。能够保证对象整体最佳效果的标准和标准技术文件称为标准综合体，它是综合标准化的物质基础。

（二）不同标准化的比较

综合标准化的不同定义，各从不同侧面揭示了综合标准化的特征。同传统标准化相比较，这些特征或优越性是传统标准化的创新发展，也是对传统标准化的超越，与传统标准化有本质的区别。

1. 传统标准化

传统标准化通常是指工业化时代开创的标准化。匈牙利标准化局主席 N. 奥拉热什在论述综合标准化的时间因素时说："科学技术革命决定了一些标准很快就陈旧了。在开展综合标准化时，经常是上百个标准共同发生作用的，因此标准的任何部分如果陈旧，这就意味着与其相关的整个标准综合体已陈旧。依据这一观点，传统标准化对于时间因素并不敏感。"他既提出了传统标准化的概念，又指出了传统标准化的一个重要特征即"不敏感"。这一点恰是科技进步对传统标准化的尖锐挑战。因此，他又说，"对于技术发展而言，综合标准化比传统标准化更有活力，这是综合标准化的新性质之一。"

传统标准化除了它对技术进步缺乏敏感之外，其活动通常以制定标准为目的，并以标准数量增长为目标；不断地积累标准是它的主要特征，而对标准的实施则较少关注；对于标准的制定，基本上是单个、分散、孤立地进行，较少考虑从整体上解决问题。

我国通过实施综合标准化，认为现代标准化与传统标准化的根本区别在于标准的功能不同。传统标准化仅限于静止、孤立地活动，只能被动地涉及生产技术的局部。

2. 现代标准化

现代标准化的产生和发展是科学技术水平和生产水平发展到一定程度的必然产物。现代标准化是运用系统工程学的概念、系统分析方法，从标准化对象整体出发，使各部门充分协调一致来进行的标准化工作。现代标准化以动态、协调、能动的方式作用于整个对象系统，取得最新科技成果，并将其纳入标准，促进生产向高水平发展。现代标准化的特征是系统理论指导下系统方法的彻底应用，凡具备这一特征的标准化，均可视为现代标准化。在现代标准化方法中，综合标准化是其基本形式之一。因为综合标准化就是系统科学与标准化相结合的产物。

3. 超前标准化

当代科学技术的发展日新月异，新技术从发明到实际应用的周期越来越短。这无疑给传统的标准化管理以很大冲击，于是，就产生了超前标准化。苏联在国家标准 ROCT1. 0-68 中对超前标准化下的定义是："根据预测，对以后将成为最佳的标准化对象，规定出高于实际达到水平的规格和要求的标准化。"

超前标准化是动态标准化的具体反映，它具有下列特点：产品的质量指标随时间而变化，也就是说，它是一个时间的函数；质量指标的变化要同科学技术的进步速度同步；及时地制定与贯彻标准，在整个有效期内使标准始终处于有效的最佳状态。

超前标准化的工作成果就是超前标准。在超前标准中，根据现实条件，以质量分级的形式规定出具有不同实施日期的指标、规格和特性，也就是有一定的超前期。即某种产品在标准有效期内没有工业生产的同类产品，而从技术水平衡量，这种产品已跨入一个新阶段，它是体现先进技术的领先产品。针对这类产品规定的最佳规格、技术要求的标准就是超前标准。凡为保证在标准有效期内贯彻工作的实施、组织与管理的更先进的新方法和新形式，规定有相应定额和要求的标准也是超前标准，如有关全套自动化管理体系标准、自动化设计体系标准等。某些新产品或先进产品在标准有效范围内只被个别先进企业所掌握，并且在质量指标方面显著超过其他企业的同类产品，则针对这类产品规定的最佳规格和技术要求的标准，对其他大多数企业来说也是超前标准。

二、综合标准化的产生

（一）综合标准化思想的产生

综合标准化之所以于 20 世纪 60 年代在苏联诞生，有着深刻的社会经济技术原因。苏联国家标准化委员会副主席特卡钦科（B. B. Ткаченко）认为这是科技进步新形势下的必然选择，在技术领域发生了根木性变化：研制和生产的产品日趋复杂和多样化；建立起复杂的机器设备体系，并联合成单一的和自动化的工艺综合体；电子计算机技术成为现代设备的重要因素；出现了新的生产组织形式。标准化作为社会的客观需要，在其规模不断扩大、技术与生产组织发生了根本性变化的条件下，标准化工作者所面临的任务是寻求新的标准化工作形式和方法，并使之与新的条件相适应。

综合标准化的产生还有体制上的原因，在实行高度计划经济的条件下，基本上是按行政系统、行政区划、行政层次来进行标准化管理。由于计划的不完善，加之行政管理带来的弊病，使标准之间经常发生不协调的现象。特别是当代科技发展，表现出生产的组织管理、技术和经济等方面的联系日益复杂，急需解决许多对国民经济起着重大影响的跨部门问题，要求各有关部门在较少地消耗劳动力资源、物质资源和财政资源的条件下，更充分地满足社会需要。在这样的情况下，提高标准的科学技术水平的任务，显然不能在一个部门范围内有效解决。综合标准化的理论正好适应了这一需要，它要求从国民经济的整体利益出发，来处理和解决标准化问题。在工作方式上，它撇开了原有的行政部门的管理系统，而按标准化对象系统客观存在的关系来组织标准化工作。

最先提出综合标准化思想的苏联著名标准化学者 A. K. 加斯切夫早在1933 年就提出了“在目标性与综合性原理的基础上开展标准化”的主张。他特别强调标准的相关性问题、大量成组标准协调一致的必要性问题。他说：“在这方面，标准具有相关目标的意义，即单个环节的修订应该明显地影响到整个一组标准。这样的标准系列，对其中任何一个标准的变更都是一个十分敏感的综合体。”他不仅指出了综合标准化的目标性和综合性这两大本质特征，而且提出了标准综合体的概念，认为依据目标性原理所建立的标准综合体，必须是协调一致的，因而具有敏感性，其中的任何一个标准的修订都会影响到整个综合体。这些观点对于形成标准化的科学方法论，乃至制定标准化的工作方针都有重要的意义。随着国民经济的发展和巩固，标准化作为国民经济管理机构中的主要因素所发挥的作用已明显增长。因此，有可能在制定标准时，对一个标准化对象，先拟定成套标准化规划，把围绕这一对象的所有需要制定的标准都列入规划，然后统一组织这些标准的制定与实施。这种标准的成套制定便于尽快产生综合效果，发挥综合效益。

（二）系统理论作用于标准化

苏联标准化工作者的反思和理论觉醒是标准化工作改革的内因，而一个重要的外因就是当时苏联科学院在研究系统论、信息论和控制论方面做了许多工作，而且苏联标准化科学研究院与苏联科学院之间有较密切的联系，先进的系统理论对苏联标准化工作者转变观念、产生新思维，提供了理论依据。如综合性、成套性、整体协调等概念的形成和系统分析方法的应用，都与它们接受了系统思想密切相关。苏联标准化界关于综合标准化的讨论，主要涉及如下的一些观点和认识。

关于标准化的目的和工作目标问题。以往的（传统的）标准化的直接目的或工作目标就是制定标准；综合标准化的目的和工作目标是要解决具体问题，制定标准则是解决问题的手段。

关于评价标准化工作的业绩问题。以往的（传统的）标准化追求制定标准的数量，把标准数量增加的多少作为衡量工作业绩的准则；而综合标准化则把解决有重大意义的综合性问题以及解决的多少和获得的效果，作为衡量标准化业绩的准则。

关于标准化工作计划问题。标准化的计划工作应进行相应的改变，把解决有重大国民经济意义的综合性问题作为各级标准化管理机构，制订计划的出发点。

关于怎样制定标准的问题。以往的传统标准化是单个地、零星地、分散地制定标准；综合标准化则是围绕特定的目标制定成套标准。

关于标准的协调问题。以往的标准化虽然也讲协调，那只是在制定标准时，防止与其他标准重复和矛盾，根本做不到综合应用时仍能相互协调；综合标准化则是成套标准整体协调，协调的目的就是要保证全套标准在应用时互相适应。

总之，系统理论作用于标准化是最初的综合标准化思想，解决综合性问题是综合标准化的目的，成套性是综合标准化的突出特点。

（三）实践引起政府高度重视

起初，在苏联综合标准化被用来解决产品质量问题。一方面是因为产品质量确实存在大量问题，另一方面产品质量本身就是一个综合性问题，最适于应用综合标准化的方法来解决。他们认为："质量水平越是接近于最佳状态，就越能全面地满足整个社会或各个部门的需要，从而提高劳动生产率或社会生产效率，并不断减少为满足需求所必需的产品的相对数量。"但是，"质量水平的最佳状态绝不能简单地理解为指标最高。这个水平是要在既满足需求，又使生产过程所必需的耗费最小的情况下来达到，这就是基本的经济原则。"依据这样的原则制定标准时，对产品的关键参数及其参数值的确定，是不可能靠简单方法就能办到的。这一原则要求把标准放到产品的生产、使用（消费）全过程中进行利弊得失的综合权衡、系统处理，这就使参数及参数值的决策变得复杂而艰难。

苏联的标准化学者还开创了参数最佳化的理论与方法，使产品的综合标准化在提高产品质量方面取得了显著成效，引起了苏联党和政府的高度重视。为推动这一工作的发展，发布了一系列决议和指示。苏联部长会议 1965 年发布了"改善标准化"的第 16 号决议，正式确立了"综合标准化"这一科学概念，明确提出："开展综合标准化的主要任务是：产品质量指标的标准化，首先要解决那些决定成品质量、可靠性和使用寿命的原料、材料和半成品的跨部门综合标准化问题。"苏共中央和部长会议又于 1970 年 11 月 10 日作出了《关于提高标准在改善产品质量中的作用》的第 937 号决定，指出："必须集中力量首先使那些最重要的、具有国民经济意义的产品实行国家标准化和综合标准化，应当很好地利用标准来提高产品质量，提高机器、仪器和设备的专业部门统一化和跨专业部门统一化的水平。”随后，苏联国家标准化五年计划（1971—1975 年）中列入了 25 项产品综合标准化课题；国家标准化五年计划（1976—1980 年）中列入了 40 项综合标准化课题；国家标准化五年计划（1981—1985 年）中列入了 160 项综合标准化课题。苏联的国家标准化走上了以开展综合标准化为主，并且与国民经济计划紧密衔接的发展道路。苏联标准化工作者所创造的这套标准化方法，虽然带有很强的计划经济色彩，但它的确对 20 世纪后半叶苏联经济的发展，尤其是冷战时期苏联军事工业和武器装备的现代化发挥了重要作用。这个计划经济条件下产生的标准化方法中，其科学合理的内核是具有普适价值的。

三、综合标准化的意义

（一）适应了经济社会发展要求

传统标准化是大工业时代的产物。大工业时代的一个显著特点是明确而细腻的分工以及生产的高度专业化，相应地出现了行业和部门林立的状况。这些行业和部门相互之间的边界清楚、内涵明确，各有各的生产领域，各有各的管辖范围。企业也都分别隶属于某一行业和部门，专门生产属于该部门的专业产品。企业和企业之间也是边界清楚、内涵明确。与这一生产管理体制相适应的标准体制，也自然地复制了这一模式。整个国家的标准也同样按行业或部门分工，同样各有各的领域、各有各的管辖范围。每个行业都自成体系制定本行业的标准，每个企业也自成体系制定自己的标准。此外还有各个地区的标准，形成了条块分割、体系丛生的格局。

随着国家经济体制改革的不断深入，原有的生产管理体制已经发生重大改变。政府实行的体制改革，淡化了原有的行业和部门的色彩，很大程度上为行业之间的交互和综合创造了条件。企业已基本不再隶属于行业和部门，行业属性已经淡化或已不复存在。企业的生产经营范围也已不再受到行业的局限，出现了越来越多的跨行业、跨部门、跨领域经营的企业、跨国经营的企业以及虚拟企业等。这些体制上的变革都是为了适应经济、技术发展的要求，即生产力发展的要求。科学技术的综合化趋势造成的产品综合化，强烈要求打破生产经营上的条块分割和自成体系。中国经济体制改革成功地实现了这一艰难的变革，不仅为市场经济的发育拆除了障碍，而且为现代科学技术和现代工业产品的开发生产创造了体制上的环境。但是，在旧体制基础上建立起来的标准体制却未能与时俱进，使得现行的标准体制和相互独立的标准体系，在应对日益增多的复杂巨系统，解决跨行业、跨学科、跨领域的综合性问题时，难以发挥出标准化的应有作用。综合标准化正是适应了经济社会发展的要求。

（二）促进了传统管理体制转型

改革开放以来，企业面对日益激烈的市场竞争，计划经济时代留下来的管理体制和经营模式遇到了前所未有的挑战，许多企业走上了强化管理之路。其基本思路就是通过不断强化企业内部的管理，提高企业内部的运作效率和工作质量，增强企业的竞争优势。但是，由于“大而全”“小而全”的问题没有从根本上得到解决，企业需要加强管理的方面和重点太多，管理结构林立，管理层次增多，经常顾此失彼。“纵向一体化”的体制不但未能削弱，反而日益强化。企业管理标准又将这一过程进一步加以固化。整个企业职责清楚、分工明确、任务具体、纪律严谨、赏罚分明。从现象上来看，企业管理水平有了提高，也产生一些效果，但难以达到各方面都最优秀的程度。竞争企业之间始终围绕企业内部有限的资源做文章，难以产生应对市场快速变化、应对顾客苛刻要求的能力。结果还把有限的资源消耗在无关紧要的环节上，许多制造型企业不在产品创新开发上下功夫，反而投入大量人力去搞并不擅长的市场营销。“纵向一体化”的管理体制越发显现出它应对市场的能力有着先天的不足。借助其他企业的优势资源，通过强势企业之间的联合，达到快速响应市场需求的目的，这就是“横向一体化”的管理思维。“横向一体化”的思路是基于这样一个基本认识：任何一个企业，不论它的内部管理如何好，都不可能在所有业务上都是拔尖的；每个企业实际上是各有所长又各有所短，只有走优势互补之路，才能形成真正的竞争实力。20 世纪 80 年代兴起的全球制造链以及由此产生的供应链管理，就是“横向一体化”的典型模式。到了 20 世纪 80 年代中后期，工业发达国家中便有 80%的企业放弃了“纵向一体化”模式，取而代之转向了全球制造和全球供应链管理这一新的经营模式。这一经营模式的显著特点就是站到整个供应链的大视野，以协同商务和双赢原则为基础，由客户、供应商、研发中心、制造商、经销商和服务商等合作伙伴组成的供应链，去同另一个供应链展开竞争。供应链每个节点上的企业都有自己的专长，都是精通相关业务的优秀企业。整个供应链是经过整体优化的系统，因而形成任何一个优秀企业都无法具备的竞争优势。一个企业参与的供应链规模越大，运作效率越高，这个企业的竞争力和生命力就越强。这种极具竞争力的战略联盟是全球经济一体化的产物，是企业应对全球化竞争的必然选择。

供应链管理在我国虽然推广了多年，但许多企业还没完全摆脱“大而全、小而全”和“纵向一体化”体制的困扰。如果企业以其主导产品为核心开展综合标准化，将上下游的企业纳入其中，结成利益共同体，建立起确保主导产品竞争优势的标准综合体，实现共赢的目标，就为企业向供应链管理转型过渡积累经验并打下基础。以供应链管理为特征的“横向一体化”管理体制在我国企业中的建立，综合标准化这种最擅长横向综合的方法便有了用武之地。

（三）推动了标准化方法的创新

标准化作为一门学科，其特点在于应用。作为一门应用学科，方法论是其核心。长期以来，标准化工作的主要内容是制定标准。许多情况下，虽然人们知道标准的实施很重要，实际上有些只是标准化全过程中的一个环节或一项活动，缺少一个完整的、由始至终的逻辑过程，没有一种方法把标准的制定和实施结合起来，更没有一种像“PDCA”循环那样逻辑严谨的科学方法，把标准化工作环环相扣地贯彻始终。

综合标准化是从标准制定到标准实施，从目标确立到目标实现的全过程的管理方法，是标准化工作的“PDCA”循环。它不是简单生硬的方法性规定，而是一系列科学方法和原则的集成，是有普适价值的活的方法论。标准化工作计划是标准化活动的纲领，在整个标准化活动中起着关键性作用。通过组织全社会标准化资源，调动各部门的力量，围绕国民经济规划和国家重点项目开展标准化，在国民经济建设中的作用突显出来。

综合标准化强调的是用标准解决实际问题，但综合标准化绝对不是忽视标准的制定，也不是不要标准的数量，而是要适用的标准、协调配套的标准。实际上在实施综合标准化过程中，不仅创造了一系列标准化的科学方法，使所制定的标准更科学、更合理、更适用，而且标准的数量也有较快增长。综合标准化找到了一条制定（修订）标准并保持标准适用性的科学方法，综合标准化过程中的一整套的组织管理、规划和计划、决策和评审、整体协调、系统优化、目标分解以及标准制定中的科研工作等方面都是方法研究和方法创新的领域。综合标准化一旦把人们的思想从传统标准化的观念局限中解放出来，各种解决问题的方法都会被创造出来，形成一个完整的方法体系。

（四）奠定了标准化的理论基础

1. 综合标准化的理论指导

综合标准化的任务同传统标准化的任务有很大的不同，因此，综合标准化的做法也同传统标准化的做法有所不同。

第一，综合标准化不是以制定标准为目的，而是以解决问题为目的。以制定标准为目的的标准化，工作重点放在制定环节上，追求标准数量的增加和单个标准水平的提高，很少顾及标准的应用；综合标准化则把工作重点放在用标准解决实际存在的问题上，它不追求标准数量，主张够用就行。综合标准化不笼统地要求所有标准都要高水平，主张适用就行，追求标准之间互相关联、互相协调，能形成一个最佳的有机整体。也就是说综合标准化不刻意地追求单个标准最佳，而是追求标准系统整体最佳。

第二，综合标准化所要解决的问题不是个别的、孤立的简单问题，而是整体地解决复杂的综合性问题。个别的、简单的问题用单个标准就能解决；复杂的综合性问题之所以复杂就是相关因素多而且千头万绪，要整体地解决就必须把它们的关系梳理清楚，必须有针对性地制定一整套标准才能解决问题。

第三，综合标准化过程中必须处理的难题主要包括：确定一整套标准，明确制定的方法、技术等措施，把握各个标准之间的关系并使它们密切衔接成为一个有机整体，从而真正解决问题。

第四，从标准的制定到标准的实施，实施过程管理，直到问题得到解决，要涉及诸多部门和环节，要组织许多人参加，要做大量的协调和组织工作。

总之，综合标准化比传统标准化工作复杂得多、难度大得多。它处理的不是一个孤立事件而是一个包括诸多方面的系统，没有与其相适应的科学理论的指导，没有科学的方法是难以成功的。

2. 综合标准化的理论优选

综合标准化是标准化发展到一定阶段的产物，是标准化实践经验的总结。这种总结接受了系统理论，找到了正确的方向和科学的方法。系统理论包括由系统论、信息论、控制论等组成的一个学科体系。综合标准化过程中所蕴含的与传统标准化不同的原则、方法和特点，实际上都是系统理论的映射。

传统标准化孤立地、零星地制定标准，但面对复杂问题时，把这些不同时期、基于不同目的所制定的标准集中起来，却形不成一个有机整体，难以起到应有的作用，其根源归咎于传统标准化的方法论。近代科学急剧发展并不断分化，各门学科各自孤立地进行研究，采取对个别事物深入分析的方法。这种思维方式虽然可以加深对某些领域的认识，但由于它割裂了事物之间的内在联系，不能很好地把握事物的整体。整个社会包括科技领域和标准化领域都被这种机械论和孤立地、静止地分析事物的思维方法统治着。标准的研究也同其他学科的研究一样划分为不同行业和专业，分散、孤立、单个地制定标准，而且与生产的分工相对应，标准也越分越细。到了 20 世纪中叶，系统理论逐步形成并开始被人们所接受。系统科学不仅作为主导理论已经渗入到当代各门学科的研究领域，而且已经成为现代科学思维方式的主导因素。一方面，各门学科继续分化，分支学科越来越多，越来越专；另一方面，呈现出由分化走向综合的趋势，各学科之间在不断地相互渗透、交叉，走向综合，产生了一系列边缘学科、交叉学科、综合学科。与此同时，工业上也由专业化、自动化发展形成一个个现代化综合生产体系，经济联合体、集群式企业和模块化网络企业都在飞快发展。综合标准化就是在这样的时代背景下顺应时代的要求，在系统理论和系统方法的指导下产生的，可以说是系统理论和标准化交叉融合的产物。这个交叉，在苏联发生在20世纪60年代，在中国发生在20世纪80年代，都是基于系统科学的普及和标准化的理论需求。今天，标准化园地也和其他科学园地一样，一方面是以分析为主要方法的标准化侧重于认识部分，制定单个标准；另一方面是侧重于研究整体的综合标准化。这对不断加深对事物本质的认识、不断提升标准化的现代化水平具有极其重要的意义。从发展趋势来看，跨专业、跨学科的、综合的标准化对象将越来越多，而且越来越重要，因为这是科学技术发展的总趋势。分析和综合是今后标准化方法的基本走向，也就是用综合的整体观，克服传统标准化的盲目性和局限性，并努力把综合标准化和传统标准化统一起来。

（五）突显了标准化的重要作用

传统标准化工作的主要任务，就是大量地制定标准、不停地积累标准。每个国家（地区）乃至每个企业，在开展标准化的初期，都采取“制标主导型”或“积累主导型”的工作模式，它可以在较短时间内把常用的标准迅速备齐，为企业开展正常业务提供标准化资源。但是，当这种积累已经达到一定程度，必要的标准已经基本齐备时，即应不失时机地转变工作重点，把标准的应用提到重要日程。开展综合标准化制定标准的目的主要不是为了积累而是为了应用，是“应用主导型”的标准化。

我国的标准化基础已经确立，无论是标准规模还是标准化工作经验都具备了由“积累主导型”向“应用主导型”转变的条件。“应用主导型”强调标准的应用、体现标准化的作用。传统标准化是零散地、单个地、孤立地制定和实施标准，由于条块分割，很难实现大系统的综合，难以达到综合标准化的程度。综合标准化具有集聚功能，它把与标准化目标相关的要素（对目标的实现起作用的因素）集聚起来，经过系统处理，使之能确保目标的实现；它把这些相关要素所承担的任务，用标准加以规范和落实；它把与此相关的方方面面组织起来，围绕一个共同目标协同配合，按统一的计划和时间表工作。这种强大的集聚功能，也就是集中资源办大事的功能，是常规的标准化所做不到的。我国实施国民经济发展规划和科技发展规划中的项目都是事关国家重大经济利益的战略性课题，具有极鲜明的综合性特征，是开展综合标准化的理想对象，也是实施科技创新同标准化一体化推进战略的极好机遇。综合标准化的工作模式尤其适用于政府运用其掌控的标准化资源为实现其战略目标服务，把标准化的作用发挥到极致。

四、综合标准化的特点

（一）整体性

综合标准化是在系统理论指导下发展起来的，是对系统理论的实践。系统理论的首要原则和系统科学方法论的首要特点都是整体性。“整体性”就是“系统性”，就是从整体出发，用系统观点考虑问题。系统性首先是表明特定情况下，人、设备与过程的有序结合，它们相互作用，以保证达到预期的目标。其功能是接收信息、能量和物质，并根据时间达到预期的目标、能量、物质。

综合标准化是遵照系统科学的原理发展起来的。系统理论的首要原则是整体性原则，如在研究大系统时，对每个子系统的着眼点不在于它们各自可能发挥的作用，而着眼于它们保证整个系统最有效地运转的功能。系统方法从整体出发考虑局部，在推行综合标准化时，应针对不同的标准化对象，确定适当的系统。既要充分考虑标准化对象同相关要素之间的重要职能联系，确定出主体对象和各相关要素的协调一致的要求，又要合理地确定综合系统的范围和最佳约束条件。

综合标准化过程中建立的标准综合体，其中的每一个标准从形式上看，虽然也是分散地、单个地制定出来的，但是这其中的每一个标准，都是围绕着一个统一的目标，按照统一规划所限定的时间和应满足的要求（分目标）制定的。每个具体标准虽然都有各自的目标和功能，但都是从保证整体目标实现和整体目标最佳为出发点确定下来的。正是由于综合标准化的方法论是建立在整体性原则的理论基础上，综合标准化过程中形成的标准综合体才成为一个有机整体；也正是由于标准综合体中的全部标准都按照总目标的要求，通过指标、参数和功能的全方位协调、优化，才形成了保证最佳总体目标实现的标准系统，发挥出理想的系统效应。

当科技进步日益表现为综合趋势，标准化对象的技术综合程度越来越高，把这类单个制定的标准“组织起来”形成系统，即综合应用时，则必须进行大规模的调整或改造，这就是以整体观、系统观为指导的综合标准化应运而生的技术经济原因。综合标准化过程主要就是整体协调，把各自互相独立、互不配合的标准协调为一个有机整体，产生系统效应。

（二）目的性

推行综合标准化，首先必须确定明确的目标，并通过综合标准化计划反映出来。综合标准化的范围推广，国家的总目标就是要建立能完全适应国民经济高速发展需要而又符合本国国情的现代标准化体系。一个部门或一个企业的目标就是建立健全这个部门或这个企业的一整套现代标准化体系，以促进这个国家、部门或企业不断提高生产技术水平，获取最佳经济效果。这些目标是在不同的范围内推行综合标准化的战略目标，它应在综合标准化长远规划中反映出来。标准综合体中不论包括多少标准，都必须服从一个总目标。标准综合体中的每一个标准虽然也有各自的目标，但这些目标都是为保证总目标的实现而确立的。

综合标准化首先要明确标准化对象，当标准化对象确定之后，接着就要明确标准化的目的，即该对象标准化要达到的目的（要解决什么问题，达到什么要求）。为使目的更加清晰、明确，还必须规定具体的目标，如果综合标准化对象是产品，通常还要规定参数和参数值。只有标准化的目的和目标非常明确、非常具体，相关的活动才能有所遵循。

综合标准化不仅一开始就有明确的目的，并将目的转化为目标作为主攻方向，而且还要将这个总目标分解为若干分目标并分别落实到相关标准的制定任务中。在对所有标准进行系统处理、整体协调时，也要以能否保证总目标实现为准则。直到最后阶段对综合标准化项目进行验收时，还要以是否达到预定目标为判定标准。这个目标自始至终引领着综合标准化全过程，因此才说综合标准化是目标导向的标准化。

许多标准化活动和标准的制定是在目的并不明确或根本就没有明确目的和目标的情况下进行的。综合标准化针对一个标准综合体指引综合标准化全过程，其最终目的是整体最佳性，就是在推行综合标准化时，要考虑整体系统的总效果最佳，而不要求各相关要素单项指标最佳。这是推行综合标准化的基本要求，也体现了综合标准化的巨大优越性。按照系统的科学观点，要达到标准综合体的整体最佳效果，各有关单位就要密切配合，协调行动，既做好技术协调，又要做好组织协调，而组织协调是技术协调的重要保证条件。

（三）成套性

综合标准化是在限定时间内制定一整套对实现既定目标起保证作用的标准，即标准的成套性。这种同时成套制定标准的方法能有效地保证标准化整体目标的实现，综合标准化的成套性是其整体性和目标性这两个特点决定的。综合标准化的对象不是一个孤立的个体，而是一个整体。这个整体是一个有特定功能的系统，是在综合标准化的目标指引下形成的。例如，把提高某种产品的质量指标作为综合标准化的目标，这个目标受到诸如原材料、工艺装备、操作方法、设备、环境条件、生产管理等一系列因素的制约，质量目标同这些影响因素之间由于存在内在联系，它们便结成了一个系统，成为一个整体。标准化的任务就由当初提高某一产品的质量指标，演变为处理一个系统的整体性问题。必须把这些影响因素同要达到的质量目标一起考虑，相关标准一起制定、一起实施，才能最终解决问题。这就是综合标准化必须成套制定标准的原因。在推行综合标准化时，要考虑整体系统的总效果最佳，而不要求各相关要素单项指标最佳。这是推行综合标准化的基本要求，也体现了综合标准化的巨大优越性。按照系统的科学观点，单体最佳的总和不等于整体最佳，要达到标准综合体的整体最佳效果，各有关单位就要密切配合，协调行动，既做好技术协调，又要做好组织协调。组织协调是技术协调的重要保证条件，没有协调，就谈不上综合标准化。

综合标准化成套制定标准，是当标准化的对象和目标确定之后，经过系统分析、目标分解，建立起来的目标保证系统。这个系统中的每一个要素都是必不可缺的和有用的，都是依据目标的要求量身定制的。这种成套制定标准的方法相当于按订单生产，每套标准都有特定的用途和明确的目的，每个标准都有针对性。从解决具体问题的角度来看，这是最理想、最有效的方法。平时的标准积累为建立标准综合体提供了可选标准，使制订更方便；在建立标准综合体的过程中，又会产生新标准补充库存。因此，企业不应再把积累标准作为工作的重点，而应不失时机地开展综合标准化，把工作重点转向解决企业中的具体问题，在为企业市场竞争和创效益上下功夫。

（四）敏感性

苏联学者 A. K. 加斯切夫认为，按照统一的目标建立起协调一致的具有整体性特征的标准系统（标准综合体）是一个十分敏感的综合体，即其中任何一个标准（尤其是处于核心地位的标准）的变更，必将明显地影响到整个综合体，要求综合体作出反应（对其他标准进行相应调整）。这是标准综合体的敏感性特征，也是标准系统整体协调的结果。

标准综合体的敏感性是标准综合体整体协调造成的。经过整体协调的标准综合体，其中的每一个标准都不是孤立存在的，标准之间以及标准与整体之间结成了固定的、紧密的联系，成为一个有机整体（一个系统），具备“整体性”，才有了“敏感性”。其中任何一个子系统的参数或功能的改变，不仅要引起相关子系统的变化，还会引起系统整体的变化。协调得越是彻底，其系统效应越好，敏感性越强。

标准综合体敏感性的最重要意义是使标准综合体具有动态适应性，也就是对环境的应变性。标准系统的敏感性使标准系统能够“适时调整”并具有“动态特征”，综合标准化的自适应和自组织功能可“适时调整”持续有效。

综合标准化能使标准系统具有自适应和自组织功能：一是标准系统的模块化结构；二是模块的管理权下放，采取集权和分权相结合的管理体制。前者令标准系统简化，使系统调整变得容易，即变集中统一调整为分散调整，变大系统的调整为小系统的调整；后者调动起基层管理者管标准、用标准的积极性，使标准系统成为有人参与的系统，是人在系统中起作用。使用标准的人能及时得到反馈信息，能及时提出调整的意见和要求，并且知道该如何调整。

用整体性原则考察标准系统，必须把环境放到系统之中通盘考虑，标准系统所处的环境主要的有国家的法律、法规、国民经济发展的要求、市场和用户（消费者）的需求等。因为系统是离不开环境的，不仅要在建立标准综合体时充分考虑环境的要求，使所建立的标准综合体与环境相适应，而且要在标准系统建成之后，同环境保持信息沟通，一旦环境发生变化（尤其市场需求变化），原有标准系统不能满足需要时，标准系统必须快速反应、及时应变。环境的多变性就决定了标准综合体必须是能适时调整的具有动态特征的系统。

（五）动态性

建立系统的目的是解决实际问题。对某种标准系统进行评价，归根结底还是以其在实际应用时是否适用为最终标准。标准系统的适用性是个相对的概念，建立起与环境相适应的标准系统后，当环境发生较大变化时，如不及时对系统进行调整，它的不适应程度就会越发显著，最后或者被淘汰或者自行瓦解。所以，标准系统的动态性，即从环境获得信息并及时应变的特性，是标准系统生命力的源泉。

综合标准化是全过程的标准化。因为综合标准化从本质上就决定了它不以制定标准为目的，而以解决实际问题为目的。综合标准化除了在对象和目标明确之后要通过系统分析进行目标分解，在标准综合体建立过程中要进行整体协调之外，更为突出的是，标准综合体建立之后，接着就要组织实施，并在实施过程中跟踪检查、收集信息、反馈信息，发现问题及时调整，直到实现预定目标。

综合标准化是“全过程管理”，不仅通过标准的制定，建立标准综合体，而且还要实施这个标准综合体，实施中或实施后都要通过监督检查反馈信息，对标准进行调整和修订，直到达到预定目标，实现标准化的目的。综合标准化的这个“全过程”，实际上就是一个完整的“PDCA”循环过程。综合标准化符合认识问题和解决问题的一般规律，综合标准化不仅是用标准化解决实际问题的理想模式，而且它也是解决长期以来困扰标准化工作的那个“重制定、轻实施、无反馈”顽症的最佳方法，是从根本上消除各种“为标准而标准”、不求实效等现象的对策。

第二节　综合标准化的基本研究

早在1979年，著名科学家钱学森就提出了要以系统理论为指导建立“标准系统工程”的构想。大量综合标准实践经验以及它自身所固有的理论基础和系统工程特点，使综合标准化具备了标准系统工程的属性。

一、综合标准化的理论贡献

（一）综合标准化把标准提升到系统水平

1. 标准的个体水平

人们创造标准的目的是建立以分工为特征的生产秩序，其中的每一个标准又各有不同的目的和作用。企业里的标准化通常是碰到了具体问题时，把标准当作一个解决问题的方法、措施或工具。标准积累是任何一个企业、任何一个国家和地区标准化的必经之路，是标准化发展的基本方式。时至今日，这种积累方式的一个显著特征是零星、分散、孤立地制定每一个标准，且每一个标准都有其各自的背景、目的和功能。独立应用时虽能出色地表现出其个体效应，但许多这样的个体标准为某一特定目标而同时应用时，如不做大规模调整是很难成为一个整体产生系统效应的。这是标准在实施过程中经常碰到的最棘手的问题，同时也是影响标准化效益的重要原因。

2. 标准的系统水平

积累标准只是标准化工作的一种方式或表现，制定标准和积累标准的目的都是要用标准来解决实际问题。为实现某一目的而开展标准化，不仅单个标准不能完全解决问题，就是把已有的许多标准集中起来，也难以达到预期的目的。问题出在以往积累的那些标准，当初制定时各自针对不同的问题，各有不同的目的，这些目的同当前要达到的目的不可能完全相符，甚至差别巨大。这就是积累的标准到应用时遇到的难题。人们习惯于把长期积累的、为数众多、种类齐全的标准视为标准系统，并认定它具备了系统的全部属性。其实系统的本质在于“一系列相互有关的要素，为达到一定的目的而构成的完整综合体”，某些“标准系统”尚不具备系统的基本特征，即特定的目的、与目的相关的要素、为达此目的而构成的完整综合体。

综合标准化的突出特征是它的目的性与综合性。俄罗斯联邦国家标准化体系给标准综合体的定义是：“标准综合体是具有共同目的性并对相互联系的标准化对象规定协调一致要求的相互联系的标准总和。”这个定义充分表明了综合标准化所建立的标准综合体具备系统的基本特征，从而能够充分发挥其系统效应。综合标准化是从传统标准化发展而来的，它同传统标准化既有联系又有区别，最主要的区别就是它的着眼点是建立一个解决具体问题、实现特定目标的标准系统。标准综合体的形成过程以及它的结构和功能都是在系统思想指导下完成的，具有典型的系统属性。因此说综合标准化使标准化由个体水平上升到系统水平。

3. 标准水平的飞跃

综合标准化是以大规模地应用标准来处理重大问题或复杂系统为特征的过程。综合标准化是标准化方法的新发展，是标准化发展的新阶段。综合标准化是质的飞跃，意味着它与传统标准化有质的区别，把握这些区别对理解和运用综合标准化具有重要意义（见表 8-1）。

表 8-1　综合标准化与传统标准化的区别

方面	综合标准化	传统标准化
出发点	针对综合性（跨行业、跨部门）问题	针对个别、具体问题
目的性	明确、集中（众多标准为达到一个目的）	有目的，但互不相同
目标性	有总目标和分解目标，形成目标体系	个别标准有目标，但标准间无目标关联
制标方式	成套制定	单个或成系列制定
协调方式	集中、统一、整体协调，重在参数、功能最佳	个别、分散协调，重在不矛盾、不重复
计划性	计划性极强（既有先后次序，又有时限；既包括制定，又包括实施）	标准有计划（仅限于制定）
应用性	重在应用并追求应用效果的应用主导型	重制定、轻实施的制定主导型
反馈机制	有反馈机制	无反馈机制
过程特点	闭环控制（制定—实施—检查—反馈—改进—效果—验收）	无反馈、无跟踪、无验收考核
参数最佳	易于实现（集中、统一、整体协调）	难于实现（不同时期的标准事后协调代价高）
系统性	系统性强（要素与主体、各要素之间关联性强）	系统性弱（标准之间关联性差或无关联）
实用性	实用性极强（尤其对重大复杂项目）	标准系统日益庞大、使用和更新不便
效益	明显，通常可计量	有效益但不易显现，不易计量
难度	难度大、工作量大，且有风险	难度、工作量相对小，风险少或无风险
两者关系	弥补常规标准化的缺陷和不足	为综合标准化打基础，提供资源

综合标准化与传统标准化的区别，充分显示了综合标准化的系统属性，它标志着标准化由个体水平上升到了系统水平，标志着标准化进入了一个新的、更高级的发展阶段。

（二）模块化结构使标准系统具有动态性

在当今科学技术迅猛发展的形势下，标准系统如果不能随着客观环境的变化而及时应变，其功能就会逐渐减弱甚至失去作用。现今的国家标准系统、行业标准系统以及企业标准系统都已经成为复杂系统并且具有静态特征，都面临同样的挑战。对标准系统进行模块化改造，通过改变标准系统的结构，变“大而全”的“一体化”结构为模块化结构，将复杂系统简化，既便于管理，又使系统具有灵活的应变能力即动态特性。

1. 模块化结构的概念模式

标准系统的结构直接影响系统的功能。企业标准系统一般可由标准信息库和标准综合体（分立的模块）两部分构成。

（1）标准信息库。标准信息库既是企业标准资源库，又是标准化工作的重要信息源，是企业标准化管理工作的主要对象之一。信息库的内容可分为两大类，一类是企业标准化工作必须遵守的法律、法规、强制性标准、重要基础标准和企业颁布的各种规定。这是制定或修订每一个标准时都要掌握的信息。企业标准化管理的一项重要任务，就是确保这类信息的完整、准确和及时更新。另一类是企业的标准资源信息，它可分成两种类型，一种是企业常用的标准分类归档，如何分类以应用这些标准时检索和引用方便，同时兼顾对现行标准的管理为原则，如为配合计算机辅助设计，建立相应的标准件、通用件库等；另一种是与标准化有关的信息，如产品的市场信息，用户反馈的对修订标准有价值的信息、竞争对手的信息，国际标准、外国标准信息，企业内部从设计、施工过程反馈的信息等。标准信息库是企业标准系统的基础部分，是企业标准化日常工作的主要方面。这部分基础工作对建立标准综合体、开展综合标准化有重要影响。

（2）标准综合体。每一个独立的产品、一个项目（如技改项目、工程项目、科研项目、质量体系等）均可形成相对独立的标准综合体（模块），其中的标准都是现行的必要标准，标准的参数和功能是经过整体协调确定下来的，且必须保证产品或项目目标的实现（整体功能最佳）。

模块是以产品或项目为核心形成的标准综合体，即与该产品或该项目相关的全部配套标准结成的有机整体。模块（标准综合体）是真正的标准系统，它具备了系统的基本特征，能最佳地发挥标准系统功能并产生系统效应。企业中的重要产品开发、核心产品质量提高、重大工程项目、技术改造项目、节能降耗目标、推行现代化管理（如ERP、JIT、CIMS）等，均适于通过建立标准综合体，把整个项目的全过程用标准管控起来，使每一个过程、每一个环节都有可遵循的且互相协调的标准可依。

标准综合体的建立与实施，是企业标准化的重点工程，是多年来积累的标准资源的实际应用过程，是重大的标准化实践，是充分发挥标准化的作用为企业创效益的过程，也是发挥企业标准化人才的聪明才智、培养高素质标准化人才的主战场。标准综合体建立和实施的原则、程序和方法，已有成功的经验总结和在此基础上制定的《综合标准化工作指南》（GB/T 12366—2009）。企业在开展综合标准化过程中，每实施一个综合标准化项目都会形成一个标准综合体。这个标准综合体就是一个标准系统，这样的系统即为一个有特定功能的模块。企业每开展一项综合标准化任务都会产生一个这样的新模块。模块作为企业标准系统的核心要素，模块化则成为企业标准系统结构的基本特征。每个模块都是相对独立的，有明确的目标和功能，并且可以独立改进又对其他模块影响不大。模块之间通过接口互相关联，形成整体稳定、局部动荡的局面，极大地提高了标准系统的动态性和柔性，这也是模块化结构的一个显著特点。对于大型、复杂系统，特别是由若干部分（子系统）组合的产品或项目，有时会有分模块。分模块的建立和实施的原则、程序和方法，跟主模块一样。分模块也具有相对独立性，可以独立改进。分模块之间要进行协调或制定必须遵守的规则，以保证相互组合时尺寸参数和功能参数的相互协调与配合，保证界面和接口的一致性。

2. 模块化结构的功能特点

（1）模块化结构能将复杂系统简化。“一体化”结构的系统内部因素过多，相互之间的关系错综复杂，模块化结构就是要化复杂为简单，将复杂的大系统分解为若干个相对简单的小系统，将“一体化”系统改变为相互联系较少的、各自独立的小系统，从而将以往对一个复杂大系统的管理简化为对较为简单的小系统的管理，使管理难度降低，管理效能提高。

（2）模块化结构有利于分散化管理。企业标准的管理方式会因企业的性质、管理体制和企业规模的不同而有所不同。对那些规模较大、标准数量较多、产品发展较快的企业，采取集中控制与分散管理相结合的管理体制，对企业较为有利。也就是在标准化管理部门集中统一掌控下，将各个标准子系统（模块）下放给各相关部门（如将ISO9000子系统交质量管理部门、产品子系统交生产部门等），以充分发挥各部门管好标准、用好标准的主动性和积极性。

（3）模块化结构可以优化标准系统。标准系统必须具有对环境的应变能力，环境发生变化标准系统也必定变化。模块化结构的系统则是一个允许局部动荡，且又不破坏整体稳定的系统。当环境发生变化要求标准相应地变化时，只需相关模块（如某产品标准综合体）发生变化，对其他模块以及标准系统整体基本没有影响或影响很小。这样，变动的仅仅是一个模块，一个要素有限的子系统，其修订标准的工作量和工作难度都相对降低。如果这个模块（子系统）也是一个模块化结构，它是由更小的底层模块组成，甚至只调整某个底层模块就能解决问题。不论客观环境的变化如何频繁，都能从容应对、及时调整，这样一来，企业的标准系统便有了动态应变的能力。

3. 标准体系的模块化改造

开展综合标准化工作，首先要求针对不同的标准化对象，制定一整套相互协调的标准技术文件。这一整套经过系统处理而能够保证对象整体最佳效果的标准和标准技术文件即标准综合体，是综合标准化的物质基础。为此，《综合标准化工作指南》（GB/T 12366）中对“标准综合体”定义为：“综合标准化对象及其相关要素是按其内在联系或功能要求以整体效益最佳为目标形成的相关指标协调优化、相互配合的成套标准。”1989 年 8 月公布的我国历时两年多时间制定的彩电标准综合体就是由 344 项成套标准构成的。

标准综合体按其性质可分为两大类：一类是产品标准综合体，它以产品标准作为主要标准化对象，把原料、材料、零部件、半成品及设计文件、工艺文件等相关要素标准协调起来，组成一个产品综合标准化体系。另一类是一般技术性标准综合体，主要是技术文件标准综合体。它概括的范围有基础标准、跨专业部门的综合性课题以及对国民经济有重要意义的专门课题等，是为了保证跨部门的高度民主协调统一，针对国民经济的具体情况和部门生产的共性而编制的整套标准。一般技术规定的标准综合体具有更重要的意义，它是进行跨专业部门协调工作的基础，是开展产品综合标准化的保证条件和依据。这两类标准综合体有机地结合起来，就形成完整而统一的综合标准化体系。

标准综合体是在开展综合标准化过程中形成的，而企业标准体系是企业标准长期积累的结果，它是基于对标准进行规划管理而建立的。它们之间的区别和联系，如表 8-2 所示。

表 8-2 标准综合体与企业标准体系的区别和联系

方面	标准综合体	企业标准体系
对象	具体、明确（通常以某种产品或项目为对象）	较宏观（通常以整个企业的经营管理为对象）
目的和目标	有极明确的目的和量化的目标	较抽象（常以加强管理为目标）
形成过程	限定时间内、协同完成	长期积累
制标方式	围绕综合性目标成套制定	单个制定（背景、目的各不相同）
协调方式及目的	全套标准集中、统一、整体协调，以达到整体效益最佳为目的	单个制定的标准个别协调，力求不重复、不矛盾，协调范围、深度有限
构成要素	只包括与实现目标相关的标准	在用标准、以往用过的标准、将来可能用的标准
实施方式	按限定时间全部实施	实施和备用标准并存
结构特征	以主体为核心由相关要素组成隶属关系结构	按标准性质和层级关系形成分类结构
系统属性	系统目标明确，要素经整体协调，关联度高，系统特征明显	系统目标模糊，要素多且未经整体协调，要素间联系松散，系统特征较弱
控制形式	负反馈闭环控制（制定—实施—检查—反馈—验收，全过程监控）	通常做不到全过程监控
系统秩序	系统结构稳定、有序度高、系统功能（效应）强	体系调整不方便，如不经常更新，系统的熵会增加，功能减弱
配合企业重大项目	标准综合体专门为重大项目建立，并能发挥先导作用	企业标准体系不是专为某一特定任务或项目而建立
涉及范围	有时跨行业、跨部门、跨企业	企业内部
主攻方向	极其明确，以应用带动制定—应用主导型	企业标准体系通常考虑企业整体的方方面面
更新调整	较容易（层次关系弱、要素数量少）	如果标准数量庞大、层次依存关系强，调整不易
性质	标准化系统工程的典型方法	标准化的规划、计划方法
二者关系	向企业标准体系成批输送最新适用标准	为标准综合体的建设提供可选资源（基础、通用、选用标准）

上述的区别也只有相对的意义。标准综合体并没有固定的模式，有的标准体系与标准综合体相类似，它们各有各的特点，各有各的用途，并不互相排斥，如果结合得好，会起到相得益彰的作用。

（三）综合标准化奠定了现代标准化基础

1. 综合标准化是适应经济社会发展的标准化

当代科学技术的发展过程中，出现了一系列综合科学，如能源科学、海洋科学、生态科学、空间科学、材料科学、环境科学等，它们是根据应用的目的和目标把有用的相关知识综合起来形成一个新的知识体系。科学技术的这种综合的原动力是客观生产的要求。现代社会的生产及其生产技术，越发呈现综合化的趋势，从一块芯片到一台电脑，乃至航天飞船，都是多学科的综合成果，也都不可能由任何一个行业和部门独立制造出来。综合化是当代社会科学技术和生产发展的一个趋势性特征，而综合标准化恰是适应这种趋势的标准化方法。这是综合标准化的时代特征及其生命力的主要根据。

2. 综合标准化是系统科学方法论的实现形式

科学发展出现的整体化、综合化趋势，表现了科学研究工作本身的系统性。当代社会历史的客观进程，已使得当代社会任何一个重大问题的解决，都要求综合运用多学科的方法和知识，而且要把各种资源组合成一个创造性的综合体，这就必须应用系统方法。综合标准化作为一种方法，它实际上是系统方法在标准化活动中的灵活应用，遵循系统科学如下的方法原则。

（1）整体性原则。这一原则是系统的最本质特征的体现，是系统方法的核心和首要的原则。它要求始终把研究对象视为一个有机联系的整体，始终把握各要素之间的联系以及它们与整体的关系。综合标准化之所以能获得成功、能取得满意的效果，同它在实践中贯彻整体性原则（标准整体协调、追求整体最佳目标）有最直接的关系。

（2）结构性原则。系统的结构决定着系统的功能，系统的功能是系统结构的表现。建立标准系统时要根据目的、功能来设计结构。综合标准化过程中建立的标准系统（标准综合体）的结构是各具特色的，设计时要注意有利于发挥系统功能、有利于实现总体目标；以实用为原则，力求简化，减少不必要的层级，努力创造适合自己企业的标准系统结构，让结构产生期望的功能，让功能保证预定目标的实现。

（3）开放性原则。系统总是存在于环境之中，并且与环境发生物质、能量和信息的交换，系统必须不断地从环境中吸入负熵（信息），克服自身的僵化，从无序走向新的有序，也就是动态发展。综合标准化始终把环境纳入系统之中通盘考虑，在同环境进行充分的信息交换（协调）过程中完成标准的制定。这个标准综合体就是一个对环境开放的系统。同时，综合标准化要对标准的实施实行全过程控制，实施中的问题、环境的变化等信息都要反馈回来，及时对标准进行更新和修改，从而保持系统对环境的适应性。因此，综合标准化建立的标准系统属于动态开放系统，也体现了系统的自组织原则和目的性原则。

3. 综合标准化将系统工程技术引进了标准化

现代标准化不仅要有相关的理论（如系统理论）作为理论基础，而且要有一整套现代的方法和技术。

（1）决策分析。综合标准化通常选择事关重大的对象，在实施过程中不仅周期长而且耗资巨大，加之多部门协作，有失败的风险，因此必须慎重决策。决策分析利用决策表法、差量分析法、决策树法、标准优选法，通过目标分析、制定决策、决策最优化、决策方案 4 个基本程序，帮助决策者应对复杂问题并作出判断，制订出最优方案。这是在标准化目标确定之后，决策者寻找达到决策目标的最佳手段与途径的过程。

（2）系统分析。综合标准化建立标准系统的目的是要实现总体优化的目标。系统分析技术就是运用系统理论和方法对系统的各个方面进行定性与定性分析，以求得系统总体的优化目标的科学方法，它包括功能分析、要素分析、结构分析、可行性分析与评价分析。它是系统工程中与系统模拟、系统设计、系统管理并列的一个重要部分，同时又与运筹学密切相关。

（3）网络计划。综合标准化过程通常涉及众多方面和人力，不仅所有的标准要在限定时间内完成，而且标准之间还有先后次序的问题。网络计划技术就是将组成系统的各项工作通过绘制网络图等方法，对整个系统统筹规划，合理安排、有效利用各种资源，达到以最少的时间和资源消耗来完成整体系统的预期目标。

（4）多目标规划。综合标准化的对象通常是一个多目标的系统。因此，对它的优化就不像仅有一个目标函数那么容易。当同时考虑多个目标，并且有些目标还互相矛盾时，问题就变得相当复杂，难以作出判断。多目标规划（多目标决策）就是近年来在国际上发展起来的研究这类问题优化的理论与方法。

（5）模块化原理与方法。综合标准化所建立的标准系统，通常是比较庞大的，建设周期长，标准数量多，同时又是一个十分敏感的系统。将标准系统模块化，运用模块化系统整体稳定、局部动荡的特点，使标准系统具有动态性，以应对环境的变化。

（6）技术经济评价。综合标准化过程中，不仅要处理大量的技术问题，而且每一个方案的确定和参数的选择都要从全局利益出发，追求整体效果最佳。这就必须既追求技术先进，又做到经济合理。这就需要掌握和运用技术经济评价的方法与技术，如技术性能评价、财务指标评价、经济效果评价、生态环境评价等。

（7）计算机技术。综合标准化的对象通常是个复杂的大系统，建立的标准综合体也是一个系统。工作过程中不仅要处理和优化大量的信息和技术参数，而且几乎每一步都要进行技术经济分析。尤其是参数的最佳化更需要进行大量的复杂的分析、计算。在标准综合体规划过程中，应用计算机模拟技术对所建系统的结构和行为进行模拟，获得信息，可以提高系统的功能和适用性，降低失败的风险。计算机技术在标准化活动中的应用前景极为广阔，它必将成为现代标准化的常用工具。

此外，综合标准化的实施步骤与程序、综合标准化的规划系统、综合标准化的组织系统以及综合标准化的实施系统等，也均与系统工程的特征和原则相一致，可以说综合标准化就是标准化系统工程。

二、综合标准化的方法理论

综合标准化开创了一整套标准化工作的新方法，它建立在系统理论基础上，遵循系统科学的整体性原则、结构性原则、动态开放性原则、目的性原则和系统的自组织原则，从而使综合标准化成为系统科学理论与方法论的实现形式，为标准化这门学科的理论发展奠定了基础。

综合标准化把系统理论嫁接到标准化工作中，使人们有了应对现代化挑战的理论武器；综合标准化把系统科学的方法论应用于标准化活动，使人们掌握了运用标准解决实际问题的能力，从此奠定了标准化作为一门应用学科或实用技术的方法论基础。在综合标准化运作过程中经常用到系统分析方法、决策分析技术、网络计划技术、模块化方法、技术经济分析方法和计算机模拟技术等。综合标准化既有先进理论的指导，又是一系列科学方法的集成。面对复杂系统，它的运行程序的每一步都是科学方法的应用，每一个综合标准化项目都是一项多学科协作的系统工程。综合标准化不仅是标准化的新方法，而且它还是一种科学的方法论。苏联和中国的标准化工作者都把目光投向系统理论，从系统理论中汲取营养，形成指导工作的理性思维，目标导向、系统分析和整体协调被称为综合标准化方法论的三块基石。

（一）目标导向

综合标准化是以系统地解决综合性问题为目的的标准化。综合标准化要处理的是一个由诸多部分结成的整体，必须把相关标准组织成一个有特定功能的有机整体，建立一个标准系统并发挥系统的作用。综合标准化是将目的转化为目标，并且以目标为先导，引领标准化全过程，把相关标准结成一个有特定功能的系统。

综合标准化的目标是整体目标。整体目标是把综合标准化对象及其相关要素视为一个整体（一个系统），从整体效果最佳（系统最佳）出发确定的目标。为了提出并确定整体最佳目标，就必须把握这个整体，研究这个整体以及整体与各部分的关系。通常要在系统分析的基础上拿出几个备选方案，全面权衡、分析论证，经过比较才能从中选出最佳方案。为此，有时要建立数学模型，作量化的比较研究，还可能用到各种最佳化的方法和技术。综合标准化的整体目标具有导向作用。导向指目标所具有的指向性、针对性和方向性，在整个标准化过程中提供未来活动的指引。它既是综合标准化的起点，又是综合标准化的归宿，伴随综合标准化全过程。例如，制订标准综合体规划时，要以总体目标为根据，找出相关要素；要将总目标分解，确立各相关要素的目标；要将相关要素的目标落实到每个标准；实施标准过程中的检查、评价，直到最后验收，都是这个目标在起指引和导向作用。标准综合体中不论包括多少标准，它们都分别承担着为确保总目标实现的分目标，从而形成标准化系统工程的高度组织性和整体效能。

（二）系统分析

系统分析是系统工程的主要方法，是把要解决的问题视为一个系统（整体），对系统要素进行综合分析，找出解决问题的可行方案的咨询方法。系统分析的对象是整体系统，这和综合标准化的对象是一致的。系统分析是以系统整体效益为目标，寻求解决特定问题的最佳可行方案，为决策者提供判断的依据。系统分析的这些特点和功能，特别适用于综合标准化。在综合标准化过程中始终伴随着决策和执行的反复交替，诸如选择综合标准化对象、确定总目标、明确相关要素、分析要素之间以及要素与整体之间错综复杂的关系、决定综合标准化深度、目标分解、对标准综合体规划的评审，直到综合标准化项目验收，这其中既有对相互关系的分析，又有重大问题的决策。每次决策几乎都要以系统整体效益为目标，寻求最佳方案，为决策者提供判断的依据。例如，在综合标准化对象确定之后，设定整体最佳目标；相关要素的确定，特别是目标的分解和落实，要保证相关要素不发生重大遗漏、相关关系符合实际、目标分解准确到位。这就要有选择地采用系统分析的具体方法和工具，如规划论、预测技术、构思方法、技术经济分析、模拟技术、评价方法等研究方法，对这些问题提出各种可行方案和替代方案，进行定性与定量分析和进行评价，提高所研究问题的清晰程度或提出有根据的结果，为决策提供精简有效的信息，最大限度地减少决策失误，以确保实现综合标准化的最终目标。

（三）整体协调

整体协调的实质是整体优化。协调是方法，优化是目的。整体协调从系统整体的立场出发，运用系统优化方法，综合地掌握系统内部之间以及系统与外部环境之间的关系，使系统达到整体最佳状态。因此，它要求标准化工作者要树立科学的整体观，通过整体协调，使针对综合标准化对象及其相关要素所制定的全套标准，形成一个互相支持、互相配合的有机整体。实施这个“整体”，便可“获得整体效益”，而且是“最佳整体效益”。这个“最佳整体效益”是“整体协调”的结果，即“整体大于各部分之和”。这是综合标准化产生效益的机理。因此，必须把标准化对象及其影响因素视为一个整体（系统），并且仔细分析和确定它的内部和外部因素的性质和作用。针对这些因素所制定的每一个标准，综合应用时都要同其他标准组成一个完整的有机体。这就要求每一个标准都必须放到系统中加以考察和调整，都必须符合系统整体的要求。这时，每个标准便失去了独立性，它的性质、地位、功能都要受系统整体的约束。系统的整体性是由系统的有机联系（即系统内部诸因素之间及系统与环境之间的相互联系、相互作用）来保证的。整体协调就是为实现最佳整体目标而制定的全部标准，根据总目标的要求同时相互协调。通过协调建立起要素（标准）之间的联系，如系统的输入与输出之间的联系、系统之间的层次联系、系统的所有组成部分中的参数和变量与系统特定功能之间的关系等。把这些相互作用、相互依赖的联系建立起来，才能形成一个有机整体。整体协调是综合标准化最具特色、最有价值的工作，是创造价值的活动，也是综合标准化之所以能获得最佳整体效益的内在根据。

整体协调有两层含义：一层是指标准综合体中的每个标准都要进行协调，但在协调时不是把每个标准孤立起来进行一对一的协调，而是把每个标准都视为整体的一部分，不仅考虑它与整体（总目标）的相互关系，而且还要兼顾它与其他要素的关系。有时一个要素的改变会影响到周围许多要素的改变，甚至发生连锁反应。另一层含义是指协调的和最终结果要使标准综合体成为一个有机整体。

目标导向、系统分析和整体协调这三块基石奠定了综合标准化方法论的基础，它们是有着内在联系的一个整体，在应用时互相渗透、互相补充。深刻理解和切实把握好、运用好这三块基石，是理解综合标准化和做好综合标准化工作的前提。

第三节　殡葬综合标准化的实践

殡葬工作涉及面较广，因而综合标准化方法在殡葬标准化工作中具有广阔的应用前景。加强殡葬综合标准化工作，有利于殡葬工作的整体推进。

一、综合标准化的主要过程

综合标准化不仅是一项有组织有计划的标准化活动，而且须遵照必要的程序有步骤地推进。

（一）准备阶段

准备阶段的工作主要是确定综合标准化对象和建立协调机构。

1. 选择并确定综合标准化对象

选择并确定综合标准化对象是开展综合标准化工作的首要环节。之所以要选择综合标准化对象，一是因为不是任何事物都适合应用综合标准化的方法，开展综合标准化通常选择那些相关要素较多，且又需要多方面协同配合才能实现的项目，这样的项目能充分发挥综合标准化的统一组织、综合协调的特长；二是综合标准化不仅工作量大，而且工作难度也大，在选择标准化对象时通常要考虑技术经济意义重大的项目，力求获得显著的效果；三是要考虑所选对象是否可行，要充分估计各种风险和困难，必要时要作可行性论证。总之，要从“是否必要”“是否有意义”“是否可行”等方面全面权衡，作出一个最佳选择，将其确定为综合标准化对象。

这第一步工作是否到位，对以后的工作有着最直接的影响，常常由于选择对象时缺乏深入分析，对所选对象的认识肤浅，工作难度估计不足，致使后续工作困难重重。一般来说，物理实体和非物理实体都可作为综合标准化对象。也就是说，凡是标准化对象都可应用综合标准化方法。由于综合标准化是从整体上系统地解决问题，它的活动领域较宽、涉及面较广、难度较大，投入的人力物力资源较多，所以选择对象就显得格外重要。

（1）必要性。需求是选择和确定综合标准化对象的前提。为了搞清需求，就要识别需求。一是市场需求。即市场和顾客有强烈的需求，而这种需求唯有用综合标准化的方法才能较好地得以满足。这方面最典型的事例就是彩色电视机国产化的综合标准化。二是竞争需求。即为提高自身的竞争力产生的需求。企业通过开发新产品、提高产品质量、降低生产成本、节能降耗、安全生产、调整生产结构等都会相应地提高企业的竞争力。但所有这些方面的变化都是多种因素共同起作用的结果，要真正做好这些工作，真正见到效益，开展综合标准化是必要的。三是管理需求。也就是转变企业传统管理模式的需求。我国制造业的大多数企业实行的是“纵向一体化”的管理模式，生产系统设计只考虑生产过程本身，而不考虑生产过程以外的因素对企业竞争力的影响，即供应链的影响。“纵向一体化”管理模式已渐渐失去优势。以“横向一体化”为特征的“供应链管理”开始盛行。而“供应链”是横跨许多企业的系统，由于各企业现行的标准体系是各自为政、相互独立的，它们无法实现“供应链管理”的任务。因此，要实行这种管理模式的企业，势必要通过综合标准化构建整个供应链的标准综合体。

（2）可行性。要考虑是否有能力、有把握实现这个项目的问题，通常主要考虑以下几方面：一是技术的可行性。要充分分析现有的技术水平和技术力量，要充分预计技术协调过程中可能遇到的技术难题，以及这些技术性难题解决的可能性。如果技术上不可行，那就不能立项。二是经济的可行性。主要是其经济效益，要区别短期效益和长期效益。投资较大的项目有必要进行效益预测和经济分析。三是资源的可能性。即人力、物力、财力、信息等资源的状况，能否足以支持这个项目进行到底。四是组织的可能性。因为有些综合标准化项目是在一个组织内部开展的，而有些项目是跨行业、跨领域的，这就必须把相关行业、企业组织起来，形成一个团队开展工作。能否做到，如何组织，谁牵头组织，都是要考虑的问题。对于较重大的选项，应提出可行性研究报告并经过论证才能确定。根据我国的试点经验，开展综合标准化初期，宜选择效果明显、难度较小、时间较短的所谓“短、平、快”项目。待经验较多、条件又允许时再选效益可观的重大项目。

2. 建立综合标准化的协调机构

协调机构是综合标准化有组织有领导开展的保证。综合标准化项目大都是跨行业、跨部门、跨学科的复杂课题，这类问题常需多方配合、通力合作、广泛协调才能解决。因此建立一个有权威的组织机构是绝对必要的。这个协调机构的组成，一般应与该项目的实施所涉及的部门、行业或单位相对应。它自始至终担当着该项标准化活动的组织、指挥、协调职能。它的工作原则是寻求整体效益最佳的前提之下的协商一致。

（二）规划阶段

规划阶段的工作主要是确定综合标准化目标和编制标准综合体规划。

1. 确定综合标准化目标

综合标准化的目标是开展综合标准化所要达到的预期结果，整个综合标准化过程就是追求目标实现的一系列过程。选定的综合标准化对象，一定存在某种问题需要通过综合标准化得到解决。目标是问题解决后希望达到的理想状态，正确的、科学合理的目标将把整个综合标准化活动引向成功。综合标准化是目标导向型的标准化，目标的选择与确定格外重要。有了明确的、具体的、量化的目标，才算有了明确的目的，有了综合标准化的主攻方向。目标一经确定，便是各项工作的依据和出发点。

通常情况下，在选择和确定综合标准化对象时，就已经大体有了目标，只是当时还不够明确和具体，甚至有时是由于有了目标才选择对象。诸如提高质量、降低成本之类，至于提高到什么水平，降低到什么程度，是需要进一步研究的。具体目标的确定要考虑需求，如国家或社会的需求（安全的需求、环保的需求、国防的需求）、市场和顾客的需求以及本企业的需求。目标的确定过程也是一个统一认识的过程，大家的认识越统一，以后的协调工作也就越好做。有些情况下，确定目标要在调查研究的基础上拿出几个方案来，通过分析论证进行筛选，最后确定一个整体效益最佳的可行方案。有时相关各方从本单位利益出发，各持己见不肯让步，所以要进行技术经济分析，用数据说话，以理服人。

目标的选择和确定一定要从需求出发。现今的许多企业大都实行目标管理或方针目标管理，以目标导向为特征的综合标准化，恰好是企业目标管理的有力武器，也是综合标准化与企业管理结合的良好契机。如何结合得好的一个关键问题，是综合标准化目标同企业管理的目标如何衔接和对应的问题。这是综合标准化成败的关键，也是综合标准化与传统标准化最大的不同。例如，企业在市场竞争中遇到了强手，企业为了夺回竞争优势，把提高某产品的质量作为当前的管理目标。这时综合标准化的对象最好就是选择该产品，综合标准化的目标就要瞄准该产品的质量，这样两者得以很好地结合。

确定目标要坚持以下一般原则：一是目标的单义性，即目标应清晰而确切，力求反映事物的本质，使人们易于理解，易于形成共识，而不产生歧义。二是目标的明确性，即目标应从定性与定量两方面加以描述，能定量描述的一定要量化，尽量使目标的结果以可测量的数据作为其限定条件。三是目标的针对性，即目标是为达到某一目的（如为满足顾客要求、为超越竞争对手、为抢占市场等）而立，目标的针对性越强，目标的内涵便越清晰和具体，目标便越有号召力和凝聚力。四是目标的可行性，即目标的现实可能性，只有目标切实可行才能成功，因而有时要进行主客观条件分析，有时要通过可行性论证，有时把最终目标分成几个阶段，制定分阶段的目标逐步实现。

2. 编制标准综合体规划

综合标准化不是只制定一个目标标准，而是要制定一套标准，通过实施这一套标准达到确定的目标。因此，这一套标准怎么制定，定成什么样，对所确立的综合标准化目标能否实现有最直接的关系，标准综合体就是这一套标准。标准综合体规划，就是要搞清楚为了实现既定的目标，需要制定哪些方面的标准，每个标准承担什么使命、解决什么问题，作出什么规定，哪些问题需要立项研究等。规划的编制通常遵照如下的程序和要求。

（1）系统分析。这是运用系统分析方法对已明确的综合标准化对象进行深入、系统的分析，分析得是否到位，对整个活动的成败有直接影响。

通过系统分析，找出与所确定的目标相关的要素，明确综合标准化对象与相关要素以及相关要素之间的内在联系与功能要求。由于综合标准化的对象大都是多目标的复杂系统，因此系统分析方法便成了综合标准化的常规方法。不论用什么方法进行分析，都是要把与所设定的目标相关的要素找出来，并把它们之间的关系搞清楚。

确定综合标准化对象及其相关要素的范围。从理论上讲与综合标准化对象相关的要素会有无限多。例如，把一个工业产品作为综合标准化对象，把提高该产品的质量作为综合标准化的目的。把提高某些质量指标作为目标，与其相关的要素通常会有设计质量水平、零部件的质量水平、加工工艺水平、装配质量水平以及检验质量水平等。其中的零部件质量又与材料（如金属材料）的质量相关，金属材料的质量又与某些原料（如矿石）相关。如此扩展延伸开去，便有可能使这个“相关要素”多到无法把握的程度。综合标准化把这种延伸现象叫作“综合标准化的深度”。这个“深度”直接关系到参与方（部门、单位）的多少和工作量的大小，以及相应的工作时间和费用。

绘制综合标准化对象的相关要素图或给出文字说明，就是要用图表或文字清晰地描述由综合标准化对象及其相关要素构成的系统，重点是系统的结构和各要素之间的关系。根据我国企业的实践经验，这种相关要素图，对某些对象可以以系统结构为线索描述要素及其相互关系，对某些对象可以以流程为线索描述要素及其相互关系。总之，绘图的目的是要把由综合标准化对象及其相关要素所构成的这个系统明朗化，它的结构、要素以及要素之间的关系一目了然，为分析研究提供一个非常直观的线索。

（2）目标分解。总目标确定之后，接着就要将其展开为一个个的分目标。因为总目标是共同目标、最终目标，总目标无法落实到某一具体单位或个人，只有将其分解为更具体的分目标才能落实，才能使每个组织知道自己该做什么、做到什么程度，怎么做、何时做。通过各个分目标的实现来保证总目标的最终实现，由此形成了一个由总目标和众多分目标构成的目标体系。综合标准化就是通过这个目标体系，把相关部门、相关组织有机地组织成一个既有共同目标又有各自职责的团队、齐心合力实施的标准化系统工程。

一是目标分解的功能。目标分解就是将综合标准化的总目标分解为各相关要素的目标（分目标）。如果综合标准化对象是某种产品，综合标准化的目标又确定为提高该产品的某些质量指标，这个目标（质量指标）是由与该产品相关的一系列要素的状况规定（制约）的。要实现这个总目标（改善产品质量）就必须改善这一系列相关要素的状况，并依据它们各自对总目标的影响程度，明确它们的改善目标（分目标）。这就形成了一个以总目标为依据的、保证总目标实现的相关目标体系。

二是目标分解的要求。目标分解是综合标准化过程中最复杂的一项任务。若把总目标分解为分目标，首先要通过系统分析，找到对总目标产生影响的要素。假如总目标确定为提高某种产品的某些质量指标，其影响要素有可能是关键零件的加工精度、零件间的配合精度、装配工艺操作水平、装配车间环境条件等，还可能有设计上、管理上的问题。在企业里经常使用因果分析图（鱼刺图）找到这些影响要素。为保证总目标的实现，各影响要素的目标（分目标），有些稍微复杂的产品就有成百上千种零部件、元器件，其中必有与总目标强相关的，也会有弱相关和不相关的，人们只能凭经验和知识抓住相关的乃至强相关的，即关键影响要素，将它们确定为分目标，提出对分目标的要求，规定它们的目标值。分目标的要求和目标值是标准综合体中各构成要素（标准）的核心内容，其中较难确定的是目标值。为保证总目标的实现，既要考虑分目标的技术要求，又要考虑分目标的经济性。要把目标分解工作做好，一要找出与目标的实现相关的要素，不能遗漏有直接影响的关键要素，适当考虑综合的深度，将总目标分解为对各相关要素的要求（分目标）。为了做好这步分解工作，首先必须理清每个相关要素对总目标的影响方式和程度，然后才能恰当地对该相关要素提出要求（包括量化的要求）。二要把握好对总目标起决定性作用的关键要素。要集中精力解决好关键要素，防止主次不分、抓不住重点，把工作搞得过分复杂。必要时可对影响要素进行重要度评价和排序。

三是目标分解的层级。目标分解只能展开到可以采取对策的那一级，通常是承担某要素（如关键零件）的组织。该组织根据统一的部署和具体的要求编制该关键零件的标准。如果该关键零件的标准实施也受到许多影响因素的制约，该组织也可能以此关键零件标准为核心、以实现标准为目标开展综合标准化，为保证目标的实现在本组织内将目标再展开。这就是通过目标展开，带动综合标准化的展开。有些涉及面较大的项目，有时会带动一大批企业同时开展综合标准化，形成极为生动的标准化局面。

四是目标分解的过程。目标的展开和确定过程，通常可分为企业间展开和企业内展开两种方式。企业间展开要进行企业间协调，企业内展开是要进行内部协调。前者如整个供应链开展综合标准化时，对各环节之间的协调；后者如本企业内部开展综合标准化时，各相关部门间的协调。不管哪种方式的展开，都是一个协调和协商的过程，而不能简单地理解为自上而下的指标下达和任务分配。这种协商或协调在企业之间通常是双向协调，双方认可。它是在一个利益共同体的框架内、合作双赢的前提下，对共同目标的确认、对承担任务的认可、对条件的谅解、对权限规定的遵守。通过协商取得一致意见，才能形成合力，相关各方自觉地做好应做的工作。在企业内部应纳入本企业目标管理程序，通常使用“对策表”进行目标分解落实。

（3）编制规划。系统分析和目标分解为编制标准综合体规划做了前期准备工作。标准综合体规划就是根据上述分析的结果，明确规定标准综合体的构成，通常包括所需要制定和修订的全部标准及其最佳目标值和相关的技术要求、必要的科研项目等。

规划草案形成后，由协调机构组织评审。评审内容应针对能否确保最终目标实现、标准是否配套、总体是否协调等问题，认定规划切实可行，便正式批准执行。

（三）制定阶段

这一阶段的任务就是要把标准综合体规划所确定的各项标准制定出来，建成标准综合体。

1. 工作计划的制订

工作计划是依据“标准综合体规划”编制的，用以指导标准制定修订的具体计划通常包括：标准名称、标准的主要内容和要求、适用范围、与其他标准的关系、参加单位与参加人员、起止时间等。确认后，形成计划任务书。

在具体落实标准制定（修订）任务时，有可能发现一些新的问题，如标准的配套性、标准之间的协调性、指标的合理性、时间的衔接性等，要及时处理。

2. 建立标准综合体

这就是实施工作计划的活动。这是综合标准化过程中很关键的一个工作步骤，协调机构根据工作计划的要求，组织全部标准的起草和审定工作，完成标准综合体建设任务。

为了保证计划的实施，协调机构应建立规章制度，保证各制标单位做到步调一致、互通信息、协调行动。

分解的目标均应在相应标准的有关指标中得到落实。制标过程中有可能要对原定的工作计划和标准内容作局部调整，调整时要保证标准综合体的总体功能不受影响，标准之间协调配合。有些标准要进行试验验证，发现问题及时调整，直到标准综合体的全套标准符合要求。

在标准综合体的建立过程中，经历过综合标准化对象的选择、总体目标的确定、目标分解等阶段性工作，并通过编制标准综合体规划，已经明确了标准综合体的构成要素及每个要素承担的具体目标及其指标。当已经明确要制定或修订哪些标准，并且已经初步确定了每个标准的技术指标（参数）时，应在正式制定标准之前以及制定标准过程中，始终关注标准指标的协调，及时处理与实现总目标的要求不相符合的因素，维护标准系统的整体性。

标准综合体的优势并非来源于它的每一个标准都很先进，而是来源于它的每一个标准都承担起恰当的使命，从而保证了整个标准综合体是一个有特定功能的有机整体。这个特定功能是任何一个或一堆先进标准所不具备的。

无论是局部协调还是整体协调，都是通过改善参数和参数值的途径，求得进一步优化的结果，也就是逐步找出比原来好一些的方案，尽量增加满意，减少不满意。如果建立数学模型，用计算机精确求解，首先碰到的难题是缺乏精确的数据（足够的统计资料），此外还有费用问题、各种客观条件问题、方方面面的具体利益问题，先进的计算工具也是难以求出最佳方案的。因而要开展这方面的理论与方法研究，一旦条件成熟，便可将整体协调由粗放阶段推向精确化阶段。

（四）实施阶段

这一阶段的任务就是组织实施标准和对综合标准化项目评价验收。

1. 组织实施

就是按规定的时间实施标准，实现综合标准化目标。这一阶段的工作内容同往常的标准实施工作有许多相同之处，比较重要的工作是：实施前的准备（包括标准宣贯、人员培训、实施准备、工作分工等）、跟踪检查、记录、信息反馈和即时处理，保证标准综合体稳定运行。

2. 评价验收

主要是考核标准综合体运行的效果，评价其是否达到了预定的目标。如果达到，可予验收，如果没有达到则应查找原因、采取措施，直到满意方予以验收。

上述过程，实际上是一个“PDCA 循环”过程：从选择对象、建立协调机构、确定目标、目标分解，到编制标准综合体规划和制订制标工作计划，就是 P（计划）；建立标准综合体和组织实施，是 D（实施）；从跟踪检查、记录到反馈信息，是 C（检查）；从审查、评价到验收或再改进，是 A（改善）。这个“PDCA 循环”是全面质量管理的工作方式，在质量管理活动中取得了巨大成功，原因就在于它符合解决问题的逻辑规律，特别是形成一个持续改进的机制。这个机制比方法重要、比技术重要。掌握了这个机制，质量有望一步步提高到预定目标，问题有望一步步得到解决。ISO 将标准化定义为是一种“活动”，这种活动“包括编制、发布和实施标准的过程”，再加上“修订”过程，正是“PDCA 循环”。按照 ISO 的定义，任何一个标准制定出来之后，只有走完这个全过程才能称其为标准化。综合标准化就是全过程的标准化。

上述程序是针对跨行业、跨部门的重大项目的综合标准化。对于一般性项目，尤其是企业开展综合标准化时，可简化程序。

二、殡葬综合标准化的建设

综合标准化是运用系统分析的方法，以整体效果为目标，对具体标准化对象和要素形成的系统进行整体标准化。标准化不仅要有一定的顺序步骤，而且在解决问题上要有一定的成套性。标准化成就的大小不是看某一生产部门中现行标准的数目，甚至也不是看有多少产品制定了标准的相对指标，而是看综合性问题的解决结果如何。这种判断非常适用于殡葬服务业标准化工作，因为它本身的复杂性和跨多领域等特性，需要运用综合标准化的思维来解决该领域的问题，找到发展的新路径。

（一）建立殡葬服务业综合标准化工作体系

殡葬服务业标准化是殡葬服务业现代化建设的一项重要内容，它通过把先进的科学技术和成熟的经验组装成殡葬服务业标准，推广应用到殡葬服务业的生产、经营、服务和管理活动中，把科技成果转化为现实的生产力，从而取得经济、社会和生态的最佳效益，达到优质、高效的目的。殡葬服务业综合标准化是以殡葬服务业为对象的标准化活动，即运用“统一、简化、协调、选优”原则，通过制定和实施标准，把殡葬服务业各个环节纳入标准生产、标准服务和标准管理的轨道。殡葬服务业综合标准化是一项系统工程，这项工程的基础是殡葬服务业标准体系、殡葬服务业质量监测体系和殡葬服务业评价认证体系建设。在这三大体系中，标准体系是基础中的基础，只有建立健全涵盖殡葬服务业各个环节的标准体系，殡葬服务业才有章可循、有标可依；质量监测体系是保障，它为有效监督殡葬服务业质量提供科学的依据；产品评价认证体系则是评价殡葬服务业服务状况、监督殡葬服务业标准化进程、促进品牌、名牌战略实施的重要基础体系。三大基础体系是密不可分的有机整体，互为作用，缺一不可。

综合标准化工作需要各行业之间的密切配合。因此，在综合标准化推进之初，就必须建立综合标准化工作体系，明确相关工作程序和协调机制，吸纳产学研用、产业链各方，共同参与、形成合力，为综合标准化工作的有效开展提供坚实的组织和制度保障。

（二）分解殡葬服务业综合标准化工作目标

殡葬服务业标准化融先进的技术、经济、管理于一体，使殡葬服务业发展科学化、系统化，是实现新阶段殡葬服务业和经济结构战略性调整的一项十分重要的基础性工作。综合标准化是以解决问题为目标的标准化活动。所谓目标，就是问题解决后希望达到的理想状态。因此，开展殡葬服务业综合标准化工作的一项重要前提就是要明确标准化工作总目标，研究分析与总目标相关的各类因素，并将总目标分解为一个个具体的、可量化的分目标，然后才能基于总目标和分目标，开展一系列整体性强、协调性好、适应发展需要的标准。

（三）形成殡葬服务业综合标准化的综合体

综合标准化工作是针对目标成套地推进标准研制工作，最终形成一个标准综合体。在开展殡葬服务业综合标准化过程中，应在殡葬服务业综合标准体规划的指引下，在协调解决殡葬服务业标准化中跨行业、跨领域问题的基础上，进一步明确需制定（修订）标准的主要内容、适用范围、与其他标准之间的关系、标准起草单位、起止时间等。殡葬服务业综合标准化的各工作机构应按职责和分工，开展标准的制定（修订）工作，完成标准综合体的建设任务。

（四）开展殡葬服务业综合标准化动态监管

制定标准的最终目标是应用，所以标准实施与评估是标准化工作的重要环节。殡葬服务业标准化工程的核心工作是标准的实施与推广，是标准化基地的建设与发展，由点及面，逐步推进，最终实现生产的基地化和基地的标准化。这项工程的实施还必须有完善的殡葬服务业质量监督管理体系、健全的社会化服务体系、较高的产业化组织程度和高效的市场运作机制作保障。对此，应做好两大重点工作：一是成套开展标准的宣传培训，做好标准实施示范和应用推广；二是开展标准实施效果评价，通过对标准实施的持续跟踪，进一步发现标准中存在的问题，不断修订和完善标准综合体，充分发挥成套标准的整体作用，从而有效解决殡葬服务业发展中的实际问题。

参考文献

［1］张锡纯．标准化系统工程［M］．北京：航空航天大学出版社，1992.

［2］黄恒学．政府基本公共服务标准化研究［M］．北京：人民出版社，2011.

［3］李春田．现代标准化方法——综合标准化［M］．北京：中国质检出版社，中国标准出版社，2011.

［4］杨宝祥．殡葬法律体系建设研究［M］．北京：中国社会出版社，2014.

［5］丁元竹．我国基本公共服务均等化过程中标准建设问题［J］．甘肃理论学刊，2008（3）．

［6］胡税根等．我国政府公共服务标准化建设研究［J］．天津行政学院学报，2009（6）．

［7］王桢桢，郭正林．公共服务均等化的影响因素及标准化体系建构［J］．学术研究，2009（6）．

［8］庞力．我国公共服务标准化问题探讨［J］．商场现代化，2010（9）．

［9］李军鹏．新时期我国公共服务体系建设的目标与对策［J］．国家行政学院学报，2011（10）．

［10］李上．公共服务标准化体系及评价模型研究［D］．中国矿业大学博士学位论文，2010.